i Robinson / Letture

Di Stefano Rodotà
nelle nostre edizioni:

Elogio del moralismo

Intervista su privacy e libertà
(a cura di Paolo Conti)

Perché laico

Repertorio di fine secolo

Tecnopolitica.
La democrazia e le nuove tecnologie della comunicazione

Ha inoltre curato:

Questioni di bioetica

Stefano Rodotà

Il diritto di avere diritti

Editori Laterza

www.laterza.it

Prima edizione novembre 2012

Edizione
4 5 6

Anno
2012 2013 2014 2015 2016 2017

Questo libro è stampato
su carta amica delle foreste

Stampato da
SEDIT - Bari (Italy)
per conto della
Gius. Laterza & Figli Spa
ISBN 978-88-420-9608-5

Il diritto ad avere diritti, o il diritto di ogni individuo ad appartenere all'umanità, dovrebbe essere garantito dall'umanità stessa.

Hannah Arendt
Le origini del totalitarismo [1951], trad. it. di A. Guadagnin, Comunità, Milano 1996, p. 413.

Indice

Parte seconda
La persona

Parte terza
La macchina

Il diritto di avere diritti

Prologo

Diritti senza terra vagano nel mondo globale alla ricerca di un costituzionalismo anch'esso globale che offra loro ancoraggio e garanzia. Orfani di un territorio che dava loro radici e affidava alla sovranità nazionale la loro concreta tutela, sembrano ora dissolversi in un mondo senza confini dove sono all'opera poteri che appaiono non controllabili. Un tempo, al sovrano prepotente l'umile mugnaio di Sans-Souci poteva semplicemente ricordare i giudici che sedevano a Berlino. Ma, oggi, chi è il sovrano e dove sono i giudici?[1] Dovremo altrimenti rassegnarci al fatto che, «non avendo alcun appello sulla terra che renda loro giustizia», troppi siano ormai destinati a essere «abbandonati all'unico rimedio che rimane in tali casi, cioè l'appello al cielo»?[2]

Nello spazio globale i diritti si dilatano e scompaiono, si moltiplicano e si impoveriscono, offrono opportunità collettive e si rinserrano nell'ambito individuale, redistribuiscono poteri e subiscono soggezioni, soprattutto agli imperativi della sicurezza e alla prepotenza del mercato. Andamenti contraddittori, che sono il segno d'un tempo che non conosce tragitti lineari e vive di conflitti acutissimi.

[1] S. Cassese, *I tribunali di Babele. I giudici alla ricerca di un nuovo ordine globale*, Donzelli, Roma 2009, offre una persuasiva analisi del problema, mettendo in evidenza la capacità dei giudici di fornire risposte, la cui valenza generale è tuttavia limitata dal carattere frammentario della loro azione, dal fatto che «nello spazio globale non c'è unità, sia nel senso che vi sono centonovantadue Stati, sia nel senso che vi sono circa duemila regimi regolatori diversi» (p. 92). Tornerò più avanti su questo tema, per mettere in evidenza peculiarità e difficoltà della tutela dei diritti fondamentali in questo contesto, per sottolineare il ruolo essenziale dei giudici nella costruzione di un sistema giuridico globale, ma pure il fatto che l'effettività dei diritti trova vie non riducibili all'intervento giudiziario.

[2] J. Locke, *Il secondo trattato sul governo* [1690], par. 20 (cito dalla traduzione di A. Gialluca per l'edizione Rizzoli, Milano 1998).

Nelle diverse dimensioni istituzionali, che contribuiscono a comporre la galassia della globalizzazione, è tutto un incessante riscrivere il catalogo dei diritti. Si reinterpretano quelli già riconosciuti, se ne aggiungono di nuovi, si interviene negandoli tutti, senza che sia però possibile chiudersi nell'angustia delle storiche frontiere, perché la circolazione e il confronto tra i diversi modelli sono imposti, in primo luogo, dal prepotente emergere di comuni bisogni materiali, dalla comune influenza dell'innovazione scientifica e tecnologica, dalla violenza di una finanza senza regole, dunque da quell'intreccio di relazioni e dipendenze, da quella nuova distribuzione dei poteri, da quel continuo obbligo di fare i conti con gli altri, con tutti gli altri, che appunto chiamiamo globalizzazione.

È questo il mondo nuovo dei diritti. Un mondo non pacificato, ma ininterrottamente percorso da conflitti e contraddizioni, da negazioni spesso assai più forti dei riconoscimenti. Un mondo troppe volte e troppo spesso doloroso, segnato da sopraffazioni e abbandoni. E così «i diritti parlano», sono lo specchio e la misura dell'ingiustizia, e uno strumento per combatterla. Registrarne minutamente le violazioni non autorizza conclusioni liquidatorie. Solo perché sappiamo che vi è un diritto violato possiamo denunciarne la violazione, svelare l'ipocrisia di chi lo proclama sulla carta e lo nega nei fatti, far coincidere la negazione con l'oppressione, agire perché alle parole corrispondano le realizzazioni. Lo storico appello alla «lotta per il diritto»[3] si declina, oggi, come lotta per «i diritti». E proprio il dilatarsi degli orizzonti spaziali e temporali, insieme alla percezione sempre più diffusa che la persona non può essere separata dai suoi diritti, scardina la cittadinanza come proiezione e custodia di una identità oppositiva, feroce, escludente, che separa e non unisce[4]. La cittadinanza cambia natura, si presenta come l'insieme dei diritti che costituiscono il patrimonio d'ogni persona, quale che sia il luogo del mondo in cui si trova, e così avvicina e non divide, offrendo anche all'eguaglianza una nuova, più ricca dimensione. È rivelatore questo mutamento di significato del riferimento alla cittadinanza, la cui connotazione «esclusiva» è ormai accompagnata, e spesso beneficamente offuscata, da una sua versione «inclusiva», appunto quella dei diritti di cittadinanza.

[3] R. von Jhering, *La lotta per il diritto* [1872], trad. it. di R. Mariano, a cura di P. Piovani, Laterza, Bari 1960.

[4] F. Remotti, *Contro l'identità*, Laterza, Roma-Bari 1996 (6ª ed. 2012).

Questo mutare dell'idea di cittadinanza rende meno proponibile la tesi che vuole ogni discorso sui diritti solo come la coda lunga di una pretesa egemonica, irrimediabilmente colonialista, di un Occidente che vuole imporre i suoi valori a culture e tradizioni diverse, negandone ragioni e particolarità, continuando a praticare un imperialismo che si tinge con i colori della democrazia e invece legittima l'uso della forza. Oggi dobbiamo guardare assai più in profondo, oltre le stesse ipotesi e ricerche di chi, come Amartya Sen, si è impegnato nel mostrare come esistano radici culturali comuni proprio intorno a valori fondativi dei diritti[5]. Oggi assistiamo a pratiche comuni dei diritti. Le donne e gli uomini dei paesi dell'Africa mediterranea e del Vicino Oriente si mobilitano attraverso le reti sociali, occupano le piazze, si rivoltano proprio in nome di libertà e diritti, scardinano regimi politici oppressivi; lo studente iraniano o il monaco birmano, con il loro telefono cellulare, lanciano nell'universo di Internet le immagini della repressione di libere manifestazioni, anche rischiando feroci punizioni; i dissidenti cinesi, e non loro soltanto, chiedono l'anonimato in rete come garanzia della libertà politica; le donne africane sfidano le frustate in nome del diritto di decidere liberamente come vestirsi; i lavoratori asiatici rifiutano la logica patriarcale e gerarchica dell'organizzazione dell'impresa, rivendicano i diritti sindacali, scioperano; gli abitanti del pianeta Facebook si rivoltano quando si pretende di espropriarli del diritto di controllare i loro dati personali; luoghi in tutto il mondo vengono «occupati» per difendere diritti sociali. E si potrebbe continuare.

Tutti questi soggetti ignorano quello che, alla fine del Settecento, ebbe principio intorno alle due sponde del «Lago Atlantico», non sono succubi d'una qualche «tirannia dei valori», ma interpretano, ciascuno a suo modo, libertà e diritti nel tempo che viviamo. Qui non è all'opera la «ragione occidentale», ma qualcosa di più profondo, che ha le sue radici nella condizione umana. Una condizione storica, però, non una natura alla quale attingere l'essenza dei diritti. Perché, infatti, solo ora tanti dannati della terra li riconoscono, li invocano, li impugnano? Perché sono essi i protagonisti, i rabdomanti di un «diritto trovato per strada»?[6]

[5] A.K. Sen, *Lo sviluppo è libertà. Perché non c'è crescita senza democrazia*, trad. it. di G. Rigamonti, Mondadori, Milano 2000.

[6] J.G. de Sousa Jr. (a cura di), *O Direito Achado na Rua*, Editora Universidade Brasilia, Brasilia 1990[3].

Un innegabile bisogno di diritti, e di diritto, si manifesta ovunque, sfida ogni forma di repressione, innerva la stessa politica. E così, con l'azione quotidiana, soggetti diversi mettono in scena una ininterrotta dichiarazione di diritti, che trae la sua forza non da una qualche formalizzazione o da un riconoscimento dall'alto, ma dalla convinzione profonda di donne e uomini che solo così possono trovare riconoscimento e rispetto per la loro dignità e per la stessa loro umanità. Siamo di fronte a una inedita connessione tra l'astrazione dei diritti e la concretezza dei bisogni, che mette all'opera soggetti reali. Certo non i «soggetti storici» della grande trasformazione moderna, la borghesia e la classe operaia, ma una pluralità di soggetti ormai tra loro connessi da reti planetarie. Non un «general intellect», né una indeterminata moltitudine, ma una operosa molteplicità di donne e uomini che trovano, e soprattutto creano, occasioni politiche per non cedere alla passività e alla subordinazione.

Tutto questo deve essere l'oggetto di una riflessione nuova, capace di andare oltre il velo delle parole, di avvertire consonanze dietro diversità culturali, di non arrendersi rispetto alla forza simbolica di categorie e riti tramandati, e di cogliere così pure l'inedito di percorsi unificanti ai quali appartiene il futuro, e che non possono essere descritti ricorrendo solo a uno schema che rovescia quello del passato. Non più soltanto diritti che scendono dall'alto, *octroyés* dal sovrano o esito del potere costituente democratico, bensì pure diritti che germogliano quasi spontaneamente dall'infinito pullulare di iniziative diverse, da una molteplicità sempre cangiante di soggetti, con una spontaneità e un vitalismo che sarebbero insofferenti d'ogni collocazione in un qualche schema istituzionale. Nel tempo del grande cambiamento, allora, la regola giuridica viene talvolta considerata come uno strumento da temere, che espropria i soggetti delle possibilità di estrarre dal cambiamento tutte le sue potenzialità, che congela la loro iniziativa e l'intera politica in un tempo e in un testo determinato. Di nuovo la pretesa dell'astrazione e della regolazione dall'alto di sostituirsi alla varietà delle iniziative e dei soggetti?

Ma questo è un riflesso figlio d'un fraintendimento, della percezione della regola giuridica come puro vincolo e non come consolidamento di spazi di libertà e di opportunità, che creano anche le condizioni per un loro arricchimento futuro, e così diventano pure un riferimento, un fondamento anzi, di cui l'azione politica si può grandemente giovare. Si può cominciare a dire che è all'opera un nuovo costituzionalismo, che porta in primo piano la materialità delle situazioni e dei bisogni, che individua nuove forme dei legami tra le persone e le proietta su una scala diversa da quelle che abbiamo finora conosciuto. Non dobbiamo scambiare la difficoltà di questa impresa con una sua intima impossibilità.

E allora. In un tempo che ha voluto celebrare la fine delle ideologie (e sul quale, invece, pesa da decenni l'ideologia del mercato come unica salvezza); in un tempo in cui tutto si espande nel globale e tutto si rimpicciolisce nel locale; in un tempo rivoluzionario per la forza pervasiva della tecnoscienza; in un tempo in cui la promessa novecentesca dell'eguaglianza si è scomposta nel dilagare delle diseguaglianze; in un tempo in cui si vuol registrare il tramonto di ogni grande e comune narrazione che unisca persone e luoghi: in questo tempo tanto mutato torna, forte, l'appello ai diritti fondamentali, che percorre il mondo in forme inedite, incontra sempre più nuovi soggetti, costruisce un diverso modo d'intendere l'universalismo, fa parlare lo stesso linguaggio a persone lontane, e così fa scoprire appunto un mondo nuovo e appare come la vera, grande, drammatica narrazione comune del nostro presente. Il «diritto di avere diritti» connota la dimensione stessa dell'umano e della sua dignità, rimane saldo presidio contro ogni forma di totalitarismo.

L'attitudine dei diritti fondamentali a creare un codice di comunicazione, uno strumento che mette le persone in relazione tra loro, si è progressivamente diffusa, grazie anche alla disponibilità crescente di opportunità tecnologiche che favoriscono iniziative comuni, rafforzando così la stessa tutela dei diritti individuali[7]. La lotta per i diritti non è scomparsa, né può essere descritta come un inganno, una trappola nella quale i cittadini cadono illudendosi d'essere ancora titolari di veri diritti e attori sulla scena politica. Essa, in realtà, si distende sull'intero mondo globalizzato, costruisce modalità nuove dell'azione e soggetti che la incarnano, e va oltre la tradizionale e indispensabile difesa contro ogni potere oppressivo, perché si presenta come la sola in grado di contrapporsi alla volontà di imporre al mondo una nuova e invincibile legge naturale, quella del mercato, con la sua pretesa di incorporare e definire anche le condizioni per

[7] Sul punto si veda D. Rousseau, *La démocratie ou le vol de «La Joconde»*, in A. Delcamp, A.-M. Le Pourhiet, B. Mathieu e D. Rousseau, *Nouvelles questions sur la démocratie*, Dalloz, Paris 2010, p. 145.

il riconoscimento dei diritti[8]. È così segnata la via per sottrarsi alla presa di un «informal empire»[9], che si dà le proprie istituzioni fuori d'ogni procedura democratica. Una via che dev'essere percorsa avendo piena consapevolezza del fatto che quell'«impero» ha sacrificato principi fondativi, in primo luogo quello di eguaglianza, che deve essere ripensato e rimesso al centro dell'attenzione se si vuole ancora perseguire l'obiettivo di una «democrazia integrale»[10].

Di questa narrazione dobbiamo occuparci, seguendola nelle varie sue forme, nei rivoli apparentemente minori che spesso le danno l'evidenza più diretta, nelle contraddizioni tutt'altro che risolte, nel gioco tra continuità e rotture. Non si tratta di costruire modelli attingendo passivamente a questa o a quella esperienza del passato. Nel momento in cui si entra in un mondo nuovo, però, serve consapevolezza di quel che testimonia una durata più lunga, dunque la salutare scoperta di un cammino che era già cominciato e che la fatica della storia e della politica ha troppe volte interrotto. All'origine della costruzione del nostro stato nazionale, nel 1865, in un clima in cui la raggiunta unità non precludeva sguardi sull'Europa e sul mondo, veniva scritto così l'art. 3 del codice civile: «Lo straniero è ammesso a godere dei diritti civili attribuiti al cittadino». Il godimento dei diritti civili era sciolto dal vincolo con la cittadinanza, e riconosciuto anche allo straniero senza la condizione, allora obbligante, della reciprocità (principio poi abbandonato dalla codificazione fascista). «I diritti civili spettano all'*uomo* come tale, non al solo *cittadino*: ecco il principio, grande e generoso nella sua semplicità, accolto ed attuato dal nostro legislatore»[11]. Un principio ispirato alla lungimi-

[8] Mette bene in evidenza questo punto essenziale H. Muir Watt, *Private International Law Beyond the Schism*, in «Transnational Legal Theory», 3, 2011, pp. 347-427. Di fronte a una legalità transnazionale legata al potere privato, e che perciò lascia aperte essenziali questioni di garanzia, «human rights theories and methods, however imperfect, appear to be the only contender to fill these gaps» (p. 354). E cfr. M.M. Salah, *L'irruption des droits de l'homme dans l'ordre économique international: mythe ou réalité?*, Librairie générale de droit et de jurisprudence, Paris 2012.

[9] Così Muir Watt, *Private International Law* cit., p. 349.

[10] «Le temps est ainsi venu du combat pour une *démocratie integrale*»: così P. Rosanvallon, *La société des égaux*, Seuil, Paris 2011, p. 23.

[11] Così B. Dusi, *Addizione. Cenni sul diritto obbiettivo e il subbietto del diritto secondo la legge italiana*, in G. Baudry-Lacantinerie e M. Houques-Fourcade, *Trattato teorico-pratico di diritto civile. Delle persone*, vol. I, trad. italiana a cura di P. Bonfante, G. Pacchioni e A. Sraffa, Vallardi, Milano s.d., p. 789.

rante visione di Pasquale Stanislao Mancini e che, come ebbe a dire il 15 aprile 1866 il Guardasigilli Giuseppe Pisanelli, era «destinato a fare in breve il giro del mondo, poiché le tendenze dei tempi nuovi altamente invocano la solidarietà dell'umana famiglia».

Queste memorie, fin troppo cariche di speranze e fiducia, non anticipano soltanto una sensibilità ora divenuta particolarmente acuta. Fanno emergere una permanente tensione verso l'universalità e l'eguaglianza nei diritti, verso l'inclusione di ogni persona, che non può essere soddisfatta se non squarciando il velo dei grumi d'interesse e delle grettezze culturali, liberandosi pure dalla pesantezza di stratificazioni giuridiche che vorrebbero continuare a signoreggiare la realtà e che, invece, perdono legittimità se non si ha consapevolezza che ci muoviamo ormai in un contesto segnato dall'approdo costituzionale dell'insieme dei diritti riconducibili alla persona.

Dobbiamo sempre fuggire i riduzionismi: evitiamo, quindi, di concludere semplicisticamente che «noi siamo i nostri diritti». La grammatica dei diritti è certamente povera, non ci consente di narrare tutto di noi e del mondo. E tuttavia dovremmo ormai avere appreso che i diritti, pur nella inevitabile loro parzialità quando si vuol descrivere la persona nella sua interezza, sono un nucleo duro che non può essere scalfito senza negare la nostra stessa umanità.

Questo ci dicono i diritti negati, in ogni momento e in ogni luogo. Ma questa negazione può trovare forme più insidiose e sottili dell'esplicito disconoscimento, della violazione dichiarata. I diritti fondamentali possono essere ridotti attraverso ingannevoli bilanciamenti d'interesse, che fanno prevalere le esigenze della sicurezza e le logiche di mercato, quasi che fossero valori di fronte ai quali ogni altro principio o diritto deve cedere. Il senso dei diritti fondamentali può essere stravolto alla radice da una loro riduzione a semplici titoli da scambiare sul mercato, che li riconduce appunto a una logica proprietaria che confligge con la dimensione costituzionale acquisita dalla persona. Oggi, infatti, uno dei punti chiave della discussione intorno ai diritti fondamentali riguarda proprio quel che può stare nel mercato e quel che deve restarne fuori, dunque che cosa è rappresentabile in termini di proprietà e ciò che, al contrario, deve essere ascritto alla dimensione della personalità, a un rapporto con i beni caratterizzato dalla condivisione, e non più soltanto dall'esclusione dell'altro.

Parlare di «costituzionalizzazione» della persona, allora, non è ricorrere a una formula enfatica. È il modo diretto, e giuridicamente più intenso, per indicare un tragitto antropologico che muove dal borghese proprietario e contrattante e approda a una persona considerata come tale, irriducibile a qualcosa di diverso dal riconoscimento della sua individualità, umanità, dignità sociale: misura essa stessa del mondo, dunque, non persona prigioniera di altre misure – il mercato, la ragion pubblica.

Un tragitto compiuto o uno stato di permanente tensione? Il destino di libertà e diritti, quale che sia il criterio scelto per la loro ricostruzione, sembra appartenere al mondo montaliano: «agli occhi sei barlume che vacilla,/al piede, teso ghiaccio che s'incrina;/e dunque non ti tocchi chi più t'ama»[12]. Contemplarli, dunque, per non perderli? Non pretendere la loro attuazione per non vederli svanire? Ma, proprio perché dobbiamo coglierli nella loro perenne fragilità, nell'insidia che a essi porta ogni potere, i diritti non ci parlano di un «affidamento», ma di un impegno. Chi ne è titolare, dev'essere pure consapevole di un dovere di farli valere. Nell'interminato processo di bilanciamento tra gli interessi in campo, chi compie questa operazione deve sapere che il riferimento primario rimane quello che si rifà alla persona e ai suoi diritti. I valori «tiranni» devono cedere di fronte al primato dei diritti della persona.

Nei fatti questo non sempre accade, e sovente la ricostruzione storica mostra quanto la violazione sia più forte dell'attuazione, inducendo così al disincanto, a pensare e dire che la dimensione dei diritti è ingannevole. Accade così di imbatterci in un singolare rovesciamento, analiticamente debole e politicamente insidiosissimo, che trascina con sé quasi una inconsapevole indulgenza per chi viola i diritti, perché non sarebbe in loro, nei loro comportamenti, la responsabilità di quel che accade, ma nell'inadeguatezza dello strumento che abbiamo forgiato. La buona «retorica» dei diritti, invece, ci dice che storicamente questi si sono palesati come strumenti efficaci di lotta politica, come rivelatori della natura vera d'un regime politico quando la loro violazione supera una certa soglia.

Seguendo questa linea di analisi, ci avvediamo però che ai diritti fondamentali non si può guardare soltanto dal punto di vista della loro attribuzione a un singolo soggetto, pur essendo evidente che questo è l'ineliminabile punto d'avvio di ogni riflessione. Conside-

[12] E. Montale, *Felicità raggiunta, si cammina* [*Ossi di seppia* (1925)].

rati nel loro complesso, e soprattutto nella situazione storica nella quale stiamo vivendo, si rivelano come un momento chiave della distribuzione del potere all'interno di una organizzazione istituzionale e sociale, segnano confini invalicabili. Tutto questo ci spinge al di là della tripartizione o del bilanciamento dei poteri, poiché la portata assunta dai diritti fondamentali, e la loro collocazione nel sistema, li individuano, a un tempo, come indicazione politica, come vincoli per l'azione dei poteri costituzionalmente individuati e come strumenti di controllo della loro azione.

Fine della storia, questa volta non sul versante del trionfo definitivo del mercato, ma a opera di diritti insaziabili[13] che divorano la stessa sovranità popolare, presentandosi con il carattere dell'immodificabilità? L'osservazione dell'esperienza concreta dei diritti fondamentali ci dice che non è così, che l'intensa dinamica che li ha accompagnati e ne sostiene l'ascesa si intreccia fortemente con consapevolezza civile, azione politica, innovazione istituzionale. Proprio il fatto che si parli con tanta frequenza di «nuovi diritti» è il segno che la storia non si è fermata. Probabilmente il fraintendimento nasce dalla sovrapposizione di due diversi ordini di considerazioni. La rilevanza assunta dai diritti fondamentali fa di essi un elemento che connota un ordine politico e istituzionale, che tuttavia mantiene la capacità di evolversi *iuxta propria principia*, così delineando non solo il perimetro all'interno del quale i diversi soggetti possono legittimamente agire, ma indicando pure la direzione del legittimo mutamento. Questo, però, non significa che sia fattualmente impossibile l'abbandono di principi e diritti che, storicamente, connotano un ordinamento. Solo che, quando questo accade, si determina il passaggio da un regime a un altro, proprio per il mutamento di ciò che è posto al suo fondamento. L'accento su principi e diritti fondamentali, allora, individua il precipitato storico di vicende politiche, sociali, umane, e dell'elaborazione culturale che le ha accompagnate.

Ma conviene ancora investire, culturalmente e politicamente, nei diritti o quella che, non a caso, Norberto Bobbio definì appunto «l'età dei diritti»[14] sta conoscendo il suo tramonto, anzi un «tramonto

[13] A. Pintore, *Diritti insaziabili*, in L. Ferrajoli (a cura di), *Diritti fondamentali. Un dibattito teorico*, Laterza, Roma-Bari 2001, pp. 179-200.

[14] N. Bobbio, *L'età dei diritti*, Einaudi, Torino 1990.

globale»?[15] Non sarebbe la prima volta che, in preda al disincanto o sotto la spinta del realismo politico, si considera l'investimento in diritti improprio o fuorviante, specchio d'una riduzione del mondo a questa sola dimensione, che precluderebbe una comprensione più larga e distoglierebbe dalla ricerca di strumenti più efficaci. Quando i tempi sono avversi, e grande appare la disparità delle forze, questa conclusione può divenire seducente.

Davanti a noi sono nuovissimi *cahiers de doléance*, nella forma dei documenti di organizzazioni internazionali e nazionali, di risultati di ricerche svolte nei più diversi luoghi del mondo, che continuamente ci rammentano soprattutto una crescita delle diseguaglianze spinta fino alla negazione dell'umanità stessa delle persone, un prosciugamento dei diritti realizzato rendendo le persone prigioniere di logiche di consumo che giungono fino a consumarle. Di fronte a questa realtà si registrano reazioni diverse, molte delle quali connotate da spiriti radicalmente negativi, con un incontro di posizioni che muovono anche da intenti e analisi del tutto opposti.

I diritti, si osserva, producono diseconomie, sì che i sistemi autoritari, soprattutto nelle versioni più rassicuranti della «democrazia autoritaria», seducono, appaiono come quelli che più sono in grado di garantire l'efficienza economica. Apparentemente più temperata si presenta la versione che propone i diritti come un lusso, che non ci si può permettere in tempi di crisi, di risorse scarse, di passaggio da un ordine economico all'altro. Questo è un velo che copre strategie diverse: lo scambio tra un allargamento dei diritti sociali e la cancellazione di quelli civili e politici, tipico dei regimi autoritari; la negazione dei diritti sociali come veri diritti, per il loro necessario legame con la distribuzione delle risorse disponibili, che rimane un connotato della discussione tra gli studiosi e delle pratiche concrete in sistemi pur assistiti dal crisma della democrazia; l'eterna politica dei «due tempi», che non conosce mai l'avvento del secondo. Comune a queste diverse posizioni, e ad altre simili, è la sostanziale «sospensione» di garanzie costituzionali, appunto quelle che riguardano i limiti delle attività economiche e le politiche sociali. Una operazione, questa, che sembra più accettabile delle sospensioni classiche, quelle che, in primo luogo per ragioni di ordine pubblico interno e internazionale, hanno invece come

[15] Così D. Zolo, *Tramonto globale. La fame, il patibolo, la guerra*, Firenze University Press, Firenze 2010.

oggetto i diritti civili e politici. Di queste ultime, infatti, si percepisce con immediatezza una sostanziale incompatibilità con i principi democratici, sì che sono stati messi a punto strumenti per ridurne almeno gli aspetti più negativi, subordinando la legittimità della sospensione o dell'affievolimento alla presenza di situazioni particolarmente gravi e alla loro temporaneità (anche se inquietanti ossimori come «guerra infinita», «emergenza permanente», «tortura umanitaria» hanno eroso anche questo tipo di garanzie). Nulla di paragonabile si ritrova per i diritti sociali, per i quali la categoria della «sospensione» finisce quasi con il connotare una loro ineliminabile natura, che li affida al mutare dei rapporti di forza e alla distribuzione delle risorse, negando in tal modo ogni loro vero radicamento nella dimensione del diritto.

Di ben diversa matrice sono le critiche, persino più radicali, che muovono dalla constatazione del fatto che la marcia delle diseguaglianze si è fatta irresistibile, risponde ormai a fattori strutturali, sì che l'investimento nei diritti è destinato a rivelarsi una puntata perdente, una illusione o, ancor peggio, una deliberata strategia volta a distogliere l'attenzione dalla condizione reale delle persone. L'ideologia dei diritti fondamentali finirebbe con il mascherare il dilagare delle ingiustizie, continuerebbe a manifestarsi come la pretesa dell'Occidente capitalistico di imporre la propria egemonia e i propri valori, esportandoli anche con la forza delle armi.

Si torna così alle ripulse radicali, che tuttavia entrano sempre più in conflitto con un sentire che si diffonde, che coglie la drammaticità dei tempi e che, proprio per questo, non considera i diritti come un fardello di cui liberarsi, né come una opportunità residuale, ma come un tema, un problema se si vuole, che non si può impunemente cancellare con una mossa tutta ideologica o volontaristica. Come già si è ricordato, non si può guardare alla dimensione dei diritti come se fosse impossibile sottrarla a una ipoteca storica che ne avrebbe caratterizzato tutta la sua costruzione nella modernità. «Vi pentirete del silenzio sui diritti [...]. Se i diritti fondamentali vengono cancellati dal denaro e la democrazia cede alla dittatura, presto nessuno sarà più libero»[16]. Questo non è solo il grido di dolore del dissidente, l'architetto Ai Weiwei (noto per aver progettato il «nido d'uccello», lo stadio per le Olimpiadi di Pechino), la cui portata possa essere

[16] Intervista di G. Visetti a Ai Weiwei in «la Repubblica», 9 novembre 2010, p. 15. Più in generale H.U. Obrist, *Ai Weiwei parla*, il Saggiatore, Milano 2012.

circoscritta al paese dal quale proviene, la Cina. Esprime un sentire diffuso, è il risultato di una riflessione sulle interdipendenze del mondo di oggi, che rendono comuni i rischi e comune la necessità che i diritti siano «presi sul serio», come ci ha ricordato Ronald Dworkin[17]. Ma non è un semplice richiamo alle responsabilità dei paesi che alla retorica dei diritti si appellano senza sincerità. È la rivendicazione di un altro modo di intendere i diritti fondamentali, di cui si segue la nuova avventura nel mondo, di cui si mette in evidenza la necessità di spogliarli dalle mille strumentalizzazioni che ne hanno accompagnato la storia, in un empito magari ingenuo, ma politicamente fortissimo, di riportarli alla ribalta dell'intero pianeta, mondi dei loro tanti peccati, restituiti a una sorta di forza primigenia. I diritti fondamentali in tal modo diventano il tramite di un'altra connessione possibile, e per la quale si deve politicamente lavorare, racchiusa nella formula «globalizzazione attraverso i diritti, non attraverso i mercati». Un altro universalismo è possibile? Più semplicemente, possiamo registrare il fatto che, nel mondo globalizzato secondo le regole del mercato, essi vengono sempre più spesso percepiti come un elemento di disordine «in un'arena altrimenti governata armoniosamente»[18], proprio perché indicano un altro modo non solo di guardare, ma di regolare la globalizzazione.

È un altro realismo, dunque, quello suggerito dalla difficile narrazione dei diritti. Per definirne i caratteri, giova ricorrere a una parola troppe volte rifiutata e usurata – rivoluzione. Seguendola, incontriamo le dinamiche che caratterizzano il presente e indicano il futuro. La «rivoluzione dell'eguaglianza», mai davvero compiuta, l'eredità difficile, la promessa inadempiuta del «secolo breve», è oggi accompagnata dalla «rivoluzione della dignità». Insieme hanno dato vita a una nuova antropologia, che mette al centro l'autodeterminazione delle persone, la costruzione delle identità individuali e collettive, i nuovi modi d'intendere i legami sociali e le responsabilità pubbliche. Non sono due sfide perdute: sono due permanenti campi di battaglia, che definiscono, a un tempo, l'oggetto del conflitto e i soggetti che l'incarnano. Nell'ottobre del 1847, quattro mesi prima della pubblicazione del *Manifesto dei comunisti*, Alexis de Tocque-

[17] R.M. Dworkin, *I diritti presi sul serio*, trad. it. di F. Oriana, il Mulino, Bologna 1992.

[18] Muir Watt, *Private International Law* cit., p. 395.

ville gettava uno sguardo presago sul futuro, coglieva nuove dinamiche e scriveva: «Ben presto la lotta politica si svolgerà tra coloro che possiedono e coloro che non possiedono: il grande campo di battaglia sarà la proprietà, e le principali questioni della politica si aggireranno intorno alle modifiche più o meno profonde da apportare al diritto dei proprietari»[19].

Proprio da qui trova ora le sue origini la «rivoluzione dei beni comuni», che ci porta sempre più intensamente al di là della dicotomia proprietà privata/proprietà pubblica; ci parla dell'aria, dell'acqua, del cibo, della conoscenza; ci mostra la connessione sempre più forte tra persone e mondo esterno, e delle persone tra loro; ci rivela proprio un legame necessario tra diritti fondamentali e strumenti indispensabili per la loro attuazione. Fa ormai parte del quotidiano la «rivoluzione della tecnoscienza», che non solo ridisegna il rapporto tra l'umano e il non umano, ma ci fa entrare nei territori del post- e del trans-umano, delle nuove interazioni tra corpi e macchine, dell'espansione delle capacità di ognuno e dei rischi della società castale: di nuovo, davanti a noi si materializza una nuova antropologia. Infine, la «rivoluzione di Internet», che disegna il più grande spazio pubblico che l'umanità abbia mai conosciuto, produce incessantemente anche nuove forme di rapporti istituzionali e così indica anche le nuove vie di un costituzionalismo globale possibile. E la rivoluzione che tutte le attraversa, quella che viene dal pensiero e dalle pratiche delle donne.

In tutto questo il diritto è sempre più profondamente implicato, al di là dei ruoli che storicamente gli sono stati attribuiti. La discussione sui diritti produce effetti unificanti. Lo riconoscono in molti, venendo da lidi e culture diverse come ha fatto il cardinale Angelo Scola sottolineando che «il diritto costituisce ormai la lingua franca dei popoli e delle culture [...]. Il diritto è divenuto, per così dire, uno dei linguaggi di cui parla l'universale», e nei sistemi plurali «le differenti scelte giuridiche hanno forte influenza sugli equilibri degli Stati»[20]. Una lingua, però, che deve trovare le parole della libertà e del rispetto, non della imposizione.

[19] A. de Tocqueville, *Ricordi*, trad. it. di A. Salmon Vivanti, Editori Riuniti, Roma 1991, p. 14.

[20] A. Scola, *Sinfonia dei diritti se sono sostenibili*, in «Il Sole 24 ore», 5 settembre 2010, p. 28.

Parlando proprio di democrazia e diritti, Dominique Rousseau ha ricordato il furto della *Gioconda*, quando, nel 1911, migliaia di parigini si affollarono al museo del Louvre per contemplare lo spazio vuoto lasciato dalla sparizione di quel quadro. Probabilmente molti di loro mai erano entrati in quel museo, mai si erano interessati alla *Gioconda*. Erano una assenza, una mancanza, che improvvisamente li colpivano. «*La Joconde* devenait une valeur à partir du moment où on l'avait perdu»[21].

Ma vi è una consapevolezza che non nasce dalla scoperta occasionale o casuale di una assenza. Deriva da un sentire più profondo, che i realisti non colgono, e che invece accompagna sempre la lotta per i diritti e la rende realisticamente possibile, anche quando i tempi e le contingenze sembrano più avversi. Questa consapevolezza ha trovato le sue parole nel *Chant des partisans* della Resistenza francese: «dans la nuit la Liberté nous écoute». Non è retorica ricordare questo sentimento profondo, che non solo induce a non disperare, ma costituisce il fattore vivificante dell'azione individuale e collettiva per una «religione della libertà».

Narrando i diritti, parliamo di tutto questo.

[21] Rousseau, *La démocratie ou le vol de «La Joconde»* cit., p. 143.

Parte prima

Narrare i diritti

Capitolo I
Lo spazio e il tempo dei diritti

La nuova realtà di un mondo sconfinato produce spaesamento. Spesso, allora, si torna a volgere lo sguardo allo Stato nazionale non solo con lo spirito di chi intende mettere in evidenza il rapporto storico tra questa forma politica e il riconoscimento e la garanzia dei diritti fondamentali. Spiazzati dal nuovo, sconcertati da un continuo rimescolarsi di territori e categorie, alcuni manifestano la convinzione che proprio lì, all'antico luogo, bisogna volgere ancora lo sguardo per recuperare tutele perdute, per un rinnovato riconoscimento di frontiere, al riparo delle quali ritrovare il senso dell'identità e dell'alterità, che una cieca accettazione della globalizzazione starebbe cancellando. Uno sguardo realistico, una utopia regressiva, un esercizio che si tinge piuttosto con i colori della nostalgia?

Dal paese dei «droits de l'homme», degli inventori dei «médecins sans frontières» e dei «reporters sans frontières» – dunque della tutela senza confini di diritti fondamentali come la salute e l'informazione – arriva una critica irridente, affidata a neologismi sbrigativi. «Sansfrontièrisme» e «droitdelhommisme» sono parole che non vogliono soltanto prendere le distanze da eccessi o improvvisazioni, ma liquidare senza appello il riferimento alla nuova dimensione del mondo e alla vecchia garanzia dei diritti. Il bene della distinzione, la fatica dell'analisi vengono abbandonati, e tutto viene travolto in un indistinto universo dove compaiono e si affollano i confini più diversi, non più soltanto quelli storicamente legati alla logica del territorio e alla sovranità degli Stati: quelli tra i generi, tra sfera pubblica e sfera privata, tra umano e transumano, tra normalità e devianza; la pelle come confine del corpo; le divisioni generate dalle asimmetrie, prima tra tutte quella che separa le guerre codificate e quelle appunto asimmetriche; gli infiniti muri che percorrono la storia, dalla Grande Muraglia al Muro di Berlino[1], la cui

[1] Una ricostruzione analitica del modo in cui, in particolare negli ultimi anni, si

caduta non a caso viene considerata lo spartiacque tra due epoche (ancora un confine); le stesse dichiarazioni dei diritti, frontiera varcata la quale si entra nel mondo delle garanzie; e altri, altri ancora[2]. Frontiera e confine divengono tutto e nulla, e a invocarli in maniera generica perdono ogni valore conoscitivo e ogni forza ricostruttiva[3].

Per cogliere i segni del cambiamento, e cercar di capire a che cosa servono le frontiere[4], bisogna rivolgere l'attenzione alla loro diversità, alle modalità e agli effetti della loro determinazione, a chi ha il potere di definirle. «I confini sono lo strumento mediante il quale riconosciamo e classifichiamo il molteplice con cui siamo continuamente costretti a interagire»[5]. Ma il confine può essere difesa o esclusione, riparo o prigione, registrazione di una realtà o imposizione artificiale d'un vincolo, demarcazione *de re* o demarcazione *de dicto*. «Il confine è l'espressione materiale di una qualità dello spazio. In generale, in ogni differenza spaziale si manifesta l'ordine dell'essere, che il pensiero asseconda e rispecchia: è lo spazio, naturalmente qualificato, ad avere in sé la misura che legittima la politica»[6].

Guardiamo ad alcune situazioni concrete, cominciando dalla cittadinanza, la cui vicenda storica descrive un progressivo proiettarsi della persona al di là di frontiere concepite appunto come disposi-

è fatto ricorso a mura, barriere, ostacoli fisici, facendo rinascere forme premoderne nella tarda modernità, è in W. Brown, *Walled States Waning Sovereignty*, Zone Books, New York 2010.

[2] L'ultimo prodotto di questo genere letterario viene da R. Debray, *Elogio delle frontiere* [2011], trad. it. di G.L. Favetto, Add, Torino 2012.

[3] Sulla distinzione tra frontiera e confine si vedano, tra le molte, le osservazioni puntuali di S. Mezzadra, *Diritto di fuga. Migrazioni, cittadinanza, globalizzazione*, Ombre Corte, Verona 2002; e *Confini, migrazioni, cittadinanza*, in Id. (a cura di), *I confini della libertà. Per un'analisi delle migrazioni contemporanee*, Derive Approdi, Roma 2004, p. 112. Per una riflessione storica F.J. Turner, *La frontiera nella storia americana* [1920], trad. it. di L. Serra, il Mulino, Bologna 1959; O. Lattimore, *La frontiera. Popoli e imperialismi alla frontiera tra Cina e Russia*, trad. it. di A. Ginzburg e A. Serafini, Einaudi, Torino 1970.

[4] W. Doise, *Confini e identità. La costruzione sociale dei diritti umani*, trad. it. di R. Ferrara, a cura di A. Palmonari, il Mulino, Bologna 2010, pp. 17-44. Su questi temi sono essenziali le ricerche di M.R. Ferrarese, in particolare *Diritto sconfinato. Inventiva giuridica e spazi nel diritto globale*, Laterza, Roma-Bari 2006.

[5] A.C. Varzi, *Teoria e pratica dei confini*, in «Sistemi intelligenti», 17, 3, 2005, p. 399. Di un confine che «ordina», parla, con riferimento a Carl Schmitt, G. Preterossi, *La politica negata*, Laterza, Roma-Bari 2011, p. 63.

[6] C. Galli, *Spazi politici. L'età moderna e l'era globale*, il Mulino, Bologna 2001, p. 19.

tivo di esclusione del non cittadino. Quando i diritti di cittadinanza divengono quelli che accompagnano la persona quale che sia il luogo in cui si trova, l'individuazione di questo spazio infinito, di questo nuovo *common*, porta con sé uno stare nel mondo che certamente sfida la cittadinanza *oppositiva*, nazionale, puramente identitaria. Di fronte a situazioni come questa, tuttavia, la reazione non può essere quella di un impossibile ritorno al passato che, quando è perseguito, si rivela fonte di nuovi e talora drammatici conflitti. La logica deve essere piuttosto quella della convivenza, di una diversa dialettica, appunto quella di un continuo attraversamento di frontiere, quale è messa in evidenza, ad esempio, dal nuovo rapporto tra globale e locale, e da una loro relazione non necessariamente escludente che si vuol descrivere con il termine «glocalismo». Ma l'abbattimento dei confini, in questa dimensione, è vicenda antica, anche se sempre difficile, che ci porta al biblico «lo straniero che risiede tra voi lo tratterete come chi è nato tra voi»[7], che oggi ci parla del fondamento della cittadinanza e che trovò civilissima eco nel già ricordato, e per l'epoca davvero rivoluzionario, art. 3 del codice civile italiano del 1865, ispirato al principio dell'accoglienza, dove si affermava che «lo straniero è ammesso a godere dei diritti civili attribuiti al cittadino».

Lo stesso cammino dell'eguaglianza è, nella sostanza, un infinito abbattimento di frontiere, di superamento di confini che chiudevano (e troppe volte ancora chiudono) la persona negli status personali, nell'etnia, nella lingua, nella religione, e via elencando secondo i tempi e i luoghi. L'art. 21 della Carta dei diritti fondamentali dell'Unione europea, sotto il titolo «Non discriminazione», affronta la questione con un elenco significativo e, comunque, aperto a future integrazioni, dunque fiduciosamente volto all'abbattimento di altre barriere: «È vietata qualsiasi forma di discriminazione fondata, in particolare, sul sesso, la razza, il colore della pelle o l'origine etnica o sociale, le caratteristiche genetiche, la lingua, la religione o le convinzioni personali, le opinioni politiche o di qualsiasi altra natura, l'appartenenza a una minoranza nazionale, il patrimonio, la nascita, gli handicap, l'età o le tendenze sessuali».

Cogliamo qui il precipitato storico di una lunga e non conclusa vicenda, che illustra assai bene il rapporto tra identità, libera costru-

[7] Levitico 19:34.

zione della personalità, diritti e frontiere culturali e sociali, e che mostra come solo il superamento della frontiera come separazione possa consentire il rispetto di una eguaglianza che non nega la diversità, ma pone questa a proprio fondamento[8]. Si neutralizza così il confine come strumento di esclusione, discriminazione, stigmatizzazione sociale.

Altri spazi suggeriscono altre considerazioni. Guardare alla dimensione del tempo come «sconfinata» introduce un argomento critico contro la dittatura del «breve periodo», divenuto argomento per bilanciamenti di interessi che sacrificano i diritti alla logica del mercato e per sottrarsi in tal modo alle valutazioni e alle responsabilità legate alla più lunga durata[9]. Ma l'abbandono del confine temporale caratterizza la modernità giuridica almeno dal 1793, quando l'art. 28 della Costituzione dell'anno I stabilì che «un peuple a toujours le droits de revoir, de réformer et de changer sa Constitution. Une génération ne peut assujettir à ses lois les générations futures»[10]. Una indicazione, questa, che viene generalizzata nel Preambolo della Carta dei diritti fondamentali dell'Unione europea, dove si afferma che «il godimento di questi diritti fa sorgere responsabilità e doveri nei confronti degli altri come pure della comunità umana e delle generazioni future». La riduzione dello spazio temporale, il suo «confinamento», può dunque divenire lo strumento per revocare in dubbio questa responsabilità, incidendo anche su principi come quelli della tutela dell'ambiente e dello sviluppo sostenibile, di prevenzione e precauzione, che spingono il loro raggio d'azione proprio nella direzione della garanzia di altri tempi e di altri soggetti. Principi che, peraltro, si riferiscono a situazioni irriducibili a qualsiasi confine, come dimostrano gli effetti di una serie di fenomeni, dalle piogge acide agli incidenti nucleari. Principi, inoltre, che ci parlano pure di una

[8] Si vedano le riflessioni di G. Hottois, *Dignité et diversité des hommes*, Vrin, Paris 2009.

[9] Sul rapporto tra la democrazia e il tempo, da ultimo le pagine efficaci di C. Donolo, *Il sogno del buon governo. Apologia del regime democratico*, et al./Edizioni, Milano 2011, pp. 172 e sgg.

[10] Illustra assai bene questo tema P. Persano, *La catena del tempo. Il vincolo generazionale nel pensiero politico francese tra Ancien régime e Rivoluzione*, Eum, Macerata 2007, in particolare pp. 151-207. In generale R. Bifulco e A. D'Aloia (a cura di), *Un diritto per il futuro. Teorie e modelli dello sviluppo sostenibile e della responsabilità intergenerazionale*, Jovene, Napoli 2008. Sul rapporto tra tempo e diritto L. Cuocolo, *Tempo e potere nel diritto costituzionale*, Giuffrè, Milano 2009.

diversa «finitezza», quella appunto della «Terra finita», le cui risorse non possono essere affidate all'infinita logica del loro sfruttamento.

Allo stesso modo, la diffidenza per il carattere sconfinato dello spazio di Internet può favorire i tentativi di chiudere la conoscenza lì disponibile in nuovi recinti. Si riprodurrebbe, in qualche modo, la vicenda delle *enclosures* che, in Inghilterra, resero possibile, tra il XVII e il XIX secolo, la trasformazione di terre libere in proprietà private. Oggi, tuttavia, questo può avvenire (e avviene) senza le giustificazioni di quell'epoca, più o meno condivisibili, che mettevano in evidenza, in particolare, l'esigenza di una maggiore produttività della terra, il suo carattere di bene scarso, la necessità di evitare la cosiddetta «tragedia dei *commons*», risultante da un uso egoistico del bene che portava alla sua «rovina»[11]. Nulla di tutto questo può essere riferito alla conoscenza come «bene pubblico globale»[12], la cui stessa qualità contraddice l'idea di confine. Chiuderla variamente nell'inaccessibilità, o in accesso mediato da una pura logica economicistica, «costituisce uno dei più grossi rischi di 'divisione' e 'frammentazione' delle nostre contemporanee società informazionali. Questo 'giardino murato' o 'recinzione' dei contenuti digitali costituisce una minaccia sempre più grande per il principio democratico dell'informazione dei cittadini e per quello scientifico della cumulabilità della conoscenza»[13]. Più che sulla fine della storia, dunque, dovremmo piuttosto interrogarci sulla «fine della geografia», e chiederci quale senso possa ancora avere l'antica indicazione del «finis terrae». Della terra, appunto, perché, quella fine non porta con sé il vuoto, ma il litorale come estremo confine e, al di là di questo, il mare sconfinato. Il mare è la grande, e non nuova, metafora. La libertà dei mari si confronta con il *nomos* della terra, e l'azione di chi si muove su Internet viene descritta con la parola «navigare».

[11] Così G. Hardin, *The Tragedy of Commons*, in «Science», 162, 3859, 1968, pp. 1243-1248, in particolare p. 1244. Molte sono state le giuste critiche a questa peraltro fortunata teoria, ben sintetizzate in C. Hess e E. Ostrom (a cura di), *La conoscenza come bene comune. Dalla teoria alla pratica*, trad. it. di I. Katerinov, Bruno Mondadori, Milano 2009, pp. 13-14, che parlano piuttosto di «tragicommedia».

[12] L. Gallino, *Tecnologia e democrazia. Conoscenze tecniche e scientifiche come beni pubblici*, Einaudi, Torino 2007.

[13] P. Ferri, *La conoscenza come bene comune nell'epoca della rivoluzione digitale*, introduzione a Hess e Ostrom, *La conoscenza* cit., p. XXXIV.

Ben diverso, evidentemente, deve essere il modo in cui il tema del confine va analizzato quando si affrontano i rapporti tra sfera pubblica e sfera privata, dove s'incontrano il tema antico della tirannide politica, che vuole impadronirsi dell'intera persona del suddito senza riconoscergli alcun diritto a uno spazio privato, e quello nuovo di un sistema dell'informazione e della comunicazione che tende a produrre una trasparenza totale, nella quale si rispecchia pure un bisogno di apparire del singolo, non più privilegio esclusivo dell'«uomo pubblico», e di continui passaggi dall'«intimité» all'«extimité»[14]. Si deve aggiungere che l'abbattimento della frontiera, la cancellazione del confine possono portare alla prepotenza del privato, al ritorno stesso dello Stato patrimoniale, all'uso privato delle risorse pubbliche, in definitiva a una espansione del privato che tende a imporre se stesso come unica regola. Proprio questo duplice possibile effetto della sparizione del confine ci indica una strada diversa, un compito impegnativo: pensare il confine in una dimensione sconfinata. E le prime distinzioni da tener presenti sono quelle tra costruzione libera della personalità e costruzione democratica della città politica, tra ciò che si caratterizza come «comune» e ciò che può essere affidato ad altre forme di appropriazione, tra quello che appartiene a una singolarità irriducibile e quello che va ricondotto a una molteplice serie di legami. Confine e non confine mostrano così connessioni che non possono essere cancellate.

Fatte queste considerazioni, che sottolineano l'improprietà di talune semplificazioni, si può considerare la dimensione globale senza sguardi totalizzanti, senza che venga meno la necessità di continuare a guardare alla dimensione nazionale come al luogo dove si colgono ancora strumenti e opportunità che consentono di offrire tutele intense ai diritti fondamentali. Ma questa è cosa ben diversa da qualsiasi pretesa di una restaurazione impossibile dell'«offerta» dello Stato Nazione che, tra l'altro, parte da una premessa non corretta, e cioè l'essersi ormai realizzata una discontinuità radicale che cancella ogni spazio per le iniziative nazionali. Di nuovo semplificazioni pericolose, di nuovo contrapposizioni indebite. Come sono frutto di veri fraintendimenti e forzature i tentativi di guardare alla globalizzazione con

[14] Così J. Lacan, *Le séminaire Livre VII: L'éthique de la psycanalise* [1959-1960], a cura di J.-A. Miller, Seuil, Paris 1966. Sul punto le mie osservazioni in *La vita e le regole. Tra diritto e non diritto*, 2ª ed. ampliata, Feltrinelli, Milano 2012, p. 115.

il criterio del «nulla di nuovo sotto il sole» (non era forse globale l'impero romano?), così si rivela impropria la presentazione della globalizzazione, delle sue modalità e dei suoi effetti come una *tabula rasa*, sulla quale scrivere una nuova storia inconsapevole d'ogni passato.

Si perde così anche la possibilità di intendere il senso della riscoperta del locale, e del rapporto di questo con la globalità. Inoltre, una rinnovata riflessione sui confini non può essere condotta pensandoli come se la globalizzazione non ne avesse mutato senso e portata. Questo non vuol dire che, con la globalizzazione, si sia entrati in uno spazio «liscio», sempre e comunque fluido e attraversabile[15]. Da una parte, i territori si riorganizzano secondo la logica «multilivelli», che implica appunto la definizione di confini proiettati al di là dello Stato nazionale, come testimoniano le esperienze delle unioni regionali, a partire dall'Unione europea, e dei diversi soggetti che esercitano sovranità nello spazio globale. Dall'altra, si erigono nuove barriere per esercitare controlli sempre più diretti e capillari su persone, gruppi, collettività, recintando spazi pubblici e riducendo quelli privati. Le politiche della paura inducono un bisogno di «walled democracy», di una democrazia che si rifugia in *enclaves* fisiche, etniche, religiose, culturali[16].

Per evitare questi rischi, che vanificherebbero la buona intenzione di chi vuole preservare una adeguata tutela dei diritti fondamentali, serve un diverso esercizio di realismo, che muova da una presa d'atto delle trasformazioni da tempo in corso. Non solo la globalizzazione, ma la rilevanza istituzionale sempre più assunta dalle dimensioni internazionale e sovranazionale, hanno portato alla «fine del territorio giacobino»[17], circondato da sicuri confini, governato da un unico centro. Anzi, una più generale «fine dei territori»[18] ci obbliga a riflettere non tanto intorno a un disordine mondiale, determinato dalla crisi dello Stato moderno incardinato appunto sul territorio come suo elemento costitutivo, ma piuttosto sull'emergere di un «mondo

[15] Mezzadra, *Confini* cit., p. 103.

[16] Si veda, ad esempio, T. Judt, *Guasto è il mondo*, trad. it. di F. Galimberti, Laterza, Roma-Bari 2011, pp. 140-141. L'ossessione della sicurezza e il bisogno di «chiusure» sono narrati da H. Böll, *Assedio preventivo*, trad. it. di S. Bortoli, Einaudi, Torino 1980.

[17] J.-P. Balligand e D. Maquart, *La fin du territoire jacobin*, Albin Michel, Paris 1990.

[18] B. Badie, *La fin des territoires. Essai sur le désordre international et sur l'utilité sociale du respect*, Fayard, Paris 1995.

senza centro»[19], che troverebbe la sola forma possibile nel suo organizzarsi in rete. La rivoluzione di Internet, infatti, ha contagiato il linguaggio della politica, che sempre più spesso descrive se stessa con le parole attinte proprio dal lessico della rete, alla fine proposta come la nuova, ineludibile forma di organizzazione sociale[20].

Poiché la grande metafora della globalizzazione è Internet, questo fattore di dissoluzione degli antichi assetti porterebbe dunque con sé pure l'indicazione della via d'uscita. Ma una così meccanica trasposizione della logica della rete nell'organizzazione politica e sociale, valutazioni generali a parte, non porta necessariamente con sé una garanzia adeguata dei diritti fondamentali. Esige, invece, proprio una riconsiderazione del modo in cui i diritti fondamentali si iscrivono in un contesto così profondamente mutato.

Questo è tema che verrà analiticamente affrontato più avanti, ma fin d'ora può dirsi che la garanzia dei diritti non può venire da un rinnovato rinserrarsi nei confini nazionali, né scaturire da automatismi, da una «natura» libertaria della rete, il nuovo «cielo» al quale guardare quando si perdono i riferimenti abituali. I fatti sono duri e testardi, e ci propongono continuamente casi di inadeguatezza o di inesistenza delle tutele nazionali e di violazioni di diritti consumate proprio in rete. L'insidia del riduzionismo – verso gli spazi angusti della nazione o verso lo sterminato cyberspazio – è ben visibile, produce non realismo politico e istituzionale, ma travisamenti della realtà. Serve uno sguardo diverso per individuare gli spazi dove propriamente i diritti sono, al tempo stesso, proclamati e sempre insidiati dal disconoscimento o dalla violazione.

Per far questo, è necessario andare anche «oltre il senso del luogo»[21], cogliere la portata più generale di un ridisegno complessi-

[19] È la formula ripetutamente adoperata da M. Castells ad esempio in *Globalizzare la politica*, in «Lettera internazionale», 70, 2001, pp. 2-7.

[20] Basta ricordare i titoli di alcuni tra i moltissimi libri dedicati a questo tipo di problemi: P. Mathias, G. Pacifici, P. Pozzi e G. Sacco, *La Polis Internet*, Angeli, Milano 2000; D. Morris e G. Delafon, *Vote.com*, Plon, Paris 2002; E. Ciulla Kamark e J.S. Nye, *Governance.com*, Brooking Institution Press, Cambridge (Mass.)-Washington (DC) 2002; C. Sunstein, *Republic.com. 2.0*, Princeton University Press, Princeton 2007.

[21] J. Meyrowitz, *Oltre il senso del luogo*, trad. it. di N. Gabi, Baskerville, Bologna 1993. E si veda l'opposto percorso «verso il senso del luogo» di A. Magnaghi, *Il progetto locale. Verso il senso del luogo*, nuova ed., Bollati Boringhieri, Torino 2010.

vo dei luoghi tradizionali e delle distinzioni che li sostengono – nazionale/globale, pubblico/privato, individuale/sociale, reale/virtuale, interno/esterno, identità/alterità. Il fenomeno più appariscente è certo quello dei continui attraversamenti o della cancellazione/ridefinizione dei confini, sia per individuare la condizione dei soggetti, sia per stabilire come le continue «delocalizzazioni» incidano sulla definizione, la portata e la garanzia dei diritti. Questo è assai evidente, ad esempio, quando il trasferirsi nella sfera pubblica di fatti e comportamenti prima collocati nella sfera privata determina una minore, o comunque diversa, «aspettativa di privacy», per ragioni legate a una qualità del soggetto (persona «pubblica», dunque collocata in uno spazio diverso da quello in cui si trovano le persone «comuni») o alla natura dell'informazione (dunque a una sua qualità «oggettiva», non determinata dal soggetto al quale si riferiscono). Così il corpo elettronico, costituito dall'insieme delle informazioni riguardanti un soggetto, è qualcosa che si riversa all'esterno, si distribuisce nel mondo, entra nella disponibilità di una molteplicità di soggetti i quali, in questo modo, contribuiscono alla definizione delle stesse identità altrui, in primo luogo costruendo e diffondendo profili individuali, di gruppo, sociali.

Ma questo gioco interno/esterno finisce con il riguardare lo stesso corpo fisico. L'unità fisica, il perimetro delineato dalla pelle, non definiscono più lo spazio del corpo, che si dilata in un altrove che esige un continuo e paziente lavoro di riconoscimento: chi governa le parti del corpo collocate in quell'«altrove» costituito dalle banche del sangue, del cordone ombelicale, dei gameti, degli embrioni, delle cellule, dei tessuti? Diremo che il corpo occupa il mondo? E il significato dei diritti e della loro garanzia si atteggia diversamente, a seconda che queste dinamiche vengano intese come uno smembramento, che deve essere tenuto sotto controllo in primo luogo dagli stessi interessati, oppure come un modo di «possedere» il mondo attraverso l'estensione in esso del proprio corpo[22]. Al tempo stesso, però, i diversi strumenti grazie ai quali il corpo viene «riparato» o «migliorato», seguendo una dinamica che si fa sempre più intensa,

[22] Ho discusso questo punto nello scritto *Il corpo «giuridificato»*, in S. Rodotà e P. Zatti (a cura di), *Trattato di biodiritto*, vol. II: *Il governo del corpo*, Giuffrè, Milano 2011, t. 1, pp. 51-76, in particolare pp. 62 e 72. Si veda anche B. Magni, *I confini del corpo*, ivi, pp. 29-49.

possono presentarsi come «objects-frontières humains» nel loro individuare appunto i luoghi di congiunzione tra corpo e tecnologia[23].

Lo stesso corpo, dunque, pone un problema di confini, e mostra come sia impossibile concepire diritti e garanzie avendo come riferimento gli spazi del passato, proprio quelli che le dinamiche sociali, culturali, tecnologiche hanno radicalmente modificato. A questa diversa dimensione dei diritti, a questi nuovi spazi e «territori», non si addicono operazioni di restaurazione o le utopie regressive nelle quali si manifesta una imbarazzante incapacità di «mettere a fuoco» il mondo[24].

[23] K. Hoeyer, *Anthropologie des objects-frontières humains*, in «Sociologie et Société», 2, 2010, pp. 67-89.

[24] A.C. Varzi, *Il mondo messo a fuoco. Storie di allucinazioni e miopie filosofiche*, Laterza, Roma-Bari 2010.

Capitolo II
Lo spazio dell'Europa

Oltre l'egemonia dei mercati

Su questo impervio terreno, in questo intrico di problemi, ha voluto inoltrarsi l'Unione europea, quando nel 2000 ha deciso di darsi una Carta dei diritti fondamentali, la prima del nuovo millennio e dal 2009 giuridicamente vincolante, facendo così dell'Europa la regione del mondo dove più è elevato il riconoscimento di libertà e diritti. È così davvero nato un altro luogo, si è creato un altro spazio, un'altra idea di confine è emersa, spaziale e temporale. Nel Preambolo della Carta, come già si è ricordato, si afferma che il godimento dei diritti in essa contenuti «fa sorgere responsabilità e doveri nei confronti degli altri come pure della comunità umana e delle generazioni future». Un tema, questo, esplicitamente richiamato in una Comunicazione della Commissione del 19 ottobre 2010, dove si afferma che «l'azione dell'Unione in materia di diritti fondamentali si estende al di là delle politiche interne», poiché la Carta si applica anche alla sua «azione esterna»[1]. «Responsabilità», «doveri», «azione» della Commissione vengono così sottratti al vincolo dello spazio, visto che si fa esplicito riferimento agli «altri» (dunque a soggetti diversi da quelli compresi nello spazio dell'Unione), alla «comunità umana» nel suo insieme, alla rilevanza «esterna» della sua azione; e pure al vincolo del tempo, essendo la responsabilità rivolta anche alle «generazioni future». È una logica, questa, in cui si manifesta la consapevolezza di una più profonda indivisibilità dei diritti, che si presentano come legame necessario tra tutti i luoghi del mondo e come proiezione nel futuro. Non solo, dunque, una passiva accettazione del fatto «globalizza-

[1] Commissione europea, *Comunicazione della Commissione. Strategie per un'attuazione effettiva della Carta dei diritti fondamentali dell'Unione europea*, COM (2010) 573.

zione», ma la consapevolezza delle diverse prospettive che questa indica e delle nuove responsabilità che impone. E, al tempo stesso, l'adeguarsi della dimensione dei diritti a quella «cancellazione» dei vincoli del tempo e dello spazio che caratterizzano la rivoluzione elettronica e quel cyberspazio che da lì è nato.

Vale la pena di ricordare la ragione d'origine di quel documento. L'avvio del processo di elaborazione della Carta si è avuto nel Consiglio europeo di Colonia, nel giugno del 1999, con una decisione che si apre con parole particolarmente impegnative: «La tutela dei diritti fondamentali costituisce un principio fondatore dell'Unione europea e il presupposto indispensabile della sua legittimità. L'obbligo dell'Unione di rispettare i diritti fondamentali è confermato e definito dalla Corte di giustizia europea nella sua giurisprudenza. Allo stato attuale dello sviluppo dell'Unione, è necessario elaborare una Carta di tali diritti al fine di sancirne in modo visibile l'importanza capitale e la portata per i cittadini dell'Unione». Veniva in tal modo esplicitamente sottolineata l'inadeguatezza del quadro istituzionale fino ad allora costruito, ricorrendo a una parola assai impegnativa come «legittimità». Non più soltanto un «deficit di democrazia» insidiava l'Unione, come fino ad allora si era detto, ma un ben più radicale deficit di legittimità. Irresistibile, torna alla memoria l'art. 16 della Dichiarazione dei diritti dell'uomo e del cittadino del 1789: «La società nella quale non è assicurata la garanzia dei diritti, e non è stabilita la separazione dei poteri, non ha Costituzione». L'Unione europea ha manifestato questa consapevolezza e, anche se ancora è lungo il tratto di cammino da compiere, ha dato una indicazione di principio che non può essere trascurata.

Il mercato, le libertà economiche che l'accompagnano, la moneta unica non sono stati ritenuti sufficienti per attribuire legittimità a una costruzione difficile, e sempre a rischio, qual è quella europea. Il passaggio dall'«Europa dei mercati» all'«Europa dei diritti» diviene così ineludibile, condizione necessaria perché l'Unione possa raggiungere piena legittimazione democratica. Un obiettivo, questo, formalmente sottolineato dalla già ricordata Comunicazione della Commissione, dove la Carta viene indicata come il parametro che «garantisce il controllo sistematico della compatibilità con la Carta delle sue proposte legislative e degli atti»[2] adottati dalla Commissio-

[2] Ivi, 1.1.

ne, che devono essere tutti sottoposti a una «valutazione d'impatto con la Carta». E questa diviene la premessa di un controllo esercitato dalla Corte di giustizia, che in tal modo si avvia a essere la corte costituzionale dell'Unione europea.

La ridefinizione dei principi fondativi

Questa specifica vicenda europea consente di dare evidenza concreta al conflitto che, nella dimensione globale, riassume tutti gli altri, e che riguarda il modo in cui si vanno redistribuendo i poteri, i soggetti che ne sono titolari, i controlli che possono essere esercitati. Questo modello è ormai presente oltre lo spazio europeo, tanto che al rifiuto radicale della globalizzazione, sintetizzato dallo slogan «No Global», si è via via sostituita una linea diversa, che parla appunto di globalizzazione attraverso i diritti e non soltanto attraverso il mercato.

L'istituzione di un esplicito legame tra trasformazioni globali e diritti nella società-mondo ribadisce un principio del costituzionalismo moderno, quello ricordato prima con il riferimento all'art. 16 della Dichiarazione dei diritti dell'uomo e del cittadino. Così non viene tanto messa in evidenza una continuità o permanenza storica, ma soprattutto si individua una questione ineludibile in quell'intreccio politico e istituzionale indicato con la parola «multilivello», che descrive una situazione nella quale convivono dimensione nazionale, sovranazionale, internazionale, globale. Qui la garanzia dei diritti non è soltanto fonte di legittimità delle diverse istituzioni presenti sulla scena. Adempie ad altre funzioni: quella di rendere possibili forme di controllo non solo diffuse, ma fondate su criteri che spezzano l'autoreferenzialità dell'agire economico, considerato come l'attività concreta preminente su tutte le altre e perciò legittimata a essere, sostanzialmente, anche fonte della regola; e quella di una redistribuzione dei poteri che, di conseguenza, non può risolversi nel loro accentramento nelle sole mani dei soggetti economici.

La struttura della Carta dei diritti fondamentali conferma questa linea ricostruttiva. I suoi sei capitoli sono intitolati a dignità, libertà, eguaglianza, solidarietà, cittadinanza, giustizia. Questi sono ormai i principi fondativi del sistema costituzionale europeo, con una innovazione significativa rispetto all'Europa dei vecchi trattati in cui non si nominavano la dignità, l'eguaglianza, la solidarietà, che compaiono invece nell'art. 2 del Trattato di Lisbona tra i valori fondativi dell'Unione. Se, poi, si considera che dai principi del Trattato è stata espunta la concorrenza, citata soltanto nel protocollo n. 27 sul mercato interno e la concorrenza, il mutamento del contesto appare ancor più netto e, soprattutto, viene indicata una linea di sviluppo dinamico dell'intero sistema che ne rende improponibile una interpretazione fondata sui soli criteri del passato, dunque una lettura affidata a logiche riduzioniste, ancorate alla prevalenza del dato economico. Questo ci dice anche che la Carta non è affatto un punto d'arrivo, bensì un impegnativo punto di partenza. Il suo destino, e con esso quello dell'Unione, non è affidato a una qualche identità che ne congeli gli spiriti, la chiuda in una logica oppositiva nei confronti degli altri, proprio quegli «altri» che invece, come già si è ricordato, il Preambolo indica come riferimenti necessari, inseparabili dal mondo che l'Unione vuole contribuire a edificare, proiettandosi al di là dei suoi stessi egoismi. L'apertura che essa prospetta, i compiti impegnativi che indica, richiamano piuttosto la virtù somma del carattere europeo, che Paul Hazard ha sintetizzato con straordinaria efficacia, parlando di «une pensée qui ne se contente jamais»[3]. Aggiungendo, poi, che la novità ben può consistere in «une certaine volonté de regarder l'avenir plutôt que le passé, de se dégager du passé tout en profitant de lui»[4].

Proprio in tempi assai difficili, e che fanno dubitare della tenuta stessa della costruzione europea, è bene non dimenticare le grandi opportunità che hanno accompagnato la svolta rappresentata dal fatto che l'Unione ha voluto darsi una propria dichiarazione dei diritti, che non è un «aggiornamento» di quelle già esistenti, ma la voce della regione del mondo dove storia e attualità sembrano di nuovo congiungersi, pur tra mille condizionamenti e ritardi, per proporre i diritti fondamentali come ineludibile riferimento. Ma grandi sono pure le responsabilità che questa scelta impone alla politica e alla cultura, alle istituzioni e a tutte le persone che si trovano in questa parte del mondo. Come la loro storia ci dice, i diritti non sono mai

[3] P. Hazard, *La crise de la conscience européenne (1680-1715)*, Fayard, Paris 1961, p. 414 (il libro è apparso per la prima volta, in due tomi, nel 1935 presso l'editore Boivin, Paris; trad. it. a cura di P. Serini, *La crisi della coscienza europea* [Einaudi, Torino 1946], Utet, Torino 2007, p. 351).

[4] Ivi, p. 420.

acquisiti una volta per tutte. Sono sempre insidiati, a rischio. La loro non è mai una vicenda pacificata. Il loro riconoscimento formale ci parla sempre di una battaglia vinta, ma immediatamente apre pure la questione del loro rispetto, della loro efficacia, del loro radicamento. I diritti diventano così, essi stessi, strumenti della lotta per i diritti. E, nel momento in cui si invoca una più intensa integrazione anche politica, la Carta dei diritti è lì ad ammonirci che questa integrazione non può risolversi tutta nella dimensione dell'economia, ma esige una pari rilevanza per i diritti fondamentali, come condizione indispensabile per la democraticità dell'Unione e per la sua legittimazione nei confronti dei cittadini.

Sappiamo tutto questo, ma dobbiamo ripeterlo, anche per non fermarci agli appagamenti facili, alla superficie delle cose. Così, andando più a fondo nella Carta dei diritti fondamentali e nel sistema di cui fa parte, ritroviamo pure una serie di norme che mostrano come i diritti fondamentali costituiscano un passaggio necessario proprio per affrontare nodi difficili della democrazia. In via generale, e per chiarire meglio il contesto nel quale la Carta si inserisce, si deve sottolineare che il Trattato di Lisbona ha affiancato al riconoscimento della democrazia rappresentativa, come fondamento del funzionamento dell'Unione (art. 10), una modalità di intervento diretto dei cittadini che introduce un significativo elemento di democrazia partecipativa. Nell'art. 11, infatti, si prevede che «cittadini dell'Unione, in numero di almeno un milione, che abbiano la cittadinanza di un numero significativo di Stati membri, possono prendere l'iniziativa d'invitare la Commissione europea, nell'ambito delle sue attribuzioni, a presentare una proposta appropriata su materie in merito alle quali tali cittadini ritengono necessario un atto giuridico dell'Unione ai fini dell'attuazione dei trattati». È solo un primo passo, una innovazione il cui destino è affidato ovviamente alla capacità di iniziativa dei cittadini europei. È un passo che va nella direzione giusta, perché diviene sempre più evidente che il futuro della democrazia rappresentativa è ormai affidato alla sua capacità di trovare modalità di integrazione con la molteplicità crescente delle forme della democrazia partecipativa, che possono rinvigorirla e restituirle legittimazione. Più specificamente, il passaggio dalla partecipazione individuale a quella collettiva rende disponibile uno strumento istituzionale che può contribuire concretamente alla costruzione di quel *demos* europeo la cui mancanza ha fatto dubitare della possibilità stessa di dare all'Unione europea un fondamento diverso da quello della dinamica dei mercati.

Due sono, dunque, i riferimenti del Trattato di Lisbona che meglio contribuiscono a precisare il contesto generale, a individuare gli elementi del «sistema costituzionale europeo» rilevanti per questa nuova narrazione dei diritti. Entrambi, tuttavia, sono meglio definiti proprio attraverso il modo, diretto e indiretto, in cui compaiono nella Carta dei diritti fondamentali. La questione della democrazia, infatti, trova nei suoi articoli una puntuale elencazione delle precondizioni la cui mancanza svuota di senso l'intero processo democratico. E la indicazione dei valori fondativi dell'Unione, che si ritrova nell'art. 2 del Trattato di Lisbona e che qui assume un tono programmatico se non declamatorio, trova invece concretezza quando la Carta li traduce in una assiologia, calata poi nelle specifiche disposizioni di ciascuno dei suoi capitoli.

Questo sistema di relazioni tra i due documenti, ad ogni modo, non deve far perdere di vista il dato istituzionale costituito dalla collocazione della Carta dei diritti fondamentali al di fuori del Trattato. Considerata da taluni una sorta di depotenziamento, in realtà questa collocazione fa assumere alla Carta un significato che permette di guardare a essa come a un vero Bill of Rights. L'autonomia della Carta la sottrae alle vicende mutevoli di una politica che può portare a modifiche dei Trattati, a prassi restrittive, e le consegna la potenzialità di agire come elemento stabilizzatore dell'intero sistema costituzionale. Non una «massa di granito», come si disse per il *Code civil* francese del 1804, inscalfibile dal mutare di una legislazione sempre intesa come eccezionale o d'occasione. Ma sicuramente un dato istituzionale forte. Infatti, già prima che la Carta divenisse giuridicamente vincolante attraverso il riconoscimento dello «stesso valore giuridico dei trattati» (art. 6 del Trattato di Lisbona), le due Comunicazioni della Commissione del 2001 e del 2005 avevano stabilito che gli atti normativi dell'Unione fossero sottoposti a un test di compatibilità con le disposizioni della Carta, e questo criterio è stato ribadito dalla ricordata Comunicazione del 2010. Divenuta «misura» della normativa europea, la Carta è un passaggio ineludibile nella ricostruzione del sistema e nella definizione dei principi che devono guidarne il funzionamento.

Indivisibilità dei diritti e rispetto dei principi

L'operazione di politica del diritto condotta attraverso la Carta può essere così scomposta: abbandono della distinzione dei diritti per «generazioni»; conseguente affermazione della indivisibilità dei diritti; passaggio dal soggetto astratto alla persona situata nel contesto caratterizzato dalle condizioni concrete della sua esistenza; accento posto non sulla democrazia puramente procedurale, ma sulle precondizioni necessarie per un effettivo processo democratico.

È stato proprio il progressivo emergere e consolidarsi dei diritti sociali nella prima metà del Novecento ad accentuare la scansione tra le diverse categorie dei diritti, definite poi «generazioni», sì che alle prime tre – civili, politici, sociali – se ne sono poi aggiunte altre, sostanzialmente legate alle situazioni determinate dalla nuova coscienza ambientale e agli effetti delle innovazioni scientifiche e tecnologiche. Questo parlar di «generazioni», con una terminologia identica a quella in uso nel mondo dei computer, potrebbe indurre a ritenere che ogni nuova generazione di strumenti condanni all'obsolescenza e all'abbandono definitivo tutte le precedenti, con una evidente forzatura che nasce dalla volontà di tradurre una scansione cronologica, peraltro controversa, in una gerarchia che attribuisce ad alcune di queste generazioni uno statuto teorico più forte[5].

Ora, a parte forzature o incomprensioni come questa, il vero tema è sempre stato quello di cogliere la qualità del nuovo: e, più che interrogarsi intorno alla esistenza di continuità o rotture, si è posta la questione della natura dei nuovi diritti sociali, non solo per scorporarli dal quadro consolidato dei diritti, ma per metterne radicalmente in discussione la natura, la possibilità stessa di comprenderli tra i diritti. È bene ricordare che l'emersione della categoria dei diritti sociali deve molto alla riflessione di Thomas B. Marshall, un sociologo, non un giurista, che intese sistemare e legittimare le posizioni soggettive quali erano emerse dall'esperienza del Welfare State[6]. È necessario aggiungere, però, che le sue ricerche erano volte non a separare dagli altri i diritti sociali, ma a integrarli in un contesto in cui essi si presentavano come portatori di eguaglianza sostanziale e come elementi fondativi di una complessiva cittadinanza sociale.

[5] Cfr. R. Bin, *Diritti e fraintendimenti*, in «Ragion pratica», 2000, pp. 15-25.

[6] T.B. Marshall, *Cittadinanza e classe sociale* [1950], trad. it. di P. Maranini, a cura di S. Mezzadra, Laterza, Roma-Bari 2002.

La vicenda storica, e la mai sopita discussione politica e teorica sulla natura dei diritti sociali, devono ovviamente essere tenute presenti, ma il punto di riferimento ineludibile è ora rappresentato proprio dalla scelta fatta in sede di elaborazione della Carta dei diritti fondamentali. Nel suo Preambolo si afferma che «l'Unione si fonda sui valori indivisibili e universali della dignità umana, della libertà, dell'eguaglianza e della solidarietà». Questa affermazione è confermata e resa più puntuale dalla struttura della Carta, che abbandona le precedenti gerarchie e comprende nell'indivisibilità non solo i diritti sociali, ma anche quelli che sono stati indicati come diritti di quarta o di quinta generazione – quelli legati all'innovazione scientifica e tecnologica, alla tutela dell'ambiente, allo sviluppo sostenibile.

Proprio sull'indivisibilità, tuttavia, si sono appuntate critiche che mettono in evidenza, in particolare, il permanere di una subordinazione proprio dei diritti sociali alla pura logica del mercato, quale risulta soprattutto da alcune assai controverse sentenze della Corte di Giustizia. Bisogna domandarsi, allora, se davvero il sistema della Carta legittimi un bilanciamento libero tra i diversi valori proclamati, se tra essi vi sia una equivalenza gerarchica.

La scelta di affermare l'indivisibilità dei diritti trovava la sua prima ragione nella volontà di contestare, anche formalmente, uno statuto teorico e una collocazione operativa che hanno confinato i diritti sociali in una condizione di minorità rispetto agli altri diritti, addirittura negando che nel loro caso possa parlarsi in senso proprio di diritti. Ma questo implica pure che la collocazione «orizzontale» dei diritti sociali cancelli la possibilità di attribuire loro una tutela rafforzata, quale risulta, ad esempio, dalla fondazione sul lavoro della nostra Repubblica democratica? Ora, a parte la possibilità di ritrovare sentenze della stessa Corte di Giustizia nelle quali si stabilisce una gerarchia diversa da quella fondata sulla preminenza dell'economico, non si può separare la scelta dell'indivisibilità dalla scelta più generale resa manifesta dall'assiologia e dalla sistematica della Carta dei diritti fondamentali. Se, com'è detto nel Preambolo, l'Unione «pone la persona al centro della sua azione»; se la solenne affermazione dell'inviolabilità della dignità umana apre l'intera Carta, e si traduce poi nella concreta sottolineatura dell'«esistenza dignitosa» di cui parla l'art. 34; se eguaglianza e solidarietà sono indicati come valori fondanti dell'Unione: allora non solo è possibile, ma è conforme a questi elementi strutturali, considerare i diritti sociali nella loro integralità, dunque non soltanto quelli direttamente riferibili al lavoro, come dotati di uno statuto forte. Il loro rango e la loro tutela si ricavano proprio da questa nuova sistematica, nella quale è sicuramente rinvenibile la possibilità di attribuire a essi forme più intense di garanzia, preminenza nel bilanciamento degli interessi, che non può quindi ritenersi affidato alla discrezionale valutazione del giudice.

Le controverse questioni dello sciopero e della contrattazione collettiva, ad esempio, devono essere considerate dando il necessario rilievo a dignità, eguaglianza e solidarietà, che certamente sono parametri rilevanti, dal momento che l'esercizio del diritto di sciopero e la fissazione contrattuale delle modalità della prestazione di lavoro possono riguardare aspetti che incidono profondamente sulla persona in quanto tale, sulle sue relazioni private e sociali. Un'indicazione viene dall'esperienza tedesca. Affrontando il tema degli aiuti sociali e degli assegni di disoccupazione, come disciplinato nel 2005, il Bundesverfassungsgericht lo ha dichiarato parzialmente incostituzionale, con la sentenza del 9 febbraio 2010, per violazione degli artt. 1 («la dignità dell'uomo è inviolabile») e 20 («La Repubblica tedesca è uno Stato democratico e sociale») del *Grundgesetz*, della Costituzione federale[7]. La violazione riguarda il «menschenwürdiges Existenzminimum», la garanzia di un minimo esistenziale adeguato alla dignità della persona, che si presenta come ineludibile criterio di riferimento e misura dell'obbligazione sociale, di cui lo Stato deve assicurare l'adempimento. Siamo di fronte a una di quelle situazioni in cui è necessaria «una protezione reale e concreta della persona», com'è scritto nella sentenza Airey della Corte europea dei diritti dell'uomo[8], che in tal modo ha esteso la sua competenza al controllo delle condizioni materiali di esercizio dei diritti sociali.

Le questioni riguardanti il «diritto all'esistenza» saranno esaminate più avanti[9]. Ma gli esempi appena citati confermano la possibilità, anzi la doverosità, di seguire un cammino diverso da quello imboccato da chi utilizza l'indivisibilità dei diritti per sottrarsi al rispetto dei

[7] Su questa sentenza si vedano i puntuali rilievi di G. Bronzini, *Europa e Regioni: la sussidiarietà come criterio di decisione in Ue e il diritto a un reddito garantito*, in Bin Italia, *Reddito minimo garantito. Riflessioni sulla legge del Lazio*, «QR 1», Basic Income Network, Roma 2011, pp. 27-29.

[8] Corte europea dei diritti dell'uomo, *Airey c. Irlanda*, 9 ottobre 1979.

[9] Cfr. *infra*, il capitolo «Il diritto all'esistenza».

principi, e così impone una gerarchia «implicita» contrastante con l'innovazione costituzionale realizzata proprio attraverso la Carta dei diritti fondamentali. L'entrata in una fase nuova, quando questo non sia l'effetto di una rottura rivoluzionaria, trascina sempre con sé scorie del passato, sedimentazioni e resistenze, alle quali si deve reagire con una adeguata riflessione culturale e una convinta azione politica. La Carta dei diritti fondamentali ha aperto proprio una di queste fasi difficili. Le due sentenze ricordate prima sono tra loro lontane nel tempo e appartengono a dimensioni istituzionali diverse, ma testimoniano entrambe quale sia la dinamica da seguire, muovendo dagli ineludibili riferimenti alla persona ed alla sua dignità.

Ma questa non è una narrazione dei diritti che s'impiglia nell'astrazione. Esistenza, protezione concreta ci rimandano alla condizione materiale delle persone, che nella Carta dei diritti fondamentali trova pieno riconoscimento. Basta riflettere sull'inedita mossa realizzata attraverso gli artt. 24, 25 e 26, dove il soggetto astratto scompare, cede alla concretezza dell'essere anziano, bambino, disabile. Da questo nuovo spirito non è rimasta immune la stessa lettera della Carta. Nel tempo trascorso tra il testo d'origine, quello proclamato a Nizza nel 2000, e la sua revisione del 2007, il termine «individuo» viene sostituito con «persona». Non è soltanto un problema di coerenza interna della Carta, di un adeguamento a quanto detto nel Preambolo, dov'è appunto la persona a essere assunta come riferimento centrale. È la conferma dell'allontanarsi dall'astrazione, di una «deformalizzazione» che pone la Carta in sintonia con le dinamiche del più recente costituzionalismo, con quel costituzionalismo dei bisogni, della vita materiale, che connota ormai le carte costituzionali più recenti, che spingono il loro sguardo proprio verso il concreto vissuto delle persone. La formula del costituzionalismo dei bisogni parla di una persona situata in un contesto nel quale non assume rilevanza solo il riconoscimento formale dei diritti, secondo le modalità storicamente consolidate. Fa emergere soprattutto la necessità del passaggio a un complessivo assetto istituzionale che accompagni quel riconoscimento generale con la messa a punto «di un quadro delle capacità inteso come lo spazio più idoneo all'interno del quale valutare la qualità della vita»[10]. Considerata da questo punto di vista, l'attribuzione di

[10] M. Nussbaum, *Creare capacità. Liberarsi della dittatura del Pil*, trad. it. di R.

diritti non si esaurisce nel loro formale riconoscimento, ma avvia un processo istituzionale e sociale necessario per la loro attuazione.

Legittimità: l'Europa contro se stessa

La deformalizzazione ci conduce così al di là della democrazia soltanto procedurale. L'emersione della concretezza del reale fa sì che nella Carta si evidenzino con nettezza le precondizioni del processo democratico. Già integrato con l'apertura alla democrazia partecipativa operata dall'art. 11 del Trattato, questo processo si presenta come inscindibilmente legato all'effettivo riconoscimento dei diritti al lavoro e alla salute, all'istruzione e all'informazione, alla sicurezza e all'assistenza sociale, all'accesso ai servizi economici d'interesse generale. Intorno alla persona viene ribadita l'inscindibilità dei diritti, e la specificità di alcuni tra questi per il processo democratico conferma come proprio la Carta renda sempre meno ammissibile il bilanciamento libero tra i valori fondativi dell'Unione europea.

Seguendo la trama dei diritti, possiamo davvero scoprire un'altra Europa, assai diversa dalla prepotente Europa economica e dall'evanescente Europa politica. È appunto quella dei diritti, troppo spesso negletta e ricacciata nell'ombra. Un'Europa fastidiosa per chi vuole ridurre tutto alla dimensione del mercato e che, invece, dovrebbe essere valorizzata proprio quando spirano forti i venti dell'antieuropeismo, mostrando ai cittadini come proprio sul terreno dei diritti l'Unione europea possa offrire loro un «valore aggiunto», dunque un volto assai diverso da quello, sgradito e inaccettabile, che la identifica con la continua imposizione di sacrifici.

Questa è, o dovrebbe essere, una via obbligata, per tutte le ragioni politiche e giuridiche prima ricordate. Una via sicuramente resa più ardua dalle molte vicende che, nell'ultimo periodo, hanno ag-

Falcioni, il Mulino, Bologna 2012, p. 25 (il sottotitolo originale parla più precisamente di *The Human Development Approach*). Il riferimento alle capacità porta con sé un rinvio alle ricerche di A. Sen, in particolare *La diseguaglianza: un riesame critico* [1992], trad. it. di A. Balestrino, nuova ed., il Mulino, Bologna 2010; *Lo sviluppo è libertà. Perché non c'è crescita senza democrazia* [1999], trad. it. di G. Rigamonti, Mondadori, Milano 2000; *L'idea di giustizia* [2009], trad. it. di L. Vanni, Mondadori, Milano 2010. Alla «qualità della vita» è dedicato un numero di «Filosofia politica» (3, 2009, pp. 353-452).

gravato il già ricordato doppio deficit di cui soffre l'Unione europea, quello di legittimità e quello di democrazia. L'approvazione del *fiscal compact*, ad esempio, con la forte crescita dei poteri della Commissione europea e della Corte di Giustizia, ha reso ancor più evidente il ruolo marginale dell'unica istituzione europea democraticamente legittimata – il Parlamento. Poiché si torna a parlare di una revisione dei trattati, con la riapertura di una fase costituente, la nuova agenda costituzionale europea dovrebbe avere al primo posto proprio il rafforzamento del Parlamento, proiettato così in una dimensione dove potrebbe finalmente esercitare una funzione di controllo degli altri poteri e un ruolo significativo anche per il riconoscimento e la garanzia dei diritti. Si tratterebbe, peraltro, di uno svolgimento coerente di quel che il Parlamento ha già dimostrato di saper fare, respingendo il Trattato Acta che, in nome della tutela del diritto d'autore, introduceva controlli e censure e restringeva in maniera inammissibile diritti fondamentali delle persone.

Bisogna insistere sempre nel ricordare che l'orizzonte europeo non è solo quello del mercato e della concorrenza, come già si è ricordato mettendo in evidenza quale sia la struttura della Carta. Si deve aggiungere che lo sviluppo, al quale la Carta si riferisce, è solo quello «sostenibile», sì che da questo principio scaturisce un limite all'esercizio dello stesso diritto di proprietà, rendendo ancor più evidente l'illegittimità di una prevalenza assoluta della dimensione economica, insostenibile alla luce dell'acquisita indivisibilità dei diritti. In questa direzione vanno specifiche norme, come quelle dove si afferma che il lavoratore ha il diritto «alla tutela contro ogni licenziamento ingiustificato», «a condizioni di lavoro sane, sicure e dignitose», alla protezione «in caso di perdita del posto di lavoro». Più in generale, e con parole assai significative, si sottolinea la necessità di «garantire un'esistenza dignitosa a tutti coloro che non dispongano di risorse sufficienti». Un riferimento, questo, che apre la via all'istituzione di un reddito di cittadinanza e ribadisce il legame stretto tra le diverse politiche e il pieno rispetto della dignità delle persone.

Tutte queste indicazioni sono «giuridicamente vincolanti», e come tali non possono essere escluse dalla discussione pubblica e sottovalutate nella ricostruzione complessiva del sistema disegnato dalla Carta dei diritti fondamentali. Si apre così una questione che non è soltanto giuridica, quanto politica al più alto grado. Il riduzionismo economico non solo mette l'Unione europea contro diritti fondamentali delle persone, ma contro se stessa, contro i principi che dovrebbero fondarla e darle un futuro democratico, legittimato dall'adesione dei cittadini. Da qui dovrebbe muovere un nuovo cammino costituzionale. Se l'Europa deve essere «ridemocratizzata», come sostiene Jürgen Habermas, non basta un ulteriore trasferimento di sovranità finalizzato alla realizzazione di un governo economico comune, perché un'Unione europea dimezzata, svuotata di diritti, inevitabilmente assumerebbe la forma di una «democrazia senza popolo».

Capitolo III
Il mondo nuovo dei diritti

L'età dei diritti

È proprio la questione della democrazia a intrecciarsi continuamente con quella dei diritti. I diritti contro la democrazia, quando il loro carattere «fondamentale» li vuole sottratti alla logica del principio di maggioranza, e così colpisce al cuore la stessa sovranità popolare? I diritti contro la democrazia, quando la loro effettività, e le modalità stesse del loro riconoscimento, vengono sempre più ampiamente affidate ai giudici e sottratte al legislatore, alterando l'equilibrio tra i poteri?

La diffidenza per i diritti, per l'incapacità della loro grammatica di comprendere il mondo, per la loro insaziabilità che erode spazi politici e sociali, non è nuova. Ma libertà e diritti accompagnano la nascita del cittadino moderno, definiscono un ordine politico e simbolico interamente nuovo. Tra resistenze ed esitazioni, certamente: i nostalgici e i teorizzatori d'ogni ordine comunitario o gerarchico li respingono; e una ripulsa, sia pure ben diversamente connotata, viene da chi professa un realismo politico senza scorie, e perciò aborre la signoria degli «pseudoconcetti» giuridici e mette in guardia contro le seduzioni delle dichiarazioni dei diritti. Malgrado ciò, essi sono divenuti il connotato d'una età, appunto «l'età dei diritti»[1]; le definizioni non ci parlano soltanto di uno «Stato di diritto», bensì di uno «Stato dei diritti»; l'istituzione di uno «spazio dei diritti» individua un connotato essenziale dello Stato costituzionale[2]; e la fondazione stessa della democrazia, dopo il discredito caduto sulla sovranità popolare per l'esperienza delle democrazie «popolari», dovrebbe ormai essere cercata soltanto nella categoria dei diritti fondamentali

[1] N. Bobbio, *L'età dei diritti*, Einaudi, Torino 1990.

[2] M. Fioravanti, *Costituzionalismo. Percorsi della storia e tendenze attuali*, Laterza, Roma-Bari 2009.

dell'uomo[3]. La dimensione dei diritti, però, ci appare al tempo stesso fondativa e fragilissima, perennemente insidiata da restaurazioni e repressioni, tese a cancellare o limitare proprio l'insieme degli strumenti che dovrebbero garantire al cittadino le massime possibilità di sviluppo autonomo.

Torna così l'interrogativo radicale. L'età dei diritti è al tramonto? Questo sarebbe l'esito di un processo in cui si congiungono pretese ideologiche e inflazione delle situazioni garantite, estrema individualizzazione delle tutele e erosione della sfera pubblica. Che cosa, però, al posto dei diritti? Qui le risposte si diversificano, si fanno ingenue o prepotenti, nostalgiche o culturalmente regressive. È ingenua, e per molti versi sorprendente, la tesi che vede i diritti inservibili in un mondo ormai prigioniero della logica economica. E se fosse vero il contrario, che proprio la pretesa di ridurre tutto all'economico può trovare solo in una reinventata dimensione dei diritti l'unico possibile contrappeso, anzi la via per contestare la legittimità stessa di quel riduzionismo? Ma parlare di «reinvenzione» non è già un ammettere che quella tradizione dei diritti è divenuta inadeguata, per non dire inservibile, nel tempo che stiamo vivendo e nel futuro che si annuncia?

Una osservazione della realtà ci porta in una direzione diversa. Quella reinvenzione è già in corso, e a essa si oppone una coalizione singolare tra chi vuol cogliere l'occasione per liberarsi finalmente dal peso dei diritti e chi pensa di poterli ancora difendere chiudendosi nella loro antica cittadella. Vale, allora, la riflessione storica, che induce a concludere che non di un'unica età dei diritti dobbiamo parlare, ma di età dei diritti al plurale, e non solo in senso diacronico, ma pure sincronico. Sappiamo che l'invenzione dei diritti appartiene alla modernità occidentale, che stretta è la sua connessione con le rivendicazioni individualiste e proprietarie della borghesia vittoriosa, che l'evoluzione successiva, sul continente europeo soprattutto, invece è tutta legata all'irruzione di un altro soggetto, la classe operaia, che impone la modifica del quadro costituzionale, conduce addirittura verso una nuova forma di Stato che, per il ruolo assunto dai diritti sociali, si conviene di definire «Welfare State»,

[3] A. Touraine, *Critique de la modernité*, Fayard, Paris 1992, p. 377 [*Critica della modernità*, trad. it. di F. Sircana, il Saggiatore, Milano 1993].

«Stato sociale», «Sozialstaat», «État-providence». Nella modernità, dunque, insediamento e forza dei diritti sono parte integrante della vicenda dei «soggetti storici» della trasformazione politica, economica, sociale, che proprio ai diritti affidano l'innovazione e il suo consolidamento.

Ma che cosa accade quando quei soggetti si trasformano, mutano ruolo e funzione, non sono più quelli che danno il tono al tempo vissuto? Quando è il volto anonimo dell'economia a identificare i tratti del mondo globale, quando si insiste sul fatto che i mercati «votano» e le istituzioni finanziarie «giudicano», e quindi si appropriano di funzioni che appartengono alla democrazia e sembrano ridurre all'unica loro misura tutti i diritti? Quando la tecnologia spinge verso le frontiere del post-umano, e quindi immediatamente ci si domanda se davvero possano sopravvivere diritti non a caso definiti, anche nel linguaggio giuridico, «umani»?

Una risposta complessiva potrebbe essere affidata alla constatazione che i diritti si sono in qualche modo separati dalla vicenda storica della modernità, l'hanno attraversata trovando una legittimazione senza precedenti, manifestano una loro piena autonomia, quasi una imbarazzante autofondazione. Oggi sarebbero in condizione di proseguire il loro cammino senza riferimenti al loro stesso passato, che esprimeva in qualche modo una loro parzialità sociale, raggiungendo così quella universalità che prima poteva essere considerata piuttosto come l'effetto di una imposizione, di una prepotenza anche ideologica. I diritti come «patrimonio comune dell'umanità»?

Compare così un nuovo soggetto, con l'ambizione di tutto unire, e tuttavia portatore di nuovi dubbi e di latenti ambiguità. La prima questione, ovvia, riguarda chi è legittimato a parlare ed agire in nome dell'umanità. Se essa è presentata come il nuovo soggetto storico, questa impostazione non sfugge al rischio di farsi piuttosto espressione d'una partita di potere, dove la forza diviene l'unica via per selezionare chi può stabilire (imporre?) le regole necessarie perché sia soddisfatta la condizione dell'universale, come ci insegna in primo luogo la vicenda, anche semantica, della «guerra umanitaria». Se, invece, in nome dell'umanità sono legittimati a parlare ed agire tutti e nessuno, il problema diviene quello della frammentazione, e la narrazione dei diritti corre il rischio di perdersi nella babele dei linguaggi.

Un patrimonio comune

Tutte queste difficoltà hanno pure la loro origine nella vicenda storica dei diritti, nel loro ceppo che troppo spesso continua a rivelare caratteri monoculturali, custoditi al di là della fase fondativa, che mantengono in vita la tentazione secondo la quale ciascuna cultura produce la propria carta dei diritti, come segno forte di identità: e così viene anche sottolineata una distanza, o si introduce un esplicito elemento di divisione. Questa pluralità, tuttavia, si è progressivamente presentata pure come una piattaforma allargata dove confluiscono contributi diversi, dunque come terreno comune, punto d'avvio di un confronto tra culture. Un confronto ormai in atto soprattutto in quella che viene definita come la «global community of courts», che vede appunto le corti di molti Stati impegnate in un dialogo sempre più intenso, con una circolazione di modelli culturali che approda a soluzioni sempre più vicine pure in ambienti politici e istituzionali che rimangono assai diversi e che, proprio per questo, generano talvolta reazioni di rigetto, come quando si vuol vietare che le sentenze delle corti nazionali possano citare sentenze di corti straniere (lo si è proposto negli Stati Uniti). Ma una costruzione comune è in atto, e l'esistenza di carte dei diritti «regionali» in Europa, Africa, Asia, America Latina favorisce questo avvicinamento.

Si è così venuto sedimentando, attraverso variegati riferimenti a diritti fondamentali, un patrimonio di cui si disvelano progressivamente tratti comuni, e che perciò ha effetti unificanti grazie al numero crescente di persone che in esso si identificano e dal quale traggono garanzie sempre più intense, o comunque le sole talora utilizzabili nelle situazioni più marcatamente incise dalle dinamiche globali. Categorie storiche della politica e del diritto vengono trasformate. Si può ben dire che proprio la nuova dimensione dei diritti fondamentali ha sfondato l'antica barriera della cittadinanza, e oggi il parlare di diritti di cittadinanza vuol dire riferirsi all'opposto dell'esclusione dell'altro, che è sempre stata la funzione attribuita a quella categoria. E, se rimane drammaticamente vero che la cittadinanza è ancora impugnata come un'arma identitaria per imporre distanze e ribadire l'esclusione, la legittimità di questa pretesa può essere continuamente sfidata proprio attraverso la costruzione della persona intorno a un nucleo di diritti dal quale non può essere separata. Questa è la via per il radicamento di ciascuno nel comune del mondo.

La costruzione di quel nucleo di diritti è vicenda che dev'essere storicamente indagata, imboccando ad esempio, tra i molti sentieri possibili, quello che porta alla condizione del rifugiato. Nell'art. 10 della nostra Costituzione è scritto che «lo straniero, al quale sia impedito nel suo paese l'effettivo esercizio delle libertà democratiche garantite dalla Costituzione italiana, ha diritto d'asilo nel territorio della Repubblica secondo le condizioni stabilite dalla legge. Non è ammessa l'estradizione dello straniero per motivi politici». Il calco della norma, dichiarato, è quello dell'asilo politico, un diritto radicato nella storia e nelle culture, che porta fino a considerare la protezione del rifugiato come appartenente alla sfera del sacro. Asilo, per i romani, era un dio. Ma il riferimento lato, e persino generico alle ragioni della politica, in quella norma viene ulteriormente precisato attraverso il riferimento alle «libertà democratiche», che in questo modo costituiscono un nucleo inscalfibile dei diritti della persona, sia pure definito e misurato con il metro costituzionale italiano.

Siamo progressivamente usciti da un tempo in cui il diritto d'asilo era quasi tutto politico, riconosciuto soprattutto a una élite intellettuale. Ora sappiamo che non è più così, che siamo di fronte a un fenomeno di massa, che dilata le ragioni del rifugio al di là dello stesso elenco contenuto nella Convenzione dell'Onu sullo statuto del rifugiato del 1951, che parla di «giustificato timore d'essere perseguitato per la sua razza, la sua religione, la sua cittadinanza, la sua appartenenza a un determinato gruppo sociale o le sue opinioni politiche». Sono gli stessi riferimenti che si ritrovano in costituzioni e dichiarazioni dei diritti a proposito dell'eguaglianza, e che così coinvolgono il rifugiato nell'universale, e non ancora adempiuta, promessa egualitaria. Ma quell'elenco, nei fatti, si è allungato: lo mostra l'art. 21 della Carta europea dei diritti; lo confermano le decisioni con le quali è stato riconosciuto l'asilo politico a donne che, ritornate in patria, avrebbero corso il rischio di mutilazioni sessuali; lo dice un documento come la Dichiarazione di Cartagena, dove la condizione di rifugiato è riferita a chi fugge dal proprio paese perché violenze generalizzate minacciano vita, sicurezza, libertà, e in generale perché si può essere vittime di aggressioni straniere, conflitti interni, massicce violazioni dei diritti umani, gravi turbative dell'ordine pubblico. Nuove figure di rifugiati si stagliano sull'orizzonte planetario, come gli «ecoprofughi»[4], spinti a fuggire dai cambiamenti climatici, dalla progressiva invivibilità dei territori dove erano storicamente insediati.

Il rifugiato politico, che dev'essere garantito nell'esercizio delle sue libertà democratiche, si trasforma quasi emblematicamente nella persona alla quale deve essere assicurato l'accesso ai diritti fondamentali. «Non solo asilo», si afferma, per sottolineare come esista un dovere degli Stati di non fermarsi al riconoscimento formale dello statuto di rifugiato, disinteressandosi poi della sua situazione materiale. L'accesso, allora, riguarda essenziali beni della vita, come l'istruzione, il lavoro, la salute, che, al tempo stesso, identificano le precondizioni necessarie per «l'effettivo esercizio delle libertà democratiche», sì che l'indicazione costituzionale si presenta come la base giuridica per una riformulazione di ciò che deve essere riconosciuto al rifugiato. Non ci si può arrestare, peraltro, ai diritti tradizionalmente consolidati, ma bisogna integrarli con una ulteriore serie di diritti, riconosciuti per la loro autonoma qualità e per la funzione strumentale che assolvono nel garantire il contesto delle libertà democratiche. E non è soltanto la barriera dei diritti sociali a dover essere varcata, ma pure quella dei diritti cosiddetti di ultima generazione. Proprio per garantire l'esercizio effettivo delle libertà democratiche, al rifugiato deve essere pienamente riconosciuto, ad esempio, il diritto all'anonimato su Internet, condizione necessaria perché possa continuare a manifestare liberamente le sue opinioni, senza esporre a rappresaglie sé o altri. Compare, di nuovo, la deformalizzazione della dimensione politico-istituzionale, poiché l'emersione dei diritti fondamentali, e il loro riconoscimento, sono espressione diretta della condizione materiale delle persone.

La sedimentazione progressiva di diritti fondamentali intorno alla condizione del rifugiato, qui sottolineata perché in essa si manifesta la dimensione globale, mette in particolare evidenza modalità e criteri della costruzione concreta di un patrimonio di diritti della persona indispensabile perché l'esistenza possa davvero essere libera e dignitosa. E questo non è, come pure potrebbe apparire, l'effetto di una condizione eccezionale, quindi circoscritta. È, invece, la

[4] V. Calzolaio, *Ecoprofughi. Migrazioni forzate di ieri, di oggi, di domani*, NdA Press, Cerasuolo Ausa di Coriano 2010.

proiezione su una particolare figura umana e sociale di ciò che storicamente si rivela essere il connotato peculiare d'ogni persona. È di noi, della nostra condizione umana e della nostra fisionomia giuridica, che stiamo parlando nel momento in cui parliamo del rifugiato. Non è solo un gioco di specchi. Stiamo passando da una situazione nella quale il riconoscimento dei diritti era unicamente affidato a costituzioni e dichiarazioni dei diritti, che tuttora mantengono un elevato valore anche simbolico, a una nella quale quel che conta sono sempre meno le classiche «istituzioni della normazione» e sempre più le «istituzioni del rispetto e dell'attuazione».

Dal tempo dei codici a quello delle costituzioni

Torna così la questione del rapporto tra democrazia e diritti, visto che queste modalità di costruzione di un patrimonio comune e globale di diritti fondamentali si presentano in forme che sembrano sfuggire alle procedure della democrazia rappresentativa, e con esse appunto alle istituzioni della normazione, per concentrarsi soprattutto nella dimensione giudiziaria, dunque nell'area presidiata da istituzioni del rispetto e dell'attuazione. Non è soltanto il sistema delle fonti a essere profondamente modificato, con la perdita di peso della legislazione parlamentare, ma appare vulnerato l'equilibrio tra i poteri attraverso la «montée en puissance des juges»[5]. Ma, di nuovo, il problema è se sia possibile analizzare la realtà che abbiamo di fronte con le categorie, storicamente costitutive e perciò ritenute irrinunciabili, di un passato dal quale non sembra possibile distaccarsi senza intaccare i fondamenti stessi dell'ordine democratico.

Domande impegnative e ineludibili sono davanti a noi, ciascuna delle quali connota la narrazione dei diritti. Si è alterato il rapporto tra legislazione e giurisdizione tanto da far parlare di una equiordinazione dei due settori, con una sempre più marcata prevalenza della giurisdizione proprio nell'ambito dei diritti fondamentali? La giurisdizionalizzazione sta sostituendo il costituzionalismo? L'insaziabilità dei diritti fondamentali cancella la sovranità popolare? Quale ordine politico può nascere da una pretesa istituzionale che,

[5] M. Delmas-Marty, *La refondation des pouvoirs*, Seuil, Paris 2007, pp. 41-67.

attribuendo ai diritti fondamentali una centralità assoluta, può concretamente tradursi in una ideologia?

Le domande sono ineludibili perché rinviano appunto ai connotati di una età dei diritti che si è descritta non solo come pienamente compatibile con l'assetto consolidato della divisione e dell'equilibrio dei poteri, ma di questi si presentava come una componente essenziale, uno sviluppo coerente e non «perturbante». Oggi il riferimento sempre più intenso ai diritti fondamentali, piuttosto che l'effetto di una prepotenza ideologica, è il frutto dell'angoscioso bisogno di aggrapparsi a un dato istituzionale forte in un tempo in cui un nuovo «diritto naturale», quello delle leggi economiche, tende ad assorbire l'intero spazio della regolazione. Per questo la regolazione, questa inedita e non democratica regolazione, inquieta, alimenta la diffidenza verso le istituzioni che la incarnano e fa, per contrasto, rivolgere uno sguardo fiducioso alle istituzioni della garanzia.

Mutato il sistema delle fonti, per la molteplicità dei soggetti nazionali, sovranazionali e internazionali che incessantemente producono regole; mutata la qualità della regola giuridica, analitica o di principio, *hard* o *soft*, dura o cedevole; messa in dubbio la legittimità della regola giuridica di invadere ogni momento della vita, e così assai ridimensionato lo stesso potere del legislatore; divenuto generale il controllo sulla costituzionalità delle leggi; cresciuta la necessaria flessibilità dei sistemi giuridici per fronteggiare le molteplici dinamiche che continuamente trasformano la società: di fronte a questo nuovo mondo era impensabile che l'architettura istituzionale democratica rimanesse immune da qualsiasi contraccolpo. Il tema vero, allora, non può essere quello di un puntiglioso controllo del rispetto del modello della tripartizione dei poteri, peraltro già variamente adattato al mutare dei tempi e alle differenziazioni dei sistemi istituzionali, bensì la verifica del rispetto delle condizioni fondamentali e delle finalità affidate a quel modello in una situazione in cui governo, amministrazione e giurisdizione, pur nella necessaria loro distinzione, intrattengono rapporti nuovi, o almeno diversi da quelli del passato. Non è il *se* del modello a dover essere discusso, bensì il *come*.

A questo si deve aggiungere un irrompere della realtà che sconvolge i calibrati livelli di astrazione ai quali erano affidati gli equilibri istituzionali. Non è un allegro postmodernismo a dover essere assunto come bussola, invocando istituzioni che si facciano comunque attraversare dalla realtà. Non è una «leggerezza» della regola giuridica a dover essere presa in considerazione. È, invece, proprio alle funzioni alle quali concretamente adempiono le istituzioni che deve essere rivolta l'attenzione. La dimensione dei diritti, quindi, non può essere disgiunta da una considerazione della materialità delle condizioni delle persone, dunque dal confronto continuo tra la promessa dei diritti e gli effetti che essa produce. Questo, peraltro, non determina una caduta dalla garanzia dell'astrazione in un sostanzialismo senza principi, passando a un operare del legislatore, dell'amministratore, del giudice che si arrenda a qualsiasi interesse, bisogno, contingenza, smarrendo così il filo dell'eguaglianza e l'obbligo della selezione delle domande sociali. È esattamente il contrario, come dimostra un altro modello istituzionale che sempre dovrebbe essere preso in considerazione, quello che troviamo nel secondo comma dell'art. 3 della Costituzione. Qui è netto il rapporto tra principio di eguaglianza, condizione materiale delle persone, soggetti tenuti a intervenire. La saldezza del quadro dei principi è la garanzia che la loro concretizzazione avvenga in modo conforme alla legalità costituzionale.

Nel seguire i diritti nel loro concreto farsi, dunque nella loro narrazione, gli ardui problemi appena ricordati possono meglio essere analizzati tenendo conto non solo di modelli teorici, ma anche, e forse soprattutto, di categorie storico-politiche. Marcel Gauchet, ad esempio, ha messo in evidenza come il corretto funzionamento della democrazia sia possibile solo se si mantiene un adeguato equilibrio nei rapporti tra politica, diritto e storia: intesa, la prima, come il quadro all'interno del quale una collettività si colloca e governa il proprio destino; inteso, il diritto, come la fonte della legittimazione di tale quadro, al quale la storia conferisce il senso del passato e la prospettiva dell'avvenire[6]. Nel volgere del secolo trascorso, invece, avremmo assistito a una «montée en puissance des juges», a una «juridicisation du politique»[7], in definitiva a una «politique saisie par le droit»[8], con inevitabili ripercussioni su quell'equilibrio. Fine

[6] Questa riflessione è presente in particolare nei due volumi di M. Gauchet, *L'avenir de la démocratie*, t. 1: *La Révolution moderne*, e t. 2: *La crise du libéralisme*, Gallimard, Paris 2007.

[7] J. Commaille, L. Dumoulin e C. Robert (a cura di), *La juridicisation du politique*, Librairie générale de droit et jurisprudence-Montchrestien, Paris 2000.

[8] L. Favoreu, *La politique saisie par la droit: alternances, cohabitation et conseil constitutionnel*, Economica, Paris 1988. Ho scelto di proposito alcuni scritti francesi, per le peculiarità con la quale questa cultura reagisce sui temi qui discussi.

non solo della storia, dunque, ma della stessa politica, e prepotenza dell'«impero del diritto»[9]? Al tramonto non sarebbe soltanto l'età dei diritti, ma quella della democrazia.

Sorprende, in uno dei più sottili indagatori proprio della rivoluzione dei diritti dell'uomo, che l'analisi del nuovo rilievo del diritto e dei diritti, in un contesto storico-politico più largo e complesso, si irrigidisca poi quasi in una rinuncia a indagare non solo e non tanto proprio le ragioni storiche del mutamento, ma le forme nuove degli equilibri, dopo aver sollevato questioni che certamente non possono essere schivate. In studiosi meno avvertiti queste suggestioni si risolvono in tentativi di restituire al legislatore un trono che non esiste più, con un atteggiamento antistorico e nostalgico che si alimenta delle stesse pulsioni che inducono a considerare i diritti fondamentali così avvinghiati alla forma dello Stato nazionale che ogni deperimento di quest'ultimo non solo li priva di una adeguata protezione, ma inibisce loro la possibilità di seguire un altro cammino senza assumere una funzione distruttiva della democrazia. Una delegittimazione dei diritti fondamentali fuori del loro territorio storico, della fondazione loro offerta da un diritto affidato al legislatore e solo a esso?

Di nuovo una questione di confini, con una conseguenza rilevante per la dimensione globale, nella quale i diritti non potrebbero entrare a causa di una vicenda d'origine che li radica altrove e, se lo fanno, divengono impuri, contaminati dall'irresistibile prevalere della logica economica che possiede quella dimensione. Ma qui davvero l'analisi cede all'ideologia poiché, sia pure tra mille contraddizioni, molti sono i casi che mostrano come siano proprio i diritti fondamentali a costituire un fattore di possibile, parziale riequilibrio nei confronti degli imperanti poteri economici, così restituendo spazio anche alla logica della democrazia.

La struttura della Carta dei diritti fondamentali dell'Unione europea, come si è insistentemente ricordato, raccoglie proprio questa indicazione e costruisce un ordine giuridico nel quale compaiono, insieme, principi, regole e decisioni delle corti, con riferimento esplicito e significativo alla Corte europea dei diritti dell'uomo. Siamo così di fronte a un modello che permette di cogliere con nettezza, in un ambiente ben

[9] È questo il titolo del ben noto libro di R.M. Dworkin, *L'impero del diritto*, trad. it. di L. Caracciolo, il Saggiatore, Milano 1989.

determinato, la questione della separazione dei poteri e quella della legittimazione democratica dei soggetti che pongono la regola. Ma, per esaminare questi temi classici della teoria politica e giuridica, si deve fare un pur sommario riferimento al modo in cui si è venuto trasformando il rapporto tra dinamiche sociali e risposte giuridiche, non più configurabile nei termini classici, peraltro mai ritrovati nella loro purezza, di un legislatore che ferma la storia con la sua decisione e così, con l'unica procedura democraticamente legittimata, dà cittadinanza a quei diritti che, poi, la giurisdizione avrà il dovere di far rispettare.

Lo stesso archetipo di quell'idea di legiferare, il *Code civil des Français* del 1804, poteva sì essere descritto come una «masse de granit»[10] posta nel cuore della società francese, ma non per questo finiva con l'essere sottratto alle dinamiche della società e della storia, tanto che si racconta che Napoleone, apprendendo che nelle università si cominciavano a tenere appunto corsi sul codice civile, esclamasse «Mon Code est perdu!». In verità quella massa di granito era tutt'altro che scalfita o perduta proprio perché era strutturata in modo da andare oltre l'irrigidimento legislativo. La sua capacità dinamica e adattativa era affidata in primo luogo al borghese contrattante, dunque a un soggetto dinamico che trascinava l'azione giuridica al di là della possibile fissità o grettezza del borghese soltanto proprietario, come dimostra la formula che lapidariamente equipara gli effetti del contratto a quelli della legge. L'art. 1134 del *Code civil*, infatti, afferma che «les conventions légalement formées tiennent lieu de loi à ceux qui les ont faites» (art. 1134 del *Code civil*[11]) e, in modo ancor più sintetico e diretto, nell'art. 1372 del nostro codice civile si dice «il contratto ha forza di legge tra le parti».

Confluiscono qui suggestioni diverse, dal contrattualismo politico alla legittimazione «naturale» dell'incontro delle volontà, emblematicamente riassunto nell'affermazione «qui dit contractuel dit juste», ripetutamente usata quasi come un proverbio, anche con qualche non lieve distorsione dell'intendimento del suo autore[12]. Si

[10] L. Madelin, *Histoire du Consulat et de l'Empire*, vol. IV: *Le Consulat*, Paris 1939, p. 181. Si veda anche il mio *Il terribile diritto. Studi sulla proprietà privata*, 2ª ed. accresciuta, il Mulino, Bologna 1990.

[11] Riprodotto alla lettera nell'art. 1123 del codice civile italiano del 1865.

[12] A. Fouillée aveva scritto: «En définitive, l'idée d'un organisme contractuel est identique à celle d'une fraternité réglée par la justice, car qui dit *organisme* dit

costruiva così un ordine giuridico dei privati, certamente all'ombra della legge, ma che diveniva costitutivo della funzionalità complessiva del sistema. Non si approdava, tuttavia, a una «extrastatualità del diritto civile», quasi alla costruzione di un mondo parallelo, liberamente costruito dalla volontà dei privati accanto a quello fondato dalla volontà del legislatore. Si era, invece, di fronte a ciò che Jean Carbonnier, riflettendo proprio sul *Code civil*, ha giustamente chiamato «la costituzione civile dei francesi», dunque non una gabbia nella quale lo stretto positivismo giuridico chiudeva l'attore privato e il giudice, ma un contesto che, muovendo dalla decisione legislativa, era destinato non solo a evolvere nella prospettiva del futuro, bensì a trovare una sua propria attitudine omeostatica per mantenere l'equilibrio tra il detto del legislatore e il farsi della società. E proprio il giudice si sarebbe fatto garante dell'inserimento nel tessuto giuridico dei prodotti dell'attività creativa dei privati, riconoscendo o meno la «meritevolezza» dell'interesse perseguito attraverso l'invenzione di nuove forme contrattuali. Non un affidamento cieco alle virtù del mercato, dunque, ma un filtro costituito, insieme, da principi giuridici e valutazioni sociali[13].

Si può certo discutere intorno ai criteri storicamente adoperati per giustificare l'invenzione privata di forme giuridiche assimilate, nella potenza formale e nella legittimazione sociale, alla stessa legge. Questa riflessione trova un punto ineludibile nel modo in cui si ricostruisce complessivamente lo strumento contrattuale, muovendo dall'esatta rilevazione del carattere economico delle operazioni rea-

fraternité, et qui dit *contractuel* dit *juste*» (*La science sociale contemporaine*, 2ª ed., Hachette, Paris 1885, p. 410). Sul punto l'esame critico di L. Rolland, «*Qui dit contractuel dit juste.» (Fouillée)... en trois petits bonds, à reculons*, in «McGill Law Journal/Revue de droit de McGill», 51, 4, 2006, in particolare pp. 777 e sgg.

[13] La complessità di questi rapporti trova una delle sue migliori analisi in P.S. Atiyah, *The Rise and Fall of Freedom of Contract*, Clarendon Press, Oxford 1979. Si veda ora G. Alpa, *Le stagioni del contratto*, il Mulino, Bologna 2012. La discussione italiana è stata particolarmente segnata da due scritti significativi: W. Cesarini Sforza, *Il diritto dei privati* [1929], Giuffrè, Milano 1963 e F. Vassalli, *Estrastatualità del diritto civile* [1951], in Id., *Studi giuridici*, vol. III, t. 2, Giuffrè, Milano 1960, pp. 753-765. Da ultimo, da angolazioni assai diverse, M. Grondona, *L'ordine giuridico dei privati*, Rubettino, Soveria Mannelli 2008; L. Nivarra, *Diritto privato e capitalismo. Regole giuridiche e paradigmi di mercato*, Editoriale Scientifica, Napoli 2010. Sul rapporto tra autonomia privata e Costituzione, si veda M. Esposito, *Profili costituzionali dell'autonomia privata*, Cedam, Padova 2003, pp. 210-260.

lizzate grazie a esso, com'è detto esplicitamente nell'art. 1321 del codice civile[14]. Ma ciò significa che il contratto è «naturalmente» affidato alla sola logica del mercato, dando una lettura riduttiva dell'art. 1322, dove è scritto che «le parti possono liberamente determinare il contenuto del contratto nei limiti imposti dalla legge», aggiungendo che «possono anche concludere contratti che non appartengono ai tipi aventi una disciplina particolare, purché siano diretti a realizzare *interessi meritevoli di tutela secondo l'ordinamento giuridico*»?

Nell'analizzare il riferimento all'ordinamento giuridico non si può prescindere dal fatto che le norme sul contratto e sull'autonomo potere dei privati di determinarne il contenuto e di crearne forme nuove devono essere interpretate come parte di un sistema governato dai principi costituzionali. Questi, proprio per quanto riguarda l'iniziativa economica dei privati, nella quale si colloca l'attività contrattuale, esplicitamente prevedono che essa «non può svolgersi in contrasto con l'utilità sociale o in modo da recare danno alla sicurezza, alla libertà, alla dignità umana» (art. 41 della Costituzione). Peraltro, nello stesso codice civile sono compresi principi, come quello di buona fede, che attribuiscono al giudice un potere integrativo del regolamento predisposto dai privati; e specifici limiti, come l'ordine pubblico e il buon costume, che impongono sempre al giudice di impedire l'ingresso nell'ordine giuridico di regole private non conformi ai suoi principi. Queste considerazioni fanno emergere con nettezza l'irriducibilità dello strumento contrattuale alla pura logica economica e della funzione del giudice unicamente alla legittimazione dei «contratti nuovi» o all'obbligo di far transitare nei contratti i criteri del mercato. La funzione propria della giurisdizione, in primo luogo, è quella di assicurare la compatibilità dell'agire privato con il sistema nel suo complesso, partendo appunto dai suoi principi fondativi – la libertà e la dignità, la solidarietà e l'eguaglianza. Peraltro, sono numerosi i casi in cui i giudici non si sono limitati a prendere atto della rilevanza patrimoniale dell'accordo delle parti, dichiarandone la nullità o integrandolo in modo da garantirne la coerenza nell'ambito del sistema[15].

[14] Codice civile, art. 1321: «Il contratto è l'accordo di due o più parti per costituire, regolare o estinguere un rapporto giuridico *patrimoniale*».

[15] Si può vedere, ad esempio, una sentenza riguardante un contratto di maternità di sostituzione, la cui nullità (prima ancora che tali contratti fossero vietati dalla legge 40) è stata desunta proprio dal contrasto con alcune norme costituzionali

Si deve, dunque, concludere, in primo luogo, che lo stesso strumento principe dell'esercizio del potere privato nella materia patrimoniale, il contratto, non può fare astrazione dalle logiche non proprietarie presenti nell'ordinamento e che il controllo di questa conformità è affidato al giudice. Siamo così di fronte a una distribuzione di potere giuridico e sociale tra tre soggetti – legislatore, privati, giudice[16]. In questo modo, nel trascorrere del tempo e nell'affinarsi della strumentazione giuridica, si può ben dire che si è progressivamente messo a punto un corpus normativo che può essere complessivamente denominato «diritto dell'omeostaticità», garanzia democratica del mantenimento del nuovo in una dimensione ancora segnata dal governo delle leggi, e non dal solo, e sempre più rapace, governo degli uomini.

Vi è un salto di qualità, un mutamento di paradigma, quando dalla legittimazione giudiziaria di strumenti contrattuali si entra nella diversa dimensione della garanzia e dello sviluppo dei diritti fondamentali? Senza dubbio. Ma questo non è l'esito di una qualche forzatura volontaristica. È l'effetto del passaggio dal tempo dei codici a quello delle costituzioni, dalla legislazione minuta a quella dei principi, dunque di un rinnovato modo d'essere degli stessi sistemi giuridici democratici, che incorporano l'«eresia» del giudice delle leggi, la «bizzarria»[17] delle corti costituzionali, e conferiscono nuovo senso a uno schema altrimenti affidato solo a una classicità immobile della divisione dei poteri.

I poteri tra legislazione e giurisdizione

Ma questo rinnovamento delle categorie politiche e giuridiche autorizza poi qualsiasi inflazione, anche legislativa, dei diritti fonda-

e del codice civile: Tribunale Monza 27 ottobre 1989, in S. Rodotà, *Tecnologie e diritti*, il Mulino, Bologna 1995, pp. 340-349.

[16] Sul punto rinvio alla mia ricerca su *Le fonti di integrazione del contratto*, 2ª ed., Giuffrè, Milano 2004.

[17] Come ben si sa, in questo modo venne definita la Corte costituzionale dall'onorevole Palmiro Togliatti nel suo discorso all'Assemblea costituente nella seduta dell'11 marzo 1947: «[...] di qui anche quella bizzarria della Corte costituzionale, organo che non si sa che cosa sia e grazie all'istituzione del quale degli illustri cittadini verrebbero collocati al di sopra di tutte le assemblee e di tutto il sistema del parlamento e della democrazia, per esserne i giudici. Ma chi sono costoro? Da che parte trarrebbero essi il loro potere se il popolo non è chiamato a sceglierli?».

mentali, fino a un loro riconoscimento (creazione?) a opera delle corti? Vi è una soglia oltre la quale i diritti fondamentali incidono in maniera distruttiva sul nucleo stesso della democrazia, la sovranità popolare, e contraddicono, per una proclamata loro immodificabilità, l'esigenza di mantenere fluidi i rapporti tra ordine sociale e ordine giuridico? Qual è la soglia di sopportabilità per una democrazia di una quota crescente di diritti fondamentali che trascina con sé una più forte presenza, fino al sopravvento, del sistema giudiziario?[18]

Se qui è il nucleo della controversia, bisogna tornare al rapporto tra legislazione e giurisdizione. Scrive Maurizio Fioravanti, analizzando il ruolo proprio della Corte costituzionale: «la configurazione e l'estensione del suo ruolo non deve [...] essere considerata come il frutto della volontà di un potere di esorbitare a danno di un altro, ma come il risultato di una tendenza obbiettiva, che ha progressivamente condotto a esaurimento l'esperienza dello Stato liberale di diritto del XIX secolo sostituendovi lo *Stato costituzionale*, che come nuova forma di Stato è caratterizzata proprio dalla *pari dignità costituzionale* di legislazione e giurisdizione, entrambe direttamente riconnesse, con le loro rispettive peculiarità, alla Costituzione»[19]. Ancora una volta l'evidenza empirica conferma impostazioni come questa. La Corte di Giustizia delle Comunità europee ha sicuramente innovato il sistema dal momento in cui si è attribuita la competenza in materia di diritti fondamentali, accrescendo così il complessivo tasso di democraticità del sistema proprio perché, in questo modo, ha reso possibili limitazioni e forme di controllo del potere normativo. Il «deficit democratico», che ancora affligge la costruzione europea, ha così cominciato a essere ridotto, avviando un itinerario che, come conseguenza obbligata della vigenza della Carta dei diritti fondamentali, potrà insediare la Corte di Giustizia come una vera Corte costituzionale europea. Al Bundesverfassungsgericht, la Corte costituzionale tedesca, si deve la «creazione» del diritto generale alla tutela della personalità, il cui riconoscimento è all'origine di ulterio-

[18] Si vedano, tra i tanti, i rilievi di L. Ferrajoli, *Diritti fondamentali*, in Id. (a cura di), *Diritti fondamentali. Un dibattito teorico*, Laterza, Roma-Bari 2001, pp. 5-40; Delmas-Marty, *La refondation des pouvoirs* cit., pp. 61-67.

[19] M. Fioravanti, *Per una storia della legge fondamentale in Italia: dallo Statuto alla Costituzione*, in Id. (a cura di), *Il valore della Costituzione. L'esperienza della democrazia repubblicana*, Laterza, Roma-Bari 2009, p. 32.

ri, importanti specificazioni, primo tra tutti quel «diritto all'autodeterminazione informativa» divenuto riferimento obbligato per la tutela dei dati personali. E la Corte costituzionale italiana è anch'essa approdata a conclusioni assai significative, come quando ha stabilito che l'autodeterminazione costituisce un diritto fondamentale della persona. Tutto questo è l'effetto di un imprescindibile passaggio storico e istituzionale dalla mera garanzia legislativa dei diritti alla dimensione dei diritti fondamentali.

Ma, accanto alla ricostruzione prima ricordata, ne compare una ben diversa, che mette in evidenza il conflitto tra «il ruolo e le prerogative della rappresentanza» e «il ruolo e le prerogative della giurisdizione», che genera «una tensione tra i 'diritti' della democrazia e i 'diritti' della tradizione di pensiero – il costituzionalismo – che della democrazia rappresentativa rappresenta il presupposto intellettuale e la condizione culturale di effettività»[20]. Possono le rilevazioni storiche e talune evidenze empiriche far ritenere che questo conflitto sia stato riassorbito da dinamiche nuove, sì che i paventati rischi per la democrazia debbano ritenersi, se non del tutto scomparsi, certamente non più contrassegnati dal carattere dirompente con il quale sono stati descritti?

Ho schematizzato le posizioni in campo ricorrendo a due scritti che si fronteggiano quasi fisicamente, collocati come sono, uno dopo l'altro, nello stesso volume. Si può dire, schematizzando ancora, che il primo ci dà la rappresentazione storica, l'altro un programma costituzionale? Quale dei due, allora, deve essere sottoposto alla prova di resistenza che l'altro gli impone?

La prima considerazione riguarda il fatto che la vicenda della Costituzione, e non di quella italiana soltanto, consente di guardare ai diritti da essa esplicitamente riconosciuti, e ai principi da essa altrettanto esplicitamente indicati, non più come semplice espressione di un retroterra morale, ma come il prodotto della storia, dunque di vicende umane, della fecondità della lotta politica. Ma in essa si riflette anche una storia di sopraffazioni possibili, di tirannie di maggioranze, di una dialettica tra la legge e il suo giudice che una particolare visione della democrazia aveva allontanato da sé. Fino a che punto, tuttavia, il congiungersi dell'accresciuto peso della giurisdizione e della «insaziabilità» dei diritti fondamentali è compatibile

[20] M. Dogliani, *I diritti fondamentali*, ivi, p. 45.

con le strutture della democrazia, anzi con lo stesso ruolo della politica? Nella prospettiva qui delineata, infatti, le due questioni non possono essere separate.

Di nuovo letture critiche assai acuminate. «Occorre rifuggire [...] i rischi di un *costituzionalismo irenico* che si limiti a celebrare i trionfi dei diritti fondamentali grazie alla giurisdizione (anzi: all*e* giurisdizion*i*) e tornare a un *costituzionalismo polemico* che si misuri con il potere»[21]. In maniera ancor più critica, e quasi sprezzante, si è denunciato l'atteggiamento di quegli studiosi «intossicati dalle corti e resi ciechi rispetto a quasi tutto ciò che sia diverso dalle delizie del giudizio di costituzionalità»[22]. La notazione sul costituzionalismo polemico coglie un punto essenziale, ma introduce una domanda o, almeno, apre le porte a un dubbio. Quali sono, oggi, i canoni, le categorie che rendono possibile una effettiva analisi del potere? Nei diversi indici utilizzati per misurare la democraticità degli Stati[23] la tutela dei diritti fondamentali ha assunto una importanza crescente, si sono moltiplicati i rapporti internazionali in materia[24], è aumentato il peso delle organizzazioni per la tutela dei diritti[25]. È così diventata più impellente la richiesta di una politica internazionale che incorpori la dimensione dei diritti fondamentali, che si presentano come condizione essenziale per la legittimità stessa delle relazioni tra Stati, come limite alla supremazia degli interessi economici, quasi una revoca in dubbio della pura politica di potenza. Vero è che antiche e nuove diffidenze accompagnano questa sottolineatura dei diritti, il cui richiamo è spesso inquinato da convenienze, è talvolta clamorosamente strumentale, ripropone la pretesa della loro «esportazione». E tuttavia proprio l'insistenza sui diritti fondamentali, e la continuità della loro invocazione, sono un dato che non può essere trascurato.

[21] M. Luciani, *Costituzionalismo irenico e costituzionalismo polemico*, in «Giurisprudenza costituzionale», 2, 2006, p. 1668.

[22] J. Waldron, *Law and Disagreement*, Oxford University Press, Oxford-New York 1999, p. 9 (la traduzione è mia).

[23] Si considerino, ad esempio, il Democracy Index dell'Economist Intelligence Unit, l'indice della Freedom House, il Polity Project.

[24] Tutte, o quasi, le grandi organizzazioni internazionali, dall'Onu alla Commissione interamericana, pubblicano annualmente rapporti in materia.

[25] Come l'American Civil Rights Union o lo Human Rights Watch, particolarmente attenti alla dimensione internazionale.

Richiamando questi aspetti, allora, non ci si limita a ribadire la storica, e persino ovvia, associazione tra democrazia e diritti, che data almeno dall'avvio delle dichiarazioni dei diritti. Si mette in evidenza un mutamento qualitativo, anch'esso ormai ovvio, che diventa particolarmente evidente in una dimensione globale dove non compare alcuno degli indici adottati come misuratori di democraticità, eccezion fatta, appunto, per i diritti fondamentali. Lì, in quella dimensione, non v'è alcun trionfo da celebrare. Soccorre la più modesta, e realistica, constatazione del fatto che i diritti fondamentali si presentano come l'unico strumento giuridico impugnabile nei confronti di poteri che davvero non incarnano alcuna logica democratica. È troppo dire che in essi si è rifugiata l'unica democrazia possibile nel tempo della globalizzazione?

Quel che bisogna esplorare, quindi, è il modo d'essere che questi diritti assumono, quasi «naturalmente» associato all'esistenza di corti internazionali, alla capacità di corti sovranazionali e nazionali di proiettare la loro competenza oltre i confini loro tradizionalmente assegnati, alla ricerca di una «competenza globale» che possa assicurare interventi almeno nei casi più clamorosi e drammatici di violazioni di diritti individuali e collettivi. Le caratteristiche proprie dello spazio globale, peraltro, conoscono ormai la presenza di altri soggetti e di altre tecniche di garanzia, che vanno dall'azione di organizzazioni sociali come le associazioni non governative alla produzione di strumenti a più bassa intensità giuridica, come il *soft law*, quando questo si presenta come il risultato di un processo di produzione di regole nel quale prevale il ruolo dei titolari dei diritti, e non come un modo surrettizio per dare veste alla volontà di detentori del potere che vogliono sottrarsi a ogni controllo o procedura democratica. Ma, anche in presenza di queste diverse opportunità, il tema dell'attuazione giurisdizionale dei diritti è comunque ineludibile.

Ma questo itinerario, giustificabile su scala planetaria proprio per l'assenza delle altre condizioni della democrazia, può essere seguito con la medesima sicurezza all'interno di Stati nazionali o di strutture sovranazionali dove, invece, quelle condizioni sono presenti? Torna così il timore del governo dei giudici, di un uso della via giurisdizionale che neutralizza la politica e la fa sovrastare da una pura tecnicizzazione di decisioni essenziali, di una «giurisprudenzializzazione del diritto costituzionale», con una progressiva emarginazione degli organi politici a favore dell'attivismo degli organi di garanzia»[26].

E se così non fosse? Se, invece, il rapporto mutato tra giurisdizione e legislazione fosse l'effetto, insieme, di uno stato di necessità e di un diverso assestarsi proprio del quadro democratico? Il processo in corso, e ormai largamente consolidato, non può essere descritto come la sopraffazione di un potere sull'altro, con la politica che soccombe davanti ai giudici. È piuttosto l'esito di una difficoltà della politica, e delle categorie giuridiche che l'hanno accompagnata, di trovare la misura adatta per entrare nell'era descritta, sia pure con una qualche approssimazione, come quella che ha preso congedo dall'assetto definito al tempo della pace di Vestfalia. Si pensi soltanto alla categoria della sovranità, alla quale Hans Kelsen aveva rivolto una critica penetrante fin dai tempi della prima guerra mondiale, e che appare come un imbarazzante retaggio quando viene adoperata, ad esempio, per difendersi dal mondo nuovo creato dalla tecnologia, com'è sempre più evidente in tutte le questioni legate a Internet. Mutato lo spazio politico, i sistemi democratici hanno mostrato una notevole capacità adattativa, redistribuendo al loro interno poteri e funzioni, con inevitabili attraversamenti di confini. Certo, lo spazio proprio della politica si è ridotto, con una evidenza particolare quando esso viene identificato con lo spazio della legislazione. Ma proprio qui è il nodo. Quella legislazione, e dunque quella politica che a essa sostanzialmente si affidava, si sono rivelate sempre meno praticabili nel tempo mutato. Non sono state espropriate, hanno dovuto cercare altre vie. Ci sono riuscite?

Consideriamo per un momento ancora la difficile vicenda europea. Nel decennio trascorso tra la proclamazione a Nizza della Carta europea dei diritti fondamentali e l'attribuzione a essa dello stesso valore giuridico dei trattati si è registrato un forte attivismo delle corti, che hanno largamente e in modo sempre più incisivo fatto riferimento alla Carta. Ma qui non v'erano espropriazione o sopraffazione, e nemmeno supplenza. I giudici facevano la loro parte nello spazio disegnato proprio dalla politica, la Carta appunto,

[26] Traggo questi diversi elementi di critica da un bel saggio di G. Azzariti, *Verso un governo dei giudici? Il ruolo dei giudici comunitari nella costruzione dell'Europa politica*, in «Rivista di diritto costituzionale», 2009, pp. 3-28, poi in *Scritti in onore di Alessandro Pace*, Editoriale Scientifica, Napoli 2012, vol. I, pp. 367-396.

godendo dei margini di valutazione e apprezzamento tipici di un sistema giuridico costruito in primo luogo intorno a principi. Per ricostituire il suo spazio, allora, la politica non può rincorrere una impossibile legislazione, fatta di norme di dettaglio che «infrenano» una presunta volontà di potenza dei giudici, ma che risulta improponibile e inapplicabile, perché presuppone un legislatore all'inseguimento continuo d'ogni novità, operazione incompatibile con i tempi parlamentari e destinata a perdere l'insostenibile sfida con un mutamento continuo che può far risultare superata una norma nel momento stesso in cui viene approvata. La forza della politica risiede nella capacità di disegnare con nettezza il quadro dei principi all'interno del quale altri soggetti, i giudici in primo luogo, possano poi operare legittimamente.

Detto così, la risposta può apparire semplicistica, un gioco formale per aggirare i veri problemi. Le difficoltà della politica, infatti, non sono soltanto regolative, ma pure rappresentative, hanno radici nella sempre più ardua selezione delle domande sociali e nei problemi incontrati dai soggetti ai quali questo compito è affidato. Di fronte a questi ostacoli la magistratura fa i conti con la propria specificità. Le omissioni del legislatore, considerate comunque il frutto d'una scelta politica, possono non essere sanzionate, se non nei modi propri della politica. Il giudice, invece, si trova di fronte al problema della denegata giustizia, dell'inammissibilità del *non liquet*. E pure questo tema classico deve essere ripensato in un contesto nel quale le dinamiche variamente innescate da diversi fattori, primo tra tutti l'innovazione scientifica e tecnologica, fanno affluire davanti al giudice molte e impellenti domande sociali, che si aggiungono a quelle che lo stesso legislatore ha trasferito alla magistratura, con un consapevole e silenzioso processo di delega che in molti casi la costituisce come «pattumiera dei conflitti sociali».

Comunque sia, sulla frontiera tra diritto e società, il primo soggetto a essere incontrato è ormai, in modo sempre più massiccio, proprio la magistratura. Si determina così una situazione nella quale è il giudice a *dover* procedere alla selezione delle domande, assumendo così anche una funzione rappresentativa. Questo non vuol dire, evidentemente, che il giudice debba in ogni caso dare ingresso nella dimensione giuridica a qualsiasi domanda; e, comunque, il suo filtro selettivo è diverso da quello della politica. La conseguenza è che, mentre la politica, pur in presenza di domande sociali di cui si riconosce forza e rilevanza, può decidere di non prenderle in considerazione, al giudice questa possibilità è preclusa tutte le volte che nel sistema si può, e dunque si deve, trovare una base legale per la risposta. Proprio questa diversità porta con sé una rappresentazione della magistratura come istituzione destinata comunque a incontrare il «nuovo», anche quando questo incontro è giudicato dalla politica intempestivo, non conveniente o immaturo, magari per una inadeguatezza culturale della stessa politica. E anche quando il giudice trova impossibile la risposta per l'inesistenza di un adeguato fondamento giuridico, la domanda è comunque entrata nel circuito istituzionale, è stata socialmente, prima ancora che giuridicamente, legittimata. L'attesa del sì politico, la via della legislazione parlamentare come la sola democraticamente percorribile, dunque, sono proposizioni che devono essere considerate nel contesto complessivo dei processi istituzionali, che non tollerano vuoti o silenzi. Altrimenti, il blocco della politica può anche tramutarsi nel blocco della democrazia.

Di questo si deve tener conto quando si è di fronte a situazioni nelle quali la necessità di una regola giuridica deve fare i conti con l'esistenza di forme più o meno accentuate di dissenso politico, sociale, religioso. La proposta di tornare al riconoscimento dell'unica legittimazione ammissibile, quella del legislatore[27], è viziata proprio dalla sua distanza dalla stessa realtà istituzionale e dalla mancata consapevolezza di un duplice rischio politico – quello della paralisi legislativa e quello che può discendere dal fatto che l'esistenza di dissensi profondi può portare a interventi legislativi traumatici, soprattutto quando, per grandi questioni, la decisione viene assunta con maggioranze parlamentari assai esigue. L'intervento del giudice può evitare situazioni di blocco, che contribuiscono a delegittimare il legislatore. E una corretta argomentazione giurisprudenziale, soprattutto in base ai principi costituzionali, può essere tale da ridurre il rischio di fratture sociali e di definitiva delegittimazione di una delle posizioni in campo attraverso forzature maggioritarie.

[27] In questo senso, tra i molti, Waldron, *Law* cit., la cui incomprensione delle effettive dinamiche costituzionali è testimoniata, ad esempio, dal tipo di critica rivolta alla posizione di R. Dworkin.

Questa situazione può certo essere analizzata come un conflitto tra ragione politico-rappresentativa e ragione ermeneutica[28]. Ma le considerazioni appena svolte indicano che il rapporto, o piuttosto l'equilibrio, tra queste due ragioni va ricostruito considerando le modalità della loro reciproca comunicazione e interazione. Nelle analisi che mettono in evidenza il peso crescente della giurisdizione è sempre implicata, direttamente o indirettamente, anche una considerazione di una assenza, se non di un declino, della politica. Lo ha sottolineato bene proprio Mario Dogliani: «Solo l'esercizio attento e continuo della ragione politico-rappresentativa può riequilibrare, di fatto, il rapporto tra i poteri in riferimento alla elaborazione dei diritti fondamentali. Sempre che il Parlamento non continui a essere il peggior nemico di se stesso»[29].

Sarebbe improprio, tuttavia, attribuire la «montée en puissance des juges» a quella che è stata e continua a essere chiamata «supplenza giudiziaria». Una espressione come questa, infatti, può essere correttamente utilizzata solo per situazioni sempre più limitate e eccezionali, mentre il suo uso corrente tradisce una rinuncia ad analizzare la realtà mutata, coltivando la speranza (l'illusione?) che giorno verrà in cui il titolare si riapproprierà di quello che il supplente gli ha, più o meno arbitrariamente, sottratto. È corretto, invece, ragionare in termini di redistribuzione dei poteri. E, in questo quadro, anche l'antica formula del «governo dei giudici» può essere adoperata non più con l'accento di chi segnala un rischio, ma come realistica constatazione del fatto che vi sono processi che proprio la presenza del giudice consente di mantenere «all'ombra della legge», evitando così che piombino nell'area governata soltanto dalla forza. Le concrete modalità di questo «governo» debbono essere continuamente oggetto di valutazione critica, così come il legislatore non è esente dalla valutazione critica dei suoi prodotti. Ma l'attuazione dell'ordine democratico esige cooperazioni adeguate proprio alle sfide lanciate alla democrazia.

Se, allora, si passa dall'astratto rapporto tra legislazione e giurisdizione a quello, assai più concreto, tra democrazia e diritti fon-

[28] Dogliani, *I diritti fondamentali* cit., p. 58.
[29] *Ibid.*

damentali, ci si avvede che le implicazioni di quest'ultimo rapporto sono particolarmente forti. Si potrebbe dire che la democrazia abbia sempre più bisogno dei diritti fondamentali per la sua stessa sopravvivenza. Bobbio aveva colto, con l'abituale sua icasticità, l'irreversibilità di questo passaggio. «Oggi il concetto stesso di democrazia è inscindibile da quello dei diritti dell'uomo»[30]. Bisogna aggiungere che questa inscindibilità è stata rafforzata dal passaggio da una democrazia puramente procedurale, indifferente alla condizione del cittadino, a un contesto nel quale assumono rilevanza le precondizioni del processo democratico – istruzione, informazione, lavoro, abitazione in primo luogo, dunque proprio i diritti fondamentali riconducibili ai diritti di cittadinanza. Sì che, quando i giudici contribuiscono ad assicurare l'effettività di questi diritti, non siamo di fronte a forme di neutralizzazione della politica, ma al mantenimento delle condizioni di base della democrazia. Inoltre, il sistema democratico nel suo complesso è ormai segnato dalla costituzionalizzazione della persona, che non è vicenda da racchiudere nello stretto perimetro dell'individualità, essendo invece l'elemento che fonda e rende possibile «l'effettiva partecipazione di tutti i lavoratori all'organizzazione politica, economica e sociale del paese», per usare il linguaggio dell'art. 3 della Costituzione. Parole presaghe, anticipatrici della riflessione su un'altra faccia della democrazia, appunto quella partecipativa.

Si può dire, a questo punto, che l'attenzione per i diritti fondamentali, e per i diversi soggetti che contribuiscono alla loro attuazione, non è un diversivo rispetto all'ineludibile tema del potere, ma consente proprio di andare al cuore del modo in cui il potere si organizza e manifesta. Punto di riferimento essenziale è quello della legalità costituzionale, dunque di una organizzazione intorno a principi direttivi dell'azione politica, sociale, istituzionale.

La domanda, che riassume tutte le altre, può essere così formulata: a chi spetta l'ultima parola[31], o la parola in sé, in materia di diritti fondamentali? Ma, così posta, la questione viene distorta, perché proprio politica, storia e diritto ci dicono che siamo sempre stati, e continuiamo a essere, di fronte a complesse operazioni, a insiemi

[30] Bobbio, *L'età dei diritti* cit.

[31] J.-L. Halpérin, *Profils de la mondialisation du droit*, Dalloz, Paris 2009, pp. 276 e sgg.

di relazioni che, pur volti a tenere sempre ferme le distinzioni necessarie per gli equilibri democratici, procedono a distribuzioni di funzioni capaci di assicurare che il sistema nel suo complesso non si irrigidisca fino ad allontanarsi dalla società e, così facendo, a veder pericolosamente svanire i connotati stessi della democrazia. Dobbiamo fuggire dalla parola vana del legislatore e contrastare la parola prepotente del giudice. E dobbiamo sempre interrogarci intorno al modo in cui le diverse parole si intrecciano in un discorso comune.

Qui soccorre la storia, quella dei diritti fondamentali in particolare, che nella loro continua ridefinizione mostrano appunto come sentimento del passato e percezione del futuro si congiungano, anche nelle opposizioni che compaiono proprio quando l'accento posto sui diritti fondamentali ci parla dell'entrata in un tempo nuovo, di un abbandono necessario di passati schemi costrittivi. È in questi tornanti che la politica mostra la forza d'una presenza necessaria per la costruzione/ricostruzione di un ordine al quale il diritto dà la forma necessaria. E, a questo punto, la dimensione giuridica investe di ruoli e responsabilità soggetti non riducibili al solo legislatore. Nella critica dell'assenza della politica, allora, dobbiamo distinguere i casi in cui essa effettivamente abbandona il campo, con effetti che incrinano gli equilibri istituzionali, da quelli in cui siamo piuttosto di fronte a una fisiologia che evoca altre voci, in primo luogo quella dei giudici, la cui legittimazione non deriva da una investitura proveniente dalla sovranità popolare, ma dal fatto che essi contribuiscono alla complessiva tenuta dell'ordine democratico.

Ma è sempre la storia a imporre che la riflessione non si arresti qui, perché sono le mutevoli modalità dei diversi equilibri a dover essere concretamente prese in considerazione. La questione centrale può essere riassunta facendo riferimento a quello che è stato definito il passaggio dalla «judicial review» alla «judicial legislation», dal controllo di costituzionalità alla creazione giurisprudenziale della norma. Guardando più a fondo, però, e andando oltre la dimensione della sola giustizia costituzionale, ci si deve piuttosto chiedere se lo spazio dei principi, costitutivo dell'ordine costituzionale, non lasci margini troppo larghi all'interpretazione giudiziaria, non sia un vincolo troppo labile, dunque inadeguato al pieno mantenimento della stessa legalità costituzionale.

È ormai d'uso corrente il riferirsi all'interpretazione «costituzionalmente orientata», che deve essere intesa come vincolo per il giudice, ma anche come una specificità della sottoposizione del giudice alla legge, come vuole l'art. 101 della Costituzione. Per lungo tempo, infatti, nell'era della Costituzione inattuata o congelata e della distinzione tra le sue norme programmatiche e precettive, si era perseguito un depotenziamento della Costituzione, amputando l'intero ordinamento giuridico di una sua componente fondamentale e sciogliendo così il giudice dall'obbligo di «sottoporsi» alla Costituzione. Il «disgelo costituzionale», sul versante politico, e la «scoperta» della Costituzione da parte della magistratura hanno permesso di ricostruire l'ordinamento nella sua interezza, vincolando i giudici al programma costituzionale reso esplicito da principi e norme. Interpretazione costituzionalmente orientata come vincolo e come dovere, dunque.

Viene così individuato il perimetro di ciò che è «decidibile» da parte del giudice, ovviamente più ristretto di quello della legislazione, e che, tuttavia, non implica che la sua attività debba essere considerata puramente conoscitiva. «Una sfera del decidibile è sempre connessa all'esercizio di qualsiasi potere, incluso l'esercizio del potere giudiziario, consistente pur sempre in un'attività decisionale oltre che conoscitiva»[32]. Conclusione, questa, massimamente evidente per la giustizia costituzionale, non a caso oggetto di dubbi radicali[33], ma divenuta ormai connotato dei sistemi democratici, Stati *costituzionali* non più ordinati verticalmente, ma nei quali legislazione e giurisdizione sono entrambe egualmente legate alla Costituzione, «norma primaria e suprema direttamente per i giudici come per il legislatore»[34].

Se oggi possiamo ancora sperare che la democrazia non sia una causa persa[35], lo dobbiamo in buona misura proprio a questo cambio di paradigma che ha portato con sé non la prepotenza dei diritti fondamentali, quanto piuttosto la costruzione di una democrazia sempre più profondamente innervata dai diritti individuali e col-

[32] L. Ferrajoli, *Principia iuris. Teoria del diritto e della democrazia*, vol. II: *Teoria della democrazia*, Laterza, Roma-Bari 2007, p. 75.

[33] Si vedano, ad esempio, le pagine «inattuali», così definite dall'autore, di F. Di Donato, *La rinascita dello Stato. Dal conflitto magistratura-politica alla civilizzazione istituzionale europea*, il Mulino, Bologna 2010, pp. 490 e sgg.

[34] Fioravanti, *Per una storia della legge fondamentale in Italia* cit., p. 32.

[35] A. Mastropaolo, *La democrazia è una causa persa? Paradossi di un'invenzione imperfetta*, Bollati Boringhieri, Torino 2011.

lettivi. Di questi deve essere sottolineata la storicità, non tanto per sottrarli a suggestioni giusnaturaliste o per confinarli nel mondo del relativo, ma perché sono appunto il prodotto della storia e della politica, configurano un regime politico e un ordinamento istituzionale, si presentano come pietra di paragone e criterio di legittimità di un sistema. Una volta di più merita d'essere sottolineato il passaggio «costituzionale» che ha portato alla Carta dei diritti fondamentali dell'Unione europea, la cui necessità veniva dedotta proprio dall'esigenza di far conseguire all'Unione quella legittimità che non poteva esserle conferita dal solo mercato o dai vincoli tutti politici contenuti nei trattati. Il fatto, poi, che i diritti fondamentali contribuiscano a definire una sfera dell'«indecidibile» appartiene alla distribuzione dei poteri nel sistema, anche per individuare le sfere di libertà di ciascuno dove poteri esterni non possono penetrare[36].

Innovazioni e globalizzazione: minacce o opportunità?

Le costituzioni si sono allungate, i cataloghi dei diritti fondamentali si infittiscono, l'impero dei diritti allarga i suoi confini. Gli effetti di questo processo, sempre aperto e sempre esposto al rischio di una sua revoca in dubbio più o meno radicale, sono molteplici. Si allarga, almeno formalmente, l'area dell'indecidibile. Si esclude per taluni soggetti il potere di decisione, come accade nelle materie in cui il legislatore esce di scena e il potere si concentra nelle mani delle persone interessate. Si definiscono procedure di garanzia anche là dove rimane la competenza del legislatore, con l'intento primario di sottrarre i diritti fondamentali alla tirannia di qualsiasi maggioranza. Si articolano le istituzioni della garanzia e dell'effettività, facendo entrare in scena, oltre alla magistratura, altri soggetti, come le autorità indipendenti, con conseguenze in taluni casi ambigue, perché l'apparenza della tutela non è accompagnata da una adeguata sostanza. Si allarga la platea dei soggetti legittimati ad agire per la tutela dei diritti, svincolando la loro azione da un interesse puramente individualistico. L'ombra benefica dei diritti si allunga. Ma questa molte-

[36] Ho analizzato questi problemi in *La vita e le regole. Tra diritto e non diritto*, 2ª ed., Feltrinelli, Milano 2009.

plicità, che li proietta oltre la competenza esclusiva di legislatori e giudici, li consegna pure alle ambiguità della *governance*.

Se si vuole affrontare «il mistero della *governance* globale», non si può trascurare la sua composizione, evitando comunque di analizzarla considerando tutti i portatori di funzioni e di interessi che lì compaiono, chiamati ormai nel gergo globale *stakeholders*, come se avessero il medesimo statuto giuridico e politico. Il vero problema, allora, non è tanto quello di riportare i rapporti tra legislazione e giurisdizione ai paradigmi noti, e sovente usurati, o di considerare con sospetto la dimensione dei diritti fondamentali. Il contesto attuale è piuttosto quello di una realtà nella quale la comunità degli affari sta producendo un suo diritto comune, sbrigativamente identificato come nuova *lex mercatoria*, commissionata ai professionisti della tecnica giuridica, con riduzione della regola a una delle tante merci acquistabili sul mercato. E questo modo di produzione mostra come i grandi interessi economici non cerchino più la mediazione delle istituzioni politiche, ma agiscano ormai in presa diretta anche sul terreno della produzione delle regole. Ingannevole, allora, diviene una misura della democrazia che si concentra tutta sul rischio proveniente dalla giurisdizione, mentre l'esperienza, persino drammatica, ci mostra che la vera redistribuzione dei poteri avviene nella direzione di soggetti ai quali manca la pur minima legittimazione democratica (si pensi al ruolo assunto, come veri regolatori, dalle agenzie di rating)[37].

È ormai avanzato il tentativo di relativizzare, se non di rendere marginale, il ruolo di legislatori e giudici. A questo tentativo si reagisce avendo, in primo luogo, la consapevolezza della necessità di una adeguata reazione da parte della politica, che deve muovere dalla constatazione realistica che il suo svuotamento o la sua espropriazione non nascono dall'invadenza del diritto e dei diritti fondamentali, ma da una distribuzione del potere verso soggetti sostanzialmente sciolti da ogni vincolo giuridico. La nuova extrastatualità delle regole private si costruisce incurante d'ogni quadro istituzionale di riferimento, a differenza di quando sussisteva comunque un legame necessario con un sia pur minimo insieme di principi. La via da seguire, allora, è quella di una rinnovata alleanza tra legislazione e

[37] Si vedano, ad esempio, l'articolata analisi, e i vari riferimenti, di H. Muir Watt, *Private International Law Beyond the Schism*, in «Transnational Legal Theory», 3, 2011, pp. 347-427.

giurisdizione, che definisca il passaggio dalla libertà dei moderni a quella dei contemporanei.

La pretesa del legislatore di regolare con norme analitiche tutto e tutti, pensando che così vengano insieme garantite la sua primazia e la certezza del diritto, deve sciogliersi nella capacità di individuare principi, di definire il quadro costituzionale d'insieme all'interno del quale possa poi realizzarsi la concretizzazione delle regole a opera dei giudici. Una alleanza impossibile quando la dimensione globale cancella proprio la presenza del legislatore? L'esperienza ci dice che non è così, che la garanzia giuridica si può ritrovare nelle possibilità d'intervento delle corti, la cui azione è tanto più concreta e legittimata quanto più riesce a trovare sponda nei diversi elementi, o frammenti, che contribuiscono a costruire i tratti di un costituzionalismo globale.

L'insignificanza dei diritti fondamentali, perché inefficaci o perché eternamente prigionieri d'un egemonico vizio d'origine, è smentita proprio dalla storia, dalla miriade di lotte per i diritti, particolarmente vivaci in quelle aree del mondo che gli studi post-coloniali avevano descritto come vittime di una prepotenza occidentale, consegnata anche all'ideologia dei diritti fondamentali. La crisi di quel modello storico è evidente, anche quando si cerca di riproporlo con la forza, quasi che si potesse tornare ai tempi in cui le armate di Napoleone erano accompagnate dall'introduzione del codice civile nei territori conquistati. Abbagliati dai tentativi di esportare violentemente libertà e democrazia, con i disastri che conosciamo, rischiamo di non cogliere il molecolare lavoro di costruzione di un nuovo tessuto di diritti proprio là dove in passato v'era sudditanza o negazione, con una alleanza tra parlamenti e corti, con la proiezione verso carte regionali dei diritti, a fondamento delle quali non si fatica a scorgere il segno della politica. Se questo porterà a «una comunità di valori»[38], è questione tutta da discutere, a cominciare dal senso attribuito a un termine carico persino di implicazioni «tiranniche», com'è appunto la parola «valori». Ma è certo che l'incessante scrittura di nuove costituzioni e di carte dei diritti rivela l'opposto del passato – la volontà di liberarsi dalle dipendenze culturali antiche e dalle sopraffazioni nuove dei regimi totalitari. I diritti fondamentali

[38] M. Delmas-Marty, *Vers une communauté de valeurs?*, Seuil, Paris 2011.

incarnano così una sovranità popolare esigente, non la deriva che li vuole insaziabili e distruttivi proprio dei poteri democratici.

Intorno ai diritti diviene così possibile la costruzione di una «identità costituzionale» che non implica chiusura, che non isola le persone, ma produce legami sociali e così non presenta i diritti come fattore di divisione[39], come fonte di semplice negoziazione o di conflitto, come accade quando vengono presentati come puri titoli da scambiare nel mercato. Molte sono le opportunità offerte dalla via dei diritti, e conviene richiamarne alcune sfaccettature.

Volgiamo lo sguardo a due scritti non giuridici, e che tuttavia hanno influenzato la riflessione politica e giuridica assai più di tanti lavori specialistici, fino a rappresentare quasi un imbarazzante luogo comune. Nel 1932 Aldous Huxley scrive *Il mondo nuovo* (questo il titolo dato alla traduzione italiana del libro[40]), forse la più grande utopia negativa del secolo passato per la sua capacità di guardare a fondo nella manipolazione dell'umano (cinque anni prima suo fratello Julian, scrivendo su «Religione senza rivelazione», poneva già il problema del transumanismo, della modificazione della forma umana attraverso la tecnologia[41]). «Brave new world» erano le parole del titolo originale, quelle che Miranda pronuncia nella scena finale della *Tempesta*, ammirata dalle «meravigliose creature» che popolano il mondo sul quale s'era affacciata: parole che Huxley rovescia nell'incubo di una organizzazione della società nella quale la biologia è divenuta veicolo di discriminazione e asservimento. Oggi ci aggiriamo in un mondo che ci appare ininterrottamente nuovo, popolato non tanto da creature meravigliose, ma da meravigliosi oggetti e invenzioni, il mondo della scienza e della tecnologia, sul quale lo sguardo si posa mutando spesso la meraviglia in attonita preoccupazione.

Quell'utopia negativa è stata via via considerata come una ipoteca sul futuro, non più confinata nella fantasia anticipatrice d'uno scrittore, ma che può investire la stessa vita quotidiana. Huxley cercava nell'amore tra le persone la possibile via d'uscita, così come farà più tardi l'autore dell'altra inquietante distopia novecentesca, George

[39] R.M. Dworkin, *I diritti presi sul serio*, trad. it. di F. Oriana, il Mulino, Bologna 1992, p. 291.
[40] A. Huxley, *Il mondo nuovo*, trad. it. di L. Gigli, Mondadori, Milano 1933.
[41] Cfr. *infra*, p. 344.

Orwell, con il suo *1984*[42]. Nel mondo nuovo della scienza e della tecnologia, dove un mutamento radicale investe la stessa antropologia millenaria del genere umano, l'attenzione deve sempre essere rivolta alla persona, non però ai suoi sentimenti soltanto, rifugio ultimo e forse impossibile da un mondo senza cuore, posseduto integralmente dalla ragione tecnologica. Al destino totalitario, quello appunto indicato da Huxley e Orwell, nei sistemi democratici deve opporsi una diversa logica, appunto quella dei diritti, che può consentire a tutti e a ciascuno di preservare libertà, autonomia e dignità, così volgendo pure in opportunità quella che altrimenti finirebbe con l'essere considerata solo l'aggressione di una tecnica invincibile.

Questo è ormai un dato di realtà, non una semplice ipotesi o una forzatura. Mentre vacillano o scompaiono i grandi assetti politici e ideologici che avevano segnato l'intero secolo passato, mentre gli Stati nazionali rivelano le loro debolezze, occorre ripetere che la narrazione dei diritti percorre il mondo con una ampiezza e intensità davvero senza precedenti, per il numero di persone che ne sono protagoniste, per la velocità con cui si propaga, per la sfida continua che lancia ai più diversi poteri, per i conflitti che suscita.

Se l'innovazione scientifica e tecnologica ci obbliga a percorrere territori fino a ieri inesplorati o di cui neppure si poteva supporre l'esistenza, le novità non si fermano alla tecnoscienza in sé considerata, ma investono appunto l'estensione del mondo, i movimenti di persone e popoli, le trasformazioni delle società e delle stesse persone, i rapporti tra le culture. Da tutto questo è l'idea stessa dei diritti fondamentali a essere confermata e continuamente messa alla prova, perché il diritto si fa sconfinato, perché la cittadinanza si incardina su diritti che appartengono a ognuno in quanto persona e così si allontana dalla sovranità nazionale, alla quale era stata legata in un modo che a taluno sembra ancora indissolubile.

Sempre più i diritti diventano il tramite obbligato attraverso il quale le istituzioni si confrontano con le persone, dando pure origine a sopraffazioni e conflitti nuovi, che fanno nascere una percezione più acuta e profonda di che cosa voglia dire essere titolare di un diritto e che cosa significhi vederselo negato. Rispondendo alla domanda di una intervistatrice, che le chiedeva se avesse intenzione di risposarsi,

[42] G. Orwell, *1984*, trad. it. di G. Baldini, Mondadori, Milano 1950.

Martha Nussbaum indicava con nettezza una prospettiva dalla quale non possiamo più allontanarci: «Se pensassi di sposarmi, sarei preoccupata del fatto che godrei di un privilegio negato alle coppie dello stesso sesso»[43]. Anche una delle più intime tra le decisioni, dunque, non può separarci dagli altri, chiuderci in una dimensione tutta autoreferenziale, negare il legame sociale e precipitarci nell'egoismo. Gli altri non possono essere soltanto «l'inferno» di cui ci parlava Jean-Paul Sartre[44]. Diventano uno specchio dove la nostra immagine si intreccia sempre di più con quella dell'altro – «mon semblable – mon frère»[45].

La trasformazione è radicale. Non muta solo la dimensione esterna, il catalogo dei diritti riconosciuti, ma lo stesso modo in cui essi sono percepiti, sentiti, praticati. Questo è il mondo nuovo dei diritti, ben più arduo da comprendere e ricostruire di una semplice elencazione di nuovi diritti. Un tempo mutato, dunque, non un semplice esercizio di contabilità, la registrazione di qualcosa che si aggiunge al tempo precedente.

L'espressione «nuovi diritti», infatti, dev'essere considerata, a un tempo, accattivante e ambigua. Ci seduce con la promessa di una dimensione dei diritti sempre capace di rinnovarsi, di incontrare in ogni momento una realtà in continuo movimento. Il cuore della storia civile, se così si vuole. Al tempo stesso, però, lascia intravvedere una contrapposizione tra diritti vecchi e diritti nuovi come se il tempo dovesse consumare quelli più lontani, lasciando poi il campo libero a un prodotto più aggiornato e scintillante, con un voluto e pericoloso travisamento sul quale già si è richiamata l'attenzione[46].

Ma il mondo dei diritti vive pure di accumulazione, non di sostituzioni, anche se la storia e l'attualità sono fitte di esempi che mostrano come programmi deliberati di mortificazione della libertà passino proprio attraverso la contrapposizione tra diverse categorie di diritti. Se ne enfatizzano alcune per cancellare tutte le altre. Le dittature concedono sovente vantaggi materiali e sopprimono diritti civili e politici, prospettano uno scambio tra qualche «nuovo» diritto sociale e i «vecchi»

[43] M. Nussbaum, *Gross National Politics*, intervista in «The New York Times», 10 dicembre 2009.

[44] Sono le parole conclusive di *Huis clos* [*A porte chiuse*, 1944] di Jean-Paul Sartre.

[45] Così finisce *Au lecteur* [*Al lettore* (*I fiori del male*, 1857)] di Charles Baudelaire.

[46] Cfr. *supra*, p. 34.

diritti di libertà: questi sarebbero un insostenibile lusso quando vi sono bisogni elementari da soddisfare. Peraltro, proprio i diritti sociali – la «terza generazione» dei diritti nata nella temperie solidaristica, redistributiva e egualitaria del Novecento, negli anni del «compromesso» socialdemocratico e keynesiano – sono stati l'oggetto di una critica feroce (e sempre riproposta, come già si è ricordato), che a essi ha voluto negare la qualità stessa di diritti per la dipendenza che avrebbero dalle decisioni politiche e dalla disponibilità di risorse finanziarie.

In queste ripulse, in questo insistito riduzionismo, si coglie la sfida che i diritti, tutti i diritti, lanciano continuamente alla politica e alla pura logica economica. In uno «Stato costituzionale di diritto», il perimetro legittimo dell'azione politica è disegnato proprio dai principi fondamentali, dall'insieme dei diritti individuali e collettivi, che individuano anche i criteri in base ai quali deve essere effettuata la ripartizione delle risorse. Questo principio di legittimazione ha una duplice valenza. Da una parte si presenta come limite alla discrezionalità politica, che non può essere esercitata in contrasto con i diritti fondamentali riconosciuti. Dall'altra, fonda l'azione politica dei cittadini, volta a far sì che proprio questi diritti possano ottenere rispetto e attuazione in forme differenziate: dall'effettività immediata garantita dall'intervento del giudice; dalla dichiarazione di incostituzionalità di una norma; dalle iniziative, informali ma socialmente forti, di gruppi organizzati che operano perché i diritti vivano nella vita quotidiana, rendendo così possibile una loro nuova e concreta effettività, diversa da quella assicurata dalla via giudiziaria, dalla loro «giustiziabilità» formale, la cui mancanza è stata ritenuta il segno della impossibilità di definire una situazione come un vero diritto. Nella ricostruzione complessiva del senso e della portata di qualsiasi ordinamento giuridico entrano a pieno titolo tutti i diritti, che ne definiscono il carattere al di là delle specifiche valenze di ciascuno.

I diritti, tutti i diritti, contribuiscono a definire una assiologia, individuano valori non «tiranni», ma principi definiti attraverso processi storici che trovano nella «costituzionalizzazione» il loro esito. Processi, questi, che ritroviamo oggi anche nelle dimensioni sovranazionale e globale, con modalità sicuramente inedite, sovente incomprese o sottovalutate da chi rimane prigioniero di diffidenze ideologiche o ritardi culturali. Il mondo nuovo dei diritti non può essere compreso con le vecchie categorie. E la proiezione oltre ogni confine di una persona accompagnata da un nucleo inscalfibile di diritti definisce una dimensione costituzionale globale che sfugge a chi continua a usare solo le categorie della sovranità nazionale o del tradizionale intervento giudiziario.

Ai diritti, vecchi o nuovi che siano, non si può dunque guardare senza una continua attenzione per le condizioni storiche che ne condizionano il riconoscimento e l'attuazione. Norberto Bobbio ce lo ha ricordato infinite volte, con parole forti, perché ai diritti si addice il linguaggio della passione civile. «L'attuazione di una maggiore protezione dei diritti dell'uomo è connessa con lo sviluppo globale della civiltà umana. È un problema che non può essere isolato sotto pena non dico di non risolverlo, ma neppure di comprenderlo nella sua reale portata. Chi lo isola lo ha già perduto. Non si può porre il problema dei diritti dell'uomo astraendolo dai due grandi problemi del nostro tempo, che sono i problemi della guerra e della miseria, dell'assurdo contrasto tra l'eccesso di *potenza* che ha creato le condizioni per una guerra sterminatrice e l'eccesso d'*impotenza* che condanna grandi masse umane alla fame»[47].

Questa è ancora oggi la condizione nella quale guardiamo ai diritti. La guerra è sempre stata considerata come una situazione che legittima sospensioni di molti diritti. Ma che cosa accade quando la guerra si fa «infinita»? Diventano infinite anche le limitazioni dei diritti? La miseria è sempre stata percepita come l'impedimento maggiore all'effettivo godimento dei diritti. Che cosa accade, però, quando essa non è più intesa come un ostacolo da rimuovere, bensì come la giustificazione della negazione di un diritto – del bambino a non lavorare, del lavoratore a non essere sfruttato – con l'argomento che, altrimenti, si colpirebbe la competitività dei paesi in via di sviluppo? Non a caso si è parlato polemicamente di un «imperialismo dei diritti umani», al quale i paesi avanzati farebbero ricorso proprio per limitare la forza economica dei concorrenti.

Mentre parliamo di nuovi diritti, dobbiamo fare i conti con una contraddizione inedita. Guerra e povertà ci parlano di un consolidamento della negazione dei diritti. Le pacifiche rivoluzioni di questi anni – delle donne, degli ecologisti, della scienza e della tecnica – ci mettono di fronte a una fortissima espansione della categoria dei diritti, a un allungamento del loro catalogo.

[47] Bobbio, *L'età dei diritti* cit., p. 43.

Come si compongono queste spinte? Quale età dei diritti ci avviamo a vivere?

Non sempre i nuovi diritti sono benvenuti. Ad alcuni si guarda come a una inammissibile violazione della natura. Ad altri come a un intollerabile intralcio al libero funzionamento del mercato. Il campo di battaglia, che lo sguardo presago di Alexis de Tocqueville aveva individuato nel diritto di proprietà ancor prima di Marx, si estende oggi fino a comprendere l'intero ambiente e la stessa vita, in un mondo che esige sempre più d'essere considerato come uno. Davanti a noi si prospettano alternative radicali. Globalizzazione attraverso il mercato o attraverso i diritti? Quali sono i diritti destinati a unificare il mondo, e che devono essere considerati patrimonio inalienabile della persona, quale che sia il suo sesso, la sua nazionalità, religione, origine etnica?

Il millennio si è aperto con un fatto che può essere considerato simbolico – la ricordata proclamazione a Nizza, il 7 dicembre 2000, della Carta dei diritti fondamentali dell'Unione europea, il primo documento dove diritti vecchi e nuovi convivono senza gerarchie. Nella Carta non si riflette soltanto la forte tensione che in questi anni ha attribuito ai diritti fondamentali una rilevanza senza precedenti. Si manifesta soprattutto la convinzione della impossibilità di una costruzione istituzionale che prescinda dalla dimensione dei diritti.

Ma l'invocazione dei diritti fondamentali non nasce da una volontà di restare fedeli a una tradizione culturale o a una idea astratta di costituzione. In un mondo nel quale la potenza dell'economia e della tecnica ha cancellato i confini, si fanno sempre più deboli le tutele offerte dai governi nazionali e si stenta a ritrovare un luogo sovranazionale dove le garanzie possano essere ricostruite. In questo clima, la tenace sottolineatura dei diritti fondamentali si presenta come il tentativo di individuare un punto di riferimento forte, che faccia emergere l'immagine di una persona che dev'essere rispettata indipendentemente dal luogo dov'è nata o da quello in cui si trova. Nasce così un'idea diversa di cittadinanza, non più legata a un territorio, ma espressiva di una serie di attribuzioni di cui nessuno può essere privato. E la creazione di nuovi diritti, collocati là dove si fa più intensa l'influenza dell'economia e di scienza e tecnica, si presenta come una via per cogliere le opportunità offerte da questo nuovo mondo senza doverne patire le tirannie e i rischi, cercando di riportare così sotto il controllo del diritto e dei cittadini processi che altrimenti potrebbero travolgere, insieme, le persone e la democrazia.

Modelli e rappresentazioni dei diritti

Non si può certo affermare che nei diritti sia l'unica salvezza. Ma nel momento in cui l'ipotesi di un unico governo del mondo non appare proponibile, soprattutto perché si presenta come la proiezione ingenua su scala mondiale di un'idea di sovranità costruita tutta nella dimensione nazionale, la costruzione molecolare dal basso di una rete di diritti sta cercando di realizzare una tessitura giuridica che possa offrire a tutti la possibilità d'essere riconosciuti come cittadini, e non d'essere confinati nella condizione di sudditi, clienti, vittime.

Proclamare un diritto – lo sappiamo – non significa assicurarne il rispetto, l'applicazione, l'effettività. Servono istituzioni che incarnino questa funzione. E qualche passo in questa direzione si sta facendo, imboccando la via delle unioni regionali, come quella europea, e soprattutto costruendo una rete di convenzioni, protocolli, accordi, che via via trasferiscono nella dimensione sovranazionale poteri e responsabilità legati appunto alla tutela dei diritti, che portino alla creazione di corti internazionali davanti alle quali farli valere.

È una strada faticosa, un cammino lento. Ma non cediamo alla tentazione, travestita da realismo, di affermare che, fino a quando non è pienamente realizzabile, un diritto è come se non esistesse. Quante volte, proprio perché un diritto rimaneva sulla carta, è stato possibile denunciarne l'inattuazione, far nascere lo scandalo della sua violazione, far emergere la cattiva coscienza di chi lo negava, creando così la condizione politica per chiederne con forza la tutela effettiva? Solo perché abbiamo coscienza che il bambino ha un fondamentale diritto a non lavorare, è stato possibile avviare campagne di denuncia e di boicottaggio delle imprese multinazionali che ricorrono a questa violenza, ottenendo in qualche caso una loro conversione «etica». Solo perché riconosciamo al lavoratore il diritto fondamentale a non essere sfruttato, si sono diffuse clausole sociali in accordi e contratti per garantire ai lavoratori dei paesi in via di sviluppo un «decent work», accettabili condizioni di lavoro. Vi sono azioni collettive, formali e non, che sono rese possibili dal semplice fatto che un diritto è comunque lì, scritto sulla carta e proprio per questo leggibile e riconoscibile da una opinione pubblica avvertita, da una organizzazione combattiva, da una persona di buona volontà.

Bisogna avere il coraggio dei diritti, vecchi o nuovi che siano. Non lasciarsi intimidire da chi ne denuncia l'inflazione, addirittura la prepotenza, la sfida ai valori costituiti. Viviamo un tempo di grande travaglio e difficoltà, che però non giustificano le inerzie. Dobbiamo essere tutti consapevoli del fatto che oggi è in corso una complessa operazione di fondazione, ridefinizione, estensione, moltiplicazione dei diritti, che non cede a spinte opportunistiche, non è schiava di una dittatura dei desideri, ma risponde proprio alla necessità di far vivere la dimensione dei diritti in tempi profondamente mutati.

Vi sono ripulse che accompagnano sempre l'innovazione. Per vaccinarci contro molte critiche di oggi, si possono leggere le invettive aspre contro quel «catalogo» che era la Dichiarazione dei diritti dell'uomo e del cittadino del 1789; o ricordare il dileggio che qualcuno riservò ad articoli, poi rivelatisi fondamentali, della nostra Costituzione «presbite», come quelli sul paesaggio e sulla salute; o scorrere gli scritti più recenti che in modo perentorio affermavano che mai e poi mai la Carta dei diritti fondamentali avrebbe potuto fondare una qualsiasi decisione giudiziaria. Parlando di diritti, bisogna sempre guardare lontano, frequentare il futuro, non rimanere prigionieri del passato. E bisogna avere in essi una fede appassionata, magari ingenua, che sostenga lo sforzo continuo di una costruzione dei diritti sempre incompiuta, sempre insidiata dai nemici della libertà.

Considerata più da vicino, e più analiticamente, la dimensione dei diritti dà evidenza al passaggio dalla libertà astratta alla libertà concreta, dall'individuo alla persona. Leggiamo ancora Bobbio: «Rispetto all'astratto soggetto uomo, che aveva trovato una prima specificazione nel 'cittadino', si è fatta valere l'esigenza di rispondere con ulteriore specificazione alla domanda: quale uomo, quale cittadino?»[48].

Così i diritti ci immergono nella realtà e ci liberano da un modo di procedere che, agli occhi di Tocqueville, avvicinava la rivoluzione francese alle rivoluzioni religiose: «questa ha considerato il cittadino in modo astratto, fuori d'ogni specifica organizzazione, così come le religioni considerano l'uomo in generale, senza riferimento a un tem-

[48] Ivi, p. 62.

po o a un luogo». Questa astrazione dalle situazioni concrete, tuttavia, era la condizione per liberare l'uomo dalle gabbie feudali, dalla tirannia degli status personali immutabili, e affermare così l'eguaglianza. La critica successiva ai limiti di questa eguaglianza tutta formale, ed alla distorsione che nel tempo determinava occultando le profonde disuguaglianze materiali, ha fatto emergere la persona in tutta la sua concretezza, non più collocata in un ambiente asettico e privo di contraddizioni, ma vivente in una realtà caratterizzata da «ostacoli di ordine economico e sociale, che, limitando di fatto la libertà e l'eguaglianza dei cittadini, impediscono il pieno sviluppo della persona umana e l'effettiva partecipazione dei lavoratori all'organizzazione politica, economica e sociale del Paese». Così è scritto – è bene ribadirlo ogni volta – in quel capolavoro istituzionale che è l'art. 3 della nostra Costituzione, che affida alla Repubblica il compito di rimuovere quegli ostacoli e ci obbliga a considerare i diritti non più come attributi di un individuo astratto, ma immersi nel flusso delle relazioni e delle contraddizioni sociali. È un risultato, questo, reso possibile dalle grandi fratture sociali e politiche che aprono il secolo passato, e che poi saranno approfondite nell'ultima parte del Novecento.

La prima rottura si ha sul terreno del lavoro, affermato come diritto, e non più come merce da scambiare nel mercato. E così, accanto ai diritti civili e politici, nascono nuovi diritti, quelli sociali. Non è una novità circoscritta al mondo del lavoro: incide sul sistema complessivo dei diritti, dove cresce una «idea sociale», che sul ceppo individualista innesta logiche di solidarietà, con un raccordo tra diritti individuali e legame sociale riconosciuto da tutte le costituzioni europee sulla scia di quella capostipite, la Costituzione di Weimar del 1919.

Forse bisogna partire proprio da qui, dai modelli di organizzazione sociale dei diritti, per cogliere le ragioni di dissonanze che, nel tempo, si sono fatte più marcate ed evidenti. Si è via via delineato un modello europeo, reso possibile dalla presenza di un nuovo soggetto storico, la classe operaia, che ha completato la rivoluzione dei diritti realizzata tra Sette e Ottocento dalla borghesia, aprendo la strada a una visione dei diritti che, soprattutto nei rapporti economici, incorporava anche una funzione sociale. La diversa vicenda storica degli Stati Uniti, dove il peso della classe operaia non è stato certo paragonabile a quello europeo, ha fatto sì che l'idea individualistica dei diritti rimanesse l'unica, o comunque quella prevalente. Con due conseguenze. Considerati come strumenti da usare nel proprio esclusivo interesse, senza valutare esplicitamente quello altrui o quello collettivo, i diritti vengono sempre più adoperati in modo aggressivo, determinando una loro «insularità». Ciascuno si separa dagli altri, si ritira nella propria isola, impugna i diritti come una clava: e questo spinge più d'uno negli Stati Uniti, con qualche scimmiottatura europea, ad affermare che non nei diritti, ma nella comunità, risiede l'unica salvezza per le persone. Inoltre, le crescenti pressioni del mercato hanno spinto verso una considerazione dei diritti come puri titoli da scambiare, indebolendo il profilo della loro inviolabilità. Tener fermo il modello europeo, quindi, significa proporre un'idea più ricca dei diritti sia nella dimensione individuale che in quella sociale, pur tenendo conto delle ovvie necessità del suo adeguamento al mutare dei tempi.

La seconda rottura, altrettanto radicale, è determinata dalle pacifiche rivoluzioni del Novecento – delle donne, degli ecologisti, della scienza e della tecnica. La libertà concreta s'incarna nella differenza sessuale, nell'attenzione per il corpo, nel rispetto per la biosfera, nell'uso non aggressivo delle innovazioni scientifiche e tecnologiche.

Da qui ha origine non una semplice rivendicazione di nuovi diritti, ma il problema della trascrizione nell'ordine giuridico di una realtà che preme così fortemente su di esso da non poter essere ignorata, né tale, come già si è notato, da consentire operazioni di neutralizzazione: negando a essa l'ingresso nella dimensione giuridica, con il ricorso alla tecnica del divieto, o cercando di «addomesticarla» attraverso l'uso delle categorie tradizionali. Ma la vita dimenticata, si diceva nel Settecento, si vendica. Molte delle difficoltà di oggi, infatti, discendono proprio da un deficit di adeguata attenzione politica e istituzionale, che si manifesta nel tentativo continuo di schivare questioni difficili, nelle quali si riflettono divisioni culturali, sociali, religiose. Si coglie così un punto cruciale della riflessione sul diritto e sui diritti: che cosa debba entrare nella dimensione giuridica e che cosa, invece, debba restarne fuori, e come. Poiché, tuttavia, anche il «lasciar fuori» è sempre stato il risultato di una scelta politica e culturale, devono essere resi espliciti i criteri della decisione. Questi non possono prescindere dall'insieme delle innovazioni alle quali continuamente si assiste, che ci consegnano un mondo contrassegnato strutturalmente da forti dinamiche, nel quale non basta ridisegnare i confini tra diritto e non diritto, poiché bisogna partire proprio dalla ricognizione e dalla ricostruzione dell'oggetto di queste operazioni di regolamento dei confini. E, svolgendo questa analisi, si incontra l'altro discrimine con il quale diritto e diritti si stanno misurando sempre più intensamente in questa fase: che cosa può entrare nel mercato e che cosa «deve» rimanerne fuori.

Lo sfaccettarsi dinamico della realtà ci consegna categorie di diritti che sostanzialmente mimano le situazioni concrete che via via si manifestano. Diritti riproduttivi; diritti genetici; diritti delle persone lesbiche, gay, bisessuali, transgender (Lgbt); *communication rights*; diritto alla protezione dei dati personali, proiettato al di là della dimensione tradizionale della privacy e che investe l'insieme delle relazioni personali e sociali, ridefinendo i rapporti tra sfera privata e sfera pubblica; diritto all'esistenza, quasi una sintesi dei problemi e delle difficoltà del vivere. A questo articolarsi dei diritti corrisponde l'ampliarsi della lista delle cause di discriminazione, già ricordata a proposito dell'art. 21 della Carta dei diritti fondamentali dell'Unione europea, e che contribuisce a testimoniare una attitudine del diritto a seguire la persona sempre più da vicino, a considerarla nella sua integralità, a farne emergere sempre più nettamente l'unicità. Il patrimonio dei diritti e l'illegittimità delle discriminazioni rendono inammissibile la pretesa di conformarsi a modelli di normalità. E quest'insieme di criteri, che si rifanno ai principi ai quali sono intitolati i capitoli della Carta, definisce il processo attraverso il quale si giunge a qualificare una situazione come diritto, senza rispecchiamenti meccanici dei dati di realtà.

Sulla scena del mondo compare così una nuova rappresentazione dei diritti, nella quale la vita vera fa sentire le sue ragioni e il corpo irrompe con tutta la sua fisicità, facendo apparire sbiadita una dimensione dei diritti riferita unicamente a un soggetto astratto, a un individuo disincarnato. Ma queste due diverse visioni possono comporsi se si guarda alla persona nella sua realtà e integralità, come fa la Carta dei diritti fondamentali dell'Unione europea. Nel suo Preambolo si afferma appunto che l'Unione «pone la persona al centro della sua azione».

Qui il vecchio e il nuovo riescono a intrecciarsi perché il catalogo dei diritti guarda a una persona situata nel suo tempo e nella sua condizione concreta, calata nella realtà ma non dimentica della storia. Se la Carta si apre con l'affermazione che «la dignità umana è inviolabile» e «deve essere rispettata e tutelata», è perché la nuova Europa deve mantenere viva la memoria delle diverse barbarie del secolo passato, alle quali si reagisce in primo luogo riaffermando l'inviolabilità dei diritti della persona. «Per vivere – ci ricordava Primo Levi – occorre un'identità, ossia una dignità»[49]. La «morte di Dio» ad Auschwitz è stata determinata proprio dalla radicale negazione dell'umano e della sua dignità.

Da qui, dalla radice dell'umanità, riprende il cammino dei diritti. Tornando alla Carta dei diritti fondamentali, che ben può essere utilizzata come un documento in cui si esprime uno spirito del tempo analogo a quello vivissimo che si trova soprattutto in costituzioni latino-americane, la realtà mutata compare nei suoi primi articoli con l'attrazione nel quadro dei diritti fondamentali dei temi imposti dalla riflessione bioetica e dalle tecnologie elettroniche. Si tutela il corpo «fisico» affermando che tutti hanno diritto al rispetto dell'integrità fisica e psichica, vietando così l'eugenetica di massa, la clonazione riproduttiva, gli usi mercantili del corpo. Si tutela il corpo «elettronico» considerando la protezione dei dati personali come un autonomo diritto fondamentale, distinto dalla tradizionale idea di privacy. Norme, queste, che sembrano pure voler scacciare i fantasmi evocati dalle due grandi utopie negative del Novecento, appena ricordate – l'incubo della produzione programmata degli esseri umani, che s'incontra nel *Mondo nuovo* di Aldous Huxley, e la società della sorveglianza e della manipolazione totale di cui ci ha parlato George Orwell in *1984*.

Seguendo la trama della Carta, le novità istituzionali sono sempre legate a dati di realtà. Il diritto di costituire in forme diverse una famiglia si affianca, con pari dignità, al riconoscimento del matrimonio eterosessuale. Accanto ai tradizionali divieti di discriminazione, per il sesso o la razza o la religione o le opinioni politiche, compaiono quelli riferiti all'handicap ed alle tendenze sessuali. L'astrattezza del riferimento all'individuo come titolare di diritti si scioglie nella concretezza dell'affermazione dei diritti del bambino, degli anziani, dei disabili. La Carta dei diritti fondamentali dell'Unione europea porta così a compimento un processo, dà più saldo fondamento alla costituzionalizzazione della persona.

Questo processo ha via via fatto emergere una persona «inviolabile», da rispettare in ogni momento e in qualsiasi luogo. I diritti penetrano anche nelle istituzioni «totali», – il manicomio, il carcere

[49] P. Levi, *I sommersi e i salvati*, Einaudi, Torino 2003, p. 103.

– e non solo restituiscono almeno un brandello di dignità a chi è costretto a vivere in quei luoghi, ma riescono addirittura a metterne in discussione l'esistenza. I diritti dei folli scardinano la logica della separazione che giustificava i manicomi, e la predicazione e l'azione di un tenace visionario, lo psichiatra Franco Basaglia, sono all'origine di una legge che ne decreta l'abolizione.

I diritti, prima distribuiti tra le «generazioni» che ne scandivano l'origine storica, si riunificano così intorno alla persona e si presentano come indivisibili: non si possono riconoscere i diritti civili o politici e negare quelli sociali o quelli «nuovi», e viceversa. Se si seguono i titoli delle diverse parti della Carta dei diritti fondamentali dell'Unione europea, si può cogliere il filo che li lega tutti: dignità, libertà, eguaglianza, solidarietà, cittadinanza, giustizia. Sono i principi che definiscono la posizione di ciascuno, ma pure le modalità del processo democratico. Neppure questo può essere indifferente alla concreta situazione delle persone. Il riconoscimento del diritto di voto libero ed eguale per tutti non può fare astrazione dalle condizioni materiali in cui viene esercitato. Istruzione, lavoro, abitazione diventano così precondizioni della partecipazione effettiva dei cittadini, dunque della stessa qualità della democrazia.

Ma accanto ai diritti dei singoli compaiono con forza crescente grandi diritti collettivi e, con essi, nuovi soggetti ai quali far riferimento. Qui il catalogo si arricchisce con inediti tratti di novità. Incontriamo i diritti dei popoli all'autodeterminazione, alla loro lingua, alla libera gestione delle loro risorse; il diritto alla tutela dell'ambiente, che richiama la necessità di uno sviluppo sostenibile; il diritto al cibo, che diventa diritto alla vita per intere popolazioni prigioniere del dramma della fame; il diritto alla conoscenza, che mette radicalmente in discussione la logica proprietaria, il copyright e il brevetto, si tratti di assicurare le medicine agli africani malati di Aids o scaricare liberamente musica da Internet. Compare il diritto di ingerenza umanitaria, suscitando il timore che si tratti di un nuovo travestimento del diritto del più forte. Su tutti si staglia, difficilissimo ma ineludibile, il diritto alla pace.

Sono tutti diritti fortemente «oppositivi» rispetto all'ordine ed alle logiche prevalenti, proiettati verso il futuro e nei quali si coglie una deliberata, e persino smisurata, ambizione di ridisegnare le coordinate del mondo. Indicano la necessità di creare spazi e beni comuni, ai quali tutti possano liberamente accedere, ponendo il tema delle modalità di distribuzione dei beni: attraverso il mercato o attraverso i diritti? E danno così evidenza anche a contraddizioni profonde: come risolvere, ad esempio, il conflitto tra un paese che, esercitando insieme il diritto alla libera gestione delle proprie risorse e quello alla sopravvivenza dei cittadini, distrugge risorse naturali che, come le grandi foreste, contribuiscono all'equilibrio ecologico dell'intero pianeta?

A quali soggetti sono riferibili questi diversi diritti? Tornano qui entità astratte e disincarnate: l'umanità, le generazioni future, la natura, il mercato. Ma chi parla in nome dell'umanità e delle generazioni future? Quale peso dev'essere attribuito alle leggi della natura e del mercato? Dopo che la conquistata concretezza della persona aveva reso immediatamente identificabili gli attori della vicenda dei diritti, si fa reale il rischio di lasciar spazio a logiche autoritarie, a soggetti che si appropriano del potere di rappresentare l'umanità o la natura.

Il riferimento alle generazioni future non è una invenzione dei tempi nostri. Si è già ricordato che nella Costituzione francese del 1793 si dice esplicitamente che «una generazione non ha il potere di assoggettare alle proprie leggi le generazioni future». Questa limitazione di potere si traduce in una più diretta assunzione di responsabilità verso il futuro nel suggestivo detto degli indiani d'America: «non abbiamo ricevuto la terra in eredità dai nostri padri, ma in prestito dai nostri nipoti». Proprio seguendo insieme la logica del potere limitato e della responsabilità collettiva è possibile cercare di uscir fuori dagli equivoci che il riferimento alle generazioni future può determinare.

Quando si prendono decisioni irreversibili o difficilmente reversibili, ad esempio modificando in modo radicale un ambiente, il semplice rispetto del principio di maggioranza non è sufficiente. Si incide, infatti, su uno dei principi della democrazia politica, che si fonda anche sulla possibilità che una diversa maggioranza, espressa dal voto dei cittadini, modifichi le scelte fatte da quella precedente. Per evitare che questo si risolva in un blocco del processo di decisione, si sono messe a punto diverse tecniche che possono evitare o ridurre il rischio di pregiudizi gravi per le generazioni future: procedure tecniche, come le consultazioni di esperti e le valutazioni d'impatto ambientale o d'impatto privacy; procedure democratiche, come l'imposizione di maggioranze qualificate per talune categorie di decisioni e le consultazioni dei cittadini, anche attribuendo loro, in taluni casi, il potere finale di scelta attraverso referendum; rispetto dei principi di prevenzione e di precauzione, autorizzando l'utilizzazione di particolari innovazioni tecnologiche o di specifici prodotti solo quando siano chiari i loro effetti a lungo termine.

L'umanità compare quando si parla del genoma o di particolari ambienti naturali, storici o artistici, dell'Antartide o dello spazio atmosferico, tutti definiti appunto «patrimonio dell'umanità». Si vuole così porre un limite al potere di occupazione da parte degli Stati, che non possono impadronirsi di una porzione della luna o dell'Antartide; e un ostacolo alla rapacità degli interessi economici che vogliono distruggere un ambiente o brevettare qualsiasi sequenza del genoma umano.

Ma non sempre il richiamo all'umanità è una protezione sufficiente. Lo vediamo quando leggi nazionali consentono di mettere le mani su ambienti pur dichiarati dall'Unesco patrimonio comune dell'umanità. Lo sperimentiamo quando paesi come l'Islanda o l'Estonia vendono a società farmaceutiche i dati genetici dei loro cittadini. In questo quadro, l'umanità siamo tutti noi, nelle singole individualità e nelle possibili azioni collettive da avviare per esigere, in nome di un principio simbolicamente tanto forte, il rispetto di quei beni comuni.

Ma vi sono altre ambiguità da sciogliere quando ci si riferisce all'umanità e ai suoi diritti. Si è molto parlato negli anni passati della foresta amazzonica, assunta come simbolo di un ambiente da salvaguardare per l'essenziale funzione svolta per l'equilibrio ecologico del pianeta. Ma chi deve sostenere i costi di questa operazione? Se i vantaggi sono di tutti, i costi non possono essere addossati soltanto ai brasiliani, o agli indonesiani che distruggono le loro foreste per ottenere risorse commerciando legno pregiato. Se si vogliono vincere gli egoismi nazionali, e non dare la sensazione che si voglia espropriare un popolo del diritto di disporre liberamente delle proprie risorse, sono necessarie politiche compensative su scala mondiale. In questo senso, l'umanità diventa la comunità degli Stati che deve contribuire, soprattutto con l'intervento dei paesi più ricchi, alla conservazione delle risorse esistenti, con trasferimenti a favore di altri paesi e adottando politiche volte a ridurre le proprie attività distruttive dell'ambiente, come si è cercato di fare con il trattato di Kyoto, rimasto prigioniero dell'egoismo nazionale, dell'unilateralismo, del rifiuto di politiche comuni. Dietro l'astrattezza della nozione di umanità scopriamo così diritti, obblighi e responsabilità di soggetti concreti.

Punto estremo di questi discorsi è il diritto di ingerenza umanitaria, nato da una spinta generosa, dalla volontà di non rimanere spettatori passivi davanti alle tragedie del mondo, ma presto divenuto sospetto per una sua intima attitudine a essere trasformato in veicolo di politiche di potenza. Si è così disvelata una sua rischiosa ambiguità. Il richiamo all'umanità, infatti, è stato inteso, all'origine, come affermazione della responsabilità della comunità internazionale che, di fronte a violazioni particolarmente gravi di diritti fondamentali, poteva superare l'ostacolo della sovranità nazionale e intervenire appunto a tutela di quei diritti. Come in passato s'era teorizzato e riconosciuto ai cittadini un «diritto di resistenza» contro i comportamenti oppressivi dello Stato, così oggi la concreta possibilità di resistere all'oppressione interna ben può richiedere un sostegno attivo affidato a soggetti della comunità internazionale.

Quali soggetti, però? L'esperienza di questi anni ha fatto piuttosto emergere il rischio autoritario che accompagna l'indeterminatezza del soggetto di riferimento, sì che chiunque può poi pretendere di parlare in nome dell'umanità. Singole potenze si sono così costituite in polizia internazionale, pur in assenza di qualsiasi forma di legittimazione, che può derivare solo da un ripensamento complessivo dell'organizzazione della comunità internazionale, dunque partendo dalle Nazioni Unite.

Non è facile cercar di riscattare questo nuovo e impegnativo diritto, anche se non bisogna darlo per perduto e opporre una diffidenza tutta ideologica, poiché con esso si voleva dare evidenza alla necessità di assumere responsabilità comuni in un mondo globale che conosce troppe forme di violenza. Se si vuol fare questo tentativo, il diritto d'ingerenza umanitaria dev'essere in primo luogo collocato in una dimensione che non sia quella bellica: deve diventare un dovere d'intervento in situazione di fame, malattia, sfruttamento. Purtroppo, mentre si dilapidano gigantesche risorse in imprese guerresche e si vuol esportare con le armi la democrazia, si è avarissimi quando si tratta di fornire medicinali, cibo, tutele per il lavoro e per i diritti, che sarebbero modi ben più efficaci di aprire spazi alla libertà concreta. Ma gli interessi delle società farmaceutiche si pongono come ostacolo all'accesso ai medicinali da parte dei malati di estesissime aree povere del mondo. Poiché il denaro continua a non avere odore, si commercia senza alcuno scrupolo con regimi autoritari.

Cercando di rifondare in quest'altra dimensione il diritto d'ingerenza umanitaria, non si può sfuggire ai dilemmi che esso propone quando si è di fronte a situazioni che non sembrano dominabili senza la forza. Rinunciarvi sempre e comunque, se implica il ricorso alle armi, o sottoporlo a condizioni che impediscano la sua utilizzazione come strumento soltanto di una potenza o di un gruppo di potenze? In molti settori, come quelli delle biotecnologie, si ricorre allo strumento della moratoria: si rinvia l'impiego dei nuovi strumenti al momento in cui si sarà certi di poterne escludere o controllare le eventuali ricadute negative. Lo stesso dovrebbe farsi per gli interventi umanitari armati, fino a quando non saranno messe a punto convincenti procedure internazionali, anche attraverso riforme dell'Onu. E non si dica che questo può ritardare o impedire interventi necessari. Il divieto di farsi giustizia da sé ha costituito un passo essenziale verso l'incivilimento del mondo.

Natura e ordine giuridico

La questione dei diritti s'intreccia così sempre più profondamente non solo con la storia individuale, ma con i destini stessi del mondo. Un mondo che a qualcuno appare insidiato dal rischio d'essere sradicato dai suoi fondamenti, dalla stessa possibilità di continuare a trovare nella natura un riferimento forte.

Proprio su questo il conflitto si fa sempre più aspro, e assume i tratti di uno scontro di civiltà all'interno dello stesso Occidente. Ci si domanda se il rispetto della natura non debba costituire un limite invalicabile all'espansione dei diritti. Le innovazioni scientifiche e tecnologiche, infatti, affidano sempre di più alla scelta, e non alla intangibilità dei processi naturali, il nascere, il vivere, il morire. Ma si può ammettere qualsiasi scelta procreativa? Si possono modificare le caratteristiche genetiche delle persone? Si possono affidare alla sola scelta individuale le decisioni sul se, come, e quando morire? Si può cedere alla «dittatura dei desideri» individuali, che qualcuno avvicina alle pretese dei soggetti economici che vogliono perseguire il loro interesse anche quando tutto questo si risolve nella distruzione o nel danno grave per ambienti naturali? Natura e storia tornano così a contrapporsi. Ma questo antico conflitto si manifesta oggi in forme che rivelano piuttosto strumentalizzazioni ideologiche, forzature fondamentaliste, dove l'invocazione della natura è pretesto, non riflessione sull'umano in forme adeguate agli sconvolgimenti che viviamo.

Si fa forte la richiesta di un ordine unico, sottraendosi al difficile confronto con la diversità, il cui valore è ormai riconosciuto da un numero crescente di documenti nazionali e internazionali. Diventa faticoso, o insopportabile, l'obbligo del continuo confronto con l'altro, il riconoscimento di un mondo dove la condivisione «naturale» dei valori ha fatto posto al pluralismo. Ecco, allora, che si fa forte la richiesta di certezze a ogni costo, e quindi di scorciatoie, che portino alla imposizione di una verità indiscutibile, attraverso una norma giuridica. L'appello all'etica si tinge con i colori dell'autoritarismo quando vuole imporre una morale di Stato, pretendendo così di sostituirsi integralmente al vissuto individuale proprio là dove la vita fa sentire più forti le sue ragioni.

Il tema della procreazione assistita illustra meglio di molti altri il modo in cui natura, innovazione scientifica e poteri individuali compongono un quadro di nuovi diritti. Qui sono in questione la libertà femminile, la disponibilità del proprio corpo da parte della donna, «il potere di procreare» che a essa soltanto *naturalmente* appartiene.

È una lunga storia di liberazione da vincoli naturali, culturali, giuridici. Ha le sue prime tappe nella libertà di ricorrere alla contraccezione, che separa sessualità e riproduzione; e nella depenalizzazione dell'aborto, che non rappresenta soltanto la liberazione dalla schiavitù mortale dell'aborto clandestino, ma un'occasione per muoversi verso la procreazione responsabile, come dimostrano i dati riguardanti la diminuzione del numero complessivo delle interruzioni di gravidanza e il permanere di percentuali relativamente elevate solo presso i gruppi di donne meno informate o culturalmente consapevoli (immigrate, minori). Nella procreazione assistita il processo di liberazione ha quasi un suo compimento, dal momento che il ricorso a queste tecniche separa la riproduzione dalla sessualità e, ponendo l'accento sul figlio «voluto», può porre rimedio alla sterilità di coppia, impedire la trasmissione di malattie genetiche o, più generalmente, stabilire liberamente se, come e quando procreare.

L'arricchirsi delle tecniche disponibili ha messo in evidenza anche l'inadeguatezza di molte norme scritte quando il processo procreativo obbediva soltanto alle leggi «naturali. La paternità può essere il frutto non di un processo biologico, ma della decisione di acconsentire alla inseminazione della moglie o della compagna con il seme di donatore. La maternità deve fare i conti con la possibilità che la donna partorisca una persona che nulla abbia del suo materiale genetico. Ecco, allora, la revisione delle norme sul disconoscimento di paternità, la necessità di non continuare a riferirsi sempre alla formula «mater semper certa est». Questi esempi mostrano quanto possa essere ragionevole la richiesta di regole che, sobrie e circoscritte, consentano di adeguare il quadro dei diritti a una realtà mutata dall'innovazione scientifica. Ma la via dell'adeguamento della legislazione non sempre è stata percorsa con umiltà e rispetto per il carattere esistenziale delle scelte che riguardano la procreazione. L'occasione offerta dall'indubbia necessità di alcune norme è stata in più di un caso volta in pretesto per riportare sotto controllo la libertà femminile e il potere di procreare, per tornare così a considerare il corpo della donna come «luogo pubblico» su cui legiferare, sul quale esercitare di nuovo un forte potere di «disciplinamento».

È quello che è avvenuto in Italia con la legge sulla procreazione assistita dove, in una sorta di teatro dell'assurdo giuridico, si sono sommati un proibizionismo tutto ideologico, la previsione di obblighi contrastanti con elementari principi di libertà (l'imposizione dell'impianto degli embrioni contro la volontà della donna), violazioni delle norme costituzionali sul diritto alla salute e sul divieto di discriminazioni basate sulla condizione personale (l'esclusione della donna sola dall'accesso alla procreazione assistita). La Corte costituzionale è intervenuta dichiarando illegittime alcune di queste norme, sanzionando così l'improponibilità di questo modello di disciplina dei diritti, e la sua pretesa di imporre un modello che imiti la natura, individuando al tempo stesso limiti alla discrezionalità del legislatore[50].

Frutto di pari superficialità sono le proposte che invocano un assoluto rispetto della «lotteria genetica», vietando ogni intervento di «programmazione» degli esseri viventi, ai quali dovrebbe essere riconosciuto un pieno «diritto a un patrimonio genetico non manipolato». Dovremo allora vietare interventi di terapia genica che evitino la trasmissione da madre a figlia della propensione a sviluppare un cancro al seno? In nome della natura dobbiamo condannare

[50] Cfr. *infra*, p. 269.

le generazioni future al retaggio di malattie che potrebbero scomparire o il malato terminale a una infinita sofferenza? Si possono evocare i fantasmi di una produzione di massa di sottouomini, da destinare ad attività servili, con una strategia della paura simile a quella adoperata per giustificare le limitazioni della libertà con l'argomento della lotta al terrorismo, precludendo così ogni possibilità di analisi razionale?

Spostiamo ancora una volta lo sguardo sulla realtà. Le cronache italiane registrano un «turismo procreativo» che spinge molte donne, molte coppie a esercitare in altri paesi i diritti procreativi negati in Italia. Prova evidente del previsto rifiuto sociale della legge. E prova evidente delle sue conseguenze discriminatorie, dal momento che la possibilità di avere un figlio rimane riservata a chi ha i mezzi per poter intraprendere questi nuovi «viaggi della speranza». Rinascono così forme di cittadinanza censitaria, che subordinano l'effettività di un diritto alla condizione economica di chi vuole esercitarlo.

Ma, al di là di questa e di altre deformazioni, bisogna ormai partire dalla premessa che il «turismo dei diritti»[51] è divenuto un connotato dei nostri tempi, nei quali la mobilità delle persone si sposa con una informazione capillare che non mostra soltanto le diseguaglianze nelle opportunità, le disparità di trattamento, i diversi livelli di tutela dei diritti da luogo a luogo. Indica pure la possibilità concreta di sfuggire ai condizionamenti del proprio luogo, quando il confronto con gli altri luoghi fa percepire come un diritto quel che in casa propria viene negato. Da questa sorta di dialogo planetario, che un numero crescente di persone intrattiene con l'intero mondo che le circonda, scaturisce non un diritto *à la carte*, quanto piuttosto la concreta costruzione di un ordine giuridico extrastatuale e tuttavia fondato proprio su ciò che i singoli Stati sono in grado di offrire. Non siamo dunque di fronte esclusivamente a ripetuti esercizi di un «diritto di fuga»[52], a continue richieste di un provvisorio «diritto di asilo». Assistiamo, insieme, alla libera costruzione della personali-

[51] Ho analizzato ampiamente questo tema ne *La vita e le regole* cit., in particolare pp. 55-62, dove tuttavia, pur sottolineando le dinamiche universalistiche innescate dal turismo dei diritti, non veniva pienamente colto il mutamento strutturale che tutto questo sta determinando.

[52] S. Mezzadra, *Diritto di fuga. Migrazioni, cittadinanza, globalizzazione*, Ombre Corte, Verona 2002.

tà, sottratta a vincoli vissuti come una imposizione, e al diffondersi di strumenti che trasformano bisogni in diritti in una dimensione che le persone sentono liberamente frequentabile e che, in questo modo, costruiscono come «comune», come il luogo proprio di una ininterrotta dichiarazione di diritti. Partendo dalle storie di persone in carne e ossa, narriamo una storia di diritti che si concretizza in una loro presenza non solo oppositiva nei confronti delle chiusure nazionali, ma espressiva di un diverso modo d'essere del diritto nella globalizzazione, per i suoi contenuti, ma soprattutto per la qualità dei soggetti che sono alla sua origine – l'interminata serie delle persone che lotta per i diritti di fronte ai potentati economici transnazionali. Una rappresentazione, questa, niente affatto ideologica, ma che riflette dinamiche reali, che ha nell'emigrazione la sua manifestazione più antica, una qualità che ne muta il significato e l'incidenza, obbligando a riflettere sulle ragioni che spingono le persone a un pellegrinaggio planetario alla ricerca dei diritti e proponendo il tema dell'universalità in maniera del tutto diversa da quella del passato. Qui, non nell'astrazione delle dichiarazioni dei diritti, ma nella concretezza dei percorsi di vita, scopriamo l'emergere di una universalità non imposta, ma palese, costruita attraverso comportamenti e quindi destinata a una più agevole accettazione sociale, a un radicamento più profondo. Una rete invisibile, ma concretissima, di soggetti avvolge il mondo, ciascuno dei quali contribuisce senza una precisa intenzionalità alla creazione di una comune carta dei diritti, che non discende da alcun potere sovraordinato.

Questo è un processo assai arduo, davvero una lotta «asimmetrica». Peraltro, il linguaggio dei diritti non può pretendere di descrivere tutto il mondo: non tutto può entrare nella dimensione dei diritti, e non tutti i diritti possono essere qualificati «fondamentali». Ma sono proprio i diritti fondamentali a dare oggi un contributo essenziale per definire la condizione umana e, al tempo stesso, le modalità di funzionamento dei sistemi giuridici. Vi è una integrazione attraverso i diritti che esige una loro collocazione nell'area dell'«indecidibile», nel senso che devono essere sottratti alle mutevoli volontà della politica ed alle pretese del mercato. È sbagliato, tuttavia, ritenere che questo forte rango attribuito ai diritti fondamentali, questa loro «insaziabilità», mortifichino la politica. Solo un cittadino fortemente provveduto di diritti, e ragionevolmente sicuro di una loro permanente tutela, può divenire protagonista della vita pubblica e praticare le virtù repubblicane.

Ma la fiducia nelle opportunità offerte dai diritti non può farci distogliere lo sguardo da una realtà nella quale, insieme alle loro violazioni, cresce una insofferenza verso la stessa cultura delle libertà e dei diritti. A nove secoli dalla Magna Carta e dal suo *habeas corpus*, non è soltanto tornata la tortura, ma il corpo in tutte le sue declinazioni, corpo fisico e corpo elettronico, viene trasformato in docile strumento che rende continuo e agevole il controllo della persona. Politiche di sicurezza pubblica e logiche di mercato dispongono oggi di mezzi di ampiezza senza precedenti, che permettono loro di impadronirsi d'ogni sfaccettatura della vita d'ogni persona, di «depersonalizzarla» attraverso la negazione dell'unicità e la riconduzione di ciascuno a un «profilo». Si esce così da un mondo fatto di donne e di uomini e si è forzati a entrare in luoghi dove tutti sono ridotti alla misura di chi vuole governarli, scomponendoli, spezzettandoli, immergendoli in dinamiche seriali, espropriandoli della loro stessa individualità.

Un processo mai compiuto

Tra queste contraddizioni e queste minacce vive oggi «l'età dei diritti». La dimensione dei diritti ci appare al tempo stesso fondativa e fragilissima, perennemente insidiata da restaurazioni e repressioni, tese a cancellare o limitare proprio l'insieme degli strumenti che dovrebbero garantire al cittadino le massime possibilità di sviluppo autonomo. Il quadro dei diritti, di quelli sociali in specie, è continuamente modificato dalle politiche quotidiane. Le difficoltà finanziarie stanno determinando una riduzione della «dotazione» dei diritti, in generale o per determinate categorie di cittadini. Il risultato è il passaggio di una serie di situazioni dall'area dei diritti a quella del mercato, con il rischio di una rinnovata cittadinanza censitaria, non più nella materia dei diritti politici, ma di quelli sociali, dove l'accesso alla pienezza della cittadinanza è condizionato dalla disponibilità finanziaria di ciascuno. Con l'argomento della lotta al terrorismo si trasformano tutti i cittadini in sospetti. È al tramonto l'età dei diritti, o questi devono rifugiarsi in aree dove pesano di meno le compatibilità economiche o le paure per la sicurezza?

Viviamo, infatti, tempi nei quali molti non ritrovano più le sembianze di una età dei diritti, e che piuttosto definiscono come una età della sorveglianza[53], del controllo[54], della registrazione[55], della valutazione[56], della prevenzione[57], della paura[58], del terrore[59], con tutte le conseguenze che queste raffigurazioni comportano per il regime delle libertà. Ma pure parole in sé meno aggressive, come globalizzazione, ci descrivono un distacco, l'entrata in un mondo nel quale si perdono i riferimenti che avevano fondato e accompagnato quell'età dei diritti nella quale, tuttavia, era già maturata l'idea di un necessario superamento di confini, legato, come sottolineava Norberto Bobbio, proprio a «una graduale estensione del riconoscimento e della protezione dei diritti dell'uomo al di sopra dei singoli Stati»[60].

A ciò si aggiunge la constatazione dello scarto tra i tanti diritti proclamati, tra l'inflazione dei diritti e le violazioni continue anche di quelli che più degli altri dovrebbero essere considerati inviolabili, a cominciare dal diritto alla vita. Guerre, fame, malattie, crescenti aggressioni razziste e omofobe ci circondano. Nell'Introduzione al *Rapporto 2009* di Amnesty International Irene Kahn ha scritto che

in questi anni, i diritti umani sono stati messi in secondo piano di fronte a quella specie di bisonte della strada che è stata la globalizzazione priva di regole, che ha trascinato il mondo in una frenesia di crescita. Le conseguenze sono di fronte ai nostri occhi: l'aumento di diseguaglianza, emarginazione e insicurezza; la soppressione, con modalità arroganti e impunite, delle voci di protesta; la mancanza di pentimento e di punizione per i responsabili degli abusi commessi da governi, grandi imprese e istituzioni finanziarie internazionali. Vediamo crescere i segnali di scon-

[53] D. Lyon, *La società sorvegliata*, trad. it. di A. Zanini, Feltrinelli, Milano 2001; Id., *Surveillance after September 11*, Polity, Cambridge 2003.

[54] Ne ho parlato ampiamente in *Tecnopolitica. La democrazia e le nuove tecnologie della comunicazione*, 2ª ed. accresciuta, Laterza, Roma-Bari 2004.

[55] M. Ferraris, *Documentalità. Perché è necessario lasciar tracce*, 2ª ed., Laterza, Roma-Bari 2010.

[56] M. Perniola, *Miracoli e traumi della comunicazione*, Einaudi, Torino 2009.

[57] T. Pitch, *La società della prevenzione*, Carocci, Roma 2006.

[58] B.R. Barber, *L'impero della paura*, trad. it. di T. Franzosi, Einaudi, Torino 2003.

[59] All'indomani degli attentati dell'11 settembre, nel numero del 5 novembre 2001, «Business Week» pubblicò una *cover story* intitolata appunto *Privacy in an Age of Terror*.

[60] Bobbio, *L'età dei diritti* cit., p. VII.

tro e di violenza politica, che si aggiungono all'insicurezza globale già esistente a causa di quei conflitti morali che la comunità internazionale non sa o non vuole risolvere. In altre parole, siamo seduti su un barile di miscela esplosiva composta di diseguaglianza, ingiustizia e insicurezza. La miscela sta per esplodere[61].

In queste analisi, come in molte altre, si annida non un paradosso, ma un significativo dato di realtà sul quale già si è richiamata l'attenzione. La violazione drammatica e sistematica di diritti fondamentali non rivela la vanità del riconoscimento di questi diritti, ma la loro radicale necessità, se davvero si vogliono affrontare le questioni rivelate da uno sguardo impietoso sul mondo e sulle sue tragedie. Certo, su questo tipo di argomentazioni si è sempre esercitato l'antico realismo della critica al formalismo dei diritti, ispirato soprattutto alle ragioni della politica, con un appello, tuttavia, che può tingersi di ambiguità. Il richiamo alla necessità della politica, infatti, può certo risolversi nella sottolineatura forte delle sue responsabilità proprio per l'attuazione dei diritti proclamati. Ma può anche assumere significati diversi. Può esprimere la volontà della politica di sentirsi sciolta dall'obbligo di avere nei diritti fondamentali un continuo e ineliminabile riferimento. Può manifestare la preoccupazione di chi, nel riconoscimento formale di diritti, vede una strategia volta a infiacchire la lotta politica, spegnendone gli ardori.

Antico, appunto, è questo tipo di diffidenza. E, per valutarne la portata, vale forse la pena di ricordare quel che scriveva nel 1864 un grande critico delle leggi, dei diritti e del loro ingannevole formalismo, Karl Marx, rispondendo agli oppositori di una legge in materia di lavoro: «La legge delle dieci ore non fu soltanto un grande successo pratico, ma, fatto ben più importante, rappresentò la vittoria di un principio. Per la prima volta alla chiara luce del sole l'economia politica della borghesia soccombeva completamente all'economia politica della classe operaia»[62]. Qui vengono colti due elementi essenziali del

[61] Amnesty International, *Rapporto 2009. La situazione dei diritti umani nel mondo*, Ega, Torino 2009.

[62] K. Marx, *Indirizzo inaugurale dell'Associazione internazionale degli operai* (18 ottobre 1864), in K. Marx e F. Engels, *Opere complete*, vol. XX, trad. it. di F. Codino e P. Togliatti, Editori Riuniti, Roma 1987, pp. 5-13. La legge era stata approvata dal Parlamento inglese l'8 giugno 1847. Su di essa, a più riprese, era

riconoscimento legislativo dei diritti: la sua forza simbolica e il nesso tra lotta politica e raggiungimento di soglie di garanzia, intese sia come consolidamento di una conquista che, lasciata solo alla politica, può essere più facilmente revocata in dubbio; sia come acquisizione necessaria per puntare a obiettivi ulteriori. Di ciò sono stati sempre assai consapevoli, ad esempio, gli studiosi del diritto del lavoro, reagendo variamente alle tesi di chi giudicava l'intervento legislativo in materia di riconoscimento di diritti una impropria violazione dell'autonomia sindacale, anche se, ovviamente, il mutare dei tempi esige analisi attente a quel «droit du travail saisi par la mondialisation» di cui ha parlato Alain Supiot[63].

Ai diritti, e alle loro dinamiche, bisogna dunque guardare come a un processo mai compiuto, soprattutto nel senso che i diritti sono perennemente insidiati, sono sempre a rischio, e perciò esigono strategie di difesa e di attuazione, costituiscono un campo dove si confronta una molteplicità di soggetti. Molti sono, sempre, i nemici della società dei diritti, che vanno ricercati anche tra quelli che si proclamano suoi alleati. Questo significa che, quando si analizza il senso dei diritti in un determinato contesto storico, non si può guardare a essi solo come a un prodotto legislativo, considerato staticamente qui e ora, di cui bisogna misurare il grado di attuazione. Una età dei diritti porta sempre con sé anche capacità di mobilitazione, di individuazione e selezione dei soggetti che in essi si riconoscono, e confidano. Ai diritti, peraltro, si deve guardare senza impazienza, eccedendo nelle attese, per poi dichiararsi precocemente delusi[64].

Torna, allora, la domanda iniziale. Che cosa accade ai diritti quando scompaiono le grandi narrazioni che, nella modernità occidentale, ne hanno costituito la premessa e lo sfondo? Qui è il punto dolente. Davvero non abbiamo altro modo di guardare ai diritti se non con la testa volta all'indietro, raccogliendone le residue vestigia, quel che ne resta nel tempo della crisi della sovranità nazionale, del mercato nuova legge di natura, della scomparsa dei grandi soggetti storici ai quali avevano affidato il loro destino?

intervenuto F. Engels, ivi, vol. X, a cura di A. Aiello, Editori Riuniti, Roma 1977, pp. 270-276 e 289-299.

[63] A. Supiot, *Critique du droit du travail*, Presses Universitaires de France, Paris 2002, pp. X-XLIV.

[64] M. Flores, *Storia dei diritti umani*, il Mulino, Bologna 2009, p. 311.

Altri diritti, però, percorrono il mondo, emergono altri modi del loro essere, in sintonia proprio con la nuova dimensione nella quale viviamo. L'età presente, infatti, è indicata pure come quella della conoscenza, dell'accesso, dell'emergere di intelligenze collettive, dell'attraversamento continuo di ogni confine, dell'incessante costruzione di soggettività e relazioni sociali. Questo sguardo su un futuro che è già presente, con un carico vorticoso e incessante di novità, non porta tuttavia con sé una sorta di nuova ideologia delle «magnifiche sorti e progressive», che spinge a distogliere l'attenzione da quella realtà drammatica di violazioni ricordata prima.

I diritti hanno sempre convissuto con le loro violazioni. Oggi, però, questa loro convivenza assume pure sembianze nuove, perché assistiamo all'emersione di una capacità complessiva di reazione che coinvolge, in tutto il mondo, un numero crescente di soggetti, che dà trasparenza planetaria quasi a ogni violazione di diritti fondamentali, grazie soprattutto alle opportunità offerte dal sistema delle comunicazioni, da una rete che avvolge l'intero mondo. L'età della comunicazione senza frontiere apre le porte a una nuova età dei diritti? Una età, peraltro, che non produce soltanto i *propri* diritti, i *communication rights*, ma consente un consolidamento dei diritti nel loro insieme. Anche quando la lotta sembra impari, e fa inclinare verso lo scoramento, non bisogna perdere fiducia in questa nuova, aggiuntiva risorsa, che già alimenta la lotta politica.

Costituzionalismo dei bisogni

Possiamo, allora, formulare in modo più netto l'ipotesi analitica, radicale nella sua semplicità, alla quale si è sin dal principio fatto riferimento. La lotta per i diritti è l'unica, vera, grande narrazione del millennio appena iniziato. Si distende sull'intero mondo globalizzato, costruisce modalità nuove dell'azione e soggetti che la incarnano, e va oltre la tradizionale e indispensabile difesa contro ogni potere oppressivo, perché si presenta come la sola in grado di contrapporsi alla volontà di imporre al mondo una nuova e invincibile legge naturale, quella del mercato, con la sua pretesa di incorporare e definire anche le condizioni per il riconoscimento dei diritti.

Per cogliere nella realtà queste dinamiche, bisogna volgere lo sguardo verso i luoghi dove già si manifestano. Sono le aree del mondo che le interpretano traducendole in nuove «lunghe» costituzioni nazionali (è il caso di alcuni paesi dell'America Latina), in carte dei diritti regionali, nell'operosa vigilanza di corti costituzionali e di corti internazionali. A questo movimento può essere dato un nome: costituzionalismo dei bisogni, al quale danno forma diversi soggetti che cercano di sfuggire all'insidia di un generico pluralismo, di un assemblaggio di quelli che, in modo sbrigativo, vengono identificati come *stakeholders*, portatori di una molteplicità di interessi tra i quali cercare un difficile componimento.

La situazione attuale ha piuttosto la forma del conflitto, che esige una individuazione precisa delle forze in campo, degli attori in cui esso si incarna, e delle responsabilità di ciascuno. Ma, sempre realisticamente, bisogna registrare le fratture che attraversano pure il fronte di quelli che si schierano per la lotta per i diritti. La prima tra queste è originata dalla posizione di chi ritiene gli storici diritti fondamentali ormai consumati dalla lunga fase dominata dal neoliberismo, usando questo criterio interpretativo anche per la Carta dei diritti fondamentali dell'Unione europea. Questo atteggiamento ha avuto un risvolto pratico nell'ostilità che ha indotto, ad esempio, molti studiosi a schierarsi a favore del voto negativo in occasione del referendum francese sulla ratifica del Trattato costituzionale europeo. La seconda frattura matura sul terreno di una critica alla stessa natura giuridica della Carta, ritenuta debole per l'appartenenza di quel testo alla dimensione del politico. Smentita dai fatti nel momento in cui la Carta è divenuta vincolante, acquisendo lo stesso valore giuridico dei trattati, questa linea interpretativa ha generato una duplice attitudine riduzionista dei suoi principi e delle sue norme: si è messa in dubbio la possibilità che la Carta potesse realmente sprigionare tutte le sue energie nella dimensione dell'effettività; le sue norme sono state sovente interpretate proprio alla luce di quella logica neoliberista rispetto alla quale, come già si è ricordato, essa si presenta come una discontinuità.

L'effetto di questo atteggiamento, in termini di politica del diritto, è assai singolare, per non dire che si presenta come manifestazione di una incomprensibile logica suicida quando viene abbracciato da chi, in via generale, critica il neoliberismo e le sue proiezioni nell'ambito politico-istituzionale. Non per una astratta coerenza personale, ma per il rigore intellettuale che deve accompagnare ogni operazione ricostruttiva della logica di un sistema, si devono interpretare le eventuali eccezioni, sciogliere le possibili aporie, prendendo le mosse dai principi esplicitamente enunciati, e non capovolgere l'iter logico interpretando i principi alla luce delle eccezioni. Ma questo atteggiamento, nelle sue singolarità e nelle sue contraddizioni, conferma l'esistenza di un conflitto che si proietta al di là della dimensione giuridica in senso stretto.

Nei nove anni trascorsi tra la sua proclamazione a Nizza il 7 dicembre 2000 e il riconoscimento del suo pieno valore giuridico con l'entrata in vigore del Trattato di Lisbona il 1° dicembre 2009, la Carta dei diritti fondamentali non è vissuta in un limbo, in una incerta attesa di quale sarebbe stato il suo destino. In quel decennio, la Carta è stata intensamente usata da corti nazionali e internazionali[65], che le hanno attribuito una validità sostanziale in attesa di quella formale, sì che si poteva ben dire che «nel silenzio e nell'incomprensione della politica sono i giudici che fanno l'Europa, e lo fanno proprio su quel terreno dei diritti che il Consiglio di Colonia aveva indicato come costitutivo della legittimità democratica dell'Unione»[66]. Questa non è una notazione legata solo a una contingenza. Mette in evidenza la necessità di guardare al diritto e alla sua applicazione al di là dei tradizionali schemi formali e fa emergere il ruolo della «Global Community of Courts», dei giudici di tutto il mondo nella costruzione della dimensione globale dei diritti[67].

Al di là della discussione sempre aperta sui rapporti tra legislazione e giurisdizione, infatti, è indubbio che proprio le corti si presentano come attori particolarmente significativi per la costruzione di un nuovo ordine giuridico, in un contesto per molti versi connotato dall'abbandono obbligato della sovranità nazionale e dall'occupazione dello spazio globale da parte dei nuovi sovrani, incarnati dal sistema transnazionale delle imprese. Le corti nazionali dialogano tra loro, la natura di molti conflitti obbliga i giudici a superare i confini nazionali, le persone cercano nel gran mare delle norme rinvenibili ai diversi livelli dell'ordine giuridico quelle più adatte ad apprestare

[65] Si veda G. Bisogni, G. Bronzini e V. Piccone (a cura di), *La Carta dei diritti fondamentali dell'Unione europea. Casi e materiali*, Chimienti, Taranto 2009.

[66] S. Rodotà, *Nel silenzio della politica i giudici fanno l'Europa*, in G. Bronzini e V. Piccone (a cura di), *La Carta e le Corti. I diritti fondamentali nella giurisprudenza europea multilivello*, Chimienti, Taranto 2007, p. 27.

[67] A.-M. Slaughter, *A Global Community of Courts*, in «Harvard International Law Review», 44, 2003, pp. 191-219.

almeno significative, se pur parziali, forme di resistenza all'altrimenti irresistibile ordine giuridico globale dei privati. Assai spesso, nella dimensione globale, è solo grazie alla presenza delle corti e al loro attivismo che la voce del diritto riesce a non essere spenta.

Molte ricerche empiriche mostrano come ciò possa accadere, smentendo tra l'altro la tesi che presenta la Carta dei diritti fondamentali come la porta d'entrata nella cattedrale liberista. Sono resi concreti quei principi che delineano l'assiologia della Carta, irriducibili alla logica di mercato. Molte decisioni riguardano i diritti sociali, dunque il principio di solidarietà; altre l'integrità della sfera privata, dunque il principio di dignità; altre ancora il riconoscimento dell'identità, dunque il principio d'eguaglianza. Le indicazioni in termini di politica del diritto, e di politica senza specificazioni, diventano così particolarmente significative.

La lenta marcia dell'Europa, sempre più faticosa e sempre più esposta a ripulse com'è nel destino d'ogni impresa che riguardi i diritti, approda così alla creazione della più ampia regione dei diritti oggi esistente, costituita al di là della dimensione statuale, che apre una nuova prospettiva e fa nascere una nuova responsabilità per l'Unione. Se l'Europa sarà capace di riconoscersi fino in fondo nella Carta, rinnoverà una sua antica vocazione e offrirà un saldo punto di riferimento, senza alcuna pretesa egemonica, a tutti quelli che, nei più diversi paesi, lottano per i diritti. Quello delle libertà e dei diritti, oggi, è un momento essenziale, anche se altamente problematico, della politica. Se l'Unione europea sarà capace di identificarsi profondamente con esso, troverà pure una via d'uscita da una sua minorità, dal suo continuare a essere appunto «nano politico», non attraverso forzature o nostalgie imperiali o militari che le sono precluse dal nuovo assetto del mondo, ma presentandosi come protagonista di questa grande narrazione. Nella costruzione del mondo nuovo dei diritti essa può rivendicare non tanto un primato quanto piuttosto una attitudine ad aprire strade che tutti possono poi variamente percorrere. Un dato culturale che, nella difficoltà dei tempi, diviene immediatamente un dato politico.

Ragionare così non significa chiudere gli occhi di fronte a una realtà nella quale la logica di mercato continua a rappresentare un ostacolo spesso insuperabile per la politica dei diritti. Flebile e marginale è quasi sempre la voce dei rappresentanti dei paesi democratici nei loro incontri, bilaterali, e non, con i governanti di Stati autoritari in nome della *Realpolitik* o del timore di pregiudicare buoni affari, scambi commerciali. Non sorprende, quindi, che le altre potenze presenti sulla scena del mondo, le grandi imprese che più degli Stati governano la globalizzazione e ne dettano le regole, siano pronte ad accettare le richieste di governi insofferenti dell'esercizio dei diritti. Due soli esempi: Yahoo! rivela al governo cinese il nome di un giornalista che aveva inviato, suo tramite, negli Stati Uniti una notizia ritenuta sgradita, e Shi Tao viene condannato a dieci anni di prigione; Google rimuove da You Tube due video su richiesta dei governi della Thailandia e della Turchia. Di fronte alle critiche, quei due grandi soggetti, che incarnano il modo d'essere del mondo globalizzato fin quasi a divenirne la metafora, rispondono con un argomento giuridico (dobbiamo rispettare le norme dei paesi dove operiamo) e con un imperativo economico (non possiamo perdere un mercato come quello cinese). Fine del discorso? Non crepuscolo, ma brutale tramonto dell'età dei diritti proprio nel momento in cui il mondo nuovo della rete ne prometteva un totale e planetario compimento?

Molte vicende, che saranno meglio analizzate più avanti, testimoniano di una molteplicità di iniziative e di tentativi non solo di riportare la Rete nel quadro istituzionale noto, partendo dall'affermazione secondo la quale «quel che è illegale off line, è illegale anche on line», ma di secondare pure la messa a punto di un ambiente giuridico che muova proprio dalle caratteristiche della rete. Qui, in questo nuovissimo luogo, si scoprono continuamente conflitti tra poteri e diritti, che non possono essere governati con una rinnovata caduta nel naturalismo, insistendo su una natura libertaria della rete che le attribuirebbe una capacità infinita di autoregolarsi, di essere promotrice di libertà e diritti, sì che qualsiasi intervento esterno si risolverebbe appunto in una violazione di quella natura e, quindi, dovrebbe essere respinto.

Questa sorta di autoreferenzialità finirebbe con il precludere qualsiasi narrazione dei diritti in rete che non sia quella realizzata dall'agire diretto di chi in essa «naviga». Ma l'esperienza di questi anni ha progressivamente spostato l'asse dell'analisi dalle visioni naturalistiche verso una considerazione puntuale e differenziata delle vicende che la rete continuamente propone, e che ci parlano anche di un conflitto reale sulle regole, con i grandi soggetti economici che si atteggiano concretamente come gli unici possibili legislatori. In questo conflitto prendono continuamente corpo soggetti antagonisti, che guardano all'uso dello strumento giuridico non nella versione di diritti imbrigliati e ridotti dal ricorso prevalente o esclusivo a norme amministrative e penali, ma nella logica di apprestare per essi adeguate e forti garanzie. Nasce così una sensibilità costituzionale diffusa, e sappiamo che un'età dei diritti è pure un'età del costituzionalismo.

In questa temperie si manifesta pure un modo diverso di affrontare il tema della deriva individualistica al quale una narrazione centrata sui diritti non potrebbe sfuggire. Manuel Castells, ad esempio, dice che siamo entrati nell'età di un «networked individualism», forma congeniale a un mondo senza centro. Ma già l'ossimoro di un individualismo caratterizzato dalla presenza in una rete rinvia a un sistema di relazioni. E l'essere in rete rappresenta un antidoto a una totale frammentazione e, soprattutto, può produrre effetti cumulativi legati a una incessante produzione di comportamenti che si ripetono con modalità identiche in tempi e luoghi diversi, rivelando così l'adesione a valori e principi comuni e determinando quello che, rozzamente, può essere definito come un «universalismo dal basso» che, proprio per questa sua natura, non solo non consente la sommaria conclusione che vuole l'attuale attenzione per i diritti fondamentali come una persistente pretesa colonialistica dell'Occidente, ma piuttosto conferma che «l'universalismo dei diritti è, al tempo stesso, un processo in divenire e la constatazione di una condivisione possibile»[68].

Da questa sorta di «mano invisibile», che caratterizzerebbe l'età dei diritti nella quale viviamo, si può passare alla considerazione di una particolare categoria di comportamenti consapevoli che determinano l'effettività dei diritti in forme del tutto inedite. Quando si ebbe notizia che alcune società transnazionali facevano cucire scarpe e palloni da calcio a bambini indiani e pakistani, si mobilitarono associazioni per i diritti civili minacciando un boicottaggio se quelle società non avessero abbandonato il lavoro minorile. L'azione ha avuto successo, per motivi diversi, ma qui vale la pena di sottolineare come l'effettività dei diritti dei bambini sia stata garantita con modalità diverse da quelle affidate ai meccanismi giuridici tradizionali, in particolare alla possibilità di ricorrere in giudizio. Questa constatazione è significativa, perché il crepuscolo dell'età dei diritti viene riferito anche a un deficit di effettività, che oggi, almeno in alcuni

[68] Flores, *Storia dei diritti umani* cit., p. 301.

casi, può essere colmato da azioni informali di soggetti che attingono la loro forza e la loro legittimità dalla capacità di svolgere su scala globale attività di contrasto delle violazioni di diritti fondamentali grazie a mobilitazioni in rete e a un sistema di sanzioni informali, quali sono appunto quelle determinate da un boicottaggio, che incrinerebbe quell'immagine che le società transnazionali considerano necessaria per la loro azione economica. Come nel caso del turismo dei diritti, anche in questo caso assistiamo alla emersione di soggettività collettive che diventano protagoniste della lotta per i diritti, con una intensità che, come ha sottolineato il *Rapporto* già citato di Amnesty International, manca ai soggetti storici della tutela, agli Stati nazionali in primo luogo.

Non bisogna, dunque, rimanere prigionieri dell'immagine dei «diritti di carta», e della conseguente svalutazione dell'intera dimensione dei diritti determinata da una considerazione solo statistica o sociologica della loro effettività. Le notazioni precedenti mettono in evidenza come la misurazione dell'effettività non possa essere affidata solo alla categoria della «giustiziabilità», dunque del «giudice a Berlino». I diritti «sulla carta» sono sempre stati un forte strumento di mobilitazione politica e di azione istituzionale, godendo così di una effettività diversa da quella tradizionalmente determinata. Un esempio cospicuo è offerto dalla vicenda della Costituzione italiana negli anni della sua inattuazione, dell'«ostruzionismo di maggioranza», quando alla deliberata volontà di non rendere effettivi istituti chiave del nuovo ordinamento si oppose una ricca riflessione culturale e una quotidiana lotta politica[69], determinanti per giungere a quel «disgelo costituzionale» che rese possibile un complessivo recupero dell'insieme delle istituzioni repubblicane[70].

Queste notazioni realistiche non contraddicono quanto si è detto a proposito del ruolo delle corti. Certo, questo ruolo trova un limite nella natura stessa dell'attività giurisdizionale e nel fatto che molti

[69] Lo spirito del tempo, nella sua più alta espressione, si ritrova nel saggio di P. Calamandrei, *La Costituzione e le leggi per attuarla*, in *Dieci anni dopo: 1945-1955. Saggi sulla vita democratica italiana*, Laterza, Bari 1955, pp. 209-316.

[70] L. Elia, *L'attuazione della Costituzione in materia di rapporti tra partiti e istituzioni*, in *Il ruolo dei partiti nella democrazia italiana*, Atti del convegno di studi, Cadenabbia 18-19 settembre 1965, Comitato lombardo Dc, Novecento grafico, Bergamo 1966, par. 8.

sono ancora i casi in cui i giudici non tengono il passo. Ma, di nuovo, è un tessuto comune che viene costruito, che trova la sua legittimazione nella capacità di elaborare e connettere una molteplicità di principi. Siamo di fronte a un mutamento strutturale, che fa ormai delle corti l'epicentro della garanzia dei diritti fondamentali[71] e che confina nel passato l'abusato timore dell'antidemocratico governo dei giudici, mentre invece è proprio la loro presenza che assicura condizioni di funzionamento democratico dei sistemi[72], soprattutto quando riguarda situazioni che, altrimenti, sarebbero unicamente governate dalle leggi ferree dell'economia.

Scrutando in questa direzione, si può cogliere una linea lungo la quale si snoda concretamente la narrazione dei diritti: rilevanza crescente dei diritti fondamentali, allargarsi della categoria della cittadinanza, costituzionalizzazione della persona, che si presenta come l'approdo di quell'«allargamento dei diritti dell'uomo nel passaggio dall'uomo astratto all'uomo concreto» così opportunamente segnalato da Bobbio come connotato del tempo nuovo[73]. Ma, si chiede Roberto Esposito, «è sufficiente questo richiamo alla persona a riattivare la dinamica inceppata dei diritti dell'uomo»?[74] Torna così l'obiezione che misura la narrazione dei diritti sul persistere di loro violazioni, che è un giusto richiamo al realismo e alle responsabilità della politica, ma che non può approdare a un disconoscimento del fatto che il *continuum* diritti fondamentali-cittadinanza-persona non solo disegna una «sfera dell'indecidibile»[75], ma deve costituire un punto fermo per il modo in cui si stabilisce l'assetto dei poteri[76].

I poteri, appunto, che danno evidenza ai conflitti che caratterizzano l'attuale lotta per i diritti. Di questi conflitti, vale la pena di sot-

[71] Si veda S.P. Panunzio (a cura di), *I diritti fondamentali e le Corti in Europa*, Jovene, Napoli 2005; M. Cartabia (a cura di), *I diritti in azione. Universalità e pluralismo dei diritti fondamentali nelle Corti europee*, il Mulino, Bologna 2007.

[72] S. Cassese, *Il diritto globale. Giustizia e democrazia oltre lo Stato*, Einaudi, Torino 2009, pp- 152-153, e Id., *I tribunali di Babele. I giudici alla ricerca di un nuovo ordine globale*, Donzelli, Roma 2009.

[73] Bobbio, *L'età dei diritti* cit., p. IX.

[74] R. Esposito, *Terza persona. Politica della vita e filosofia dell'impersonale*, Einaudi, Torino 2007, p. 91.

[75] L. Ferrajoli, *Principia iuris. Teoria del diritto e della democrazia*, vol. II: *Teoria della democrazia*, Laterza, Roma-Bari 2007, p. 19 *passim*.

[76] Ho svolto alcune considerazioni su questo punto nella nuova edizione di *La vita e le regole* cit., pp. 267-281.

tolinearlo una volta di più, si possono dare due letture. Una che evidenzia la persistente negazione dei diritti delle donne, la permanente forza delle logiche di mercato e del «terribile diritto» di proprietà, gli imperativi obbliganti della sicurezza, le pretese dei fondamentalismi, l'uso aggressivo di categorie come il diritto d'ingerenza umanitaria, le seduzioni dell'ordoliberalismo, l'irresistibile marcia d'una tecnoscienza che produce i suoi stessi fini. E da ciò, dal congiungersi di questi diversi fattori, deduce la definitiva conclusione di un'epoca, ben più che un crepuscolo, anche quando questa diffidenza dovrebbe misurarsi con una forza delle cose che continuamente rinvia a vicende che proprio nei diritti trovano il loro connotato.

Un'altra lettura è ben consapevole di tutto questo, ma pure del fatto che i diritti rimangono uno strumento potente, forse il solo, per dire che un altro mondo è possibile, per indicare la via per sciogliere le antinomie che sono davanti a tutti. Persona e non proprietà; cittadinanza inclusiva e non regressioni verso una cittadinanza censitaria che affida l'effettività dei diritti alla disponibilità di risorse economiche; ambiente e non uso distruttivo delle risorse; conoscenza come bene comune e non come oggetto di appropriazione privata; salute come libertà di governo della vita e non come oggetto di poteri esterni; lavoro ed esistenza libera e dignitosa e non regressione verso il lavoro come merce. E l'eguaglianza, per la quale è bene tornare una volta di più a quel che scriveva Montesquieu: «ce que j'appelle la *vertu* dans la république est l'amour de la patrie, c'est-à-dire l'amour de l'égalité»[77]. Di questa connessione dobbiamo essere sempre consapevoli: proprio dell'eguaglianza si era teorizzato il crepuscolo in anni assai vicini, mentre adesso torna come ineludibile pietra di paragone, come strumento di analisi del mondo globalizzato e come criterio di ispirazione e giudizio dell'azione politica, proprio perché dev'essere fronteggiata la crescita drammatica delle diseguaglianze.

[77] Montesquieu, *De l'esprit des lois* [1748], I, *Avertissement de l'auteur*. Queste parole sono riprese, alla lettera, da uno dei protagonisti del lavoro dell'Assemblea costituente, Pierre-Louis Roederer: «l'affection qui a décidé le premier éclat de la révolution [...] c'est l'amour de l'égalité». Cfr. P. Rosanvallon, *La société des égaux*, Seuil, Paris 2011, p. 15.

Ma chi incarna oggi questo sentimento dei diritti, ora che sono tramontati i grandi soggetti storici, la borghesia e la classe operaia, che nella modernità sono stati protagonisti della loro ascesa? Gli esegeti della società della comunicazione hanno cercato di rintracciarne i connotati soggettivi in una classe creativa o in una classe hacker, nell'intelligenza collettiva o connettiva che essa sprigiona. Ma, prigionieri di queste astrazioni, non riescono a cogliere le dinamiche reali che proprio intorno ai diritti si stanno manifestando, quelle che, come si è ricordato prima, fanno scoprire nuovi ruoli alle istituzioni tradizionali, offrono opportunità crescenti per l'azione individuale e collettiva, possono approdare a un universalismo inedito che riscatta la frammentazione individualistica. I diritti non si perdono nel mondo globale. Se spesso è difficile ritrovarli, è ben spesa la fatica di chi si adopera perché possano essere comunque riconosciuti.

L'età dei diritti non è mai un tempo pacificato, un luogo dove vivere al riparo da insidie, un serbatoio dal quale attingere senza fatica. Consapevoli di tutto questo, come delle difficoltà che sempre si incontrano in un tempo nuovo, non è di un crepuscolo dell'età dei diritti che dobbiamo parlare: se mai, di una eclisse dello spirito pubblico capace di «prendere i diritti sul serio»[78], di riconoscersi in essi e per essi lottare.

Forse dobbiamo piuttosto giungere alla conclusione che ogni tempo conosce al suo interno una propria età dei diritti, e che una certa superbia della modernità ha indotto a generalizzare il suo modello, sì che ogni scostamento da esso dovrebbe essere considerato come una perdita, un collasso, un tramonto. Disteso su un più ampio arco del tempo, il tema dei diritti consente di contemplare un più largo orizzonte, di essere narrato sottolineando certamente diversità di contesti che sembrano marcare distanze incolmabili, ma pure ricorrenze e similitudini che ci parlano di una durata più lunga e di universalità impreviste. Se, per fare un riferimento soltanto, riflettiamo sulla controversa fortuna dell'*habeas corpus*, ci imbattiamo in una categoria di cui ci accingiamo a celebrare il novecentesimo compleanno, a sua volta compimento di una storia pregressa e intuizione

[78] Dworkin, *I diritti presi sul serio* cit.

del fondamento dei diritti nel corpo della persona, dunque in ciò che più immediatamente testimonia l'umano.

In tempi di globalizzazione, per legittimare la quale si richiamano sovente pure incongrui e interessati precedenti, la ricostruzione di una trama pur essa globale dei diritti non può essere affidata soltanto agli impulsi continui delle innovazioni scientifiche e tecnologiche, che a loro modo unificano il mondo, imponendo tuttavia anche le loro particolari logiche, il loro proprio «codice». Nell'emergere planetario di riferimenti comuni, che si incarnano in una molteplicità di pratiche volte all'affermazione di diritti, si coglie l'altra faccia della globalizzazione, che esige però una capacità di connettere quel che accade in un mondo che è sì nuovo, ma che nessuna mossa autoritaria può ridurre a un'unica cifra. Se pure vogliamo tener ferma una periodizzazione che comincia con l'Illuminismo, dobbiamo ritornare a quel dialogo con altre culture che proprio l'Illuminismo aveva coltivato, come testimoniano *Les lettres persanes* di Montesquieu o *Zadig* di Voltaire, e che era stato via via ricacciato sullo sfondo dal successo della costruzione che l'Occidente aveva affidato alle dichiarazioni dei diritti, che poi si sono in qualche modo separate dal contesto stesso che le aveva generate.

Il codice di questa impresa ha un nome, e si chiama politica. I diritti sono deboli quando diventano preda di poteri incontrollati, che se ne impadroniscono, li svuotano e così, anche quando dichiarano di rispettarli, in realtà vogliono accompagnarli a un malinconico passo d'addio. I diritti, dunque, diventano deboli perché la politica li abbandona. E così la politica perde se stessa, perché in tempi difficili, e tali sono quelli che viviamo, la sua salvezza è pure nel suo farsi convintamente politica dei diritti, di tutti i diritti.

Capitolo IV

Mondo delle persone, mondo dei beni

L'opposto della proprietà

Nel 1964 un professore della facoltà giuridica dell'Università di Yale, Charles Reich, pubblica un saggio dal titolo *The New Property*[1], destinato a influenzare assai la discussione scientifica e l'orientamento delle corti. L'assunto è semplice e prende le mosse dalla constatazione del ruolo dello Stato come diretto dispensatore di ricchezza, non solo distribuendo risorse finanziarie, ma soprattutto creando in capo a singoli soggetti situazioni economicamente vantaggiose – sussidi, sgravi fiscali, incentivi, licenze, autorizzazioni all'esercizio di attività, concessioni di servizi. Tutto quest'insieme di *largess*, di attribuzioni provenienti dal pubblico, rimaneva tuttavia nella sfera delle «elargizioni», affidate a una discrezionalità politica e amministrativa nella quale si rifletteva, distorto, quel passaggio dalla proprietà al lavoro, a «quel nuovo perno della stratificazione sociale che è l'occupazione», indagato con tanta profondità e sottigliezza da Wright Mills[2]. Sembrava a Reich che in questo passaggio «dalla proprietà alla non proprietà»[3] si fossero perdute le garanzie che devono accompagnare la persona nel momento in cui affida le proprie scelte e il proprio futuro a «beni» di incerta stabilità, che possono esserle sottratti da una decisione del pubblico potere. La strada indicata nell'affrontare le «non proprietà» era quella di attribuire anche a esse le medesime

[1] C.A. Reich, *The New Property*, in «Yale Law Journal», 73, 1964, pp. 733-787. Ho esaminato analiticamente questi problemi già nel 1981 in apertura di *Il terribile diritto. Studi sulla proprietà privata*, di cui si veda ora la seconda edizione, il Mulino, Bologna 1990.

[2] C. Wright Mills, *Colletti bianchi*, trad. it. di S. Sarti, Einaudi, Torino 1966, p. 96.

[3] *Ibid.*

prerogative costruite intorno allo storico modello proprietario. Da qui «la nuova proprietà», proiezione nel mondo nuovo di un passato rassicurante.

Era una mossa istituzionale né nuova, né imprevedibile. Il modello proprietario, per il suo radicamento storico e sociale, ha finito con l'incarnare la forma più intensa della protezione giuridica, alla quale ricorrere tutte le volte che si voleva mettere a punto una tutela forte. In Italia, ad esempio, la sostituzione dell'impresa alla proprietà nel cuore del sistema economico ha suggerito la ricostruzione del diritto d'impresa con una trasposizione della categoria proprietaria[4]. Per il rafforzamento delle garanzie per l'occupazione da parte dello Statuto dei lavoratori si è parlato di una tutela «reale», considerando il posto di lavoro come un bene accompagnato da una tutela appunto di tipo proprietario.

Nel 2003 un altro studioso statunitense, James Boyle, apriva un numero della rivista «Law and Contemporary Problems» proponendo un interrogativo radicale: *The Opposite of Property?*[5]. Al centro dell'analisi non veniva più posto il modello proprietario, ma l'attenzione veniva spostata verso una diversa gestione dei beni, né individualistica, né esclusiva. Non di tutti i beni, ovviamente. Ma un così profondo mutamento di punto di vista determinava comunque una cesura, perché il modello della proprietà solitaria non veniva più indicato come l'approdo necessario per tutti gli interessi che si volevano assistiti da una garanzia giuridica particolarmente qualificata.

Che cosa era accaduto nei quarant'anni che dividono quei due studi? Nel mondo aveva cominciato a diffondersi quella che Franco Cassano ha chiamato la «ragionevole follia dei beni comuni»[6]. La follia, elogiata da Erasmo e riconosciuta come metodo in *Amleto*, si insinuava nel mondo ordinato del diritto, veniva indicata come un carattere del nuovo *homo civicus*, così liberato dall'obbligo di consegnarsi all'ossessione proprietaria che lo separava e lo allontanava

[4] R. Nicolò, *Riflessioni sul tema dell'impresa e su talune esigenze di una moderna dottrina del diritto civile*, in «Rivista del diritto commerciale», I, 1956, pp. 186 e sgg.

[5] J. Boyle, *Foreword: The Opposite of Property?*, in «Law and Contemporary Problems», 66, 2003, 1-2, pp. 1-32. Cfr. anche Id., *The Second Enclosure Movement and the Construction of the Public Domain*, ivi, pp. 33-74.

[6] F. Cassano, *Homo civicus. La ragionevole follia dei beni comuni*, Dedalo, Bari 2004.

dai suoi simili, ritrovando invece anche il filo dei legami sociali. Ma in quell'ossimoro, che associava ragione e follia, vi era una chiara indicazione di metodo. I beni comuni esigono una diversa forma di razionalità, capace di incarnare i cambiamenti profondi che stiamo vivendo e che investono la dimensione sociale, economica, culturale, politica. Siamo così obbligati ad andare oltre lo schema dualistico, oltre la logica binaria, che ha dominato negli ultimi due secoli la riflessione occidentale – proprietà pubblica o privata. E tutto questo viene proiettato nella dimensione della cittadinanza, per il rapporto che si istituisce tra le persone, i loro bisogni, i beni che possono soddisfarli, così modificando la configurazione stessa dei diritti definiti appunto di cittadinanza, e delle modalità del loro esercizio.

Questa non è una illuminazione improvvisa. È l'esito di una riflessione che riguarda i «beni primari», necessari per garantire alle persone il godimento di diritti fondamentali e per individuare gli interessi collettivi, le modalità di uso e gestione dei beni stessi. «Interessi collettivi e retroterra non proprietario hanno fatto così guadagnare al mondo istituzionale una terza dimensione, nella quale si muovono a disagio i cultori della geometria istituzionale piana»[7]. Emerge un retroterra non proprietario, si manifesta concretamente l'esigenza di garantire situazioni legate al soddisfacimento delle esigenze e dei bisogni della persona[8]. La via verso la riscoperta dei beni comuni è così aperta.

A una prima lettura, la stessa Costituzione si presenta legata allo schema binario, poiché l'art. 42 si apre con le parole «la proprietà è pubblica o privata». Ma la terza dimensione emerge nell'art. 43, dove si prevede, in particolare, che possano essere affidate «a comunità di lavoratori o di utenti determinate imprese o categorie di imprese, che si riferiscano a servizi pubblici essenziali o a fonti di energia o a situazioni di monopolio ed abbiano carattere di preminente interesse generale». Si adotta così una logica istituzionale che svincola l'interesse non individualistico per determinati beni dal riferimento obbligato alla proprietà pubblica, alla tecnica delle nazionalizzazioni.

[7] Scrivevo così nel 1981, cfr. *Il terribile diritto. Studi sulla proprietà privata*, 2ª ed., il Mulino, Bologna 1990, p. 44.

[8] Ivi, pp. 39-42. Si veda anche P. Rescigno, *Disciplina dei beni e situazioni della persona*, in «Quaderni fiorentini per la storia del pensiero giuridico moderno», 5-6, 1976-77, t. 2, p. 872.

Si apre una ben visibile terza via tra proprietà privata e pubblica, la cui portata si chiarisce meglio analizzando due riferimenti essenziali contenuti nell'art. 42 – l'affermazione secondo cui la proprietà deve essere resa «accessibile a tutti» e il ruolo attribuito alla sua «funzione sociale». Riferendosi al tempo in cui la Costituzione veniva scritta, è ragionevole ritenere che con il riferimento all'accesso si volesse alludere alla necessità per tutti e ciascuno di poter divenire titolari del diritto su un bene secondo il modello della proprietà solitaria. «Non: '*tutti proletari*', ma '*tutti proprietari*'» – così era scritto, con evidente spirito polemico, nel Programma della Democrazia Cristiana per la nuova Costituzione[9] (i cui rappresentanti all'Assemblea costituente, peraltro, ebbero un ruolo importante, e niente affatto conservatore, nella stesura dell'art. 42[10]). Proprio la riflessione più recente, tuttavia, ha progressivamente fatto emergere una nozione di accesso che non è necessariamente e strumentalmente collegata all'acquisizione di un titolo di proprietà. Accesso e proprietà si presentano come categorie autonome[11] e, in diverse situazioni, potenzialmente o attualmente in conflitto. Si può accedere a un bene, e goderne delle utilità, senza assumere la qualità di proprietario. In questo senso, l'accesso costituzionalmente previsto ben può essere inteso come strumento che consente di soddisfare l'interesse all'uso del bene indipendentemente dalla sua appropriazione esclusiva. Siamo così al di là delle stesse opportunità offerte dall'art. 43. Come s'era in passato distinto tra proprietà e gestione nella prospettiva di una contrapposizione tra proprietà formale e sostanziale, la distinzione tra proprietà e accesso è ormai da tempo un tratto che caratterizza la discussione pubblica[12].

[9] [G. Gonella], *Il Programma della Democrazia Cristiana per la nuova Costituzione al I° Congresso nazionale della D.C. (24-27 aprile 1946)*, in *Atti e documenti della Democrazia Cristiana, 1943-1959*, Edizioni Cinque Lune, Roma 1959, p. 201.

[10] Si giunse fino a proporre che non venissero riconosciute e garantite le proprietà «malformate»: su questa vicenda rinvio alla ricostruzione del lavoro dell'Assemblea costituente ne *Il terribile diritto* cit., pp. 273 e sgg. (già in S. Rodotà, *sub voce* Art. 42, *Commentario della Costituzione*, a cura di G. Branca, Zanichelli, Bologna 1982, pp. 69 e sgg.).

[11] Si tornerà più analiticamente su questo punto. Fin d'ora, tuttavia, è bene mettere in guardia contro le semplificazioni che hanno prospettato una sorta di progressiva irrilevanza di proprietà e mercato, come in alcune prospettazioni di J. Rifkin, *L'età dell'accesso. La rivoluzione della New economy*, trad. it. di P. Canton, Mondadori, Milano 2000.

[12] Lo segnalavo in *Il terribile diritto* cit., p. 16.

Muta lo sguardo sulla proprietà. «La proprietà [...] non ha bisogno d'essere confinata, come ha fatto la teoria liberale, nel diritto di escludere gli altri dall'uso o dal godimento di alcuni beni, ma può egualmente consistere in un diritto individuale a non essere escluso a opera di altri dall'uso o dal godimento di alcuni beni»[13]. Usando la vecchia terminologia, si potrebbe dire che si passa da una proprietà «esclusiva» a una «inclusiva». Più correttamente, questa situazione può essere descritta come riconoscimento della legittimità che al medesimo bene facciano capo soggetti e interessi diversi. Il discorso sull'esclusione viene tramutato così in quello sull'accessibilità.

Questo necessario adeguamento delle categorie, nel quale possa rispecchiarsi la nuova razionalità prima ricordata, trova un suo ulteriore svolgimento nella considerazione della storica, e sempre controversa, categoria della funzione sociale. Questa, nata come insieme di limiti e vincoli all'esercizio del potere proprietario, è stata poi intesa anche come strumento per definire lo stesso contenuto del diritto, per circoscrivere fin dall'origine le facoltà esercitabili dal proprietario. Ma essa è stata poi configurata anche come potere di una molteplicità di soggetti di partecipare alle decisioni riguardanti determinate categorie di beni[14]. Infatti, nel momento in cui taluni beni sono al centro di una «costellazione» di interessi, questa loro particolarità implica che, in forme ovviamente differenziate, si dia voce a chi li rappresenta. Emerge così un modello partecipativo.

La revisione delle categorie proprietarie, dunque, porta con sé anche una revisione delle categorie dei beni, con il riemergere dei beni comuni, che tuttavia assumono caratteristiche anch'esse irriducibili ai modelli storicamente già noti. Ma non nasce solo una nuova categoria di beni. L'astrazione proprietaria si scioglie nella concretezza dei bisogni, ai quali viene data evidenza collegando i diritti fondamentali ai beni indispensabili per la loro soddisfazione.

Ne risulta un cambiamento profondo. Diritti fondamentali, accesso, beni comuni disegnano una trama che ridefinisce il rapporto tra il mondo delle persone e il mondo dei beni. Questo, almeno negli ultimi due secoli, era stato sostanzialmente affidato alla mediazione proprie-

[13] C.B. Macpherson, *Liberal-Democracy and Property*, in Id. (a cura di), *Property. Mainstream and Critical Positions*, Oxford University Press, Oxford 1978, p. 201.

[14] È la conclusione alla quale giungevo in *Il terribile diritto* cit., p. 27, e che mi pare confermata dagli svolgimenti successivi.

taria, alle modalità con le quali ciascuno poteva giungere all'appropriazione esclusiva dei beni necessari. Proprio questa mediazione viene ora revocata in dubbio. La proprietà, pubblica o privata che sia, non può comprendere e esaurire la complessità del rapporto persona/beni. Un insieme di relazioni viene ormai affidato a logiche non proprietarie.

Proprietà e accesso

Per comprendere meglio questa vicenda estremamente intricata, tuttavia, non è solo indispensabile essere consapevoli delle elaborazioni che, negli ultimi decenni, hanno articolato le forme proprietarie e ridefinito le categorie dei beni. Conviene tornare a un riferimento a un passato più lontano, ad esempio alla riflessione già ricordata di Alexis de Tocqueville, che qui dev'essere completata con la notazione finale, riferita al fatto che proprio nel gran campo di battaglia proprietario si sarebbero rivisti «le grandi agitazioni pubbliche e i grandi partiti». È importante notare come il liberal-conservatore Tocqueville non si chiudesse nell'equazione «proprietà uguale libertà», dunque nella dimensione puramente individualistica. Nel momento in cui l'istituto proprietario diveniva affare di società, scopriva che il momento del conflitto era ineliminabile, caratterizzava le dinamiche dell'istituzione proprietaria. Non a caso quel grande indagatore della società francese che fu Honoré de Balzac tre anni prima, nel 1844, aveva scelto inizialmente come titolo del romanzo che si sarebbe poi chiamato *Les paysans*, *Qui propriété a, guerre a* – chi ha proprietà, ha guerra. Di nuovo l'immagine bellica, ritenuta l'unica possibile per descrivere l'asprezza del conflitto[15].

[15] Sui conflitti di quegli anni si può vedere, tra i molti, R. Magraw, *Il secolo borghese in Francia. 1815-1914*, trad. it. di E. Joy Mannucci, il Mulino, Bologna 1983, che qui cito non solo per la sottolineatura, peraltro ricorrente, che dopo la repressione del 1848 «la proprietà era stata elevata a religione», aggiungendo che «i socialisti erano atei, cannibali; il massacro era una guerra santa per la civiltà» (p. 148); ma soprattutto per la notazione relativa al fatto che il Codice forestale del 1827 «facilitava la vendita delle foreste comunali a privati e proprietari di fucine, e irrigidiva il controllo delle guardie forestali statali sui diritti di pascolo e raccolta di legna». Questa «erosione dei diritti comunitari costituiva una minaccia più grave alle comunità contadine» (p. 117), con un forte effetto di esclusione determinato appunto da queste «chiusure» e dalla conseguente polarizzazione tra proprietà privata e pubblica, dimensioni entrambe alle quali i contadini e le loro comunità erano estranei.

Quel conflitto è continuato, ininterrotto, e il campo di battaglia, che per Tocqueville era sostanzialmente quello della proprietà terriera, si è progressivamente dilatato. Oggi sono soprattutto i beni comuni – dall'acqua all'aria, alla conoscenza – al centro di un conflitto davvero planetario, di cui ci parlano le cronache, confermandone la natura direttamente politica, e che non si lascia racchiudere nello schema tradizionale del rapporto tra proprietà pubblica e proprietà privata.

Nuove parole percorrono il mondo: software libero, no copyright, accesso libero all'acqua, al cibo, ai farmaci, a Internet, e queste diverse forme di accesso assumono la veste dei diritti fondamentali. L'Assemblea generale delle Nazioni Unite ha approvato una risoluzione che riconosce l'accesso all'acqua come diritto fondamentale di ogni persona, così come ha sottolineato il diritto di ognuno a un «adequate food». Proprio intorno a questi beni il conflitto si fa sempre più incandescente. I segni sono continui. In molte aree del mondo sono in corso vere e proprie «guerre per l'acqua»[16]; le previsioni per il futuro parlano di un rischio concreto di sete per le persone e di difficoltà per una serie di produzioni, in primo luogo quelle agricole; in Italia la questione è divenuta ineludibile dopo che, nel 2011, ventisei milioni di persone hanno detto sì in un referendum contro la privatizzazione della gestione dell'acqua, che veniva così collocata nella dimensione dei beni comuni.

Diversi paesi, inoltre, hanno già riconosciuto l'accesso a Internet come diritto fondamentale della persona con una varietà di strumenti – costituzioni (Estonia, Grecia, Ecuador); decisioni di organi costituzionali (Conseil constitutionnel francese, Corte suprema del Guatemala), legislazione ordinaria (Finlandia, Perù). Inoltre, il piano Obama sulle comunicazioni contiene una significativa reinterpretazione del servizio universale; l'Unione europea e il Consiglio d'Europa si sono già espressi a favore del diritto di accesso; proprio di questi temi si discute intensamente in rete, e vicende come quella delle «primavere arabe», con l'uso intenso della rete e le mosse repressive e censorie contro chi ne è protagonista, inducono addirittura a chiedere che l'utilizzazione libera di Facebook venga riconosciuta come un diritto fondamentale della persona. In documenti ufficiali, come il Rapporto presentato dal relatore speciale Frank La

[16] V. Shiva, *Le guerre dell'acqua*, trad. it. di B. Amato, Feltrinelli, Milano 2003.

Rue al Comitato per i diritti umani dell'Onu, nel maggio 2011, viene esplicitamente ribadito il carattere di diritto fondamentale proprio dell'accesso a Internet. Peraltro, qualificare l'accesso a Internet come diritto fondamentale è un riflesso della funzione assegnata a tale diritto come condizione necessaria per l'effettività di altri diritti fondamentali – in particolare per il diritto alla libera costruzione della personalità e per la libertà di espressione.

Si è venuta così generalizzando una attenzione per l'accesso che, da situazione strumentale in casi determinati (accesso ai documenti amministrativi, ai dati personali), si è progressivamente reso autonomo, individuando una modalità dell'agire, da riconoscere come un diritto necessario per definire la posizione della persona nel contesto in cui vive. L'accesso, inteso come diritto fondamentale della persona, si configura come tramite necessario tra diritti e beni, sottratto all'ipoteca proprietaria. Non è un caso che questa dinamica sia accompagnata da altre mosse istituzionali, tutte volte a liberare da vincoli la conoscenza e la sua circolazione, com'è accaduto con la legge islandese che ha fatto di Internet un vero spazio libero, il luogo di una libertà totale, dove è legittimo rendere pubblici anche documenti coperti dal segreto.

La tendenza è chiara. L'individuazione sempre più netta di una serie di situazioni come diritti di cittadinanza, anzi come diritti inerenti alla costituzionalizzazione della persona, implica la messa a punto di una strumentazione istituzionale in grado di identificare i beni direttamente necessari per la loro soddisfazione. Essi sono, anzitutto, proprio quelli essenziali per la sopravvivenza (l'acqua, il cibo) e per garantire eguaglianza e libero sviluppo della personalità (la conoscenza). Per questa loro attitudine vengono sempre più concordemente considerati «beni comuni», per indicare in primo luogo il loro raccordo con la persona e i suoi diritti. Sì che, quando si parla dell'accesso a questi beni come di un diritto fondamentale della persona, si fa una duplice operazione: si affida l'effettiva costruzione della persona «costituzionalizzata» a logiche diverse da quella proprietaria, dunque fuori da una dimensione puramente mercantile; si configura l'accesso non come una situazione puramente formale, come una chiave che apre una porta che fa entrare solo in una stanza vuota, ma come lo strumento che rende immediatamente utilizzabile il bene da parte degli interessati, senza ulteriori mediazioni.

Questi esempi, tra i moltissimi che potrebbero essere richiamati, ci indicano elementi di continuità e discontinuità rispetto all'analisi di Tocqueville. Riferita com'era alla terra, essa scontava il fatto della scarsità, dal quale consegue che la terra non ammette usi «rivali», utilizzazioni analoghe e contemporanee da parte di soggetti diversi. E la scarsità permane per beni vitali come l'acqua. Diversa, evidentemente, è la situazione di altri beni, come la conoscenza che, in rete, non ha il carattere naturale della scarsità, ed è quindi suscettibile di usi non rivali, configurandosi propriamente come un *common*.

Se rivolgiamo l'attenzione alle diverse categorie di beni in proprietà, e le consideriamo in chiave storica e non ideologica, è forse possibile avviare una analisi più adeguata delle realtà che abbiamo di fronte. Sappiamo tutti che pure i diversi trionfi della proprietà privata nella modernità occidentale individuale non hanno lasciato dietro di sé solo «reliquie» degli altri regimi[17], dal momento che non sono mai state eliminate del tutto le aree nelle quali è possibile ritrovare gestioni pubbliche o collettive di beni. E pure l'imposizione di un regime di proprietà di Stato o comunitario non ha potuto del tutto cancellare l'attribuzione esclusiva di taluni beni ai singoli, fossero pure soltanto quelli legati alla vita quotidiana. Ma è appunto questa alternante logica binaria a essere ormai inadeguata, intersecata com'è sempre più intensamente dall'attribuzione di una molteplicità di beni alla diversa categoria della proprietà comune. Che, tuttavia, non deve essere considerata con lo sguardo nostalgico di chi vede in questo fenomeno il semplice ritorno ai tempi che precedettero, in Inghilterra, le *enclosures* delle terre comuni e, altrove, il predominio della proprietà solitaria. Non è tanto il ritorno a «un altro modo di possedere»[18], ma la necessaria costruzione dell'«opposto della proprietà».

Questo è un punto da considerare con attenzione, non per liberarsi del passato, ma perché talune ricostruzioni in materia di beni comuni portano con sé, espliciti o impliciti, chiari riferimenti alla premodernità, di cui talora si propone una rivalutazione. «Nel nuovo medioevo i

[17] G. Venezian, «Reliquie della proprietà collettiva», in Id., *Opere giuridiche*, vol. II: *Studi sui diritti reali*, Athenaeum, Roma 1919.

[18] P. Grossi, *Un altro modo di possedere*, Giuffrè, Milano 1977.

tempi sembrano maturi per rivolte ed insurrezioni»[19]. Si coglie qui una consonanza con il «neomedievalismo istituzionale», al quale si è riferito insistentemente, e con maggiore determinazione di altri, Manuel Castells[20], partendo dalla premessa che «la rete, per definizione, ha dei nodi, ma non ha un centro»[21], con effetti di policentrismo, di dispersione «dei poteri sovrani fra attori diversi tra loro non gerarchizzati e che non insistono sul medesimo territorio»[22]. La genealogia di questa vicenda ci porta a constatare che la categoria del «Nuovo Medioevo» è stata coniata negli anni della guerra fredda e ha conosciuto una crescente fortuna negli anni recenti, soprattutto in relazione al processo di costruzione dell'Unione europea[23]. Ora, senza poter qui esaminare in dettaglio una questione così complessa e culturalmente sfaccettata, si deve comunque osservare che essa ha costituito il riferimento forte per una ricostruzione delle dinamiche della globalizzazione in termini di pluralità di «costituzioni civili»[24], con due possibili indicazioni per quel che riguarda i beni comuni, solo nelle apparenze contraddittorie. Se, infatti, il neomedievalismo induce a mettere l'accento piuttosto sull'esistenza di una pluralità di centri, irriducibili a logiche «comuni» e ciascuno governato da portatori di interessi diversi, il rischio dell'impossibilità di una fondazione unitaria del «comune» diviene evidente. Se, invece, la molteplicità dei contesti all'interno dei quali si collocano i diversi beni permette di cogliere la specificità di ciascuno, questa analisi realistica consente di sprigionare le potenzialità di cui ciascun bene è portatore. In modo efficace si è detto che un uso estremamente lato dell'espressione beni comuni «può comprometterne l'efficacia espressiva e banalizzarne il senso», sì che «è indispensabile cercare di

[19] U. Mattei, *Beni comuni. Un manifesto*, Laterza, Roma-Bari 2011, p. 24.

[20] M. Castells, *Volgere di millennio*, trad. it. di G. Pannofino, Università Bocconi, Milano 2003, pp. 373 e sgg.

[21] Ivi, p. 399. Sul problema delle reti l'ampia ricognizione, anche storica, di P. Musso, *Critique des réseaux*, Presses Universitaires de France, Paris 2003 (anche con una discussione delle tesi di Castells, pp. 335-346); e P. Musso (a cura di), *Réseaux et société*, Presses Universitaires de France, Paris 2003.

[22] D. D'Andrea, *Oltre la sovranità. Lo spazio politico europeo tra post-modernità e nuovo medioevo*, in «Quaderni fiorentini per la storia del pensiero giuridico moderno», I, 2002, p. 103.

[23] Ivi, pp. 77-108, per una ricostruzione efficace di questa vicenda, con persuasive notazioni critiche.

[24] G. Teubner, *La cultura del diritto nell'epoca della globalizzazione. L'emergere delle costituzioni civili*, trad. it. e cura di R. Prandini, Armando, Roma 2005.

cogliere i caratteri comuni che attraversano gli usi eterogenei del termine per poi capire in che misura intorno alla definizione beni comuni sia possibile costruire una categoria unitaria di risorse»[25]. Un lavoro di analisi, dunque, e di ricomposizione, che porta anche a esaminare in forme differenziate il rapporto tra accesso e gestione, dunque lo stesso significato della partecipazione.

Se, ad esempio, si considera la conoscenza in rete, uno dei temi centrali nella discussione, ci si avvede subito della sua specificità. Luciano Gallino ne ha giustamente parlato come di un bene pubblico globale[26]. Ma proprio questa sua globalità rende problematico, o improponibile, uno schema istituzionale di gestione che faccia capo a una comunità di utenti, cosa necessaria e possibile in altri casi. Come si potrebbe estrarre questa comunità dai miliardi di soggetti che costituiscono il popolo di Internet? Di nuovo una sfida alle categorie abituali. La tutela della conoscenza in rete non passa attraverso l'individuazione di un gestore, ma attraverso la definizione delle condizioni d'uso del bene, che deve essere direttamente accessibile da tutti gli interessati, sia pure con i temperamenti minimi resi necessari dalle diverse modalità con cui la conoscenza viene prodotta. Qui, dunque, non opera il modello partecipativo e, al tempo stesso, la possibilità di fruire del bene non esige politiche redistributive di risorse perché le persone possano usarlo. È il modo stesso in cui il bene viene «costruito» a renderlo accessibile a tutti gli interessati.

Sono dunque le caratteristiche di ciascun bene, non una loro «natura», a dover essere prese in considerazione, perché fanno emergere la loro attitudine a soddisfare bisogni collettivi e a rendere possibile l'attuazione di diritti fondamentali. I beni comuni sono «a titolarità diffusa», appartengono a tutti e a nessuno, nel senso che tutti devono poter accedere a essi e nessuno può vantare pretese esclusive. Devono essere amministrati muovendo dal principio di solidarietà. Incorporano la dimensione del futuro, e quindi devono essere governati anche nell'interesse delle generazioni che verranno. In questo senso sono davvero «patrimonio dell'umanità» e ciascuno deve es-

[25] M.R. Marella, *Il diritto dei beni comuni. Un invito alla discussione*, in «Rivista critica del diritto privato», 1, 2011, p. 110.

[26] L. Gallino, *Tecnologia e democrazia. Conoscenze tecniche e scientifiche come beni pubblici*, Einaudi, Torino 2007.

sere messo nella condizione di difenderli, anche agendo in giudizio a tutela di un bene lontano dal luogo in cui vive.

È aperta una essenziale partita sulla distribuzione del potere. Un grande studioso, Karl Wittfogel, ha descritto il dispotismo orientale anche attraverso la costruzione di una «società idraulica»[27], che consentiva un controllo autoritario dell'economia e delle persone. Poteri pubblici e privati si contendono ancora oggi il governo di una risorsa scarsa e preziosa come l'acqua e, con la stessa determinazione, di una risorsa abbondante e altrettanto preziosa come la conoscenza. Di fronte ai nuovi dispotismi si leva la logica non proprietaria dei beni comuni, dunque ancora una volta «l'opposto della proprietà». In questa riflessione altre memorie storiche possono soccorrerci, evocando esperienze come quella di Roma, dove la gestione dell'acqua con la costruzione delle infrastrutture necessarie – e le vestigia degli acquedotti ovunque ci tramandano quello spirito – era concepita come strumento per mantenere la coesione sociale, tanto che fino all'età imperiale era proibito ai privati di avere l'acqua nelle loro abitazioni.

Molte sono le divaricazioni da considerare nella loro storicità, sfuggendo così alle trappole ideologiche di cui è disseminata la riflessione sui beni comuni. Tra utilizzazione del bene e produzione di profitto. Tra la disponibilità di un bene e la sua «recinzione», che impedisca utilizzazioni da parte di altri. Tra diritti di proprietà e creatività intellettuale. Tra beni materiali e beni comuni virtuali. Tra valore economico e riduzione a merce. Tra sguardo locale e proiezione globale. Un punto chiave della discussione è rappresentato dalla conoscenza, bene comune «globale»[28], per il quale si continua a ripetere che non può essere oggetto di «chiusure» proprietarie, ripetendo nel tempo nostro la vicenda che, tra Seicento e Ottocento, in Inghilterra portò a recintare le terre coltivabili, sottraendole al godimento comune e affidandole a singoli proprietari. Per giustificare quella vicenda lontana si è usato l'argomento della accresciuta produttività della

[27] K.A. Wittfogel, *Il dispotismo orientale* [1957], trad. it. di R. Pavetto, Sugarco, Milano 1980. Sul rapporto tra sovranità e *enclosure* si veda il capitolo dedicato proprio a questo tema in W. Brown, *Walled States Waning Sovereignty*, Zone Books, New York 2010.

[28] Gallino, *Tecnologia e democrazia* cit. Cfr., inoltre, ovviamente, C. Hess e E. Ostrom (a cura di), *La conoscenza come bene comune. Dalla teoria alla pratica*, trad. it. di I. Katerinov, Bruno Mondadori, Milano 2009.

terra. Ma oggi il nuovo, sterminato territorio comune, rappresentato dalla conoscenza raggiungibile attraverso Internet, non può divenire l'oggetto di uno smisurato desiderio che vuole trasformarlo da risorsa illimitata in risorsa scarsa, con chiusure progressive, consentendo l'accesso solo a chi è disposto a pagare, ed è in condizione di farlo. La conoscenza da bene comune a merce globale?

Così i beni comuni ci parlano dell'irriducibilità del mondo alla logica del mercato, indicano un limite, illuminano un aspetto nuovo della sostenibilità: che non è solo quella imposta dai rischi del consumo scriteriato dei beni naturali (aria, acqua, ambiente), ma pure quella legata alla necessità di contrastare la sottrazione alle persone delle opportunità offerte dall'innovazione scientifica e tecnologica. Si avvererebbe altrimenti la profezia secondo la quale «la tecnologia apre le porte, il capitale le chiude». E, se tutto deve rispondere solo alla razionalità economica, l'effetto ben può essere quello di «un'erosione delle basi morali della società», come ha scritto Carlo Donolo[29].

In questo orizzonte più largo compaiono parole scomparse o neglette. Il *bene comune*, di cui s'erano perdute le tracce nella furia dei particolarismi e nell'estrema individualizzazione degli interessi, s'incarna nella pluralità dei beni comuni. Poiché questi beni si sottraggono alla logica dell'uso esclusivo e, al contrario, rendono evidente che la loro caratteristica è quella della condivisione, si manifesta con nuova forza il *legame sociale*, la possibilità di iniziative collettive di cui Internet fornisce continue testimonianze. Il *futuro*, cancellato dallo sguardo corto del breve periodo, ci è imposto dalla necessità di garantire ai beni comuni la permanenza nel tempo. Ritorna, in forme che lo rendono ineludibile, il tema dell'*eguaglianza*, perché i beni comuni non tollerano le discriminazioni nell'accesso se non a prezzo di una drammatica caduta in divisioni che disegnano davvero una società castale, dove ritorna la cittadinanza censitaria, visto che beni fondamentali per la vita, come la stessa salute, stanno divenendo, o rimangono, più o meno accessibili a seconda delle disponibilità finanziarie di ciascuno. Intorno ai beni comuni si propone così la questione della *democrazia* e della dotazione di diritti d'ogni persona.

Proprio nella dimensione globale queste considerazioni assumono particolare rilevanza. Infatti, la logica privatistica, finora sostan-

[29] C. Donolo, *Sviluppo – parolachiave*, in «Lo straniero», 66/67, 2005.

zialmente dominante in questa dimensione, ha prodotto un duplice effetto: la «commodification of sovereignty» e l'assenza di una qualsiasi idea di «global good». La possibilità di affidarsi a una logica diversa, allora, è legata anche alla consapevolezza che dev'essere garantita una «protection of planetary commons»[30], appunto di quei beni comuni ormai irriducibili alla misura del mercato e che sempre più spesso non possono essere rinchiusi nei confini nazionali.

Pubblico, privato, comune

La scelta, obbligata, di questo diverso punto di partenza ovviamente non porta con sé una sorta di *reductio ad unum* dell'intero mondo dei beni. Impone, però, una loro nuova classificazione, una tassonomia più ricca di quella imposta dalla logica pubblico/privato, che al più tollerava distinzioni all'interno di ciascuna di queste categorie. Se diventa più marcata la rilevanza della finalità alla quale deve essere riferita ciascuna categoria di beni, questo tipo di revisione impone una rinnovata attenzione per i soggetti in relazione ai quali vengono individuate le varie finalità. Non basta, in sostanza, riferirsi alla qualificazione formale del soggetto al quale viene attribuita la titolarità del bene. Fin dagli anni Trenta, grazie alla svolta impressa agli studi sulla proprietà dalla ricerca di Adolf Berle e Gardiner Means[31], è stata messa in evidenza la scissione tra proprietà e controllo nelle società per azioni, con un tragitto che va dal controllo di minoranza (sempre più esiguo percentualmente via via che crescono le dimensioni societarie e la diffusione delle azioni nel pubblico, ma comunque ancorato al dato proprietario) al passaggio al potere dei manager[32] (che, tuttavia, si è progressivamente cercato di integrare nel capitale con l'attribuzione di partecipazioni e *stock options*). Analizzata in chiave di effettiva attribuzione del potere, la proprietà privata si scompone in una proprietà formale e una sostanziale: chi effettivamente gestisce il bene può essere diverso da chi ha il titolo formale di proprietario. Questa vicenda

[30] Si sofferma su questi temi H. Muir Watt, *Private International Law Beyond the Schism*, in «Transnational Legal Theory», 3, 2011, pp. 358, 382 e 427.

[31] A.A. Berle jr. e G.C. Means, *Società per azioni e proprietà privata* [1932], trad. it. di G.M. Ughi, Einaudi, Torino 1966.

[32] Si può riandare a J. Burnham, *La rivoluzione dei tecnici*, trad. it. di E.I.P., Mondadori, Milano 1946.

è stata colta dallo sguardo realistico dei giuristi, che non soltanto si sono liberati da incrostazioni dogmatiche, ma soprattutto hanno prospettato in modo diverso il significato politico e strategico del modello proprietario. Si è così cominciato a parlare non esclusivamente di *una* proprietà, ma di *più* proprietà[33], con un modello plurale che, tuttavia, non può essere analizzato semplicisticamente come se si trattasse di un ritorno al pluralismo dei regimi proprietari anteriore alla riunificazione operata dai codici e dalle dottrine scientifiche dell'Ottocento.

Sul versante pubblico la vicenda è stata anche più turbolenta. La definizione dei regimi politici in termini proprietari non appartiene ai tempi recenti, e neppure alla sola modernità, come insegnano i caratteri dello Stato patrimoniale e il rapporto diretto tra il sovrano e il territorio, che in Gran Bretagna, sia pure solo formalmente, è rimasto immutato fino alle leggi del 1925. Ma la proprietà statale dei mezzi di produzione ha connotato gli Stati socialisti del Novecento ed esperienze comunitarie all'interno di singoli Stati, come i kibbutz israeliani, hanno circoscritto radicalmente il perimetro della proprietà personale, esaltando quello della proprietà indivisa. Queste grandi, e talora tragiche, esperienze debbono essere ricordate, ma non possono certo essere esaminate in dettaglio. Un dato, però, merita di essere estratto da un magma ancora non analizzato compiutamente, e riguarda la categoria della proprietà «personale», intesa appunto come quell'insieme *minimo* di beni indispensabili per la soddisfazione di esigenze anch'esse *minime*. Un doppio, e inquietante, riduzionismo, che tuttavia mette in evidenza un legame tra persona e beni che non può mai essere interamente reciso e che, invece, può essere compiutamente recuperato, al di là di qualsiasi misura *minima*, quando la persona viene ricostruita nella sua pienezza costituzionale. Questa implica, infatti, l'integrale recupero di quei diritti fondamentali che, a loro volta, individuano i beni funzionalmente legati a quei diritti e alla loro soddisfazione, senza che sia necessario passare attraverso il modello proprietario privatistico. Dunque, in primo luogo, i beni comuni.

Ricostruendo, sia pure sommariamente, una intricata vicenda storica, si può ben dire che i beni comuni conquistano progressivamente una ribalta che li fa divenire ineludibile riferimento. E tuttavia, come

[33] Si veda in particolare S. Pugliatti, *La proprietà nel nuovo diritto*, Giuffrè, Milano 1954.

già si è ricordato, questa rinnovata rilevanza rischia d'essere pagata con un allungarsi del loro catalogo, che può privarli di forza analitica e ricostruttiva (se tutto è comune, non ha senso una identificazione specifica di beni comuni) e con l'assunzione di venature quasi fondamentaliste, che sconfinano nell'ideologia. Ai giuristi in primo luogo, dunque, spetta il compito di definire le condizioni d'uso di quell'espressione, soprattutto quando a essa si attribuisce valore normativo.

Peraltro, l'accento posto sui beni comuni è più simile a un cambio di paradigma che a una riscoperta di qualcosa che mai ha cessato d'essere presente nei sistemi giuridici – una proprietà collettiva ora contemplata come reliquia, ora intesa come potenzialità inespressa. Se si vuol ritrovare una qualche genealogia storica, politica e istituzionale, lo sguardo deve essere piuttosto rivolto ai molti, e non fortunati, tentativi soprattutto degli anni Settanta di costruire un retroterra non proprietario attraverso nazionalizzazioni «rovesciate» e piani per una graduale trasmissione della proprietà dell'impresa ai dipendenti[34]. In questa chiave, essi potrebbero venir considerati come il simbolo che meglio rivela la possibilità di chiudere una parentesi, quella della moderna proprietà privata, che una operazione politica ha costruito come un archetipo al quale non si potrebbe sfuggire[35], il cuore di quella nuova versione del diritto «naturale» che fonda la religione del mercato degli ultimi tempi. Ma, più concretamente e più rigorosamente, si deve guardare ai beni comuni in primo luogo come elemento inseparabile da una persona affrancata dalla dipendenza esclusiva dalla proprietà, in una prospettiva che, seguendo ancora le parole dell'art. 3 della Costituzione, congiunge «il pieno sviluppo della persona umana e l'effettiva partecipazione di tutti i lavoratori all'organizzazione politica, economica e sociale del Paese».

Il punto culturalmente e politicamente più significativo di questa rinnovata fondazione non proprietaria consiste nel ridare centralità al legame sociale, mettendo in discussione il modello individualistico senza però negare le libertà della persona che, anzi, conquistano più

[34] Ricordo il «piano», che suscitò attenzione e discussioni, dello svedese R. Meidner, *Il prezzo dell'eguaglianza. Piano di riforma della proprietà industriale in Svezia*, trad. it. di A. e G. Malm, Lerici, Cosenza 1976. Inoltre J. Meade, *Agathotopia*, trad. it. di L. Borro, Feltrinelli, Milano 1989.

[35] Si veda la netta presa di posizione di M.S. Giannini, *Basi costituzionali della proprietà privata*, in «Politica del diritto», 4-5, 1971, p. 443 e *passim*.

efficaci condizioni di espansione e inveramento per il collegamento con i diritti fondamentali. Ma la luce dei beni comuni rischia di abbagliare, lasciando intendere che quasi ci si può disinteressare di proprietà pubblica e proprietà privata. Contemplando solo il loro orizzonte, infatti, spesso si trascura poi l'effetto di sistema che essi producono. Da una parte, anche la proprietà pubblica deve essere liberata dai tradizionali schemi astratti che ancora la imprigionano, demanio e patrimonio, a vantaggio di una classificazione che muova dalle funzioni proprie dello Stato e delle sue articolazioni fino a contemplare beni di cui deve essere garantita la miglior utilizzazione economica possibile[36]. La proprietà privata, dal canto suo, non soltanto è stata relativizzata rispetto agli schemi escludenti ogni interesse diverso da quello del proprietario. Deve pure essere intesa e regolata in funzione delle attitudini dei beni che la costituiscono, riportati, sia pure con modalità peculiari, al fatto che anch'essa «vive in società», con una rilevanza sempre più marcata di sue componenti «pubbliche» e «comuni», messe in evidenza da una molteplicità di strumenti giuridici, dai piani regolatori alle discipline sull'ambiente.

La proiezione della persona nel mondo, infatti, non passa soltanto attraverso i beni comuni, né la rilevanza dei diritti fondamentali, per quanto riguarda il rapporto con i beni, si esaurisce in quella sola dimensione. La specialità della relazione istituita dai beni comuni, come già è stato sottolineato, risiede nell'attitudine di questi beni, storicamente accertata attraverso il raccordo con i diritti fondamentali, a soddisfare bisogni della persona costituzionalizzata, dunque non di un soggetto astratto, costruito nell'indifferenza per la materialità del vivere. Si va così oltre una sorta di contemplazione dell'orizzonte dei diritti fondamentali, lontano e talvolta irraggiungibile. L'intreccio tra beni comuni e diritti fondamentali produce un concreto arricchimento della sfera dei poteri personali, che a loro volta realizzano precondizioni necessarie per l'effettiva partecipazione al processo democratico. Si potrebbe dire che, per tale via, si costruisce una rinnovata opportunità di ricongiungimento tra l'uomo e il cittadino. Si individua uno spazio appunto «comune», al di là di individuo e Stato. «È questa dimensione metastatuale e metaindividuale

[36] Cfr. U. Mattei, E. Reviglio e S. Rodotà (a cura di), *I beni pubblici. Dal governo democratico dell'economia alla riforma del codice civile*, Accademia Nazionale dei Lincei, Roma 2010.

l'elemento caratteristico di uno spazio comune o collettivo la cui importanza e pervasività appaiono crescenti ed evidenti»[37].

Ma i beni comuni si distendono pure in una dimensione più larga dove, accanto al riferimento ai diritti fondamentali, compare quello riguardante un governo del cambiamento inteso come salvaguardia dell'ecosistema e della stessa sopravvivenza dell'umanità. Anche qui, evidentemente, compaiono diritti, come quello alla tutela dell'ambiente, e soggetti ai quali sono riferibili – l'umanità, le generazioni future.

«I processi ipermoderni e globali sono intrisi di beni virtuali, cognitivi e normativi»[38]. Non tutti necessariamente comuni, com'è ovvio. E tuttavia proprio in questa dimensione il «comune» è riferimento ineludibile per identificare le risorse necessarie per governare il cambiamento globale, il «global change» – un processo in continuo divenire, non un assetto consolidato. Queste risorse, però, possono presentarsi esse stesse come i beni da salvaguardare: le diverse forme della conoscenza, prodotte non soltanto dall'innovazione tecnologica, ma precipitato storico di culture, tradizioni, esperienze, «saper fare» sedimentato nei secoli; le risorse naturali; i beni culturali, ambientali, archeologici, paesaggistici. Per quest'insieme di beni si pongono, insieme, problemi di tutela, per sottrarli a nuove «chiusure», a logiche che costruiscono le condizioni istituzionali per la loro entrata nel circuito mercantile; e problemi di «messa in valore», per evitare una tragedia degli «anticommons», della sottoutilizzazione delle loro potenzialità.

Oltre la sovranità nazionale

Molte, dunque, sono le dimensioni dei beni comuni. Tutte concorrono a segnare le modalità dell'esistenza. Questo loro intimo rapporto con la vita di ciascuno, tuttavia, non li trasforma in una componente ulteriore della «società degli individui», chiusa e segmentata. Come incarnano l'opposto della proprietà, così i beni comuni delineano

[37] Sono le penetranti considerazioni di P. Costa, *Democrazia e beni comuni*, di prossima pubblicazione.

[38] C. Donolo, *Sui beni comuni virtuali e sul loro ruolo nella governabilità dei processi sociali*, di prossima pubblicazione.

l'opposto dell'individualismo – una società nella quale sono continui gli scambi e le interazioni tra individuale e sociale, dove appunto la ricostruzione del legame sociale diviene tema centrale. Al tempo stesso, però, la parola «comune» può indurre un equivoco, che consiste nel ritenere che la dimensione loro propria sia quella comunitaria. Qui continua a giocare un ruolo la storica suggestione del rapporto tra la piccola comunità e quei beni che consentivano a tutti gli appartenenti a un gruppo di esercitare liberamente il diritto di pascolo, di legnatico, di attingere l'acqua. Nella fase che stiamo vivendo, invece, un tratto caratteristico dei beni comuni consiste nel movimento ascensionale che li ha portati dalla periferia al centro del sistema, rendendo quasi sempre improponibili le suggestioni tratte dai modelli del passato. La loro portata innovativa, muovendo dalla persona e dai suoi diritti, si distende oltre questo confine, proietta la persona stessa oltre il luogo in cui vive per le interdipendenze che condizionano l'accesso ai beni della vita – le modalità della produzione, le logiche del commercio internazionale, la salvaguardia di ambienti e tradizioni. È la logica del «comune»[39], non della «comunità», a fondare lo spazio dei beni comuni, sempre più globali: a meno che, con quest'ultimo termine, non ci si voglia riferire alla «comunità umana», dunque all'opposto di una chiusura in frontiere nelle apparenze protettive, ma nella sostanza pericolosamente legate a una appartenenza che può produrre conflitti con chiunque ne abbia una diversa e opponga interessi concorrenti sul medesimo bene. Si può ricordare, ad esempio, che sottrarre l'acqua alla dipendenza da qualsiasi sovranità, pubblica e privata che sia, diviene la condizione non solo per una più equa distribuzione delle risorse, ma per evitare conflitti laceranti, quelle «guerre dell'acqua» alle quali già si è accennato e che già cominciano a divenire parte del presente e anticipazione del futuro. Con una qualche forzatura enfatica, si può dire che, considerati da questo punto di vista, i beni comuni possono contribuire all'inafferrabile diritto alla pace? Più modestamente, si può comunque osservare che le dinamiche di questi beni, come presidio di diritti fondamentali e come risorse da mettere in

[39] Dilatata spesso in forme ambigue e palingenetiche. Cfr. M. Hardt e A. Negri, *Comune. Oltre il privato e il pubblico* [2009], trad. it. di A. Pandolfi, Rizzoli, Milano 2010.

comune, vanno nella direzione di una costruzione né autoritaria, né strumentale di valori condivisi.

La ricerca di radici profonde, lontane, e di una continuità con il passato, determina poi un altro equivoco. La rilevanza e la tutela dei beni comuni deriverebbero da una loro natura, da un'essenza che li caratterizzerebbe al di là delle contingenze. Ma il loro affiorare impetuoso e pervasivo non può fare astrazione dalla storia e dai suoi movimenti. L'attenzione per l'ecosistema è figlia delle violazioni determinate dallo sviluppo industriale, così come l'invenzione culturale del paesaggio è all'origine della richiesta di una sua tutela che lo sottragga alla logica proprietaria. Il mutare degli assetti territoriali, lo sradicamento delle persone dai luoghi in cui vivevano, l'imposizione di brevetti nell'agricoltura e la sua dimensione industriale danno un senso nuovo al diritto al cibo. L'appropriazione del vivente e la conoscenza come bene comune non sono pensabili fuori dell'innovativo contesto scientifico e tecnologico. Si potrebbe continuare. Ma un «naturale» punto unificante non può essere ritrovato neppure in un generico riferimento alla persona ed alle sue esigenze, poiché anche queste, al di là dell'ovvia rilevanza attribuita alla sopravvivenza, sono strettamente legate alla loro costruzione culturale e istituzionale, al loro trasferimento dal mondo indeterminato dei bisogni a quello esigente dei diritti fondamentali. Legando il bene comune a una loro essenza o natura, nelle apparenze si dà a esso una più sicura fondazione, ma nella sostanza si introduce un vincolo che può rendere ardua la qualificazione come bene comune di ciò che è il frutto della cultura e della storia, non di una visione metafisica.

Grazie al diverso sguardo imposto dai beni comuni, inoltre, davvero si può andare oltre il modello occidentale, oltre il suo «individualismo proprietario», relativizzandolo attraverso la riflessione storica e comparativa, che mette nitidamente in evidenza come esso debba essere considerato come una delle possibili varianti della relazione tra persona e mondo esterno. Qui si colgono pure gli intrecci complessi e pericolosi tra proprietà e sovranità, che possono condurre a imprese distruttive di beni comuni. Torna il riferimento alla foresta amazzonica, e si sottolinea con forza come gli interventi speculativi mettano a rischio non solo un ecosistema locale, ma un elemento essenziale dell'ecosistema globale. Si chiede al Brasile di salvaguardare un bene che l'umanità considera «comune», così entrando in conflitto con quella versione della sovranità nazionale che comprende il diritto di ogni Stato a disporre liberamente delle proprie risorse. Per sciogliere questa contraddizione, è indispensabile andare oltre proprietà e sovranità, approdando a una nozione di solidarietà che metta in evidenza come il vantaggio comune della salvaguardia di un elemento costitutivo dell'ecosistema globale debba essere accompagnato dalla costruzione di un contesto nel quale emergano responsabilità «comuni» di tutti i soggetti interessati all'attrazione di quel bene tra quelli necessari per garantire diritti fondamentali, che non sono soltanto quelli dei cittadini di un singolo Stato. L'umanità, come già si è ricordato, esce così dalle nebbie di una soggettività indistinta ed assume il volto della comunità degli Stati, indica il dovere di destinare alla salvaguardia di quel bene risorse appunto «comuni», rivela nitidamente i limiti e i pericoli della proiezione nel mondo della categoria della sovranità nazionale, di cui la forza delle cose mette in evidenza l'angustia. In casi come questo infatti, non è possibile seguire la via della qualificazione di un bene come patrimonio dell'umanità, per sottrarlo appunto alla rapacità proprietaria o sovrana, come è avvenuto per il fondo del mare, lo spazio extra-atmosferico, l'Antartide, perché si devono fare i conti con una appartenenza nazionale già formalizzata, con la necessità di rimuovere un diritto contemplato da documenti internazionali.

Di nuovo, la logica del «comune» obbliga a progettazioni istituzionali adeguate alle caratteristiche del bene considerato, e ribadisce un nesso evidente con la necessità di politiche adatte alla realtà di un mondo in cui le interdipendenze crescenti individuano spazi ormai concretamente comuni, che attendono istituzioni che li sottraggano a imprese variamente distruttive.

Vita e beni comuni

I beni comuni tendono così a configurarsi come l'opposto della sovranità, non solo della proprietà. Finalizzati come sono al raggiungimento di obiettivi sociali e alla soddisfazione di diritti fondamentali creano una condizione istituzionale di indifferenza rispetto al soggetto che risulta esserne il titolare formale. Appartengono a tutti e a nessuno: tutti possono accedervi, nessuno può vantare diritti esclusivi. Divengono condivisi per se stessi, e dunque devono essere gestiti in base ai principi di eguaglianza e solidarietà, rendendo effettive forme di partecipazione e controllo degli interessati e incorporando la dimensione del futuro, nella quale si riflette una solidarietà divenuta intergenerazionale, un obbligo verso le generazioni future. In questo senso tendono a costituire un vero «patrimonio dell'umanità», la cui tutela è anch'essa affidata a una legittimazione diffusa, al diritto di tutti di agire perché siano effettivamente conservati, protetti, garantiti. Attraverso questa molteplice attribuzione di poteri i beni comuni promuovono una cittadinanza attiva ed eguale.

Il caso dell'acqua, ormai parte di una agenda politica planetaria imposta dalla forza delle cose, assume particolare rilevanza per sé e per il modo in cui illumina altri beni comuni, rispetto ai quali si pone come una necessaria premessa. Il diritto all'acqua è una condizione di base rispetto ad altri essenziali diritti fondamentali, come il diritto alla salute, il diritto al cibo, dunque lo stesso diritto alla vita.

Gli intrecci tra vita e beni comuni sono palesi. Li rivela il diritto alla salute, quando si concretizza nel diritto all'accesso ai farmaci, che sfida continuamente le logiche proprietarie affidate in primo luogo al diritto dei brevetti. Qui, come tutte le volte in cui si affronta il tema dei beni comuni, non siamo di fronte a processi lineari. Ogni passaggio è faticoso, problematico. È un gioco che si svolge su molti livelli, al quale partecipa una molteplicità di attori.

Persone e Stati, soggetti nazionali e internazionali, società farmaceutiche e organizzazioni di cittadini si confrontano continuamente, spesso in modo conflittuale. Ma la salute, malgrado il persistere di alcune radicate resistenze, si presenta come un diritto fondamentale riconosciuto in modo sempre più ampio e intenso, un punto di partenza ineludibile, un riferimento essenziale. Si manifesta in modo sempre più marcato una impostazione non proprietaria, soprattutto nei paesi dove il conflitto tra la tutela della vita e della salute e la logica del mercato è più evidente e drammatico.

In questo conflitto continuo ci troviamo di fronte a molte possibili impostazioni, talora diverse, spesso complementari. Utilizzazioni nuove di strumenti come le licenze obbligatorie o di pratiche come le importazioni parallele. Ricorso intenso al potere politico. Emersione informale di coalizioni di Stati, testimoniata dalle strade scelte da paesi come il Brasile, il Sudafrica, la Thailandia, e sostenuta da interventi incisivi delle loro corti supreme.

Il diritto fondamentale alla salute incontra così la conoscenza, e il diritto dei brevetti si trasforma in un campo di battaglia. Paesi come il Brasile, il Sudafrica, l'India invocano il diritto di produrre farmaci a basso costo (e di esportarli a certe condizioni), indispensabili per curare milioni di malati di Aids o di malaria, anche violando i diritti di cui sono titolari le grandi multinazionali farmaceutiche. L'accesso alla conoscenza, in questa prospettiva, diviene una condizione necessaria per impedire che la salute sia governata esclusivamente da chi la considera una merce da comprare sul mercato, e non un diritto fondamentale della persona.

La questione capitale è rappresentata, dunque, da una possibile metamorfosi di un sapere tutto risolto nella logica proprietaria, com'è per la produzione farmaceutica. Il risultato di questo processo, che peraltro investe la conoscenza nel suo complesso, è la sua trasformazione, parziale o totale, in un bene comune. Non siamo, allora, di fronte a una semplice associazione tra diritti fondamentali e beni comuni, bensì alla produzione di beni comuni attraverso i diritti fondamentali.

Il diritto al cibo «adeguato»

La questione dei beni comuni assume dimensioni diverse quando si affronta il diritto al cibo. Questo diritto – nelle sue varie specificazioni come cibo sicuro, sano, adeguato – si presenta davvero come componente della cittadinanza globale. Lo dimostra il lungo cammino che comincia nel 1948 con la Dichiarazione universale dei diritti dell'uomo dell'Onu e arriva a documenti recenti come il decreto brasiliano sulle Politiche per la sicurezza alimentare (25 agosto 2010) e la nuova Costituzione del Kenya (27 agosto 2010), che sono manifestazione concrete di un movimento più generale, testimoniato tra l'altro dalle proposte di introdurre nella Costituzione indiana una misura concreta di che cosa sia il diritto al cibo (una quantità mensile di riso). Si sta passando da una impostazione dall'alto verso il basso, che ha avuto la sua manifestazione più nota nella formula della «lotta alla fame nel mondo», a una di tipo orizzontale, dove sono gli Stati direttamente interessati a divenire i protagonisti dei processi, senza che, tuttavia, vengano meno responsabilità sociali condivise da una più larga platea di attori internazionali e nazionali. Si può ben dire che siamo di fronte a una costituzionalizzazione «universale» di questo diritto, peraltro corrispondente a quel processo di costituzionalizzazione della persona che costituisce uno degli sviluppi più significativi dei diversi sistemi giuridici.

In questa prospettiva, la specificazione progressiva del significato e dell'ampiezza del diritto al cibo diviene particolarmente importante. All'inizio, nell'art. 25 della Dichiarazione dell'Onu, esso veniva considerato come uno degli elementi costitutivi del più generale diritto a uno standard di vita adeguato. Poi, in particolare nell'art. 11 del Protocollo internazionale sui diritti economici, sociali e culturali, viene meglio qualificato come cibo «adeguato» e raggiunge un primo livello di autonomia nella versione minima che lo qualifica come «diritto fondamentale di ciascuno d'essere libero dalla fame». Le discussioni e le successive evoluzioni normative daranno vita a un diritto fondamentale della persona che riguarda l'esistenza in tutta la sua complessità, divenendo così non solo componente essenziale della cittadinanza, ma precondizione della stessa democrazia. Le diverse tappe di questo processo possono essere così schematizzate:

– da una generica lotta alla fame nel mondo a uno specifico diritto di accesso al cibo;

– da una impostazione paternalistica alla diretta responsabilità di organismi pubblici;

– dalla sua collocazione nel solo quadro dei principi a un concreto riconoscimento fondato su disposizioni puntuali;

– da diritto costruito intorno ai «worst-off», ai più svantaggiati, a diritto che investe nel suo insieme la condizione umana.

La strategia per il riconoscimento di questo diritto, infatti, si è progressivamente dilatata, prende in considerazione il modo di produzione degli alimenti: affidato soltanto a una economia «turbocharged», supercapitalistica[40], oppure rispettoso dei diritti di tutti i produttori e consumatori, anche nella forma dello «slow food», che vuole rendere ugualmente effettiva la tutela della salute e dell'ambiente. La sicurezza alimentare si configura così anche come un limite alla libertà d'impresa, secondo l'indicazione esemplare contenuta nell'art. 41 della Costituzione, dove si afferma che l'iniziativa economica privata «non può svolgersi in contrasto con l'utilità sociale

[40] R. Reich, *Supercapitalismo*, trad. it. di T. Fazi, Fazi, Roma 2008.

o in modo da recare danno alla *sicurezza*, alla libertà, alla dignità umana». In tal modo il diritto al cibo apre una prospettiva più ampia per la tutela dei diritti fondamentali e include tra gli attori da tenere presenti anche le generazioni future.

L'accesso si presenta così come uno strumento necessario perché possa essere assicurato un cibo adeguato. Ma, a questo punto della discussione, anche il riferimento all'adeguatezza deve essere reinterpretato. Adeguatezza significa andare oltre l'impostazione minimalista, anche se essenziale, della semplice libertà dalla fame. Attraverso il cibo adeguato e sicuro non si nutre solo il corpo, ma la stessa dignità della persona. L'adeguatezza, allora, non può essere considerata solo un criterio quantitativo, ma qualitativo. Jean Ziegler, nel suo rapporto per l'Onu sul diritto al cibo, ha sottolineato che le persone hanno diritto «a un cibo adeguato e sufficiente, *corrispondente alle tradizioni culturali* del popolo al quale la persona appartiene e che assicuri – dal punto di vista fisico e psichico, individuale e collettivo – una vita piena e dignitosa, libera dalla paura»[41]. Se vogliamo davvero costruire un mondo multiculturale, questa indicazione assume particolare rilevanza. E così il diritto al cibo incontra la dignità della persona e il rispetto della diversità culturale (nominati, ad esempio, dagli artt. 1 e 22 della Carta dei diritti fondamentali dell'Unione europea); il principio di non discriminazione (art. 21 della stessa Carta); il diritto al libero sviluppo della personalità (com'è variamente considerato dall'art. 2 della Costituzione italiana e dal paragrafo 2 di quella tedesca); l'ampia definizione della salute elaborata dall'Organizzazione mondiale della salute come «stato di completo benessere fisico, psichico e sociale, e non soltanto come assenza di malattia o infermità; l'integrità della persona (ancora la Carta europea, al suo art. 3). Il diritto al cibo conferma così la sua attitudine a essere ineludibile punto di convergenza di molteplici principi giuridici, dando a essi particolare concretezza e contribuendo così alla fondazione di un nuovo ambiente politico-istituzionale.

Considerato proprio per questa sua attitudine a essere riferimento di una serie di diritti fondamentali, il diritto al cibo si presenta anche come un forte strumento per contrastare ogni forma di ridu-

[41] Si veda, tra gli scritti più recenti, J. Ziegler, *Destruction massive. Géopolitique de la faim*, Seuil, Paris 2011.

zionismo, in particolare quello che vuole trasformare le persone in consumatori passivi, anzi in «consumati», come ha ben messo in evidenza Benjamin Barber con la sua analisi del passaggio da cittadini a clienti[42]. L'attuazione integrale del diritto al cibo, seguendo il modo in cui si è venuto progressivamente precisando, è necessaria proprio per evitare questo destino e per difendere effettivamente l'integrità e l'autonomia d'ogni persona.

L'accesso al cibo si conferma così come parte integrante della cittadinanza, sì che il diritto al cibo deve essere anche considerato come un criterio per comprendere la condizione di una società e il modo in cui vengono distribuite e rispettate le responsabilità politiche, economiche e sociali. Questo vuol dire anche che il diritto al cibo, nelle sue varie specificazioni, inevitabilmente partecipa delle difficoltà di garantire i diritti delle persone nella dimensione globale. Un problema, questo, che deve essere considerato facendo sempre riferimento al modo in cui può essere realizzato il collegamento tra determinati beni e specifici diritti fondamentali, che tuttavia, come già si è sottolineato, non passa necessariamente attraverso procedure giuridiche formalizzate e non si basa necessariamente su norme vincolanti. Si manifestano sempre più spesso dinamiche complesse, che possono anche prendere le mosse da documenti internazionali, ma vedono poi come protagonisti soggetti sociali capaci di esercitare efficaci pressioni informali, che prima fanno emergere e poi garantiscono effettivamente beni pubblici globali.

Conoscenza e cittadinanza

Tra questi beni ha ormai assunto rilevanza particolare la conoscenza, nella versione legata al funzionamento della rete, alla realtà di Internet, nella quale non si manifesta soltanto una cancellazione di confini, ma la creazione del più vasto spazio pubblico che l'umanità abbia mai conosciuto. L'accesso a questo mondo, alla conoscenza che esso produce e contiene, diventa così un momento capitale per intendere la questione dei beni comuni, davvero proiettata sull'intero pianeta e sempre più espressiva del modo in cui il potere si crea e si redistribuisce nel mondo globale.

[42] B. Barber, *Consumati. Da cittadini a clienti*, trad. it. di D. Cavallini e B. Martera, Einaudi, Torino 2010.

In questo spazio tutti e ciascuno acquistano la possibilità di prendere la parola, acquisire conoscenze, creare idee e non solo informazioni, esercitare il diritto di critica, discutere, partecipare alla vita pubblica, costruendo così una società diversa, nella quale ciascuno può rivendicare il suo diritto a essere egualmente cittadino[43]. Ma questo diviene più difficile, se non impossibile, se la conoscenza viene recintata, affidata alla pura logica di mercato, imprigionata da meccanismi di esclusione, che ne disconoscono la vera natura e così mortificano una ascesa che ha fatto della conoscenza in rete il più evidente tra i beni comuni. L'importanza del considerare l'accesso a Internet come un diritto fondamentale della persona viene continuamente confermata dal ruolo giocato dalle tecnologie dell'informazione e della comunicazione in un numero crescente di significative vicende politiche e sociali, com'è avvenuto con particolare evidenza nelle «primavere arabe», per il ruolo assunto dalle reti sociali. Il modo in cui si sta evolvendo la partecipazione popolare alla vita politica, con l'emersione progressiva di una vera cittadinanza globale, esige che Internet venga appunto considerato come un «common», uno spazio comune, dove dev'essere respinta ogni forma di diseguaglianza digitale, controllo esterno, censura.

Proprio nella fase più recente, tuttavia, si è manifestata una contraddizione. Più la conoscenza si dilatava e diveniva accessibile, più si ricorreva a strumenti che, come il diritto d'autore, limitavano l'utilizzabilità di conoscenze prima liberamente disponibili[44]. Riferendosi a quel che accade nell'industria cinematografica come a un esempio assai eloquente, Lawrence Lessig ha ricordato i nuovi limiti incontrati nel girare un film a causa delle rivendicazioni basate sul diritto d'autore, e quindi accompagnate da richieste di carattere economico, da parte del disegnatore d'un mobile, dell'architetto d'una facciata, dello scultore di un'opera, oggetti che comparivano in sequenze dei film. La conclusione veniva tratta dal consiglio dato da un regista di successo a un giovane autore: «sei completamente

[43] Per una valutazione fortemente critica della «retorica» democratica della rete, ai limiti del rifiuto, C. Formenti, *Cybersoviet. Utopie democratiche e nuovi media*, Cortina, Milano 2008; Id., *Se questa è democrazia. Paradossi politico-culturali dell'era digitale*, Manni, San Cesario di Lecce 2009.

[44] Per una efficace analisi dell'insieme di questi problemi si veda G. Resta (a cura di), *Diritti esclusivi e nuovi beni immateriali*, Utet, Torino 2011.

libero di girare il film che vuoi, purché tu lo faccia in una stanza vuota con i tuoi due amici»[45].

Esempi come questo mostrano come il dilatarsi dei riferimenti al diritto d'autore, per non dire il suo vero e proprio abuso, limitano le opportunità riguardanti l'uso di beni in precedenza comuni, nel senso della possibilità di utilizzarli liberamente. Essi mettono pure in evidenza come non basti enfatizzare l'avvento dell'«era dell'accesso» come se la centralità di questo nuovo riferimento potesse liberarci dalle costrizioni imposte dalla proprietà. L'espansione della logica dell'accesso, fino alla sua configurazione come un diritto autonomo, riguarda sostanzialmente beni che non siano scarsi e che permettano usi non rivali. Ma anche in questa dimensione s'insinua la logica proprietaria che, producendo una scarsità «artificiale», trasforma beni comuni in merci accessibili solo attraverso le regole del mercato.

I parlamenti, i legislatori si trovano così di fronte a nuove sfide, che non si esauriscono nella necessità di trovare punti di equilibrio tra la logica escludente della proprietà e quella inclusiva dei beni comuni. È la stessa categoria della cittadinanza a essere investita. La vera novità democratica delle tecnologie dell'informazione e della comunicazione non consiste nel dare ai cittadini l'ingannevole illusione di partecipare alle decisioni attraverso un continuo ricorso a referendum elettronici, come per molto tempo s'è detto e qualcuno continua ancora a ripetere. Essa risiede nel potere di ciascuno e di tutti di utilizzare la straordinaria «ricchezza delle reti»[46], l'enorme quantità di sapere divenuta disponibile grazie alla tecnologia, potendo così controllare direttamente il modo in cui il potere viene esercitato, elaborare proposte autonome, in definitiva sperimentare e definire forme nuove di organizzazione sociale. In questo vasto mondo – dove diventano concrete modalità inedite di democrazia «diretta» che tuttavia non cancellano quella rappresentativa – i parlamenti hanno come compito primario proprio la salvaguardia di questo oceano di opportunità e, al tempo stesso, devono adottare essi stessi non solo nuove tecniche di comunicazione, ma soprattutto utilizzare Internet

[45] L. Lessig, *La forza delle idee*, trad. it. di L. Clausi, Feltrinelli, Milano 2006, p. 11.

[46] È il titolo del libro, per molti versi discutibile, di Y. Benkler, *La ricchezza delle reti. La produzione sociale trasforma il mercato e aumenta le libertà*, trad. it. di A. Delfanti, Egea, Milano 2007.

nelle sue multiformi configurazioni per sollecitare l'opinione dei cittadini, aprendo così la strada a procedure che diano la possibilità di loro interventi diretti nel procedimento legislativo, rivitalizzando anche l'iniziativa legislativa popolare. In tal modo, non si supera tanto la contrapposizione tra democrazia rappresentativa e democrazia diretta, ma si individuano nuove modalità di integrazione. Così, la democrazia parlamentare può essere rivitalizzata, guadagnare nuova e più forte legittimazione nel momento in cui assume anche la veste di interlocutore permanente della società intera.

In questa prospettiva, l'espressione «democrazia come processo» assume concretezza nello spazio pubblico disegnato da Internet. Ma, qui, il pubblico inclina sempre più verso il «comune», dove l'interazione sociale e la produzione del discorso pubblico possono avere come risultato la creazione di un vero «espace citoyen», il luogo di un'altra cittadinanza. Proprio questo modo di concepire e utilizzare Internet è continuamente sfidato dalle logiche di mercato, che si fanno tanto più forti quanto più gli usi commerciali del Web prevalgono quantitativamente su quelli non commerciali. Questo rende squilibrata l'utilizzazione della rete da due punti di vista. Anzitutto, se la rete viene considerata e utilizzata come uno spazio invaso dalla spinta al consumo, una sorta di «World Wide Supermarket», essa deve essere organizzata in modo da garantire sicurezza ai suoi frequentatori. Ma questo non implica soltanto assicurare certezza e affidabilità alle transazioni commerciali effettuate in rete. Esige che il Web si presenti come uno spazio pacificato, asettico, dove nulla deve turbare i comportamenti volti al consumo. Gli argomenti adottati per giustificare questo orientamento non si limitano a quello, più noto, della lotta alla pornografia. Si può individuare anche una tendenza che esclude ogni presenza di situazioni «sgradevoli» o di atteggiamenti di dissenso più o meno aggressivo: in definitiva, l'inaccettabilità di tutto ciò che si presenta, o viene presentato, come un allontanarsi da un modello di «normalità». Si determina così una «censura di mercato» che intacca la natura di «common» della rete. In secondo luogo, l'accesso mediato da forme di pagamento apre la via alla più insidiosa tra le diseguaglianze digitali, quella che istituisce un rapporto tra reddito e accesso alla conoscenza.

Tutto questo impone di tornare al tema dell'eguaglianza, al modo in cui esso compare nel mondo della rete, che rende difficilmente proponibile una impostazione tutta fondata sull'eguaglianza delle opportunità piuttosto che su quella dei risultati. Un'eguaglianza che fa astrazione dalla condizione effettiva delle persone non rischia solo di riproporre l'equivoco del «patrimonio del proletario» e dell'ingannevole eguaglianza che esso prospetta, concentrandosi sull'astratta possibilità di ciascuno, riconosciuto come soggetto di diritto, di poter divenire proprietario di un bene, senza prendere in considerazione le diseguaglianze generate dai diversi livelli di risorse disponibili. Soprattutto contraddice proprio la specificità della conoscenza in rete, l'immediatezza della sua relazione con l'accesso, non a caso sempre più largamente riconosciuto come diritto fondamentale della persona. Seguendo la linea analitica e ricostruttiva prima proposta, proprio il riconoscimento di questo nuovo diritto fondamentale pone immediatamente il problema di quali siano i beni necessari per la sua concreta attuazione che, nel caso qui considerato, conduce alla costruzione della conoscenza come «bene pubblico globale»[47].

Non siamo di fronte a una semplice affermazione di principio, ma alla premessa necessaria per riconsiderare una serie di strumenti e di istituti giuridici, a cominciare dal brevetto e dal diritto d'autore. Si tratta, in sintesi, di individuare un nuovo e più adeguato equilibrio tra gli interessi di autori e inventori, e dell'industria nel suo complesso, e gli interessi collettivi non solo all'accesso libero alla conoscenza, ma alla salvaguardia del vivente e della sapienza culturale accumulata dalle comunità. Peraltro, la pretesa di mantenere intatta la pervasività senza limiti dell'individualismo proprietario è ormai messa in discussione anche da studiosi che, muovendo proprio da una considerazione delle effettive modalità di funzionamento del mercato, sottolineano l'inefficienza delle tradizionali regole che governano la produzione e l'appropriazione del sapere, giungendo fino a chiedere l'abbandono del sistema del diritto d'autore. Partendo da questo punto di vista, non si entra necessariamente nella dimensione di una economia non di mercato, di un dono che, proprio in rete, riproduce molte delle ambiguità che storicamente lo hanno accompagnato, e ne hanno incrinato la purezza. Se, ad esempio, uno scrittore o un gruppo musicale decidono di mettere in rete una propria opera e di autorizzare tutti a scaricarla liberamente, è possibile che ciò corrisponda a un interesse a una maggior diffusione di quell'opera

[47] Gallino, *Tecnologia e democrazia* cit.

e, quindi, all'influenza sociale, culturale, politica che essa può esercitare. Ma è più probabile che quella scelta corrisponda a una diversa logica di investimento sulle idee perché, raggiungendo un numero di persone incomparabilmente maggiore di quello che si potrebbe ottenere con la vendita in libreria o in un negozio di cd, il valore di «mercato» dell'autore possa avere un'impennata, dal momento che la retribuzione dello scrittore come conferenziere o il ricavato dei concerti di un gruppo musicale superano i profitti derivanti dal diritto d'autore. Prima di giungere a soluzioni così radicali, tuttavia, è possibile incontrare progettazioni istituzionali che affrontano in modo aperto l'accesso e la circolazione della conoscenza, tra le quali spicca la tecnica dei «creative commons», che consente all'autore di fissare il grado di tutela della sua opera. Il «comune» rivela così una attitudine a soddisfare interessi che, nella dimensione tradizionale, vengono presentati come inevitabilmente conflittuali.

Ma l'accesso libero alla conoscenza comprende anche la possibilità di essere «esposti» alle opinioni più diverse, consentendo la loro comparazione e accrescendo così la diffusione e il rafforzarsi dello spirito critico. Questi sono tratti caratteristici della democrazia che, da una parte, esigono il rifiuto della censura e di posizioni monopolistiche o dominanti nel sistema della comunicazione e, dall'altra, impongono trasparenza e accesso diretto alle fonti. La conoscenza muta la sua qualità e cambia il sistema nel suo complesso. Il cambiamento del linguaggio lo conferma: si parla sempre di meno di società dell'informazione e sempre più di società della conoscenza, che consente di andare oltre il rumore di fondo prodotto da una valanga di informazioni, facendoci approdare al pluralismo informativo e all'indipendenza di giudizio. Vicende come quella di Wikileaks lo confermano, svelando notizie tradizionalmente coperte dal segreto, cominciando a mettere in discussione gli *arcana imperii*, e consentendo così forme più dirette e diffuse di controllo sul potere.

Libertà di conoscenza per tutti e democrazia coincidono sempre di più. E riferimenti tradizionali acquistano senso più profondo. A Luigi Einaudi e al suo «conoscere per deliberare». A un grande giudice della Corte Suprema degli Stati Uniti, Louis Brandeis, e al suo «la luce del sole è il miglior disinfettante». La conoscenza viene potentemente confermata come fondamento del processo democratico di decisione e come precondizione per la partecipazione e il controllo.

Le logiche oligarchiche sono sfidate e, come già si è accennato, la stessa idea di democrazia viene rimessa in discussione. Non servono le contrapposizioni secche, le logiche binarie: democrazia diretta contro democrazia rappresentativa, trasparenza contro controllo, mondo senza centro contro territorio giacobino. Nuovi intrecci sono davanti a noi, sintetizzati, ad esempio, dal titolo di un libro che parlava di «Orwell ad Atene»[48], sottolineando così non l'ambivalenza, non le due facce della tecnologia, bensì la compresenza di logiche che non si escludono a vicenda, e per le quali devono essere trovati modalità di convivenza e rinnovati punti di equilibrio.

La questione centrale, ad ogni modo, si rivela essere la connessione tra diritti civili e politici e l'accesso al bene «conoscenza», che contribuisce in maniera determinante a garantirne l'attuazione e che, per questa sua attitudine, si configura come bene comune. Di nuovo, non si va alla ricerca di un'essenza, ma di una relazione. La sequenza è chiara. È la qualità dei diritti da garantire che porta alla qualificazione di un bene come «comune» e all'ulteriore, necessaria, attrazione nell'ambito dei diritti dell'accesso a tali beni. Nel necessario rinnovamento delle categorie concettuali, imposto appunto dalla «ragionevole follia» dei beni comuni, non v'è spazio per residui giusnaturalistici, che finiscono con l'attribuire alla proprietà comune una fondazione sostanzialmente analoga, sia pure a parti rovesciate, a quella di una proprietà privata di cui si teorizza appunto una essenza immodificabile e inscalfibile.

Nel momento in cui si fa astrazione dai soggetti e dai bisogni ai quali i beni comuni sono collegati, si imbocca una strada pericolosamente vicina a quella che ha portato alla costruzione della natura come «soggetto morale», con i conseguenti interrogativi intorno a chi sia legittimato a parlare in suo nome, dando spazio alle tentazioni autoritarie di chi ritiene la sua tutela sottratta a qualsiasi procedura democratica. Problemi, questi, che si ripropongono in modo acuto in presenza dei beni qualificati come «patrimonio comune dell'umanità»: categoria disomogenea sia dal punto di vista dei beni considerati (dallo spazio extra-atmosferico al genoma umano, alla cucina francese e via seguitando), sia dei documenti che attribuiscono

[48] W.B.H.J. van de Donk, I.Th.M. Snellen e P.W. Tops (a cura di), *Orwell in Athens. A Perspective on Informatization and Democracy*, Ios Press, Amsterdam-Oxford-Tokyo-Washington (DC) 1995.

questa qualificazione (un trattato internazionale o una dichiarazione dell'Unesco). Si deve aggiungere, peraltro, che «umanità» è riferimento che va oltre la considerazione di determinati beni, adoperato com'è per legittimare forme di intervento in situazioni di emergenza o per individuare una categoria di crimini.

Se si vuole indicare un ragionevole tratto unificante, questo può essere ritrovato nella volontà di sottrarre i beni compresi tra i patrimoni dell'umanità alla logica della sovranità nazionale, al dominio del mercato, alle prepotenze individuali e, conseguentemente, di salvaguardarne i caratteri perché di essi possa variamente godere una pluralità, nella maggior parte dei casi indeterminata, di soggetti. I patrimoni dell'umanità contribuiscono così a diffondere e legittimare, con significativi tratti premonitori, la logica dei beni comuni, rafforzando così ancor di più la loro ragionevole follia e la sfida che essa porta a due categorie fondative della modernità – sovranità e proprietà. L'esito, tutt'altro che definitivo, di questo processo si manifesta in nuove forme di distribuzione dei poteri, incidendo direttamente sui caratteri dei sistemi democratici. Alcuni caratteri di questa vicenda possono essere sintetizzati nel modo seguente.

Uno degli effetti principali della qualificazione di un bene come «comune» può consistere nel fatto che la sua accessibilità non è necessariamente subordinata alla disponibilità di risorse finanziarie perché non rientra nell'ambito del calcolo economico. Questo si inserisce nel quadro delle responsabilità e dei compiti specifici, e sempre più rilevanti, dei regolatori pubblici, che devono individuare quali beni possano essere accessibili attraverso gli ordinari meccanismi di mercato e quali, invece, debbano essere sottratti a questa logica. Il punto è essenziale, perché riguarda le modalità complessive di costruzione della società, individuate attraverso la rilevanza assunta da diritti non costruiti come titoli da scambiare sul mercato, ma come elementi costitutivi della persona e della sua cittadinanza. Considerati da questo punto di vista, i beni comuni affrancano i diritti di cittadinanza dalle politiche redistributive.

Proprio su quest'ultima considerazione si appunta l'attenzione di chi estende al rapporto tra diritti fondamentali e beni comuni la critica contro la «retorica dei diritti». Ma non solo le vicende di una indeterminata età dei diritti, bensì le dinamiche presenti nel tempo nostro, confermano come quella «retorica» sia stata e rimanga un potente strumento nelle mani di chi vuole acquisire più libertà individuale, legami sociali più forti, più intensa presenza democratica. Attraverso la connessione tra i diritti fondamentali e i beni comuni, infatti, si può sfuggire a un'altra dicotomia astratta e ormai culturalmente sterile, quella tra diritti e doveri, al posto della quale troviamo il rapporto tra pienezza della vita individuale e responsabilità sociali condivise. La solidarietà ritrova la sua funzione di principio costitutivo della convivenza.

Questo cambiamento della cornice concettuale avviene all'insegna di una emersione della materialità del vivere non più cancellata dall'astrazione, dunque di una «scoperta» della persona concreta e della realtà dei suoi bisogni. Un altro mutamento concettuale: al posto del soggetto astratto della modernità occidentale compaiono la persona e il costituzionalismo dei bisogni.

Proiettata su scala globale, come ormai accade, la relazione tra diritti fondamentali e beni comuni si presenta come una decisiva opportunità per affrontare la questione essenziale di uno «human divide», di una diseguaglianza radicale che incide sulla stessa umanità delle persone, mettendo in discussione la dignità e la vita stessa.

Parte seconda

La persona

Capitolo V

Dal soggetto alla persona

Realtà e astrazione

Vi è un momento nella riflessione dei giuristi nel quale il soggetto astratto non appare più come uno strumento capace di comprendere la realtà attraverso una sua elevata formalizzazione. Si presenta, al contrario, come un impedimento, un ostacolo. Non siamo più di fronte all'astrazione, ma alla cancellazione del soggetto, che perde un volto riconoscibile come accade alle figure di Francis Bacon. Il corpo è lì, ancora visibile, però con un viso come stravolto, cancellato. Ma una figura rimane, e il problema diviene appunto quello di restituirle una faccia, renderla di nuovo riconoscibile, attrarla nella realtà. È questa la ragione del progressivo slittamento dell'attenzione dal soggetto alla persona, testimoniato dalla prevalenza di quest'ultima parola in gran parte della letteratura giuridica recente. Quasi con prepotenza, la persona tende a occupare il centro della scena, con la forza che le deriva dalla capacità immediata di esprimere la materialità dei rapporti.

La realtà contro l'astrazione? Ma qui, almeno nelle apparenze, si può subito cogliere un paradosso. Nel linguaggio del diritto anche «persona» è termine che rinvia a un processo di astrazione dalle pure condizioni materiali, com'è particolarmente evidente nella finzione che regge la persona «giuridica». Come vuole il suo etimo, persona è *prosopon*, maschera, dunque mezzo che occulta un volto reale e lo sostituisce con una convenzione, con un doppio giuridico che consente a ciascuno di muoversi anche nel mondo reale come se nulla lo distinguesse dagli altri o, meglio, di pretendere di essere formalmente sottratto a discriminazioni, stigmatizzazioni, selezioni, alla sua stessa naturalità. Ma il prezzo è proprio l'allontanamento dalla realtà, per non dire la sua soppressione, con l'attore greco che, indossata la maschera e calcando la scena, diceva a tutti d'essere altro dalla persona reale che poteva essere incontrata sulla scena ordinaria del mondo. Nel momento in cui, invece, il riferimento alla persona viene assunto come connotato realistico, che la fa emergere per ciò che è effettivamente, il discorso giuridico prende congedo da quella storica finzione. Ma qual è il senso di questo separarsi del soggetto dalla persona?

«La maschera comincia là dove si abolisce la persona», osserva Alessandro Pizzorno discutendo di miti e di morte[1]. Si pone così un problema di riconoscimento, nel mondo e nei confronti degli altri, che porta con sé la necessità di definire il criterio, la misura di questo riconoscimento. Il punto è critico, perché si tratta di uscire dalla prigione dell'astrattezza senza cadere nella «prigione della propria carne»[2]. E perché si tratta di considerare il duplice registro presente quando si parla di persona, e dunque le diverse fortune della parola. Mentre il suo impiego rimane saldo nel lessico giuridico, «la modernità inizia con l'eclisse di questo termine, offuscato dal bagliore del nuovo astro nascente: l'individuo»[3]. Per lungo tempo, infatti, persona era stato «il termine prevalente per riferirsi al singolo essere umano»[4]. È di nuovo questa la strada che dev'essere percorsa? Qual è il «valore aggiunto dell'identità individuale che si riassume nel termine 'persona'»?[5]

L'avventura concettuale e linguistica, che porta a enfatizzare la forza realistica del riferimento alla persona, deve essere ricostruita

[1] A. Pizzorno, *Saggio sulla maschera*, in «Studi culturali», 1, 2005, p. 91. L'intreccio interno al concetto e all'uso di «persona» – da un lato «sostanza», dall'altro «maschera» – è indagato da A. Prosperi, *Dare l'anima. Storia di un infanticidio*, Einaudi, Torino 2005, pp. 295-296. Sulla storia del termine «persona» dalle fonti romane al XVI secolo si veda R. Orestano, *Azione, diritti soggettivi, persone giuridiche. Scienza del diritto e storia*, il Mulino, Bologna 1978, pp. 193 e sgg., dove si fa anche notare come il termine «si pose ben presto come equivalente di 'uomo'» (pp. 194-195); al soggetto di diritto sono dedicate in questo volume riflessioni illuminanti. Deve vedersi anche l'analisi, assai fine come l'intero saggio, di Y. Thomas, *Le sujet de droit, la personne et la nature. Sur la critique contemporaine du sujet de droit*, in «Le Débat», 100, 1998, pp. 85-107. Sempre sulla storia di persona e soggettività, R. Spaemann, *Persone. Sulla differenza tra «qualcosa» e «qualcuno»*, a cura di L. Allodi, Laterza, Roma-Bari 2005. Al tema del soggetto la rivista «Filosofia politica» ha dedicato il numero 3/2011 e il numero 1/2012.

[2] W. Gibson, *Neuromante*, trad. it. di G. Cossato e S. Sandrelli, Editrice Nord, Milano 1993, p. 6.

[3] A.F. [Alessandro Ferrara], *Presentazione* del fascicolo dedicato appunto a *Persona* dalla rivista «Parolechiave», 10/11, 1996, p. 10.

[4] *Ibid.*

[5] Prosperi, *Dare l'anima* cit., p. 297.

abbandonando la semplificazione polemica che, in un'ansia di «demistificazione» delle strutture giuridiche, aveva costruito il soggetto come materia di un puro rifiuto, da eliminare quasi a ogni costo. Si può comprendere che, di fronte agli eccessi della dogmatica che avevano via via sterilizzato la forza storica e teorica dell'invenzione del soggetto, riducendolo a uno scheletro che isolava l'individuo e lo separava da ogni contesto, si avvertisse il bisogno di far ricomparire nella dimensione giuridica la vita con i suoi protagonisti, rifiutando l'astrattezza e la trascendenza del soggetto che, nelle più diverse sistemazioni dei concetti, ne avevano fatto una sorta di «immacolata concezione» (sono le parole adoperate a proposito della teorizzazione statunitense di Langdell[6]) o, per meglio dire, ne avevano tentato sempre più intensamente una fondazione metafisica. La critica radicale, dunque, si manifesta nei più diversi ambienti culturali, e questo punto era stato ben colto, quasi mezzo secolo fa, da Riccardo Orestano, sottolineando che, per voler ridurre tutta l'esperienza a «sistema», si negava «ora un aspetto ora un altro della realtà storica per far salvi i concetti, costringendo, amputando, sacrificando il concreto della vita – che è vita dell'uomo nella società e della società nell'uomo – in nome di uno schematismo rigido che si è preteso sostituire alla realtà, immolata alle esigenze di una pretesa 'analisi scientifica'»[7]. Ma l'invenzione del soggetto di diritto, l'istituzione dell'uomo come soggetto non solo nel mondo giuridico, rimangono uno dei grandi esiti della modernità, di cui vanno meglio compresi i caratteri e la funzione storica. «L'antimodernità concentra oggi la sua critica su una costruzione giuridica antichissima, per addossarle il peso di tutti i mali attribuiti all'ipertrofia del soggetto»[8].

Indagando sul soggetto, ci addentriamo in una foresta di segni, simboli, relazioni. Se la sua nozione non ha nulla della naturalità, è al massimo artificiale, è pure vero che la sua istituzione è volta proprio al riscatto dell'umano, a impedire un uso dei dati di realtà che poteva rinchiudere ciascuno come in una gabbia. Il percorso è lungo, non

[6] Sul punto P.J. Schlag, *The Problem of Subject*, in «Texas Law Review», 69, 1991, in particolare p. 1632. Il riferimento, ovviamente, è a C.C. Langdell, *A Selection of Cases on the Law of Contracts*, Little Brown, Boston 1871.

[7] R. Orestano, «Diritti soggettivi e diritti senza soggetto», in Id., *Azione* cit., pp. 187-188.

[8] Thomas, *Le sujet de droit* cit., p. 86 (traduzione mia).

può essere banalizzato, trova radici in quell'apologia della dignità dell'uomo che dà il titolo alla *Oratio de hominis dignitate* di Giovanni Pico della Mirandola e ci conduce, con una progressiva laicizzazione e secolarizzazione del concetto, fino alla Carta dei diritti fondamentali dell'Unione europea, dove il Preambolo afferma che l'Unione «pone la persona al centro della sua azione» e il primo articolo stabilisce che «la dignità umana è inviolabile». Tra affermazione della dignità dell'uomo e «invenzione del soggetto di diritto»[9], tuttavia, non v'è un percorso lineare, ma piuttosto una discontinuità, nella quale si riflette la trasformazione della nozione rinascimentale di dignità in quella, settecentesca, dell'uomo come titolare di diritti[10]. Di questo bisogna tenere il debito conto, per evitare di proporre ricostruzioni del soggetto che, nel confronto con la persona e trascurando proprio questa svolta della modernità, lo presentano semplicisticamente come «docile strumento del diritto oggettivo, di poteri privati, statali, internazionali, tutti soggetti della (o alla) globalizzazione»[11]. Ed anche per non cadere, al contrario, nella deformazione di chi respinge la nozione di soggetto perché vede incarnata in essa le pulsioni d'un desiderio illimitato dell'individuo, del «sujet-roi»[12].

L'affermazione della soggettività è il modo per attribuire pienezza alla persona. Non a caso Leibniz, che ha usato con forte e moderna consapevolezza l'espressione «subjectum juris», aveva anche scritto che «subjectum qualitatis moralis est persona», e «qualitas moralis personae» ci porta dritti a Grozio, che così aveva definito il diritto. Allo stesso tempo, l'«invenzione» moderna del soggetto non nasce con le stimmate dell'isolamento, come polemicamente si è voluto in un certo tempo affermare. La sua complessa vicenda spingerà poi

[9] È questo il titolo del primo capitolo del lavoro di Y.C. Zarka, *L'autre voie de la subjectivité. Six études sur le sujet et le droit naturel au XVIIe siècle*, Beauchesne, Paris 2000, pp. 3-30 [trad. it. di F.P. Adorno, *L'altra via della soggettività. La questione del soggetto e il diritto naturale nel XVII secolo*, Guerini, Milano 2002]. Sulla tesi di Zarka si vedano i rilievi critici di V. Descombes, *Le complément du sujet. Enquête sur le fait d'agir de soi-même*, Gallimard, Paris 2004, pp. 499-500.

[10] Così Zarka, *L'autre voie* cit., p. 5.

[11] P. Catalano, *Diritto, soggetti, oggetti. Un contributo alla pulizia concettuale sulla base di D. 1,1,12*, in *Iuris vincula. Studi per Mario Talamanca*, Jovene, Napoli 2001, vol. II, pp. 98 e sgg. Sul punto G. Oppo, *Declino del soggetto e ascesa della persona*, in «Rivista di diritto civile», 48, 6, 2002, p. 829.

[12] Thomas, *Le sujet de droit* cit., pp. 87, 89 e 97.

questa categoria anche verso i lidi di un individualismo estremo, che costruirà il rapporto tra soggetto e diritto soggettivo come «attributo dell'uomo isolato»[13], ponendo così le premesse di una critica rivolta a una nozione di soggetto portatrice di astrattezza e isolamento. Ma proprio nella costruzione di Leibniz emerge la necessaria reciprocità tra un soggetto e gli altri, sì che si può dire che siamo di fronte a una «prima formulazione dell'intersoggettività giuridica»[14].

Questo richiamo serve anche per ricordare che la costruzione del soggetto di diritto con procedimenti astratti non implica necessariamente il suo isolamento, l'interruzione del rapporto di intersoggettività, poiché al diritto attribuisce anche la funzione di «accrescere la finalità altrui». Più propriamente, si deve sottolineare che il soggetto designa, insieme, l'individuo in sé e il fondamento universalistico che esso esprime.

Attraverso la costruzione del soggetto astratto, infatti, era stato possibile liberare formalmente la persona dalle servitù del ceto, del mestiere, della condizione economica, del sesso, che fondavano la società della gerarchia, della disuguaglianza. Muovendo da questo punto di vista, si è opportunamente sottolineato che «il soggetto di diritto è un'invenzione dello stesso codice dell'eguaglianza»[15]: quel nascere e rimanere liberi ed eguali, che apre la Dichiarazione dei diritti dell'uomo e del cittadino e che aveva accompagnato il costituzionalismo degli Stati Uniti. Non è la registrazione di un dato di natura, ma la trasposizione nell'ordine giuridico di un'altra idea dell'individuo. Proprio per questo motivo nella Francia della Terza Repubblica, la «République des instituteurs», si impose l'uso del grembiule nelle scuole, che copriva i segni della disuguaglianza immediatamente e visibilmente espressi dal modo di vestire. Il privilegio non scompariva, ma diveniva meno umiliante[16], lo spazio scolastico non manifestava subito le differenze sociali, così ostacolando

[13] M. Villey, *La formation de la pensée juridique moderne*, Presses Universitaires de France, Paris 2003, p. 243. Cfr. anche le analitiche considerazioni di Descombes, *Le complément du sujet* cit., pp. 418-420.

[14] Zarka, *L'autre voie* cit., pp. 7 e 30 (traduzione mia).

[15] E. Resta, *Poteri e diritti*, Giappichelli, Torino 1996, p. 91.

[16] È la vicenda analizzata, con specifico riferimento al diritto di proprietà, da A. de Tocqueville, *L'Ancien régime et la Révolution*, in Id., *Oeuvres complètes*, a cura di G. Lefebvre, Gallimard, Paris 1952, vol. II, p. 260, di cui esistono innumerevoli traduzioni italiane.

la spontaneità dei rapporti sociali e la stessa libertà della conoscenza. Diveniva, anzi, un luogo dove si tentava una pur provvisoria neutralizzazione di quelle differenze. È giusto, quindi, sottolineare che «l'idea del soggetto non contiene gli oscuri orizzonti di decadenza, di oblio e di dominio nei quali alcuni hanno voluto rinchiuderla»[17].

Si è giustamente ricordato, infatti, che

> la tematizzazione del soggetto non è un procedimento scontato e costante; è, al contrario, una procedura estremamente sensibile alle variabili storico-culturali, ma non per questo è presente soltanto in alcuni momenti della parabola della cittadinanza. Il discorso medievale non ignora il soggetto: semplicemente, lo coglie nella sua relazione congiuntiva con il corpo politico-sociale. Parlare della scoperta «moderna» (giusnaturalistica) del soggetto è una espressione accettabile solo per amore di brevità, ma diviene fuorviante se presa troppo sul serio: il giusnaturalismo non scopre *il* soggetto; scopre *un altro* soggetto, elabora uno schema originale, estraneo alla tradizione aristotelico-tomistica, per offrire immagini diverse dell'individuo e del suo rapporto con l'ordine[18].

Nella modernità, tuttavia, i procedimenti astratti, non solo nel caso del soggetto, avevano anche assunto il fine deliberato di realizzare una diversa neutralizzazione, che si risolveva nell'uso dei concetti e delle categorie giuridiche per l'occultamento dei conflitti, dunque della realtà[19]. Ma la sottolineatura, o la denuncia, di queste operazioni non possono giustificare una lettura in negativo di tutta una vicenda storica e concettuale, e tanto meno la rivalutazione (come pure è avvenuto) della struttura giuridica e sociale dell'Ancien régime, sicuramente espressiva di dati di realtà per nulla occultati, ma la cui presenza e prepotenza fondavano un ordine che negava libertà ed eguaglianza, producendo esclusione e impossibilità di uscire dalle gabbie degli status che definivano la condizione effettiva

[17] Zarka, *L'autre voie* cit., p. 30 (traduzione mia).

[18] P. Costa, *Civitas. Storia della cittadinanza in Europa*, vol. IV: *L'età dei totalitarismi*, Laterza, Roma-Bari 2002, p. 486.

[19] Di questo erano ben consapevoli grandi studiosi come F.K. von Savigny, *Sistema del diritto privato attuale*, trad. it. di V. Scialoja, Torino 1886, vol. I, p. 368, dove scriveva che il riconoscere la proprietà come l'«illimitato ed esclusivo dominio di una persona sopra una cosa [...] ha per effetto la possibilità della ricchezza e della povertà, entrambe senza limiti». Sul punto ulteriori rilievi nel mio *Il terribile diritto. Studi sulla proprietà privata*, 2ª ed., il Mulino, Bologna 1990, p. 140.

della persona. Il realismo del diritto, in quella fase, altro non era che la riproduzione e la sanzione della stratificazione sociale.

Vero è che, nel passaggio dalla figura astratta e unitaria del soggetto alla sua articolazione concreta nello stesso sistema giuridico, si coglieva subito uno scarto, una contraddizione. La realtà forzava la crosta formale, ed emergevano distinte figure soggettive che minavano l'unità e la comprensività della categoria. Per una lunga fase storica, il beneficiario della pienezza della soggettività è stato soltanto il borghese maschio, maggiorenne, alfabetizzato, proprietario. La soggettività delle donne era cancellata, con l'esclusione dalla sfera pubblica, con la ridotta capacità patrimoniale della donna maritata, con la mortificazione della sessualità. E la categoria degli atti di commercio, sottraendo la parte più significativa dell'attività economica al codice civile, scalfiva in parte la sua egemonia e rafforzava la figura del commerciante, rompendo così il riferimento esclusivo a un soggetto giuridico del quale si predicava l'indifferenza alle attività effettivamente esercitate. Si voglia in ciò ritrovare il riflesso di un «realismo» tipico del diritto commerciale o il segno di una lunga controversia intorno alla possibilità di collocare in un'unica sede norme civili e commerciali, certo è che il codice di commercio italiano del 1882, ad esempio, si presentò come lo strumento adatto ad accompagnare una fase di decollo economico, rafforzando le possibilità di iniziativa autonoma dei soggetti più attivi e dinamici[20]. Al tempo stesso, però, introduceva un elemento di disparità, se non proprio di diseguaglianza, dal momento che il comune cittadino era sottoposto a leggi diverse a seconda che avesse rapporti con commercianti piuttosto che con altri comuni cittadini, dando così vita a quella che fu giudicata «una legge di classe», che favoriva gli interessi di una categoria ristretta invece di quelli della collettività[21]. E che mostrava come l'astrattezza del soggetto cedesse di fronte alla logica dell'economia.

Altri itinerari possono apparire meno lineari. Così, nella Germania bismarckiana, mentre si portava a compimento una costruzione come quella del negozio giuridico, categoria formale e astratta che occulta-

[20] Si torni a quel che scriveva T. Ascarelli, *Natura e posizione del diritto commerciale*, in Id., *Studi di diritto comparato e in tema di interpretazione*, Giuffrè, Milano 1952, pp. 247-279.

[21] C. Vivante, *Trattato di diritto commerciale*, vol. I: *I commercianti*, Vallardi, Milano 1906, pp. 14-20.

va la realtà delle contrattazioni, la legislazione sociale dava evidenza massima alla realtà delle condizioni materiali. Ma la contraddizione si scioglie se si considera il comune intento politico di quelle operazioni, tutte volte al medesimo fine di neutralizzazione dei conflitti.

Queste dinamiche si sono poi diversamente evolute, non solo guadagnando progressivamente ai territori della soggettività i molti che ne erano stati esclusi (le donne, in primo luogo), ma proprio per questo ponendo pure il problema della compatibilità tra soggetto astratto e riconoscimento delle differenze. Se si muove dalla connessione storica tra soggetto astratto ed eguaglianza, il modello rappresentato dall'art. 3 della Costituzione italiana si presenta come particolarmente utile per affrontare la questione. Non abbandona il riferimento all'eguaglianza formale, affidata dal primo comma alla necessaria indifferenza del soggetto rispetto a una serie di dati che altrimenti lo qualificherebbero in forme discriminatorie. Ma, insieme, si permette che nel quadro dell'eguaglianza formale possa irrompere la realtà, rappresentata da quelli che nel secondo comma vengono definiti «ostacoli di fatto», dunque circostanze materiali che mettono alla prova l'adeguatezza dello schema formale rispetto al risultato, non soltanto sostanziale, che si vuole realizzare. La soggettività astratta si confronta e si misura sulla concretezza del reale. Da qui alla necessità di una legislazione diseguale in nome della realizzazione effettiva dell'eguaglianza il passo è obbligato.

Non è un espediente per salvare il soggetto astratto, né la chiusura di una parentesi della modernità. È il segno, insieme, della necessità di uno schema e della sua insufficienza. Il soggetto astratto mantiene una sua funzione, ma non è più in grado di comprendere nella loro interezza le realtà alle quali fa riferimento.

Si pone così la domanda di quale sia lo statuto epistemologico del soggetto, che è questione che va oltre il discorso giuridico e diviene tema della riflessione filosofica e sociologica, dell'etica e della psicoanalisi. Il soggetto non si presenta più come compatto, unificante, risolto. È, più che problema, enigma[22]. Si fa nomade[23]. Esprime una realtà frantumata e mobile. Non è approdo, ma processo.

[22] C. Castoriadis, *L'enigma del soggetto. L'immaginario e le istituzioni*, trad. it. di R. Currado, Dedalo, Bari 1998.

[23] R. Braidotti, *Soggetto nomade. Femminismo e crisi della modernità*, trad. it. di T. D'Agostini, a cura di A.M. Crispino, Donzelli, Roma 1995.

Non più aggancio unico e sicuro, il soggetto lascia il campo a una ricerca che non si limita al disvelamento della vera natura dei molti soggetti che prendono il posto dell'uno, ma deve cimentarsi con un passaggio, con la necessità di dare alle disperse membra della realtà un riferimento che sia, a un tempo, spiegazione e fondamento. Nel discorso giuridico, la registrazione di un dato deve essere accompagnata da una riflessione sul senso del passaggio nella nuova dimensione, dunque da una attività necessariamente ricostruttiva.

Si può pensare che la sostituzione di un riferimento all'altro non dovesse porre particolari problemi, perché nell'armamentario del giurista soggetto e persona già convivevano. Ma lo facevano proprio nel senso dell'astrazione. In un famoso corso francese di diritto civile dell'Ottocento, quello di Aubry e Rau, con un occhio evidentemente rivolto alla discussione allora viva sul «patrimonio del proletario», si scrive che «ogni persona ha necessariamente un patrimonio, anche se effettivamente non possiede alcun bene»[24]. Affermazione che potrebbe apparire insensata, se non si tenesse presente che l'argomentazione è tutta in termini di capacità giuridica, nella quale si manifesta appunto una idea del soggetto come puro centro di imputazione di diritti e doveri[25], che si traduce nella astratta potenzialità di ciascuno di essere nella condizione formale di accedere a qualsiasi bene, di agire pienamente nel mercato, quali che siano le sue condizioni materiali. Un'altra visibile operazione di neutralizzazione, che ingenuamente cercava di disinnescare i sempre più roventi conflitti sociali.

Per uscire dall'*impasse*, era necessario reinventare la persona[26].

[24] C.-M. Aubry e C.F. Rau, *Cours de droit civil français d'après la méthode de Zachariae*, 4ª ed., Paris 1873, vol. VI, p. 229 (e si veda la rilettura che ne fa P. Esmein, in Iid., *Droit civil français*, 9ª ed. a cura di P. Esmein, Librairies Techniques, Paris 1953, vol. IX, pp. 305 e sgg.; la prima edizione del *Cours* venne pubblicata a Strasburgo, presso Lager, tra il 1839 e il 1846). Sulla nozione di patrimonio nella teorizzazione di Aubry e Rau, da ultimo D. Hiez, *Étude critique de la notion de patrimoine en droit privé actuel*, Librairie générale de droit et jurisprudence, Paris 2003, pp. 18-45.

[25] La costruzione più rigorosa, in termini formali, si deve a A. Falzea, *Il soggetto nel sistema dei fenomeni giuridici*, Giuffrè, Milano 1939.

[26] Altri hanno parlato di «riscoperta» o di «ritorno», identificando la vicenda più recente con la questione bioetica, sicuramente rilevante, ma che non esaurisce

Se si getta uno sguardo sul sistema giuridico italiano, si può subito cogliere la difficoltà di portare a compimento questa operazione. Pure, il segno personalista era ben presente fin dal 1948, in norme particolarmente significative della Costituzione repubblicana. La persona compare subito, con il riferimento al libero sviluppo della personalità contenuto nell'art. 2, e immediatamente si coglie la distanza da ogni astrazione, per la rilevanza attribuita al legame sociale, alla realtà delle «formazioni sociali» all'interno delle quali la costruzione della personalità si realizza. Questa nuova dimensione viene ulteriormente messa in evidenza nel successivo art. 3, con una forte incrinatura, se non proprio una rottura, dello stesso schema dell'eguaglianza formale, poiché la dignità lì menzionata è, appunto, quella «sociale»[27]. E la rilevanza della persona, e l'obbligo di rispettarla, compaiono nel secondo comma dell'art. 32 dedicato al diritto alla salute, con una intuizione rivelatrice, che dà rilievo al rapporto tra persona e corpo. L'inviolabilità della dignità della persona si concretizza nell'inviolabilità del corpo.

Si dovrà attendere non poco perché questi segnali, tanto importanti, vengano colti, mettendo così in evidenza che, parlando di persona, la Costituzione non intende l'astratto individuo, ma la «persona sociale»[28]. A una iniziale disattenzione, per non dire alla ripulsa, dell'indicazione costituzionale concorrevano fattori politici e culturali. La vicinanza della vicenda costituente spingeva molti a identificare la rilevanza attribuita alla persona come una sorta di concessione fatta a una parte politica, quella cattolica, che si era fatta veicolo della cultura personalista. Veniva così alimentata una diffidenza che si giustificava con l'argomento del carattere contingente di quel riferimento, che la maturazione storica si sarebbe incaricata di ridimensionare[29]. Questa attitudine più propriamente politica,

i termini della questione. Sul punto le indicazioni, anche riferite alla complessiva riflessione storica sulla persona, di L. Palazzani, *Il concetto di persona tra bioetica e diritto*, Giappichelli, Torino 1996, pp. 16-25.

[27] G. Ferrara, *La pari dignità sociale (Appunti per una ricostruzione)*, in *Studi in onore di Giuseppe Chiarelli*, a cura di G. Zangari, Giuffrè, Milano 1974, vol. II, pp. 1089 e sgg.

[28] Si vedano le considerazioni di A. Baldassarre, *Diritti della persona e valori costituzionali*, Giappichelli, Torino 1997.

[29] Sulle posizioni e le discussioni all'Assemblea costituente P. Pombeni, *Indi-*

per non dire ideologica[30], diveniva sostegno, magari inconsapevole, di una cultura giuridica per la quale la categoria del soggetto appariva come un riferimento quasi naturale, ineliminabile. Non è certo un caso che la prima trattazione organica della posizione dell'individuo nel sistema costituzionale, quella di Paolo Barile, continui a essere intitolata appunto al soggetto[31]. Verranno da studiosi del diritto civile, e non tutti inclini all'antiformalismo, i riferimenti diretti alla persona, come negli scritti di Giorgio Giampiccolo[32] e Pietro Rescigno[33].

Si avvia così la transizione dall'individuo alla persona[34], dal soggetto di diritto al soggetto «di carne»[35], che consente di dare progressivamente rilievo al «destino di socializzazione» della persona e al «destino di natura» del suo organismo»[36]. Ma non siamo di fronte a una transizione ispirata sempre dalla medesima logica.

Per cogliere meglio il significato di questo passaggio, conviene ricordare che, nella tradizione del diritto positivo, dunque in primo luogo delle codificazioni civili, si colgono impostazioni e accenti diversi. Accanto alla sovrapposizione dei due termini, sì che soggetto e persona vengono intesi come sinonimi[37], si manifesta un diverso modo di

viduo/persona nella Costituzione italiana. Il contributo del dossettismo, in «Parolechiave», 10/11, 1996, pp. 197-218.

[30] Una singolare, e significativa, eccezione è rappresentata dalla posizione di Lelio Basso, fin dall'inizio attento al tema della persona proprio per recuperarne tutte le potenzialità costituzionali, in particolare la sua attitudine a dar rilevanza al legame sociale. Si veda *La persona umana negli interventi di Dossetti e Basso all'Assemblea costituente*, in «Parolechiave», 10/11, 1996, pp. 305-313.

[31] P. Barile, *Il soggetto privato nella Costituzione italiana*, Cedam, Padova 1953.

[32] G. Giampiccolo, *La tutela della persona umana e il cosiddetto diritto alla personalità*, in «Rivista trimestrale di diritto e procedura civile», 2, 1958, pp. 458-473.

[33] P. Rescigno, *Persona e comunità. Saggi di diritto privato*, il Mulino, Bologna 1966.

[34] M.C. Nussbaum, *Giustizia sociale e dignità umana. Da individui a persone*, trad. it. di E. Greblo, il Mulino, Bologna 2002.

[35] D. Salas, *Sujet de chair et sujet de droit: la justice face au transsexualisme*, Presses Universitaires de France, Paris 1994.

[36] H. Arendt, *Vita activa* [1958], trad. it. di S. Finzi, Bompiani, Milano 2004, cap I.

[37] «[...] ein Rechtssubjekt, oder was in der Rechtssprache gleichbedeutend ist eine Person»: così L. Enneccerus e H.C. Nipperdey, *Allgemeiner Teil des Bürgerlichen Rechts*, vol. I, 15ª ed., Mohr, Tübingen 1959, p. 477. «Les *personnes*, au sens juridique du terme, sont les êtres capables de jouir de droits; ce sont, d'une expression équivalente, les *sujets de droit*»: J. Carbonnier, *Droit civil*, vol. I: *Introduction à l'étude du droit et Droit civil*, 7ª ed., Presses Universitaires de France, Paris 1967, p. 163. L'identificazione tra soggetto e persona è corrente nella manualistica italiana,

guardare al problema, che muove dalla definizione della persona come «l'uomo considerato dal punto di vista del diritto»[38]. Semplificando assai, si potrebbe individuare una tradizione di matrice tedesca che fa prevalere una nozione astratta di soggetto e assegna quindi alla persona soprattutto la funzione di consentire una distinzione tra persona fisica e persona giuridica. Distinzione che sarà poi dissolta dal punto d'arrivo rappresentato dalla riflessione kelseniana che, dopo aver sottolineato che «la cosiddetta persona fisica non è [...] un uomo, bensì l'unità personificata delle norme giuridiche che attribuiscono doveri e diritti al medesimo uomo», conclude sottolineando che «la cosiddetta persona fisica è una persona giuridica», un puro centro d'imputazione di situazioni giuridiche[39]. Nella diversa tradizione francese emerge piuttosto la considerazione secondo la quale «bisogna basarsi sul *corpo umano* e sulla vita *umana* per riconoscere l'esistenza di una persona fisica», sì che «il corpo umano è il sostrato della persona»[40].

La prevalenza di una impostazione di carattere astratto ha comportato una riduzione del senso e della portata della nozione di persona, dunque «una spersonalizzazione del soggetto»[41]. Si può definire la fase attuale come quella in cui si assiste a una radicale inversione di tendenza, a una così forte «personalizzazione del soggetto» che ricaccia quest'ultimo sullo sfondo?

Due recenti e significative modifiche di grandi codificazioni civili, quella tedesca e quella francese, consentono di cogliere con nettezza le ispirazioni diverse, e al fondo divergenti, che possono guidare il passaggio dal soggetto alla persona. La prima sezione del Bgb (*Bürgerliches Gesetzbuch*), il codice civile riformato, riguardante appunto le persone, vede il Titolo I dedicato a «Persone fisiche, con-

anche se talvolta si mette in evidenza che «la dottrina ricorre al termine soggetto (anziché a quello di persona), là dove si occupa del fenomeno soggettività in termini di struttura, mentre alla persona riserva un significato più contenutistico»: P. Perlingieri e P. Stanzione, *Persone fisiche*, in P. Perlingieri, *Manuale di diritto civile*, Edizioni Scientifiche Italiane, Napoli 1997, p. 115.

38 G. Baudry-Lacantinerie e M. Houques-Fourcade, *Trattato teorico-pratico di diritto civile. Delle persone*, vol. I, trad. it. a cura di P. Bonfante, G. Pacchioni e A. Sraffa, Vallardi, Milano s.d., p. 271.

39 H. Kelsen, *La dottrina pura del diritto* [1960], trad. it. a cura di M.G. Losano, Einaudi, Torino 1966, p. 198.

40 Carbonnier, *Droit civil* cit., p. 167.

41 Così nella bella ricerca di P. Zatti, *Persona giuridica e soggettività*, Cedam, Padova 1975, pp. 100 e sgg.

sumatori e imprenditori». La modifica è rilevante e significativa, testimonianza visibile dell'irruzione della realtà in un testo che, precedentemente, rispecchiava la tradizione e si riferiva solo alle persone fisiche, tuttavia considerate nella loro astrattezza. Ma l'innovazione guarda unicamente all'*homo economicus*, sì che la forza rinnovatrice del nuovo modo di riferirsi alla persona non va nella direzione di coglierne la pienezza: opera piuttosto una sua riduzione alla sola dimensione della produzione e del consumo, dunque al mercato. Questo riduzionismo economico può rivelarsi anche più insidioso d'una versione puramente astratta della soggettività, dal momento che formalizza l'esistenza di una persona dimezzata.

Un riconoscimento esplicito e intenso della nuova consapevolezza giuridica e sociale, invece, si coglie nel nuovo art. 16 del Codice civile francese. Il riferimento della nuova disciplina, che viene dalle leggi sulla bioetica del 1994, è «il rispetto del corpo umano» e la formulazione complessiva dell'articolo è assai eloquente: «la legge assicura il primato della persona, vieta ogni attentato alla sua dignità e garantisce il rispetto dell'essere umano fin dall'inizio della vita». Questa linea è ulteriormente sviluppata nell'art. 16.1, dove al diritto al rispetto del proprio corpo e alla sua inviolabilità si accompagna il divieto di fare del corpo, delle sue parti e dei suoi prodotti «l'oggetto di un diritto patrimoniale». Qui emerge con nettezza non solo una distanza dall'impostazione tedesca, ma soprattutto il trascorrere in un altro ordine concettuale, dove la rilevanza riconosciuta alla persona pone immediatamente la questione capitale di che cosa possa legittimamente entrare a far parte del mercato e che cosa invece, proprio per coerenza con il nuovo modo di considerarla, debba necessariamente restarne fuori.

La persona diviene il tratto, anche formale, che consente di dare rilevanza alla materialità dei rapporti in cui ciascuno è collocato, ed alle relazioni sociali che lo caratterizzano. Al tempo stesso, però, la realtà di quei rapporti non è percepita unicamente nella dimensione dell'economico[42], com'era già avvenuto con la smagliatura rappresentata dall'autonomia assunta dalla figura del commerciante. Se

[42] È rivelatrice la riflessione di Bruno Trentin che proprio nell'attenzione quasi esclusiva ai profili economici, dunque alla sola politica redistributiva, ha visto il limite di una azione sindacale che avrebbe potuto essere più ricca e lungimirante se avesse assunto come riferimento la persona del lavoratore nella sua interezza (cfr. B. Trentin, *La città del lavoro. Sinistra e crisi del fordismo*, Feltrinelli, Milano 1997).

inevitabilmente il dato economico assume forte rilevanza nel momento in cui emerge la concretezza della condizione di ciascuno, esso non si fa misura della persona e della sua esistenza. Seguendo sempre la trama costituzionale, e non soltanto quella italiana, si coglie anzi una indicazione di segno opposto, con la persona e la sua inviolabile dignità che divengono la misura giuridica della legittimità dell'agire economico.

Questo processo, tuttavia, non porta alla sostituzione di una nuova figura unitaria, e in sé conclusa, al posto di quella precedente. Attraverso il riferimento alla persona penetrano nell'ordine giuridico, ed assumono autonoma rilevanza, figure soggettive diverse, espressive della condizione umana, e perciò cariche a loro modo di forza eversiva, nel senso che trasferiscono in una dimensione comunque formalizzata le articolazioni e le contraddizioni della realtà. La più forte di queste articolazioni della persona è quella del lavoratore, alla quale si attribuisce addirittura valore fondativo nell'art. 1 della Costituzione. A essa si accompagnano altri statuti differenziati, come quello del consumatore, o puntuali ricognizioni della «nuda vita». Con una mossa inattesa, ma espressiva di convinzioni che vanno al di là dello spirito del tempo, la Carta dei diritti fondamentali dell'Unione europea, agli artt. 24, 25 e 26, dà rilevanza all'essere bambino, anziano, portatore di handicap, rimuovendo dal procedimento giuridico di costruzione della persona l'indifferenza per la realtà delle condizioni materiali.

Si coglie così il punto di tensione tra eguaglianza e diversità, rispetto al quale proprio il riferimento alla persona si presenta come strumento, a un tempo, di riconoscimento e di risoluzione. Grazie al moltiplicarsi e al consolidarsi dei riferimenti normativi si conferma che siamo ormai di fronte a una vera «costituzionalizzazione della persona». E questa piena assunzione nell'ordine costituzionale si riverbera sui diversi modi in cui concretamente la persona si manifesta.

Si può dire che si passa dalla considerazione kelseniana del soggetto come «unità personificata di norme», dalla stessa persona fisica tutta risolta in «unità di doveri e diritti»[43], alla persona come via per il recupero integrale dell'individualità e per l'identificazione dei valori fondativi del sistema, dunque da una nozione che predicava indiffe-

[43] Kelsen, *La dottrina pura del diritto* cit., p. 198.

renza e neutralità a una che impone attenzione per il modo in cui il diritto entra nella vita, e si fa così tramite di un diverso insieme di criteri di riferimento. Il congedo dalla concezione astratta del soggetto porta con sé anche il dissolversi di una sua funzione, che un critico determinato come Hans Kelsen aveva colto nella garanzia per la proprietà.

«Non è difficile vedere la funzione ideologica di tutta questa contraddittoria concezione del soggetto giuridico come titolare del diritto soggettivo: essa serve a sostenere la concezione che il soggetto giuridico, titolare del diritto soggettivo (cioè della proprietà privata), è una categoria trascendente, contrapposta al diritto oggettivo, cioè positivo, umano e mutevole, un'istituzione in cui la determinazione del contenuto dell'ordinamento giuridico incontra un limite insuperabile [...]. Il pensiero di un soggetto giuridico, indipendente nella sua esistenza dal diritto soggettivo che non solo non è meno, ma addirittura è forse più 'diritto' del diritto oggettivo, deve proteggere l'istituto della proprietà privata da una abolizione da parte dell'ordinamento giuridico»[44]. Liberi dalla tirannia di un soggetto che risolveva la stessa garanzia della libertà nella tutela della proprietà, diviene possibile spingere lo sguardo su una realtà non più riferita esclusivamente all'ordine economico del mercato, di cui il diritto si fa strumento.

Tra libertà e dignità

Conviene, a questo punto, riprendere il filo dell'emergere della persona attraverso la sua «costituzionalizzazione». Si è già ricordato che questo è profilo già rintracciabile nel passato, e che di ciò la Costituzione italiana offre visibile testimonianza. Una testimonianza, però, che cogliamo meglio con gli occhi di oggi, non solo perché liberi da schemi culturali che ne precludevano la piena comprensione, ma soprattutto perché quel testo, di cui venne lodata la presbiopia[45],

[44] Ivi, p. 193. Discutendo del pensiero kelseniano, R. Orestano, *Diritti soggettivi e diritti senza soggetto* [1960], in Id., *Azione* cit., p. 160, osserva che Kelsen, «se può sembrare uno dei più profondi elaboratori del diritto soggettivo, in realtà è fra i giuristi contemporanei uno di quelli che si è proposto di inferirgli i colpi più gravi».

[45] «La Costituzione deve essere presbite, deve vedere lontano, non essere miope»: così P. Calamandrei, *Intervento* (4 marzo 1947), in *Assemblea costituente. Atti. Discussioni*, Camera dei deputati, Roma 1947, pp. 1473-1455 (ora anche in *Scritti e discorsi politici*, vol. II: *Discorsi parlamentari e politica costituzionale*, a cura di N. Bobbio, La Nuova Italia, Firenze 1966, p. 40).

ha rivelato nel tempo la capacità di comprendere vecchi e nuovi dati di realtà. Nella Costituzione non compare il termine «soggetto», mentre alla «persona» ci si riferisce in articoli assai significativi (artt. 3, 32, 111, 119), oltre ai riferimenti alla personalità (art. 2), alla qualificazione della libertà «personale» (art. 13), della prestazione «personale» (art. 23), della responsabilità penale «personale» (art. 27). In questa ricognizione merita una sottolineatura il fatto che il quinto comma del nuovo art. 119, quale risulta dalla riforma costituzionale del 2001, rinnova l'attenzione per la persona e i suoi diritti, di cui deve essere favorito «l'effettivo esercizio».

Nella ricostruzione complessiva del sistema costituzionale, andando oltre la registrazione dei dati formali, la rilevanza attribuita alla persona esige anche una considerazione del rapporto istituito con il principio di dignità, quale risulta in particolare dagli artt. 3, 32, 36 e 41. Oggi è possibile una lettura dei due commi dell'art. 3 che, consegnata all'origine soprattutto alla dialettica tra eguaglianza formale e sostanziale, rivela anche uno svolgimento e una integrazione che possono essere colti proprio considerando il tema della persona.

Così ragionando, non si vuole depotenziare la forza politica di uno schema al quale veniva consegnata non tanto una «rivoluzione promessa», quanto piuttosto la convinzione del legislatore costituente che si aveva a che fare con due modelli di società, uno dei quali presentato come ostacolo da rimuovere, sì che per tale impresa il secondo comma indicava il «criterio ordinante della trasformazione sociale»[46]. In sostanza, l'art. 3 nasce considerando «due modelli contrapposti di struttura socio-economica e socio-istituzionale»[47], «l'uno per rifiutarlo, l'altro per instaurarlo»[48].

Questa tensione introdotta nel sistema politico-istituzionale permane. E tuttavia non si esaurisce qui la portata dell'art. 3 nel suo complesso. Si è notato prima che una incrinatura, per non dire una vera e propria rottura, compare già nel primo comma, dove la dignità è qualificata come «sociale». E tale qualificazione non può essere

[46] U. Romagnoli, *Art. 3, secondo comma*, in G. Branca (a cura di), *Commentario della Costituzione. Principi fondamentali*, Zanichelli-Foro italiano, Bologna-Roma 1975, p. 178.

[47] Ivi, p. 162.

[48] Così A. Predieri, *Significato della norma costituzionale sulla tutela del paesaggio*, in *Studi per il ventesimo anniversario dell'Assemblea Costituente*, vol. II, Vallecchi, Firenze 1969, p. 399.

interpretata in maniera riduttiva, quasi che si trattasse di dar rilievo solo alle condizioni materiali dell'esistenza, mentre siamo invece di fronte a una modalità essenziale della collocazione della persona all'interno del complessivo sistema di relazioni in cui si trova a operare, dunque della sua stessa qualificazione giuridica.

Si può ben dire, dunque, che questa formulazione può esser letta come tramite verso la più marcata presa di posizione contenuta nel secondo comma, di cui non si attenua l'esplicita indicazione per un obbligo istituzionale di ininterrotta opera di trasformazione. Al contrario, la stessa ricostruzione dell'eguaglianza formale non può essere condotta nell'indifferenza per le situazioni effettive, per il sistema di relazioni in cui si trovano i soggetti dell'eguaglianza.

Il rapporto tra i due commi dell'art. 3 si arricchisce in una direzione che, da una parte, conferma rilevanza e limiti dell'eguaglianza formale per la costituzione del soggetto; e, dall'altra, fa emergere le condizioni materiali dell'esistenza delle persone concrete. Le modalità di una transizione dal soggetto alla persona trovano qui una definizione puntuale, quando si attribuisce alla Repubblica il compito di «rimuovere gli ostacoli di ordine economico e sociale, che, limitando di fatto la libertà e l'eguaglianza dei cittadini, impediscono il pieno sviluppo della persona umana».

In ciò è visibile il collegamento con quanto prevede l'art. 2. Le costituzioni della seconda metà del Novecento hanno cominciato a parlare di un diritto alla libera costruzione della personalità[49]. Lo dice con nettezza l'art. 2.1 della Legge fondamentale tedesca, il *Grundgesetz*, affermando che «ognuno ha diritto al libero sviluppo della propria personalità, purché non violi i diritti degli altri e non trasgredisca l'ordinamento costituzionale e la legge morale». Meno diretta, ma per molti versi più significativa, è la linea indicata dall'art. 2 della Costituzione italiana: «la Repubblica riconosce e garantisce i diritti inviolabili dell'uomo, sia come singolo sia nelle formazioni sociali ove si svolge la sua personalità, e richiede l'adempimento dei doveri inderogabili di solidarietà politica, economica e sociale».

Il clima culturale e lo spazio giuridico definiti da questi due testi sono assai diversi. Nella norma tedesca si può scorgere un isolamento,

[49] Sulla dimensione psicologica del problema F. Perussia, *Storia del soggetto. La formazione mimetica della persona*, Bollati Boringhieri, Torino 2000.

in quella italiana un prepotente legame sociale, quell'idea di «connessione» poi espressa con particolare forza dal pensiero delle donne. La «non violazione» di cui parla il *Grundgesetz* sembra costruire il diritto al libero sviluppo della personalità anche come una distanza dagli altri. L'art. 2 della Costituzione italiana parla di un dialogo tra consociati, di un individuo sociale nel quale l'alternativa e la separazione tra diritti e doveri sono superate dal (e inglobate nel) legame tra diritti inviolabili e principio di solidarietà: la Repubblica «riconosce e garantisce i diritti» e, insieme, «richiede l'adempimento dei doveri inderogabili di solidarietà». Il kantismo del riferimento alla legge morale è risolto in una tessitura più analitica dei poteri e delle responsabilità di ciascuno. Si può concludere, allora, che emerge con nettezza il nesso individualità/relazionalità. La riflessione antropologica ci aiuta a mettere a fuoco questo punto. «È qui che si decide se la persona è una realtà *individuale*, inscindibile (come da 'noi' si ritiene che sia) oppure se, invece, è una realtà composita, '*dividuale*', fatta per esempio con le relazioni di cui la persona è composta»[50].

Una conferma ulteriore della rilevanza attribuita dalla Costituzione ai dati di realtà nella considerazione della persona, e della rete di relazioni in cui essa è collocata, può essere colta nell'art. 36, dove si afferma il diritto del lavoratore «ad una retribuzione proporzionata alla quantità e qualità del suo lavoro e in ogni caso sufficiente ad assicurare a sé e alla famiglia un'esistenza libera e dignitosa». La portata generale di questa previsione, soprattutto dopo che è stata respinta una sua interpretazione riduttiva che voleva limitare la portata della norma alla sola garanzia della sopravvivenza biologica, è assai significativa, e si dirama al di là dello specifico ambito di quell'articolo proprio perché il lavoro è indicato dall'art. 1 come fondamento della Repubblica, dunque come elemento costitutivo della relazione sociale.

La Costituzione non si ferma al dato materiale, non si accontenta di attribuire rilievo a qualsiasi forma di esistenza, bensì a quella che dà pienezza alla libertà ed alla dignità. Siamo di fronte a un intreccio complesso, a un gioco di rinvii che non solo vieta di astrarsi dalle condizioni materiali, ma stabilisce una relazione necessaria tra esistenza,

[50] F. Remotti, *Noi primitivi. Lo specchio dell'antropologia*, nuova ed., Bollati Boringhieri, Torino 2009, p. 333.

libertà, dignità (che si vuole non solo individuale, ma «sociale»), sviluppo della personalità (in una dimensione segnata dall'eguaglianza). Seguendo questa traccia, la vita non è più «nuda», trova nello stesso lessico giuridico le parole che possono aiutare a coglierne il senso, anche se proprio l'organizzazione del lavoro torna a proporre una aggressività che fa divenire l'uomo «flessibile»[51] e «precario»[52].

Al tempo stesso, l'art. 36 fornisce una indicazione preziosa per affrontare la questione del rapporto tra libertà e dignità, viste talora in opposizione insanabile, con la prima portatrice del valore dell'autonomia della persona, mentre la dignità sarebbe un veicolo di imposizione autoritaria di valori limitativi di quell'autonomia. Come si vedrà meglio più avanti, proprio l'esplicita associazione con la libertà della persona fa sì che la dignità sfugga al rischio di una sua riduzione a strumento di imposizione autoritaria[53].

Lungo questo cammino s'incontra l'art. 32, dove il tema della costituzionalizzazione della persona si manifesta con particolare intensità. Dopo aver considerato la salute come diritto *fondamentale* dell'individuo, si prevede che i trattamenti obbligatori possano essere previsti soltanto dalla legge, e tuttavia «in nessun caso» possono violare il limite imposto dal «rispetto della persona umana». Il limite radicale imposto all'intervento del legislatore si traduce in una rinnovata dichiarazione di *habeas corpus* e apre la via a una più intensa considerazione dell'autodeterminazione della persona, che assume così i tratti del diritto fondamentale[54].

Questo processo di costituzionalizzazione trova una conferma eloquente nella Carta dei diritti fondamentali dell'Unione europea. Si è già più volte ricordato che il suo Preambolo afferma che l'Unione «pone la persona al centro della sua azione», che il principio di dignità è collocato all'inizio del testo e che viene data piena rilevanza a condizioni particolari dell'esistenza, come quelle di bambini, anziani, disabili. Ma è la nuova costruzione del corpo a dare particolare evidenza al modo in cui la persona entra nella dimensione del diritto,

[51] R. Sennett, *L'uomo flessibile. Le conseguenze del nuovo capitalismo sulla vita personale*, trad. it. di M. Tavosanis/ShaKe, Feltrinelli, Milano 1999.

[52] J. Arriola e L. Vasapollo, *L'uomo precario. Nel disordine globale*, Jaca Book, Milano 2005.

[53] Cfr. *infra*, pp. 239-240.

[54] Per una ricostruzione più analitica cfr. *infra*, il capitolo «Autodeterminazione».

con l'affermazione congiunta del principio del consenso e del rispetto dell'integrità della persona.

Il riconoscimento della rilevanza della persona, tuttavia, sarebbe incompleto se si limitasse a ribadire, e a collocare nel contesto determinato dall'innovazione scientifica e tecnologica, l'inscindibilità tra corpo e mente, trascurando la dimensione del «corpo elettronico». Se è certamente riduttivo, e pericoloso, affermare che «noi siamo i nostri dati», è pur vero che la nostra vita sta ormai diventando uno scambio continuo di informazioni, che viviamo in un flusso ininterrotto di dati, sì che costruzione, identità, riconoscimento della persona dipendono in maniera sempre più inestricabile dal modo in cui viene considerato l'insieme dei dati che la riguardano. Ma qui non vi è astrazione dal reale, attrazione nella pura virtualità. Nella dinamica delle relazioni sociali, e pure nella percezione di sé, la vera realtà è quella definita dall'insieme delle informazioni che ci riguardano, organizzate elettronicamente. Questo è il corpo che ci colloca nel mondo.

L'evoluzione è ben visibile proprio nella Carta dei diritti fondamentali, dove si opera una distinzione tra il tradizionale diritto «al rispetto della propria vita privata e familiare» (art. 7) e il «diritto alla protezione dei dati personali» (art. 8), che si configura così come un diritto fondamentale nuovo ed autonomo. Il problema non è più solo quello di una persona che vuol tutelare da interferenze esterne una sfera privata chiusa. Diventa quello di non affidare unicamente la costruzione della nostra persona ad altri, che organizzano i nostri dati secondo i loro fini, espropriandoci del diritto di mantenere il controllo su questo nuovo corpo. Il riconoscimento della protezione dei dati come diritto fondamentale realizza proprio l'obiettivo di mantenere il rapporto tra la persona ed il suo corpo, non più racchiuso nei confini della fisicità e nel segreto della psiche, ma davvero sconfinato, affidato alle infinite banche dati che dicono al mondo chi siamo. Il fatto che altri legittimamente possieda una quota maggiore o minore di nostri dati non gli attribuisce il potere di disporne liberamente. La sovranità sul corpo si concreta nel diritto di accedere ai propri dati ovunque si trovino, di esigere un loro trattamento conforme ad alcuni principi (necessità, finalità, pertinenza, proporzionalità), di poterne ottenere la rettifica, la cancellazione, l'integrazione. Il corpo elettronico e la sua gestione rimangono nella sfera giuridica della persona. Peraltro, proprio il riferimento alla persona fa venire meno alcuni vincoli legislativi, quando i dati trattati lo siano «per fini esclusivamente *persona-*

li» (art. 5.3, Codice in materia di protezione dei dati personali, decreto legislativo 30 giugno 2003, n. 196) o quando talune violazioni della proprietà intellettuale vengano compiute «da un utilizzatore privato per fini *personali* e non di lucro» (art. 2.b, «Posizione del Parlamento europeo sulla Direttiva 2007 relativa alle misure penali finalizzate ad assicurare il rispetto dei diritti di proprietà intellettuale»).

La costituzionalizzazione della persona si compie così anche attraverso la rilevanza attribuita a un corpo di cui viene ricostruita l'unità proprio perché la persona possa essere garantita nella sua pienezza. Non siamo soltanto di fronte a una semplice regola di convivenza tra tre dimensioni – fisica, psichica, elettronica. Si individua un sostrato che reagisce sulla costruzione stessa della nozione di persona.

L'uomo non è più disincarnato, bensì ricondotto alle molteplici valenze che gli attribuisce l'essere in società, a cominciare da quella fisica. Viene così confermato che la persona rinvia a un sistema di relazioni, e forse il miglior chiarimento su questo punto lo troviamo in una pagina di Jung, dove si osserva che «la Persona è intesa come necessaria mediazione tra l'esistenza individuale e quella collettiva [...]. La Persona rappresenta per l'individuo il duplice compito di separazione dalle immagini collettive e, contemporaneamente, l'accresciuta capacità di saperle gestire e controllare»[55]. Entriamo così decisamente nel tema dell'autonomia e della responsabilità, che porta con sé anche gli interrogativi su ciò che è indisponibile e indecidibile da parte dello stesso interessato. Ricostruita nella sua unità, e ritrovata la sua complessità, la persona incontra i suoi confini, i limiti stessi della sua libertà d'azione.

La sovranità sul corpo

Quella appena descritta non è vicenda tutta interna alla cultura giuridica. Non si spiegherebbe, altrimenti, il fatto che i materiali costituzionali, già tutti presenti nel nostro sistema fin dall'inizio del 1948, solo in tempi relativamente recenti si siano composti in un disegno che dà a essi senso e forza nuovi, che attribuisce loro capacità dissolvente di antiche categorie. Non era soltanto lo sguardo corto

[55] Si veda L. Pavone, *Appunti sul concetto di persona nella psicologia analitica di Jung*, in «Parolechiave», 10/11, 1996, pp. 109-115.

dei giuristi ad aver precluso in passato letture che ritrovassero nella Costituzione una prospettazione più comprensiva e ricca del tema del soggetto e della persona. Era diversa la realtà, erano diverse le culture sulle quali il senso delle norme costituzionali doveva essere misurato. Lo sprigionarsi di tutte le loro potenzialità attendeva un'altra maturità dei tempi.

Sono tre le fratture che hanno progressivamente mutato il contesto, e si sono manifestate sul terreno del Welfare State, della scienza e della tecnologia, del pensiero delle donne. Il soggetto astratto ha trovato un potente sostegno nel welfare universalistico, poiché l'erogazione di una serie di prestazioni prescindeva da situazioni particolari nelle quali poteva trovarsi il singolo cittadino. L'erogazione era generalizzata. Nel momento in cui, per effetto della «crisi fiscale» dello Stato, si passa a un welfare selettivo e si va verso una sempre più marcata individualizzazione delle prestazioni, è proprio la materialità delle condizioni a divenire il criterio di legittimazione per accedere a esse.

L'unità del cittadino del welfare è spezzata, al suo posto compare una classificazione che fa leva, con una forte enfasi sociale, sulla diversità determinata dalle «debolezze» del soggetto. Al posto del welfare inclusivo compare la diversa finalità di porre un argine all'esclusione. Ma così l'astrattezza del soggetto si dissolve nella concretezza dei bisogni di una persona «situata», impregnata dalle difficoltà dell'esistenza, soggettivamente impotente di fronte agli ostacoli che l'organizzazione sociale le mette di fronte. Peraltro, neppure la riduzione, o addirittura la scomparsa, del welfare fa venir meno la necessità di guardare con occhio universalistico alla condizione delle persone. È questo il significato che assume oggi l'art. 3 della Costituzione, e in particolare il suo innovativo e tormentato secondo comma, dove l'universalismo viene sganciato dall'astrattezza e compare appunto una condizione generale, incarnata da tutti coloro ai quali può essere riferito il compito della Repubblica di rimuovere gli ostacoli che impediscono il pieno sviluppo della *persona umana*.

La formula del linguaggio costituzionale merita d'essere sottolineata una volta di più, poiché il riferimento alla «persona umana» si presenta come un vincolo doppiamente rilevante. Come fine per l'intera azione pubblica, che deve assicurarne lo sviluppo. Come limite invalicabile per l'azione legislativa, che «in nessun caso» può far venire meno il rispetto che le è dovuto (così l'art. 32).

Questo principio viene poi tradotto in indicazioni specifiche. Compaiono così gli «indigenti», ai quali devono essere garantite cure gratuite (art. 32); «i capaci e meritevoli» che, pur privi di mezzi, «hanno diritto di raggiungere i gradi più alti degli studi» (art. 34); la madre e il bambino, ai quali deve essere assicurata «adeguata protezione» (art. 37). Le sfaccettature dell'esistenza attribuiscono rilevanza a condizioni particolari, tutte però riconducibili alla comune finalità di riconoscere la persona nella sua pienezza, al di là di un elemento differenziale che non può trasformarsi in menomazione della stessa cittadinanza eguale (è la logica che ispira le norme, già ricordate, della Carta dei diritti fondamentali dell'Unione europea sui diritti di bambini, anziani, disabili). Sotto la spinta di una materialità delle condizioni che neppure la più radicale crisi o rifiuto del welfare può ormai tenere fuori dell'orizzonte del diritto, viene così operata una riconcettualizzazione della universalità, che porta alla costruzione di categorie generali, ma non più astratte.

Il punto di vista adottato nella Carta dei diritti, tuttavia, non deve essere confuso con le posizioni di chi dalle differenziazioni dei corpi ha tratto argomento per l'attribuzione di diritti di intensità decrescente, ad esempio negando l'accesso a determinate cure a chi abbia superato una certa età. Al contrario, l'esplicita considerazione nella Carta di diverse «condizioni personali» è volta proprio a impedire letture castali della società, con una impostazione che si ritrova già nel divieto imposto dall'art. 3 della Costituzione di discriminare le persone con riferimento, appunto, alle loro specifiche condizioni. Da ciò la costituzionalizzazione della persona risulta ulteriormente rafforzata.

Le innovazioni scientifiche e tecnologiche producono una ulteriore, e ancor più visibile, frattura. La possibilità di risolvere il soggetto nell'astrazione della capacità giuridica trovava un risolutivo sostegno esterno nel fatto che essenziali e diversificate vicende della vita avevano la loro regola nella natura. Privo di potere su di esse, il soggetto non poteva essere qualificato assumendole come riferimento. Quando, però, nascere, vivere e morire diventano oggetto di scelte possibili, e non vicende affidate solo al caso o al destino; quando lo stesso corpo si scompone nella molteplicità delle sue parti: allora la protezione naturale viene meno, e la tradizionale costruzione del soggetto deve fare i conti con una realtà profondamente mutata. L'invasione dell'artificialità scientifica e tecnologica mette radicalmente in discussione l'artificialità giuridica del soggetto. Ma, di nuovo, la rilevanza attribuita alla persona in quanto tale non produce, nella dimensione giuridica, dissoluzione d'ogni riferimento generale, ma uno spostamento dell'attenzione su categorie costruite su dati espressivi della nuova realtà, come il consenso informato, l'integrità della persona, l'irriducibilità al mercato.

Più radicale ancora, nelle sue affermazioni, è la frattura determinata dal pensiero femminista. Il rifiuto del soggetto astratto è totale. In esso si individua uno strumento volto sostanzialmente a cancellare la differenza di genere, dunque al totale occultamento della realtà vera del mondo. La persona viene immersa nel flusso delle relazioni, dove può ritrovare la sua pienezza e una garanzia affidata non soltanto alla «grammatica dei diritti». Spinta verso frontiere estreme, questa benefica messa in dubbio della stessa attitudine del diritto di regolare l'esistenza nel suo insieme ha rischiato, tuttavia, di trascinare la critica al soggetto astratto verso un antistorico recupero di situazioni anteriori alla formalizzazione del soggetto moderno, come possono essere quelle tipiche dell'Ancien régime. Ma l'attitudine di quel sistema giuridico di dare evidenza alle concrete modalità dell'esistenza esige una valutazione delle sue reali caratteristiche, che erano poi quelle di una organizzazione sociale che nelle apparenze si presentava preoccupata delle relazioni tra le persone, intessuta com'era di doveri verso superiori e sottoposti, ma che nella sostanza era gerarchica e costrittiva nella gabbia degli *status*, e al centro della quale si poneva una proprietà privata costituita in magistratura familiare e sociale.

Libera da queste forzature, la critica all'astrazione in nome di una diversa descrizione del mondo fa emergere la peculiarità del corpo femminile e, in questo modo, impone di dare rilevanza al corpo in sé considerato; trasferisce sul terreno delle relazioni quel che prima era chiuso nella considerazione del soggetto come entità separata; individua così anche un limite dello stesso diritto, che non può piegare alla sua logica ogni aspetto dell'esistenza[56]. Arricchisce gli strumenti per guardare alla persona nella sua complessità, e può consentire una riflessione più matura sullo stesso ruolo del soggetto astratto.

All'origine di questa complessa vicenda di ricostruzione della persona su nuovi fondamenti si colloca, come passaggio decisivo, la

[56] Su questo punto, in maniera più articolata, il mio *La vita e le regole. Tra diritto e non diritto*, 2ª ed. ampliata, Feltrinelli, Milano 2012.

Carta di Norimberga del 1946, che si apre con le parole «il consenso volontario del soggetto umano è assolutamente necessario». Siamo di fronte a un capovolgimento radicale, all'abbandono della storica subordinazione della persona al potere medico, delegittimato nella sua autonomia dall'uso che di esso avevano fatto i medici nazisti[57]. Attraverso il consenso informato la persona viene investita della sovranità sul proprio corpo[58], con un processo che si ritrova nel modo in cui viene strutturata la relazione tra la persona e chi tratta i suoi dati, anch'essa radicalmente modificata con l'attribuzione direttamente a essa del potere di governo delle proprie informazioni.

Considerando l'insieme di queste relazioni, si colgono le dinamiche che hanno reso possibile questo difficile passaggio:

– dal soggetto come mero centro di imputazione di situazioni giuridiche alla persona come via per il recupero integrale dell'individualità e per l'identificazione di valori fondativi del sistema;

– da una nozione che predicava indifferenza, più che neutralità, a una che si fa tramite dei dati di realtà;

– da un concetto fissato una volta per tutte a una struttura giuridica che accompagna lo sviluppo della personalità;

– da una situazione di separazione a una di condivisione;

– da una fondazione metafisica a una realistica.

Tra eguaglianza e diversità

L'osservazione del mondo ci restituisce così non un soggetto disarticolato, bensì riconoscibile attraverso il modo in cui la persona concretamente si atteggia e viene *considerata*. Quest'ultimo riferimento è essenziale. Il fatto che il soggetto astratto non venga più riconosciuto come l'unico protagonista della vicenda giuridica non ha come conseguenza che il diritto si ponga di fronte al modo in cui la realtà penetra e struttura la persona con una attitudine *à la* Duchamp, quasi che si

[57] Più dettagliate informazioni in R. De Franco, *Dall'olocausto medico nazista all'etica della sperimentazione contemporanea*, Franco Angeli, Milano 2001; e P. Weidling, *Health, Race and German Politics between National Unification and Nazism*, in «Bulletin of Medical History», 2, 1991, pp. 273-304.

[58] P. Zatti, *Il corpo e la nebulosa dell'appartenenza*, in «La nuova giurisprudenza civile commentata», I, 2007, pp. 1-18.

trattasse di trasferire nella dimensione giuridica, senza mediazioni, una sorta di *ready-made*, un dato già definitivamente strutturato all'esterno.

Assistiamo piuttosto, come già si è segnalato, a forme diverse di concettualizzazione e di costruzione delle categorie, che va oltre lo stesso gioco delle rappresentazioni simboliche che pure accompagnava gli oggetti di Marcel Duchamp. Siamo di fronte a un ripensamento del rapporto tra astrazione, generalità, universalità, peraltro in un contesto ormai profondamente segnato dall'ineliminabile tensione tra eguaglianza e diversità, tra una artificialità necessaria e una realtà incancellabile. Perciò non v'è una misura unica, ma il convivere d'una misura oggettiva, che fa riemergere la generalità della regola, e una misura soggettiva che ne consente la concretizzazione. Un processo, quest'ultimo, in cui è l'interessato a prendere la parola, esercitando libertà e responsabilità. Ma questo modo di restituire un volto a una identità sfigurata non assomiglia al gioco che si trova nei parchi di divertimento, dove una inerte sagoma senza faccia consente a ciascuno di porre il proprio viso in quel vuoto, farsi fotografare e così dare a sé e al simbolo una soggettività solo apparentemente diversa. È, invece, uno scambio continuo, che può far sì che il dispositivo della persona rimanga nel pieno controllo di ciascun interessato.

La considerazione giuridica della persona passa attraverso l'attribuzione di alcune qualità, come dignità e umanità, dichiarate inviolabili o assistite da un vincolo che ne impone l'assoluto rispetto; attraverso un emergere della materialità dell'esistenza, che tuttavia non ha nulla del fondamento puramente naturalistico, ma comprende le nuove artificialità che accompagnano o addirittura strutturano il corpo; attraverso diverse conformazioni di istituti giuridici tradizionali. Così, ad esempio, la disciplina della violenza sessuale, dove l'influenza del pensiero femminista è evidente, non è più collocata nel titolo che il codice penale dedica ai «delitti contro la moralità pubblica e il buon costume», bensì tra i delitti contro la persona. E il sistema della responsabilità civile è uscito dalla prigione patrimonialistica, ha allargato i suoi orizzonti grazie al principio costituzionale di solidarietà[59], è approdato al «dan-

[59] Rinvio a quanto scrivevo in *Il problema della responsabilità civile*, Giuffrè, Milano 1967, in particolare pp. 89 e sgg., riprendendo una analisi del principio di solidarietà già sviluppata nel 1960 in materia di proprietà (ora ne *Il terribile diritto. Studi sulla proprietà privata* cit., pp. 190 e sgg.).

no alla persona» come categoria generale, specificandosi ulteriormente come danno «biologico» o alla «vita di relazione»[60], assumendo la funzione di strumento generale di tutela della salute.

La progressiva marcia verso il centro del sistema giuridico del diritto alla salute può essere considerata come il segno forse più evidente di un diverso modo di guardare alla persona. Questo non è avvenuto mostrando solo l'insostenibilità delle tesi di chi contestava l'appartenenza del diritto alla salute, al pari degli altri diritti sociali, alla categoria dei diritti fondamentali. Sono state compiute tre operazioni, tutte significative. La ricostruzione dell'unità della persona intorno alla sua identità fisica e psichica (che ha il suo più recente punto d'approdo nell'art. 3 della Carta dei diritti fondamentali dell'Unione europea, già ricordato). La considerazione della salute non più come assenza di malattia, ma come «stato di completo benessere fisico, psichico e sociale», secondo la definizione dell'Organizzazione mondiale della sanità, accolta nel nostro e in altri sistemi: ciò implica il passaggio da una condizione *eccezionale* a una di *normalità* nella vita della persona. L'esclusione della discrezionalità del legislatore nel determinare discipline differenziate per il risarcimento del danno qualora «vengano in considerazione situazioni soggettive costituzionalmente garantite, quale è il diritto alla salute di cui al primo comma dell'art. 32 della Costituzione»[61]. Siamo così di fronte a un «interesse positivo ad una protezione attiva dell'intera vita psico-fisica dell'uomo», più che a un «mero interesse negativo all'intangibilità della semplice integrità fisica»[62]. Una operazione, questa, resa possibile proprio dall'abbandono del puro dato della fisicità, residuale in un contesto connotato dall'astrattezza del soggetto, a vantaggio di un concetto di persona comprensivo di ogni sua componente.

Ma fin dove può, o deve spingersi, una nozione di persona così ricostruita? La domanda si pone con intensità e intenzioni particolari a proposito dell'embrione, quasi che proprio la novità del riferimento alla persona renda ormai ineludibile il problema. La verità,

[60] P.G. Monateri, *La responsabilità civile*, Utet, Torino 1998, pp. 474 e sgg.; G. Alpa, *La responsabilità civile*, Giuffrè, Milano 1999, pp. 357 e sgg.

[61] Corte costituzionale, 1991, n. 356.

[62] M. Luciani, *sub voce* «Salute», *Enciclopedia giuridica*, vol. XXVII, Istituto dell'Enciclopedia italiana, Roma 1991.

al contrario, è che proprio l'astrattezza del soggetto consentiva di costruire come centro di imputazione di situazioni giuridiche qualsiasi entità alla quale il diritto riconosceva questa attitudine. Infatti, il concepito, ed anche il non concepito, sono presi in considerazione dal codice civile (artt. 1 e 462). Questa previsione non è generalizzabile, perché risponde unicamente alla logica della trasmissione del patrimonio, a una capacità a succedere che rimane subordinata all'evento della nascita, escludendo proprio la parificazione del concepito (embrione, feto) alla persona. E tuttavia contiene una indicazione utile, nel senso che mostra come sia possibile soddisfare specifiche esigenze, legate alla irriducibilità dell'embrione a un semplice ammasso di cellule, attribuendo a esso uno statuto giuridico che non deve necessariamente coincidere con quello generale della persona.

Neppure la discutibilissima innovazione introdotta dalla legge sulla procreazione medicalmente assistita (legge 19 febbraio 2004, n. 40) può essere considerata un ostacolo insormontabile in questa direzione, anche se si è proposta proprio una parificazione del concepito agli altri soggetti considerati. Nell'art. 1, infatti, si afferma che la legge «assicura i diritti di tutti i soggetti coinvolti, compreso il concepito». Ma questa affermazione, una volta spogliata della sua pesante carica ideologica, apre il problema di quali siano i diritti concretamente riconoscibili al concepito. Essendo evidentemente impossibile riferire a quest'ultimo l'insieme delle situazioni giuridicamente rilevanti che riguardano le persone già nate, risulta confermata la legittimità, anzi la necessità, di giungere a uno statuto differenziato.

Questo modo di affrontare lo specifico problema della soggettività dell'embrione, ad ogni modo, nulla ha a che fare con l'uso del riferimento alla persona come dispositivo di esclusione, adottando una logica analoga a quella alla quale ricorrono, ad esempio, Peter Singer o Tristram Engelhardt per tracciare il confine tra persone e non persone[63]. Infatti, mentre questa distinzione intende ridurre l'area di riconoscimento della persona, appunto in una logica di esclusione di ciò che già era incluso, nel caso dell'embrione si tratta di esplorare la possibilità di andare oltre i confini tracciati.

[63] R. Esposito, *Terza persona. Politica della vita e filosofia dell'impersonale*, Einaudi, Torino 2007.

L'esperienza storica, peraltro, ha mostrato che anche il riferimento al soggetto si è fortemente connotato come dispositivo di esclusione. L'astratta capacità giuridica, formalmente unificante ed egualitaria, si è rivelata inadeguata come strumento effettivo di tutela di fronte alle nuove e terribili pretese di regimi che discriminavano e s'impadronivano brutalmente del corpo stesso delle persone. Nell'art. 1 del codice civile, nel periodo fascista, al riconoscimento della capacità giuridica si accompagnava l'affermazione della possibilità di limitarla per l'«appartenenza a determinate razze», logica che il regime nazista portò alle più terribili conseguenze. Insieme a Dio, molte altre cose sono morte ad Auschwitz, e l'ordine giuridico ha conosciuto l'estrema sua perversione[64].

Il soggetto è stato schermo fragilissimo quando, attraverso la norma giuridica, si sono volute realizzare forme radicali di esclusione, come è accaduto appunto con le leggi razziali, spogliando le persone «dei diversi involucri giuridici che ne facevano dei soggetti di diritto»[65]. Si potrebbe addirittura affermare che l'individuazione di una categoria di «non soggetti» può avere effetti escludenti persino più radicali di quelli della qualificazione di «non persona», dal momento che è sottratta a qualsiasi criterio «oggettivo» di controllo. Se, infatti, si guarda al soggetto come «unità personificata di norme», esso consiste unicamente nell'insieme di doveri giuridici e di diritti soggettivi di cui è titolare e, dunque, è evidente l'impossibilità di trovare per esso una fondazione diversa da quella che risulta appunto dalla variabilità dei criteri di volta in volta assunti per procedere all'attribuzione di diritti e doveri, che possono essere ispirati appunto anche alla logica dell'esclusione. Così nella figura e nell'etimo del soggetto prende il sopravvento l'*assoggettamento* a una norma piuttosto che l'attribuzione di una sovranità[66].

Solo una associazione stretta tra persona e biologia porta con sé i rischi dell'esclusione. Ma una rinnovata riflessione sulla persona deve essere complessivamente connotata proprio da un rifiuto del riduzionismo, quale che sia la forma che esso assume, e dell'assunzione della semplice naturalità dell'individuo, sì che all'interno di

[64] F. von Hippel, *Die Perversion von Rechtsordnungen*, Mohr, Tübingen 1955.

[65] A. Supiot, *Homo juridicus. Saggio sulla funzione antropologica del Diritto* [2005], trad. it. di X. Rodríguez, Bruno Mondadori, Milano 2006, p. 80.

[66] Ivi, pp. 2, 38, 59.

questa area nessuna esclusione è possibile, in virtù anche della sua associazione, già sottolineata, con il codice dell'eguaglianza.

Contro il riduzionismo

Le tecnologie sottopongono il concetto di persona a spinte incrociate di dilatazione e di riduzione. L'elettronica induce a concludere che «noi siamo le nostre informazioni», la genetica fa ripetere che «noi siamo i nostri geni». Bisogna allentare l'enfasi tecnologica, per evitare che la biologia cancelli la biografia, che la virtualità trascini di nuovo la persona lungo i sentieri estremi dell'astrazione. Vi è una permanente eccedenza della persona rispetto all'insieme dei dati fisici e virtuali che la compongono.

La discussione sulla clonazione ha consentito di ribadire l'improponibilità di una «mistica del Dna», del trattare «il gene come icona culturale»[67]. In sostanza, l'identificazione totale dell'individuo con il suo patrimonio genetico contrasta con una evidenza scientifica che mostra come la costruzione della personalità sia il risultato di una complessa interazione tra dati genetici e dati ambientali, sì che la situazione di diritto e la relativa garanzia dovrebbero riguardare piuttosto questo aspetto, e non la semplice salvaguardia di un dato biologico. Proprio la prevalenza della biografia sulla biologia, infatti, garantirebbe l'autonomia e l'unicità della persona.

Ma unicità non equivale a identità. Questa si manifesterebbe «*in modo visibile* attraverso *l'apparenza* del corpo e del volto». Nel caso della clonazione, invece, «il valore simbolico del corpo e del volto umano, considerato come supporto della persona nella sua unicità, tenderebbe a scomparire»[68]. E il conseguente rovesciamento dei rapporti tra identità genetica e identità della persona pregiudicherebbe i diritti dell'uomo e la sua dignità, divenendo ostacolo al libero sviluppo della personalità.

Così ragionando, tuttavia, si sovrappongono impropriamente questioni distinte, dalla strumentalizzazione della persona all'eguaglianza

[67] D. Nelkin e M.S. Lindee, *The Dna Mystique. The Gene as Cultural Icon*, Freeman, New York 1995.

[68] H. Atlan, *Clonazione: possibilità biologiche, impossibilità sociali*, in «Rivista critica del diritto privato», 4, 1999, pp. 571-586.

tra nati con modalità diverse, dalla percezione del sé alla percezione di ciascuno da parte degli altri. Schematizzando assai, si può dire che Jonas si concentra sulla percezione che l'individuo clonato ha di sé: parla, infatti, di «un diritto della sfera soggettiva, non oggettiva»[69]. Atlan, invece, sembra attribuire maggiore rilevanza alla riconoscibilità dell'individuo come unico da parte degli altri, dunque alla sua percezione sociale: non a caso il riferimento non è a un dato soggettivo, il diritto di non sapere, ma a uno oggettivo, l'insieme di corpo e volto[70]. In quest'ultimo caso, allora, si potrebbe concludere che l'attenzione dev'essere piuttosto rivolta alle condizioni di diritto che possono favorire l'accettazione sociale della persona «duplicata», più che su una pura ipotesi di divieto quale è implicata dalla posizione di Jonas. Ma così l'identità, e dunque la persona, è sempre più il frutto di una operazione in cui sono gli altri a giocare un ruolo decisivo, di una costruzione fondata sul modo in cui l'altro ci vede e ci definisce: «l'ebreo dipende dall'opinione degli altri per la professione che esercita, per i suoi diritti e per la sua vita»[71]. Peraltro, oggi il problema della duplicazione, più che sul terreno biologico, si pone nella dimensione della virtualità, in quello spazio individuato anche dalle reti sociali e che con enfasi eccessiva e presto smentita dai fatti era stato definito, in un caso assai particolare, come *Second Life*, con la costruzione appunto di doppi o persone virtuali, di *avatar*, ai quali già si proponeva di riconoscere diritti propri con uno specifico Bill of Rights.

Il riferimento alla clonazione si presenta non solo come un esercizio intellettualmente stimolante per ripensare la definizione stessa di persona e i nuovi sistemi di relazione nei quali può trovarsi implicata, ma pure come una occasione ulteriore per interrogarsi intorno al rapporto tra soggetto e persona. Il divieto largamente generalizzato della clonazione riproduttiva umana ha fatto parlare di «esseri illegali» a proposito di coloro che dovessero nascere attraverso

[69] H. Jonas, *Tecnica, medicina ed etica. Prassi del principio responsabilità*, trad. it. di P. Becchi e A. Benussi, a cura di P. Becchi, Einaudi, Torino 1997, p. 145.

[70] Sul ruolo del volto per l'identità della persona il bel saggio di M. Bettini, *«Guardarsi in faccia» a Roma. Le parole dell'apparenza fisica nella cultura latina*, in «Parolechiave», 10/11, 1996, pp. 177-195.

[71] J.-P. Sartre, *L'antisemitismo. Riflessioni sulla questione ebraica* [1946], trad. it. di I. Weiss, Mondadori, Milano 1990, p. 77.

questo procedimento vietato[72]. È evidente, tuttavia, che definizioni del genere possono avere un qualche senso solo se riferite a una soggettività tutta risolta nell'astrazione dal dato materiale, mentre la stessa struttura giuridica della persona, connotata com'è da un'altra forma di concettualizzazione e strettamente connessa all'eguaglianza, fa immediatamente risaltare l'impossibilità di definire illegale il puro essere al mondo. Il violento proibizionismo della legge italiana sulla procreazione assistita, ad esempio, cede di fronte al fatto che la nascita di una persona, avvenuta in violazione di alcune sue norme, non la esclude dall'attribuzione degli stessi diritti dei nati «legali».

Vi sono, poi, dati concreti che impongono riflessioni più dirette sui meccanismi sociali che possono essere messi in moto da un uso «popolare» della genetica, affidato a una molteplicità di test, in particolare di quelli di paternità. Di ciò può essere data un'interpretazione tranquillizzante. Depurato dagli slogan sgradevoli, il ricorso ai test per l'accertamento della paternità consentirebbe di risolvere meglio le molte controversie giudiziarie in questa difficile materia e, più in generale, darebbe un saldissimo fondamento di verità biologica ai rapporti tra padre e figli.

Ma proprio quest'abbagliante luce biologica porta con sé un'insidia: l'irrompere concreto nelle relazioni sociali della «mistica del Dna», del riduzionismo biologico che cancella la legittimità di ogni rapporto non fondato su quello che si usava chiamare il «legame di sangue». La biologia vuole cancellare la biografia, con una pericolosa regressione culturale e sociale.

Negli anni passati si era venuta faticosamente affermando una cultura delle relazioni interpersonali e dell'organizzazione familiare che metteva al centro la logica degli affetti, la paziente costruzione dei rapporti affidata alla volontà dello stare insieme, alla dedizione reciproca. Maternità e paternità «sociali» o «degli affetti» non erano soltanto parole nuove. Erano il fondamento di cambiamenti profondi delle legislazioni nei paesi più diversi, testimoniati ad esempio dalle riforme riguardanti l'adozione.

Oggi si assiste a una rivincita della fisicità che, in nome della certezza biologica, può travolgere rapporti costruiti negli anni, so-

[72] K.L. Macintosh, *Illegal Beings. Human Clones and the Law*, Cambridge University Press, New York 2005.

stituendo a essi la nuda trama dei geni. Una «pulizia genetica», argomentata con l'assolutezza del diritto di conoscere la propria origine, può cancellare legami nei quali s'incarnano la comunanza di vita e l'incessante, fecondo rinnovarsi delle ragioni dello stare insieme. Può determinare un drammatico impoverimento: il ritrovarsi non in relazione con gli altri, ma soli con la propria storia genetica. La verità biologica ad ogni costo è una conquista o una prigione?

Di nuovo la persona e il suo sistema di relazioni, che certo non può prescindere dai dati genetici, ma nemmeno deve vedere in essi un vincolo invincibile. Proprio le riflessioni appena svolte mettono in evidenza l'importanza della mediazione giuridica per la costruzione di una persona non affidata ciecamente alla registrazione di quel che propone una nuova alleanza tra natura e scienza. Mediazione tanto più necessaria in quanto i dati genetici ci pongono di fronte alla realtà di persone strutturalmente «connesse», per il fatto di condividere appunto un patrimonio comune, costituito dai «caratteri genetici trasmissibili nell'ambito di un gruppo di individui legati da vincoli di parentela»[73].

Il tema della condivisione si manifesta con altrettanta evidenza quando si considera il corpo elettronico, la persona virtuale, non solo dispersa in tanti luoghi quante sono le banche dati che trattano le informazioni personali, ma esposta anch'essa all'insidia del riduzionismo, di una prepotenza del dato elettronico che riassumerebbe in sé ogni carattere dell'esistenza. Qui, tuttavia, siamo in presenza di fenomeni che ci mostrano il rischio di una progressiva perdita non solo del controllo del sé, ma della sua stessa costruzione. La persona virtuale, infatti, è quella che risulta da un incessante intervento di soggetti diversi da quello al quale le informazioni si riferiscono. La disseminazione in una molteplicità di luoghi non fa soltanto correre alla persona il rischio della «disidentità», ma di una irrimediabile frammentazione.

Questa rappresentazione estrema trova riscontri sempre più frequenti nell'uso ordinario delle tecnologie. Inesattezze e rappresentazioni parziali, o anche qui vere e proprie falsificazioni, sono una caratteristica costante di molte biografie liberamente costruite da soggetti diversi dall'interessato, che poi entrano a far parte di com-

[73] Cfr. Garante per la protezione dei dati personali, *Autorizzazione generale relativa al trattamento dei dati genetici*, febbraio 2007.

plessi informativi socialmente accreditati (come Wikipedia). Siamo, inoltre, in presenza di una identità «dispersa», per il fatto che le informazioni riguardanti la stessa persona sono contenute in banche dati diverse, ciascuna delle quali restituisce soltanto una parte o un frammento dell'identità complessiva. Rischiamo d'entrare nel tempo dell'identità «inconoscibile» da parte dello stesso interessato, dislocata com'è in luoghi non solo diversi, ma di cui è difficile o addirittura impossibile conoscere l'esistenza o ai quali è arduo o impossibile l'accesso.

La nostra identità, dunque, è sempre più il frutto di una operazione in cui sono gli altri a giocare un ruolo decisivo, con una presenza continua di elaborazione e diffusione. Si è di fronte a una identità «instabile», alla mercé, di volta in volta, di umori e pregiudizi o degli interessi concreti di chi raccoglie, conserva, diffonde i dati personali. Si crea così una situazione di dipendenza, che determina la costruzione di una identità «esterna», e qualifica l'identità in forme che ne riducono il potere di governo da parte dell'interessato. Tante persone quanti sono i soggetti che utilizzano i nostri dati?

Incontriamo di nuovo la vita nelle sue sfaccettature, la molteplicità di immagini che trasmettiamo, tutte costruite con gli stessi materiali, ma diversamente articolate a seconda del punto di vista dell'osservatore, della selezione delle notizie utilizzate. L'identità viene declinata al plurale, e con essa la persona. Proprio perché noi siamo questa molteplicità, perché la vita è un movimento *multiforme*, non possiamo esercitare un potere di riduzione di questa complessità che si trasformi nell'imposizione a tutti del solo modo in cui ci vediamo o vogliamo essere visti. Quel che abbiamo diritto di chiedere è che i diversi modi di rappresentarci non si trasformino in una sorta di montaggio impazzito di frammenti della nostra storia. La proiezione all'esterno della vita privata deve rispettare un criterio fondamentale: non essere giudicati e rappresentati fuori contesto[74]. Così la persona cerca di rientrare in se stessa, sottraendosi alla tirannia dell'«extimité»[75].

Non si arresta qui la possibile costruzione della persona da parte di altri soggetti. Questo potere, anzi, diviene sempre più penetrante

[74] Così, ad esempio, J. Rosen, *The Unwanted Gaze. The Destruction of Privacy in America*, Random House, New York 2000, p. 20.

[75] Sul punto più ampiamente il mio *La vita e le regole* cit.

via via che diventano concrete le possibilità di strutturare i corpi secondo un progetto consapevole, di riprogettare gli esseri umani[76]. L'attenzione viene rivolta alle persone future, come quando ci si interroga intorno alla legittimità di interventi che possono liberarle dal rischio della trasmissione di una malattia genetica: non è «il figlio perfetto» che si insegue, ma la possibilità di estendere le opportunità offerte dall'innovazione scientifica, seguendo le logiche che da sempre accompagnano il ricorso alla medicina e alla chirurgia. Ma la logica di una normalità ispirata dall'idea di perfezione, o comunque di continuo e radicale miglioramento, si incontra con una attitudine opposta, che attribuisce valore a una diversità che si esprime nell'handicap fisico. È ormai una *cause celèbre* quella che ha avuto come protagoniste due lesbiche sorde che, grazie alla donazione del seme di un loro amico anch'esso sordo, hanno fatto nascere una bambina sorda. Questa loro decisione è stata spiegata sottolineando che, se la nascita di una persona che sente è una benedizione, quella di una persona sorda è una benedizione «doppia», perché trova una comunità pronta ad accoglierla con una intensità assente nel mondo «normale»[77]. Una attitudine, questa, confermata da alcune ricerche che hanno messo in evidenza come, nel caso di diagnosi prenatali che rivelano disabilità, in tre casi su dieci l'accettazione è determinata appunto dal fatto che essa corrisponde a caratteristiche di uno o di entrambi i genitori.

Ma il riprogettare non riguarda soltanto chi verrà. Tocca già le persone esistenti, ad esempio attraverso impianti elettronici nel corpo per riconquistare funzioni perdute, superare handicap, controllare debolezze fisiche. Qui la persona è di fronte alla possibilità concreta di cogliere grandi opportunità, ma può anche essere implicata in forme che incidono profondamente sulla sua autonomia, e possono trascinarla oltre le frontiere dell'umano. Diviene evidente la necessità di definire le condizioni di legittimità giuridica di questi interventi, e stabilire con precisione chi possa legittimamente governarli. La prima ed essenziale questione riguarda l'eventuale nascita di una situazione di dipendenza irreversibile, come può accadere, ad esempio, quando l'impianto nel cervello di un dispositivo elet-

[76] G. Stock, *Riprogettare gli esseri umani. L'impatto della ingegneria genetica sul destino biologico della nostra specie*, trad. it. di E. Servalli, Orme, Milano 2004.
[77] Cfr. *infra*, pp. 288-289.

tronico per finalità di cura è interamente governato dall'esterno. Il maggior benessere può essere scambiato con l'espropriazione della libertà, e della stessa umanità?

Torna così uno degli attributi della persona, ormai declinato anche in termini di post-umano e di trans-umano. Come si dirà meglio più avanti, analizzando proprio la prospettiva post-umana, diviene problematico il modo di affrontare la definizione stessa della persona tra continuità e discontinuità, chiedendosi pure se il passaggio alla condizione post- o trans-umana debba portare con sé un nuovo articolarsi complessivo dei diritti della persona o, al contrario, segni un inevitabile congedo proprio da quelli che sono stati chiamati diritti «umani». Ma la misura dell'umano non può essere né quella soltanto naturalistica, né quella meramente tecnologica. Essa deve essere ricercata anche attraverso la dimensione giuridica, e nella nuova sua ricostruzione che in essa trova riferimento, dunque nella possibilità di proiettare in questo incerto futuro i principi di eguaglianza, autonomia e dignità, facendo sì che la persona non debba separarsi da se stessa, irrimediabilmente divisa tra antichi attributi e una umanità perduta.

Responsabilità verso il futuro e «patrimoni dell'umanità»

Per affrontare l'insieme di questi e di altri problemi, che evocano continuamente e con forza riferimenti naturalistici, si vuole costruire un nuovo paradigma, istituendo la natura stessa come soggetto di diritto[78], ed evocando soggettività ulteriori alle quali imputare interessi e bisogni sempre più frequentemente declinati in termini di diritti. Compaiono così diritti «di ultima generazione», come quelli alla tutela globale dell'ambiente o del genoma umano, classificato tra gli oggetti che costituiscono il patrimonio di una umanità alla quale viene anche imputato il potere/dovere di esercitare l'ingerenza appunto «umanitaria». Il post-umano non viene inteso soltanto nella dimensione dell'integrazione tecnologica del corpo fisico, ma come espansione di una soggettività che deve comprendere l'intero vivente[79].

[78] Sul riferimento alla natura da ultimo G.E. Rusconi, *Non abusare di Dio*, Rizzoli, Milano 2007, pp. 74-105.

[79] L'estensione della soggettività al mondo animale è la questione più indagata.

A quali soggetti sono riferibili questi diversi diritti, queste situazioni? Tornano qui entità astratte e disincarnate: l'umanità, le generazioni future, la natura, il mercato. Ma chi parla in loro nome? Dopo che la conquistata concretezza della persona aveva reso immediatamente identificabili gli attori della vicenda dei diritti, si fa reale il rischio di una ricaduta nell'astrattezza che può poi lasciare spazio a soggetti che si appropriano del potere di rappresentare l'umanità o la natura. Qui è evidente l'insidia dell'autoritarismo, che già s'era manifestata quando, per tutelare l'ambiente, si era eretta la Natura in soggetto morale e, di fronte al rischio di catastrofi ecologiche, si era esplicitamente richiesto l'abbandono della logica democratica e l'adozione di misure urgenti, quali che fossero i soggetti e le procedure che le rendevano concrete.

Problema della soggettività e problema della legittimazione si congiungono. Con la domanda suggestiva se «gli alberi possano agire in giudizio»[80], in concreto si intendeva rendere possibile una legittimazione generale, una azione popolare a tutela della biosfera, superando lo schema classico del rapporto tra chi agisce in giudizio e un suo interesse diretto e attuale. Il concreto manifestarsi del «nuovo soggetto» viene così affidato all'iniziativa dei soggetti tradizionali, tuttavia depositari di un nuovo potere e investiti di una ulteriore responsabilità. Essi non parlano più per sé, ma per tutti, incarnano più che un interesse collettivo o diffuso, quello dell'umanità intera, rendendo così più complessa la figura stessa del soggetto per il modo in cui si istituisce la sua relazione con il mondo. La persona e il suo agire vengono proiettati verso una comprensione del mondo che ne esalta la dimensione non solo sociale, arricchita dal dilatarsi degli interessi di cui si fa portatrice, ma dilatata dal passaggio dalla considerazione delle altre persone all'intero insieme delle entità che costituiscono il vivente.

Parole antiche e nuove si intrecciano. Il permanere e il rafforzarsi del riferimento alle generazioni future, insieme al dilatarsi della no-

Si veda, tra gli altri, S. Castignone (a cura di), *I diritti degli animali*, il Mulino, Bologna 1988, e la posizione ben più radicale di R. Marchesini, *Post-umano*, Bollati Boringhieri, Torino 2005.

[80] C.D. Stone, *Should Trees Have Standing? Towards Legal Rights for Material Agents*, in «Southern California Law Review», 45, 1972, ora anche in *Should Trees Have Standing? And Other Essays on Law, Morals and Environment*, Oceana, New York 1996.

zione di umanità, sembrano allontanarci dalla considerazione diretta della persona, perché di nuovo ci mettono di fronte ad astrazioni. In verità, ragionando intorno a queste categorie nella dimensione propriamente giuridica, ci avvediamo che solo nelle apparenze svanisce la forza del riferimento alla persona, perché la dimensione realistica, nella quale essa affonda le sue radici, la connota come portatrice proprio di quei diritti e doveri connessi alla possibilità di far passare quelle categorie dalla considerazione astratta alla garanzia concreta.

Questo non significa sottovalutare la forza simbolica di ciascuno dei nuovi riferimenti, che ristrutturano l'ordine giuridico e ripropongono la questione della soggettività. Tuttavia, la considerazione analitica delle diverse situazioni mostra che non siamo in presenza, come pure si è detto, di «nuovi diritti per nuovi soggetti», bensì dell'emersione di diritti e beni che mettono in discussione il modo stesso in cui il soggetto è stato storicamente costruito, esigendo non solo una diversa entità di riferimento, appunto la persona, ma pure un diverso modo di costruire i criteri di imputazione. L'insistito parlare di umanità o di generazioni future, dunque, non può essere presentato come una rinascita o una rilegittimazione della categoria del soggetto.

Una sfida alla persona

Diremo che la forza delle cose, più che quella dell'argomentazione, impone di concludere che l'originario schema del soggetto astratto non è più in grado di comprendere una realtà che, insieme, evoca intensamente e mette continuamente in discussione il diverso e realistico riferimento alla persona? Il realismo è l'opposto della fissità, e perciò la persona è continuamente sfidata da questo suo modo d'essere, dall'intima sua attitudine a farsi tramite della complessità dell'esistenza e dei criteri di valutazione che a questa si riferiscono.

Ma pure la persona, come si è visto, è nozione fortemente costruita, ha una sua artificialità che la allontana dal presentarsi con i nudi attributi della naturalità, che le negherebbero autonomia. È un punto di convergenza di valori riconosciuti non attraverso l'intuizione o il consenso sociale, ma in base alla rilevanza che quei valori assumono in un contesto costituzionale che si dilata ormai al di là delle frontiere nazionali, e che allarga le tutele offerte, non facendone più un attributo del solo «cittadino»: discendono, invece, dal «corredo» di diritti e doveri riconosciuto appunto in base all'essere persona.

Perciò la persona appare irriducibile a quella misura di «normalità» che accompagna il soggetto astratto, conformato in modo da non doversi confrontare con la variabilità individuale e sociale, bisognoso di regolarità che cerca di attingere a una serie di riferimenti che pretendono d'essere oggettivi in quanto rispecchierebbero una media statistica o un sentire comune, come il buon padre di famiglia o il comune senso del pudore, ma che in concreto diventano il tramite di un riduzionismo che vuole imporre un unico filtro per la considerazione dei dati di realtà.

La constatazione dell'artificialità che accompagna anche la persona, tuttavia, non dovrebbe far inclinare verso una conclusione secondo la quale, in questo modo, non si è abbandonato il soggetto, ma se ne è semplicemente costituito un altro, in definitiva anch'esso connotato dal presentarsi come unità di diritti e doveri. Ma alla considerazione di questo *altro* si giunge attraverso procedure e generalizzazioni che, come si è ricordato, distinguono modalità di costruzione della persona diverse da quelle che, nella modernità, hanno fondato il soggetto. Come la vicenda storica indica, la transizione da un paradigma all'altro non deve certo essere dominata dall'ossessione della discontinuità, ma esige una attitudine capace di cogliere il mutamento per quello che effettivamente è. Avendo sempre la consapevolezza che una ipertrofia nel riferimento alla persona può portare a un rifiuto analogo a quello conosciuto dal soggetto, determinando così una «crisi paradossale»[81] proprio in un momento in cui lo strumento della persona si presenta come particolarmente adeguato alla comprensione dei fenomeni e, insieme, alla costruzione della dimensione giuridica a essi riferita.

[81] B. Edelman, *La personne en danger*, Presses Universitaires de France, Paris 1999, p. 1.

Capitolo VI

Homo dignus

Una nuova antropologia

Il diritto ha sempre contribuito alla creazione di figure sociali, di vere e proprie antropologie[1] e, quando lo ha fatto, ha conferito loro persistenze che andavano al di là della vicenda di origine. Ogni grande operazione giuridica, prima ancora che questo ruolo fosse reso del tutto manifesto dalle carte costituzionali, ha disegnato un suo modello di persona, che non era mai la semplice registrazione di una natura «umana», ma un gioco sapiente di pieni e di vuoti, di selezione di ciò che poteva trovare accoglienza nello spazio del diritto e quel che doveva restarne fuori, di ciò che poteva entrare in quello spazio con i suoi connotati «naturali» e quello che esigeva una metamorfosi resa possibile proprio dall'artificio giuridico. Riflettendo in generale sul ruolo del diritto, si è sottolineato che «fare di ciascuno di noi un *homo juridicus* è il modo prettamente occidentale di legare fra loro la dimensione biologica e la dimensione simbolica costitutive dell'essere umano»[2].

Consideriamo, per cominciare, il titolo di uno dei grandi documenti fondativi della modernità – la Dichiarazione dei diritti dell'uomo e del cittadino del 1789. Questa Dichiarazione dà la massima evidenza alla controversia tra chi ha sostenuto, e sostiene, che i diritti del cittadino altro non siano che i diritti naturali formalmente riconosciuti e chi, invece, in essi vede «una trasmutazione di una umanità indistinta in una cittadinanza situata»[3]. Locke o Rousseau,

[1] Qui, ovviamente, il riferimento è all'antropologia come forma di «conoscenza del diritto»: cfr. R. Sacco, *Antropologia giuridica*, il Mulino, Bologna 2007, p. 22.

[2] A. Supiot, *Homo juridicus. Saggio sulla funzione antropologica del Diritto* [2005], trad. it. di X. Rodríguez, Bruno Mondadori, Milano 2006, p. 3.

[3] S. Rials, *La Déclaration des droits de l'homme e du citoyen*, Hachette, Paris 1988, p. 352. Essenziali le analisi e le ricostruzioni di P. Costa. *Civitas. Storia della*

semplificando. Ma andiamo oltre, continuando a semplificare. Davanti a noi sono due figure, l'uomo e il cittadino: per la prima può parlarsi di una «qualità»; per l'altra, di uno «statuto». Ora, quale che sia la portata che si vuole attribuire a questi due termini, è indubbio che siamo di fonte a una «civilizzazione» o secolarizzazione o laicizzazione di diritti ritenuti naturali grazie all'intervento di quello strumento squisitamente artificiale che è appunto il diritto.

Non è una novità. Quando vengono dichiarati i diritti degli «uomini liberi» con l'*habeas corpus* contenuto nella Magna Carta, nel 1215, non siamo di fronte all'emersione di un diritto naturale della persona, ma all'esito di una negoziazione tra il re e i nobili, i vescovi, gli abati. Si passa, anzi, da un dato a suo modo «naturale», incarnato appunto da una sovranità che portava con sé l'esercizio anche arbitrario del potere, all'attribuzione di un diritto non alla persona in quanto tale, ma soltanto ai contraenti del patto[4]. Sarà questo un percorso comune a molte vicende che, nella modernità, condurranno a forme diverse di ripartizione del potere tra pubblico e privato attraverso proprio l'attribuzione di diritti.

Lungo, dunque, è il percorso che ci conduce alla Dichiarazione dell'89, e al suo estrarre dalla naturalità dell'uomo una figura sommamente artificiale qual è il cittadino, affidando alla legge, e solo alla legge, la definizione del suo perimetro. Perciò è legittimo parlare di una nuova antropologia.

Avviciniamoci ai tempi nostri, e leggiamo quel che scriveva, nel 1982, Luigi Mengoni: «Il modello antropologico dell'individualismo proprietario è stato corretto dal diritto del lavoro, che comincia a svilupparsi verso la metà del XIX secolo, o verso la fine nei paesi, come l'Italia, a ritardata crescita capitalistica. In quanto presuppone l'uomo che lavora, e non semplicemente un proprietario di forza-lavoro che la offre sul mercato, il diritto del lavoro instaura l'antropologia definitiva del diritto moderno, fissata nell'art. 1 della Costituzione del 1947, che proclama essere il nostro ordinamento 'fondato sul lavoro'»[5].

cittadinanza in Europa, vol. 2: *L'età delle rivoluzioni (1789-1848)*, Laterza, Roma-Bari 2000.

[4] Su questo tema, più analiticamente, cfr. *infra*, p 259.

[5] L. Mengoni, *La tutela giuridica della vita materiale nelle varie età dell'uomo*, in «Rivista trimestrale di diritto e procedura civile», 1984, pp. 1117-1136, ora in Id., *Diritto e valori*, il Mulino, Bologna 1985, p. 127.

Viene così descritto l'esito di un processo storico, irriducibile alla forzatura ideologica di cui quell'articolo sarebbe testimone, e che segna un distacco netto dall'antropologia legata appunto a quell'individualismo proprietario che aveva accompagnato per tutto l'Ottocento e buona parte del Novecento il diritto civile. Quest'ultimo, tuttavia, non era inteso come un semplice settore della disciplina giuridica, ma come la stessa fondazione costituzionale dei rapporti privati. Non a caso Jean Carbonnier ha parlato del *Code civil* come della «costituzione civile dei francesi»[6], mettendo in evidenza un aspetto già colto nitidamente da Gioele Solari fin dal 1911, quando sottolineava che «la Codificazione risponde nel campo del diritto privato a quello che furono le Dichiarazioni di diritti e le Costituzioni nel campo del diritto pubblico»[7].

Se, a questo punto, si torna al clima e all'assetto istituzionale del tempo che seguì la Dichiarazione dei diritti dell'uomo e del cittadino, possiamo cogliere l'incidenza del *Code civil*, che modifica profondamente l'antropologia emersa dalla rivoluzione. Esponendo i motivi della codificazione, il maggiore tra i suoi artefici, Jean-Étienne-Marie Portalis, scrive: «al cittadino appartiene la proprietà, al sovrano l'impero»[8]. Ecco indicati, con ammirevole semplicità, il senso e la portata dell'operazione politica realizzata attraverso il *Code*, individualista e patrimonialista. La proprietà dà il tono al codice. Lo aveva già detto con assoluta chiarezza Cambacérès, scrivendo che «la legislazione civile regola i rapporti individuali e attribuisce a ciascuno i suoi diritti *in relazione alla proprietà*»[9]. Lo sapeva bene Napoleone che, nel suo proclama del 18 brumaio, si presentava appunto come

[6] J. Carbonnier, *Le Code civil*, in P. Nora (a cura di), *Les lieux de mémoire*, vol. II: *La Nation*, Gallimard, Paris 1986, p. 293. L'espressione è entrata nell'uso (ad esempio Y. Gaudemet, *Le Code civil, constitution civile de la France*, in Y. Lequette e L. Leveneur [a cura di], *1804-2004. Le Code civil. Un passé, un présent, un avenir*, Dalloz, Paris 2004, pp. 305 e sgg.) e ha una lontana primogenitura nella «constitution de la société civile française» di J.-C.F. Demolombe, *Cours de Code Napoléon*, vol. I, Durand, Paris 1880, p. 45.

[7] G. Solari, *Individualismo e diritto privato* [1911], Giappichelli, Torino 1959, p. 57.

[8] J.-E.-M. Portalis, *Discours au Corps législatif*, 26 nivôse an XII, in P.-A. Fenet, *Recueil complet des travaux préparatoires du Code civil*, vol. XII, Videcoq, Paris 1836, pp. 259 e sgg.

[9] J.-J.-R. de Cambacérès, in Fenet, *Recueil complet des travaux préparatoires du Code civil* cit., vol. I, p. 141.

il difensore di «libertà, eguaglianza e *proprietà*», reinterpretando, attraverso la cancellazione della fraternità, la triade rivoluzionaria. Portando a compimento questo disegno, il *Code Napoléon* definisce non solo lo statuto della borghesia vittoriosa, ma l'intera trama delle relazioni tra i cittadini e diviene il piano dei rapporti sociali.

Le conseguenze di questo radicale mutamento sono evidenti. «Ecco in mano mia il *Code Napoléon*. Non è per nulla il prodotto della società borghese. È piuttosto la società borghese, nata nel XVII secolo e sviluppatasi nel XIX, che semplicemente trova nel *Code* la sua forma giuridica»: così Karl Marx nel 1849[10]. E Antonio Labriola incalza: «Il novello Stato, che ebbe bisogno del 18 brumaio per diventare una ordinata burocrazia poggiata sul militarismo vittorioso, questo Stato che completava la rivoluzione nell'atto che la negava, non potea fare a meno del suo testo, e l'ebbe nel *Codice civile*, che è il libro d'oro della società che produca e venda merci»[11]. La rilevanza attribuita alla proprietà, diritto *esclusivo*, non oscura soltanto la fraternità: reinterpreta anche gli altri due riferimenti della triade rivoluzionaria attraverso la saldatura tra libertà e proprietà e il conseguente, inevitabile, mutamento di senso dell'eguaglianza. Una volta intesa la proprietà come fondamento della libertà stessa, secondo la classica lettura del liberalismo, è evidente che essa diviene pure la condizione dell'eguaglianza, dal momento che solo l'eguaglianza nel possesso si presenta come il fattore decisivo per il superamento delle disparità. L'individualismo proprietario connota non solo l'assetto economico, ma istituisce una diversa antropologia, quella del borghese moderno, che implica quasi una costituzionalizzazione della diseguaglianza.

Tra l'originaria costituzione, la Dichiarazione dei diritti, e il *Code civil* si manifesta precocemente quella che oggi chiameremmo una asimmetria. Il proprietario tende a cancellare il cittadino, o meglio a concentrare la cittadinanza in capo al proprietario, con una vicenda che avrà la sua più evidente manifestazione nella cittadinanza censitaria. Davvero si confrontano due antropologie, potremmo quasi dire due diverse persone, anche se questo conflitto viene neutraliz-

[10] K. Marx, *Autodifesa*, in *Il primo processo della «Neue Rheinische Zeitung»*, in K. Marx e F. Engels, *Libertà di stampa e censura*, trad. it. di L. Firpo, a cura di M. Caciagli, Guaraldi, Bologna 1970, pp. 191 e sg.

[11] A. Labriola, *Del materialismo storico: dilucidazione preliminare* [1896], in Id., *Scritti filosofici e politici*, a cura di F. Sbarberi, Einaudi, Torino 1973, vol. II, p. 588.

zato grazie all'invenzione del soggetto astratto, vero connotato della modernità, e alla conseguente creazione di altri strumenti giuridici che consentivano di fare astrazione dalla concretezza dei rapporti economici, come il negozio giuridico.

Si è già sottolineato come l'astrazione del soggetto fosse indispensabile per uscire dalla società degli status e aprire così la via al riconoscimento dell'eguaglianza. Quel che va respinto è un uso politico che ha via via sterilizzato la forza storica e teorica di quell'invenzione, riducendo il soggetto a uno scheletro che isolava l'individuo, lo separava da ogni contesto, faceva astrazione dalle condizioni materiali. Perciò era indispensabile intraprendere un diverso cammino. Da qui la necessità di riprendere il filo spezzato dell'eguaglianza, sottraendola non ai benefici di una forma che continua a essere strumento contro l'istituzionalizzazione delle discriminazioni, ma a una indifferenza per la realtà dell'essere, disegnando così nuove gerarchie e nuovi abbandoni fondati sulla forza politica e la prepotenza del mercato. Da qui la necessità di costruire un contesto in cui libertà e eguaglianza potessero riprendere a dialogare dopo le grandi tragedie del Novecento. Da qui la necessità di fondamenti capaci di dare all'eguaglianza la pienezza richiesta pure dal mutare dei tempi. Da qui la necessità di passare dal soggetto alla persona, intendendo quest'ultima come la categoria che meglio permette di dare evidenza alla vita individuale e alla sua immersione nelle relazioni sociali. Da qui, in definitiva, una nuova antropologia, espressa attraverso la costituzionalizzazione della persona.

La rivoluzione della dignità

Con questi dilemmi, e con altri che emergono dalla complessità teorica del tema e dall'asprezza di una storia fitta di ammonimenti, si misurano i costituenti italiani, e con essi tutti gli altri costituenti del tempo, quelli che mettono mano alla Costituzione tedesca e quelli presenti nell'Assemblea generale delle Nazioni Unite. Ma non siamo di fronte a una semplice ripresa delle antiche tematiche, quasi che si dovesse chiudere la lunga e tragica parentesi delle dittature e della guerra, con una sorta di *heri dicebamus* che rimetteva al centro dell'attenzione solo la coppia forte nella Dichiarazione dei diritti dell'89 e nelle dichiarazioni dei diritti degli Stati americani – il nascere di tutti come «liberi e uguali». Questa attenzione esclusiva per libertà e eguaglianza è tornata nei tempi recenti per ricostituire il legame spezzato dal prevalere dell'individualismo proprietario e restituire pienezza alla figura del cittadino, coniando perciò addirittura un termine nuovo – l'«égaliberté»[12]. Tuttavia, pur toccando un punto rilevante del problema, impostazioni come questa non colgono le novità contenute nel costituzionalismo dell'ultimo dopoguerra.

L'innovazione più significativa è affidata al principio di dignità[13]. La Costituzione italiana, approvata il 22 dicembre 1947, fa esplicito riferimento a esso negli artt. 3, 36 e 41, e lo richiama in particolare nell'art. 32. Un anno dopo, il 10 dicembre 1948, l'Assemblea generale delle Nazioni Unite approva la Dichiarazione universale dei diritti dell'uomo, il cui art. 1 integra in modo significativo l'antica formula settecentesca della Dichiarazione francese («gli uomini nascono e rimangono liberi ed eguali nei diritti») affermando che «tutti gli esseri umani nascono liberi ed eguali in *dignità* e diritti». E l'8 maggio 1949 la Legge fondamentale tedesca si apre con le parole «La dignità umana è intangibile. È dovere di ogni potere statale rispettarla e proteggerla». Una svolta è compiuta, la dignità si presenta come un ineludibile denominatore comune, disegna, insieme, un nuovo statuto della persona e un nuovo quadro dei doveri costituzionali.

Sul terreno dei principi questo è il vero lascito del costituzionalismo del dopoguerra. Se la «rivoluzione dell'eguaglianza» era stato il connotato della modernità, la «rivoluzione della dignità» segna un tempo nuovo, è figlia del Novecento tragico, apre l'era del rapporto tra persona, scienza, tecnologia[14]. E la rilevanza costituzionale della dignità ci dà una ulteriore indicazione. Descrivendo il tragitto che ha portato all'emersione dell'eguaglianza come principio costituzionale, si è parlato di un passaggio dall'*homo hierarchicus* a quello *aequalis*[15]. Ora quel tragitto si è allungato, ci ha portato all'*homo dignus*, e

[12] E. Balibar, *La proposition de l'égaliberté*, Presses Universitaires de France, Paris 2010.

[13] In generale, da ultimo, si veda G. Resta, *La dignità*, in S. Rodotà e P. Zatti (a cura di), *Trattato di biodiritto*, vol. I: *Ambito e fonti del biodiritto*, Giuffrè, Milano 2010, pp. 259-296.

[14] «Dopo il 'principio speranza' di Ernst Bloch e quello della 'responsabilità' di Hans Jonas un terzo principio si è imposto negli ultimi anni al centro del dibattito filosofico: il 'principio dignità umana'», così P. Becchi, *Il principio di dignità umana*, Morcelliana, Milano 2009, p. 5.

[15] Il riferimento è alle ben note ricerche di L. Dumont, *Homo hierarchicus. Il sistema delle caste e le sue implicazioni* [1966], trad. it. di D. Frigessi, Adelphi,

la rilevanza assunta dalla dignità induce a proporne una lettura che la vede come sintesi di libertà e eguaglianza, rafforzate nel loro essere fondamento della democrazia.

Il cammino costituzionale della dignità è continuato fino all'approdo alla Carta dei diritti fondamentali dell'Unione europea del 2000, che si apre proprio all'insegna della dignità, riproducendo quasi alla lettera il primo articolo della Costituzione tedesca. Perché questa scelta, perché si è voluto che proprio la dignità fosse il segno forte della prima dichiarazione dei diritti del nuovo millennio?

Torniamo agli anni che seguirono quelli drammatici della seconda guerra mondiale. In un tempo davvero costituente, due costituzioni, quella italiana del 1948 e quella tedesca del 1949, non si rifanno immediatamente al modello fondato sul codice della libertà e dell'eguaglianza, che aveva accompagnato il costituzionalismo moderno fino a Weimar e che era stato riconfermato dalla Costituzione francese del 1946. Dignità e lavoro sono i due nuovi punti d'avvio, che non segnano un congedo dai fondamenti della libertà e dell'eguaglianza, ma ne rinnovano e rafforzano il senso, collocandoli in un contesto nel quale assume rilevanza primaria la condizione reale della persona, per ciò che la caratterizza nel profondo (la dignità) e per quel che la colloca nella dimensione delle relazioni sociali (il lavoro). Il soggetto astratto s'incarna nella persona concreta. Qui si manifesta una nuova antropologia, che troverà poi molteplici espressioni soprattutto nella nuova temperie culturale e istituzionale segnata dalla tecnoscienza.

All'origine della scelta dei costituenti tedeschi era, evidentissima, la volontà di reagire alla distruzione dell'umano e alla «morte di Dio» in un luogo simbolo di quella distruzione, Auschwitz, che avevano accompagnato l'esperienza nazista e avevano portato alla «perversione» dell'intero ordine giuridico. Si avvertiva il bisogno di una fondazione più solida. Da qui il «criptogiusnaturalismo» della Costituzione tedesca, la consapevolezza «della propria responsabilità davanti a Dio e agli uomini» dichiarata dal popolo tedesco nel Preambolo di quel testo.

Ma nel momento in cui, nel 2000, si discuteva intorno alle parole e ai principi ai quali, aprendo la Carta dei diritti fondamentali, do-

Milano 1991; Id., *Homo aequalis*, vol. I: *Genesi e trionfo dell'ideologia economica*, trad. it. di G. Viale, Adelphi, Milano 1989. Inoltre, Id., *Essais sur l'individualisme. Une perspective anthropologique sur l'ideologie moderne*, Seuil, Paris 1983.

veva essere consegnata la prima immagine costituzionale dell'Europa, la decisione di affidarsi prima d'ogni altra alla parola «dignità» non voleva esprimere soltanto la rinnovata consapevolezza di rischi mai del tutto tramontati, la necessità di custodire una memoria dalla quale la coscienza europea non potrà mai separarsi. L'esperienza di molti decenni portava oltre il bisogno di un dato di natura al quale aggrapparsi. Si era ormai di fronte a una costruzione consapevole, storicamente collocata, che rendeva possibile non avere come orizzonte predominante la logica sostanzialmente «reattiva», «oppositiva», posta all'origine della Costituzione tedesca. La dignità si presenta ormai come uno strumento che, pur essendo ancora oggetto di diffidenze e critiche, può essere valutato sulla base del modo in cui è stato concretamente adoperato, e che gli ha consentito una accettazione anche in ambienti culturali che, come quello francese, gli erano stati storicamente ostili[16]. Si era determinata, in sostanza, una dinamica che sembra inverare quanto è scritto in apertura del Preambolo della Dichiarazione dell'Onu, riconducendo a verificabili dati di realtà l'enfasi che, altrimenti, la caratterizza: «il riconoscimento della dignità inerente a tutti i membri della famiglia umana e dei loro diritti, uguali e inalienabili, costituisce il fondamento della libertà, della giustizia e della pace nel mondo». Proprio uno sguardo realistico, tuttavia, obbligava al tempo stesso a rendersi conto che la dignità conosceva nuove sfide, continuava a essere violata anche in forme inedite, rendendo così indispensabile non solo una sua riaffermazione d'ordine generale, ma la sua considerazione come un vincolo per la politica e le istituzioni: dal rispetto alla tutela, dal monito proveniente dal passato all'indicazione per il futuro, dalla statica alla dinamica. Una dignità non più soltanto oppositiva, ma fondativa. Lo aveva ben intuito Carlo Esposito, quando aveva sottolineato che il regime democratico previsto dalla Costituzione repubblicana «non afferma solo il principio della pari dignità di ogni cittadino, ma della

[16] Si vedano le molte indicazioni di M. Di Ciommo, *Dignità umana e Stato costituzionale*, Passigli, Firenze 2010, Per la situazione francese C. Girard e S. Hennette-Vauchez (a cura di), *La dignité de la personne humaine. Recherche sur un processus de juridicisation*, Presses Universitaires de France, Paris 2005; S. Hennette-Vauchez, *Une «dignitas» humaine? Vieilles outres, vin nouveau*, in «Droits», 48, 2008, pp. 59-85.

sovrana dignità di tutti i cittadini»[17]. Sovrana, dunque, la dignità: come appunto «virtù sovrana» apparirà più tardi l'eguaglianza a Ronald Dworkin[18].

È in questo clima che si compie la scelta che porterà all'art. 1 della Carta dei diritti fondamentali: la persona inseparabile dalla sua dignità. Questa conclusione richiama una storia lunga, davvero l'invenzione di un'altra umanità attraverso la dignità dei cristiani e quella dell'uomo moderno, rinascimentale, con una scoperta che fece esclamare «magnum miraculum est homo»[19]. Ma il modo in cui il tema della dignità è stato riproposto nel tempo che viviamo si è sempre più identificato non tanto con una essenza o una natura dell'uomo, quanto piuttosto con le modalità della sua libertà e eguaglianza. Non è certo un caso che il principio di dignità sia giunto alla ribalta del costituzionalismo nel momento in cui è apparso ineludibile il rifiuto della imposizione esterna, della costrizione in ogni sua forma – addirittura della negazione stessa dell'umano.

Bisogna ripetere che «per vivere occorre un'identità, ossia una dignità»[20]. Lo stesso deve dirsi per i sistemi giuridici. Se la persona non può essere separata dalla sua dignità, neppure il diritto può prescinderne, o abbandonarla. Proprio questa consapevolezza è alla base di un'altra scelta rinvenibile nella Carta dei diritti fondamentali dove, nel Preambolo, si afferma che l'Unione europea «pone la persona al centro della sua azione».

Una ricostruzione complessiva del sistema costituzionale italiano consente di giungere a conclusioni analoghe, nella sostanza anticipatrici, e persino più nette per quanto riguarda la centralità della persona. Se questa consapevolezza ha tardato a manifestarsi, ciò si deve a quell'insieme di fattori culturali e politici sui quali già si è richiamata l'attenzione. Il punto significativo, ad ogni modo, è rappresentato proprio dal fatto che la rilevanza attribuita alla persona, anzi la sua vera e propria costituzionalizzazione, trovano un fondamento essenziale nel rapporto istituito con il principio di dignità, evidentissimo nella trama

[17] C. Esposito, *La Costituzione italiana. Saggi*, Cedam, Padova 1954, p. 9.

[18] R. Dworkin, *Virtù sovrana. Teoria dell'eguaglianza*, trad. it. di G. Bettini, Feltrinelli, Milano 2002.

[19] E. Garin, *L'uomo del Rinascimento*, in Id. (a cura di), *L'uomo del Rinascimento*, Laterza, Roma-Bari 1988 (8ª ed. 2008), p. 2.

[20] P. Levi, *I sommersi e i salvati*, Einaudi, Torino 1986, p. 103.

costituzionale, e che conferma la necessità di una lettura dell'art. 3 che vada oltre la dialettica tra eguaglianza formale e sostanziale.

Sul modo in cui questa lettura deve essere condotta è chiarissima l'indicazione che viene dallo stesso *incipit* di questo articolo: «Tutti i cittadini hanno pari dignità sociale». Proprio qui, nella rilevanza attribuita alla dignità prima ancora dell'elencazione tradizionale delle cause di non discriminazione, e nella sua qualificazione come «sociale»[21], cogliamo non solo una novità, ma il tratto unificante dell'intera norma. Non possiamo più dire che si tratta di una norma a due facce: l'una volta verso la conservazione dell'eredità, l'eguaglianza formale; l'altra rivolta alla costruzione del futuro, l'eguaglianza sostanziale. La sottolineatura della dignità sociale ci porta oltre questo schema, dà evidenza a un sistema di relazioni, al contesto in cui si trovano i soggetti dell'eguaglianza, poi esplicitamente considerato dalla seconda parte della norma. Questa lettura unitaria dell'articolo non ne depotenzia la forza «eversiva», ma dice che la stessa ricostruzione dell'eguaglianza formale non può essere condotta nell'indifferenza per la materialità della vita delle persone, per la loro intatta dignità, per i legami sociali che le accompagnano.

Proviamo a saggiare, a questo punto, i molteplici intrecci rivelati dai rapporti che vengono istituiti tra libertà, eguaglianza, dignità. Nell'art. 3, ricostruito nel suo carattere unitario grazie al riferimento alla dignità, compare l'esplicita associazione tra libertà e eguaglianza, due principi che una tradizione critica e molte tragiche esperienze del Novecento avevano visto in termini di opposizione, se non di radicale esclusione. Più avanti, nell'art. 36, l'«esistenza libera e dignitosa» del lavoratore e della sua famiglia descrive la condizione umana e la lega alla creazione di una situazione di libertà e dignità. E quando l'art. 41 esclude che l'iniziativa economica privata possa svolgersi in contrasto con sicurezza, libertà e dignità umana, di nuovo questi due principi appaiono inscindibili. Possiamo concludere che l'ineliminabile associazione con la libertà è la via che immunizza dagli eccessi dell'eguaglianza e dalle ambiguità della dignità, che

[21] G. Ferrara, *La pari dignità sociale (Appunti per una ricostruzione)*, in *Studi in onore di Giuseppe Chiarelli*, a cura di G. Zangari, Giuffrè, Milano 1974, vol. II, pp. 1089 e sgg.; M.R. Marella, *Il fondamento sociale della dignità umana*, in «Rivista critica del diritto privato», 2007, pp. 67-103.

tanto avevano inquietato nel secolo passato e che proiettano ancora un'ombra sulle discussioni di oggi?

Questa ricostruzione del sistema consente di guardare all'art. 36 come alla norma che dà senso e portata concreta alla nuova antropologia già desumibile dall'art. 1 e dal suo riferimento al lavoro. La Costituzione non considera il lavoro come una astrazione e non si ferma al dato materiale dell'esistere. Stabilisce che «il lavoratore ha diritto ad una retribuzione proporzionata alla quantità e qualità del suo lavoro e in ogni caso sufficiente ad assicurare a sé e alla famiglia un'esistenza libera e dignitosa». Non una qualsiasi forma di esistenza, dunque, ma quella che dà pienezza a libertà e dignità. Siamo di fronte a un intreccio complesso, a un gioco di rinvii che non solo vieta di astrarsi dalle condizioni materiali, ma stabilisce una relazione necessaria tra esistenza, libertà, dignità (che si vuole non solo individuale, ma «sociale», come già si è detto), sviluppo della personalità (in una dimensione segnata dall'eguaglianza). Seguendo questa traccia, la vita non è più «nuda», trova nello stesso lessico giuridico le parole che possono aiutare a coglierne il senso.

Il lavoratore come figura che dà diretta concretezza all'*homo dignus*, dunque. Ma proprio questa antropologia della modernità giuridica è ora messa in discussione, anzi sfidata e radicalmente negata, da una logica di mercato che, in nome della produttività e degli imperativi della globalizzazione, prosciuga i diritti e ci fa ritornare verso quella «gestione industriale degli uomini» che è stato il tratto angosciante dei totalitarismi del Novecento. Viene spezzato il nesso tra lavoro e dignità, davvero con una rinnovata riduzione delle persone a cose, a «oggetti» compatibili con le esigenze della produzione. Dall'esistenza libera e dignitosa si tende a passare a una sorta di «grado zero» dell'esistenza, alla retribuzione come mera soglia di sopravvivenza, come garanzia solo del «salario minimo biologico», del «minimo vitale». Torna così una domanda capitale, e antica: se il lavoro possa essere inteso come pura merce, se la determinazione del suo prezzo possa essere solo affare di mercato, perché la tutela del lavoro, e la cittadinanza sociale che essa implica, interferiscono sul valore di scambio[22].

[22] M.V. Ballestrero, *Le «energie da lavoro» tra soggetto e oggetto*, in S. Rodotà e P. Zatti (a cura di), *Trattato di biodiritto*, vol. II: *Il governo del corpo*, Giuffrè, Milano 2010, t. 1, pp. 855-872.

La risposta costituzionale affidata all'art. 36, di cui pure si è affermata l'immediata precettività, rischia d'essere respinta sullo sfondo. Viene così oscurato anche il nesso più generale tra rispetto di libertà e dignità e libera costruzione della personalità, che caratterizza l'art. 2 e alla quale viene finalizzata la stessa garanzia dei diritti fondamentali, facendo emergere anche il nesso con la solidarietà, la componente più trascurata della storica triade rivoluzionaria, la *fraternité*[23]. Di questa è necessario tener conto in un sistema che si vuole fortemente segnato dall'attenzione per le relazioni, per una dignità non solo individuale, ma sociale, in una Costituzione che, parlando di persona, non intende l'astratto individuo, ma la «persona sociale»[24].

Questa complessiva ricostruzione del sistema costituzionale riconduce all'art. 1 della Costituzione e alla sua innovazione antropologica attraverso il carattere fondativo attribuito al lavoro. Proprio partendo da questa constatazione, tuttavia, si è concluso che «mentre nella Costituzione tedesca 'dignità' è un valore *assoluto* che riguarda astrattamente la persona in sé e per sé, nella nostra Costituzione è un *valore relativo* che riguarda la sua concreta collocazione nel tessuto sociale»[25]. Questo perché la Repubblica italiana è fondata sul lavoro, e non sulla dignità, come prevede invece il primo articolo della Costituzione tedesca.

In verità, quella che appare come una relativizzazione, e quindi una sorta di ridimensionamento, è al contrario una più forte fondazione della dignità nella realtà di una persona strappata all'ingannevole assolutezza delle categorie astratte. La dignità non è affidata all'astrattezza, ma costruita in modo da dover essere sempre misurata sulla concretezza delle situazioni, sì che diventa più diretta e stringente la possibilità di riferirsi a essa e di esigerne l'attuazione. Si scioglie il nesso improprio tra assolutezza, universalismo, astrattezza, che aveva subordinato appunto alla tecnica dell'astrazione la possibilità di attribuire a un principio portata generale.

[23] Il riferimento alla *fraternité* sarebbe stato negletto non a caso, ma perché «tra la *liberté* e l'*égalité* da una parte e la *fraternité* dall'altra» non vi è «uno statuto equivalente. Le prime due sono dei diritti, la terza è un obbligo morale»: così, in maniera assai sbrigativa, M. Ozouf, *Fraternité*, in F. Furet e M. Ozouf (a cura di), *Dizionario critico della Rivoluzione francese*, Bompiani, Milano 1988 p. 657.

[24] Si vedano le considerazioni di A. Baldassarre, *Diritti della persona e valori costituzionali*, Giappichelli, Torino 1997.

[25] Becchi, *Il principio di dignità umana* cit., p. 37.

Si può concludere, una volta di più, che proprio il riferimento alla persona, e non a un soggetto astratto, conferisce ai principi costituzionali più solida fondazione teorica e più intensa operatività. Una vicenda, questa, che conferma quanto è stato osservato a proposito della libera costruzione della personalità, che nell'ordinamento italiano, a differenza di quanto prevede la Costituzione tedesca, viene arricchita proprio dalla sua collocazione in un sistema di relazioni che sfugge all'astrazione, non isola la persona, individua le responsabilità pubbliche per la costruzione di un contesto che consenta di passare dalla proclamazione di un diritto all'effettività del suo esercizio.

La dignità come principio

Bisogna chiedersi, a questo punto, se la dignità non sia un fondamento troppo fragile per reggere tante sfide, indebolita dalla sua stessa polisemia, da intime ambiguità, da indeterminatezza. Quest'ultima è la più antica delle critiche, che coinvolge la normazione per principi, i concetti «elastici», le clausole generali. Tutte tecniche sulle quali pesa un vecchio pregiudizio, fondato appunto sulla loro indeterminatezza e che rivela una persistente arretratezza culturale, mentre esse si sono diffuse e consolidate, hanno trovato piena legittimazione soprattutto grazie al rilievo assunto dalla dimensione costituzionale e dalla applicazione diretta dei suoi principi. Proprio la loro flessibilità presenta quelle tecniche come la risposta più adeguata non solo alle dinamiche indotte da mutamenti e innovazioni continui e vorticosi, ma alle esigenze di una società via via definita dell'*incertezza*, del *rischio*, *liquida*, bisognosa dunque di un diritto omeostatico, capace di seguirla tempestivamente nelle sue imprevedibili dinamiche[26].

[26] Su questi temi ho richiamato l'attenzione in diverse occasioni, a partire dallo scritto su *Ideologie e tecniche della riforma del diritto civile* [1966], ora ristampato con una premessa da Editoriale Scientifica, Napoli, 2007. Vale la pena di segnalare che nella discussione intorno all'art. 1 della Costituzione tedesca il delegato Schmid osservò che «esso stabilisce per così dire le *clausole generali* in vista di un completo ordinamento del diritto fondamentale» (mio il corsivo): cfr. E.-W. Böckenförde, *Dignità umana e bioetica*, Morcelliana, Milano 2010, p. 43. A questo tema dedica pagine significative G. Zagrebelsky, *Intorno alla legge. Il diritto come dimensione del vivere comune*, Einaudi, Torino 2009, pp. 85-116.

Questa constatazione, tuttavia, non esime dall'obbligo di fare i conti con l'indeterminatezza, per governare la quale sono stati individuati strumenti molteplici. Parlando di dignità, e procedendo per approssimazioni successive, si può partire da una affermazione di carattere generale: la dignità appartiene a tutte le persone, sì che debbono essere considerate illegittime tutte le distinzioni che approdino a considerare alcune vite come non degne, o meno degne, d'essere vissute, o che giungano alla negazione stessa della capacità giuridica, tipica delle legislazioni razziali, che hanno confinato milioni di esseri umani nella categoria delle «non persone». In questa sua prima accezione, la dignità si presenta così come fondamento concreto della nuova accezione della cittadinanza, intesa come patrimonio di diritti che appartengono alla persona quale che sia la sua condizione e il luogo in cui si trova. La negazione di questi diritti viola il principio di dignità. Certo, qui bisogna fare i conti con quello che è stato chiamato «l'abuso del concetto di vita», che ci porta alla questione dell'embrione, certamente irriducibile alla pura dimensione biologica di un insieme di cellule, ma la cui condizione giuridica può essere definita solo attraverso una distinzione tra i diversi stati del corpo, valutandone «la reciproca adeguatezza»[27], e non con operazioni di mera giustapposizione sulla figura di chi è già nato.

Una seconda specificazione indica nella dignità il principio che vieta di considerare la persona come mezzo, di strumentalizzarla. Con due ulteriori precisazioni: l'irriducibilità alla sola dimensione del mercato, in particolare per quanto riguarda il corpo come fonte di profitto; e il rispetto dell'autonomia della persona, che non può mai essere «strumento di scopi e oggetto di decisioni altrui»[28].

Una terza specificazione può essere effettuata ricorrendo alla individuazione di situazioni specifiche e di figure sintomatiche. È il caso del «decent work», del lavoro dignitoso di cui parlano i documenti dell'Organizzazione internazionale del lavoro, che ci riporta al tema dell'irriducibilità del lavoro a merce e del lavoratore a oggetto, e che è il fondamento delle «clausole sociali», previste a livello interno e internazionale e nelle quali non si manifesta soltanto una esigenza di tutela di particolari categorie di persone, ma piuttosto una indica-

[27] P. Zatti, *Maschere del diritto, volti della vita*, Giuffrè, Milano 2009, p. 176.
[28] Ivi, p. 46.

zione generale sulla necessità di costruire una «decent society»[29] in cui nessuno debba perdere il rispetto di sé e abbia diritto al rispetto degli altri[30]. È il caso dei criteri di definizione della dignità sociale desumibili dall'esperienza giurisprudenziale[31]. È il caso di particolari categorie di contratti, come quelli riguardanti il commercio equo e solidale. In queste ultime situazioni la dignità assume la funzione di misura di che cosa possa rispondere alla logica economica e che cosa sia incompatibile con questo tipo di calcolo. Emerge così il fondamentale problema del controllo giurisprudenziale sulla compatibilità dell'attività d'impresa con la dignità della persona, che ha avuto una manifestazione significativa in una sentenza della Corte di giustizia delle Comunità europee che ha fatto prevalere appunto la tutela della dignità sulla libertà di prestazione di servizi, una delle quattro libertà economiche alle quali si fa riferimento in sede europea[32]. Bisogna aggiungere che l'attenzione rivolta a tale decisione non dovrebbe far trascurare il fatto che questo criterio di valutazione era già stato esplicitamente individuato dall'art. 41 della Costituzione italiana, dove si prevede che l'iniziativa economica privata non possa svolgersi «in modo da recare danno alla sicurezza, alla libertà, alla dignità umana». Ancora una indicazione anticipatrice, che viene da una norma costituzionale oggetto di critiche anche in questa sua parte, mentre una coerente attenzione per le dinamiche europee dovrebbe indurre a vedere in esse proprio un rafforzamento della linea indicata dai costituenti italiani.

Questo controllo delle attività economiche attraverso il principio di dignità ha suscitato la critica di chi vi ha scorto un «ordine morale oppressivo», la trasformazione della dignità in veicolo di imposizione autoritaria di valori limitativi della libertà e dell'autonomia delle persone. Critica, questa, che sembra incontrare la tesi aggressiva di uno studioso statunitense, che ha enfatizzato a tal punto il conflitto tra libertà e dignità da costruire quest'ultima addirittura come una

[29] A. Margalit, *La società decente*, trad. it. di A. Villani, Guerini, Milano 1998.

[30] R. Sennett, *Rispetto. La dignità umana in un mondo di diseguali*, trad. it. di R. Falcioni, il Mulino, Bologna 2009.

[31] Marella, *Il fondamento* cit.

[32] Corte di Giustizia delle Comunità europee, *Omega Spielhallen- und Automatenaufstellungs-GmbH/Oberbürgermeisterin der Bundesstadt Bonn*, 18 ottobre 2004.

versione dell'«onore» nazista[33]. Il fraintendimento è clamoroso, ma rivela l'esistenza di un problema.

Proprio gli artt. 36 e 41 della Costituzione forniscono una indicazione preziosa per affrontare la questione del rapporto tra libertà e dignità, partendo da una indispensabile distinzione. L'art. 41 indica nella dignità un limite invalicabile per l'iniziativa economica privata; l'art. 36 indica il criterio per la costruzione della dignità e per l'individuazione del soggetto al quale spetta questo potere. Ricordo ancora che quest'ultimo articolo parla di «esistenza libera e dignitosa»: e la Corte costituzionale tedesca, nel 1983, ha scritto che «il fulcro dell'ordinamento costituzionale è il valore e la dignità della persona, che agisce con libera determinazione come membro di una società libera»[34]. Proprio l'inscindibile associazione tra libertà e dignità esclude una versione autoritaria, impositiva, di quest'ultima, una sua funzione sostanzialmente disciplinare[35]. La costruzione dell'*homo dignus* non può essere effettuata all'esterno della persona, ha davvero il suo fondamento *in interiore homine*. La dignità non è indeterminata, ma trova nella persona il luogo della sua determinazione, tuttavia non per custodire un'essenza, bensì per mettere ciascuno nella condizione di determinare liberamente il proprio progetto di vita. Luhmann ha sintetizzato questo modo di guardare alla dignità considerandola come qualcosa da costruire socialmente attraverso le «prestazioni» della persona[36].

Così, nell'antropologia moderna della persona, la dignità conduce all'autodeterminazione, che la Corte costituzionale ha qualificato come diritto fondamentale della persona. Nella sentenza n. 438 del

[33] J.Q. Whitman, *From Nazi «Honor» to European «Dignity»*, Paper for a Workshop at the European University Institute, 29-30 September 2000, ora con il titolo *On Nazi «Honor» and the New European «Dignity»*, in C. Joerges e N. Singh Ghaleigh (a cura di), *Darker Legacies of Law in Europe: The Shadow of National Socialism and Fascism over Europe and its Legal Traditions*, Hart Publishing, Oxford 2003, pp. 243-266. Le argomentazioni sono ulteriormente sviluppate in Id., *The Two Western Cultures of Privacy: Dignity versus Liberty*, in «Yale Law Journal», 113, 2004, pp. 1151 e sgg. Sul problema si veda Resta, *La dignità* cit., p. 274-277.

[34] Cfr. P. Häberle, «La dignità umana come fondamento della comunità statale», in Id., *Cultura dei diritti e diritti della cultura nello spazio costituzionale europeo. Saggi*, Giuffrè, Milano 2003, pp. 1-79.

[35] Marella, *Il fondamento* cit., p. 77.

[36] N. Luhmann, *I diritti fondamentali come istituzione*, a cura di G. Palombella e L. Pannarale, Dedalo, Bari 2002, pp. 98 e sgg..

2008, infatti, si legge: «la circostanza che il consenso informato trova il suo fondamento negli artt. 2, 13 e 32 della Costituzione pone in risalto la sua funzione di sintesi di due diritti fondamentali della persona: quello all'autodeterminazione e quello alla salute». E ricordiamo le parole che chiudono l'art. 32 sul diritto alla salute: «la legge non può in nessun caso violare i limiti imposti dal rispetto della persona umana». Viene così confermato che la definizione della dignità appartiene a un processo di cui la persona è protagonista.

Una estrema e inaccettabile soggettivizzazione della dignità? Una iperindividualizzazione, la negazione di ogni legame sociale, un sostanziale isolamento della persona? A questi interrogativi non credo che si possa rispondere con una generica associazione tra diritti e doveri, di cui la dignità sarebbe partecipe; né proponendo in modo suggestivo il tema dell'autonomia osservando che «è la stessa qualità di persona a esigere l'indisponibilità degli elementi che compongono la comune dignità»[37]. Quali sono, infatti, i caratteri di questa dignità «comune», chi ne definisce gli «elementi»? Verso chi sarebbe responsabile l'*homo dignus*?

È possibile indicare un percorso diverso, che faccia emergere le varie dimensioni della dignità, considerando in primo luogo le decisioni che la persona può prendere. Se queste esauriscono i loro effetti nella sfera dello stesso interessato, il diritto all'autodeterminazione è destinato a prevalere, senza la possibilità di sovrapporgli «un 'ordre morale institutionnel', sinonimo di una 'antropologia alternativa' ed incompatibile con tutta la filosofia moderna dei diritti dell'uomo»[38]. Se, invece, le decisioni interferiscono nell'altrui sfera dell'umano, allora deve prevalere il rispetto dell'altro, che fa emergere propriamente l'aspetto relazionale della dignità.

Peraltro, la dimensione del potere individuale di decisione non implica autoreferenzialità della persona. Considerando il nesso già ricordato tra dignità e rimozione degli ostacoli di fatto, tra dignità e libera costruzione della personalità, emerge con nettezza un dovere pubblico di costruire un contesto all'interno del quale le decisioni della persona possano essere effettivamente libere: in questo modo l'intervento esterno non si traduce in una compressione, in una

[37] G. Piepoli, *Tutela della dignità e ordinamento secolare*, in «Rivista critica del diritto privato», 2007, p. 27.

[38] Ivi, p. 28.

subordinazione della dignità a una morale esterna, ma costruisce le condizioni per la sua piena manifestazione. Questa prospettiva «implica un'istituzione che sia più che una amministrazione di cose, che prenda molto sul serio l'amicizia, quella che penetra in profondità, e la fratellanza, quella difficile»[39]. A questo dovere pubblico tanto impegnativo si affianca quello dei privati: dell'imprenditore che non può svolgere la sua attività in contrasto con la dignità; del datore di lavoro che deve corrispondere la retribuzione necessaria per una esistenza libera e dignitosa; dei soggetti che governano le «formazioni sociali», le cui regole non possono violare la dignità di chi ne fa parte. Un dovere, questo, che riguarda anche le istituzioni pubbliche, tenute a rimuovere gli ostacoli che si manifestano, ad esempio, nella forma di norme da abrogare o dell'assenza di innovazioni legislative, come è accaduto con la riforma del diritto di famiglia, che ha restituito alla moglie la sua dignità; e come deve accadere per le unioni di fatto, anche tra persone dello stesso sesso, secondo una indicazione che si ritrova nella Carta dei diritti fondamentali dell'Unione europea e che ha trovato esplicito riconoscimento in decisioni della Corte costituzionale e della Corte di Cassazione, che saranno esaminate più avanti.

Non è possibile, dunque, intendere la stretta associazione tra persona e dignità come un negarsi al legame sociale che, invece, costituisce il tratto caratteristico della costruzione della dignità nel sistema costituzionale. Un legame e una relazione con l'altro che, tuttavia, non possono tradursi in subordinazione o espropriazione di prerogative che rimangono individuali. Ma, anche qui, l'equivoco è in agguato, quando si presenta come inaccettabile individualismo quello che, invece, rimanda al rispetto della coscienza di ciascuno.

Così l'*homo dignus* vive in un sistema di relazioni, acquista la dignità sociale voluta dalla Costituzione. E questa ricostruzione consente di andare oltre le contrapposizioni tra dignità soggettiva e oggettiva, tra dignità come potere o come limite, per la compresenza nel medesimo principio di queste diverse dimensioni, che mettono pure in luce i criteri in base ai quali si possono individuare le si-

[39] E. Bloch, *Diritto naturale e dignità umana*, trad. it. di G. Russo, Giappichelli, Torino 2005, p. 263.

tuazioni in cui il principio di dignità si pone come limite alla stessa autodeterminazione[40].

Con questo bagaglio possiamo entrare nel mondo divenuto globale e segnato dalle innovazioni scientifiche e tecnologiche. Il corpo è sfidato, la persona diviene digitale[41], compare l'*homo numericus*[42], si entra nella dimensione del post-umano. L'antropologia profonda del genere umano appare mutata dalle tecniche procreative che possono sconvolgere i sistemi della parentela, dalla prospettiva della clonazione, dall'utero artificiale. Il principio di dignità è ancora un viatico? Può quest'uomo nuovo essere ancora *dignus*?

La consapevolezza della necessità di collocare con forza direttiva la dignità in questa nuova dimensione si manifesta all'inizio di documenti internazionali, come la Convenzione del Consiglio d'Europa sui diritti umani e la biomedicina del 1997 (art. 1) e la Dichiarazione universale dell'Unesco sulla bioetica e i diritti umani del 2005 (art. 3), e in leggi nazionali, come il Codice per la protezione dei dati personali (D.L. 30 giugno 2003, n. 196, art. 2). Il «corpo elettronico», l'insieme delle informazioni che costruiscono la nostra identità, viene così ricongiunto al corpo fisico: la dignità diviene il forte tramite per ricostituire l'integrità della persona (Carta dei diritti fondamentali dell'Unione europea, art. 3), per evitare che la persona venga considerata una sorta di miniera a cielo aperto dove chiunque può attingere qualsiasi informazione e in tal modo costruire profili individuali, familiari, di gruppo, facendo quindi divenire la persona l'oggetto di poteri esterni, che possono falsificarla, costruirla in forme coerenti ai bisogni di una società della sorveglianza, della selezione sociale, del calcolo economico. La Carta dei diritti fondamentali dell'Unione europea ha ribadito il divieto di fare del corpo un oggetto di profitto. Previsto per il corpo fisico, questo principio può essere esteso al corpo elettronico, come già fanno alcune norme, ad esempio quelle che prevedono una autorizzazione pubblica per trattare i cosiddetti dati *sensibili*, che

[40] Si veda *infra*, il capitolo «Autodeterminazione».

[41] Questa espressione, ormai entrata nell'uso, risale a R. Clarke, *The Digital Person and its Application to Data Surveillance*, in «Information Society», 1994, pp. 77 e sgg. E cfr. D.J. Solove, *The Digital Person. Technology and Privacy in the Information Age*, New York University Press, New York-London 2004.

[42] Si veda la raccolta di saggi intitolata appunto *Homo numericus*, in «Esprit», 3, 2009, pp. 68-217.

riguardano gli aspetti più intimi della vita o la collocazione sociale della persona. Qui il principio di dignità si congiunge con quello di eguaglianza, per evitare discriminazioni o stigmatizzazioni sociali.

Ma sono gli interventi diretti sul corpo quelli che fanno nascere maggiori problemi. Si può intervenire sul corpo per rendere più agevole il suo controllo a distanza, modificandone la fisicità con l'inserimento di elementi elettronici o costruendo la sua dimensione elettronica attraverso l'obbligo di portare con sé documenti o strumenti che rendano la persona continuamente *tracciabile*. Qui il riferimento alla dignità è sicuramente rilevante, consentendo di ritenere ammissibili solo gli interventi a beneficio della persona, della sua salute in primo luogo.

Che cosa accade, però, quando l'innovazione scientifica e tecnologica consente di migliorare le prestazioni fisiche e intellettuali? Se queste nuove opportunità sono offerte selettivamente, se l'accesso dipende dalle risorse finanziarie, si giunge a una società castale; si opera una riduzione della cittadinanza, che diviene censitaria; più drammaticamente, si giunge a uno «human divide», a un mondo che accetta la costruzione di persone strutturalmente diverse, dove si materializza l'utopia negativa annunciata da Aldous Huxley nel *Mondo nuovo*[43]; e dove, però, si aprono anche prospettive positive di associazione tra persona e macchine, di quel trans- o post-umano che avevano affascinato sin dalla fine degli anni Venti suo fratello Julian[44]. Dobbiamo concludere che «l'uomo è antiquato», come ci ha suggerito Günther Anders?[45] O dobbiamo piuttosto riprendere il filo dell'associazione tra dignità e eguaglianza, la sola che può evitare la separazione radicale tra umani e post-umani portatori di qualità diverse?

Altri dilemmi sono davanti a noi, altre inquietudini si affacciano. Una persona prigioniera di una logica del consumo che produce una antropologia regressiva[46]. Una persona la cui identità viene sottratta all'autonomia e alla consapevolezza della persona e affidata a procedure automatiche, alla tecnologia dell'algoritmo e dell'*autonomic*

[43] A. Huxley, *Il mondo nuovo*, trad. it. di L. Gigli, Mondadori, Milano 1933.

[44] J. Huxley, *Religion without Revelation*, Benn, London 1927.

[45] G. Anders, *L'uomo è antiquato*, vol. I: *Considerazioni sull'anima nell'epoca della seconda rivoluzione industriale*, trad. it. di L. Dallapiccola, Bollati Boringhieri, Torino 2005.

[46] B. Barber, *Consumati. Da cittadini a clienti*, trad. it. di D. Cavallini e B. Martera, Einaudi, Torino 2010.

computing. La persona di nuovo consegnata all'astrazione, disincarnata, ridotta a fantasma tecnologico? Di fronte a tutto questo si leva l'antropologia dell'*homo dignus*, che obbliga a mantenere al centro la dimensione dell'umano, la sua ricchezza, l'imprevedibilità e la libertà.

Al diritto, si dice, spetta il compito di difendere le categorie antropologiche fondamentali[47], la stratificazione delle esperienze umane[48]. Ma, per raggiungere questa finalità, il diritto non può negarsi al mondo. Proprio il principio di dignità gli consente di seguirne i movimenti, di entrare nelle pieghe del mutamento, di esserne misura senza lasciarsene sopraffare. Perché tutto questo possa avvenire, serve molta convinzione, una attitudine che non perda d'occhio la realtà, che non se ne allontani alla ricerca di un trascendente che non gli offre fondamenti più solidi, ma rischia di fargli perdere la sua fondazione nell'umano.

La dignità non è un diritto fondamentale tra gli altri[49], né una supernorma. Seguendo la storia della sua vicenda giuridica, ci avvediamo che essa è venuta a integrare principi fondamentali già consolidati – libertà, eguaglianza, solidarietà –, facendo corpo con essi e imponendone una reinterpretazione in una logica di indivisibilità. Come buona scienza vuole, la ricostruzione complessiva di un sistema esige che se ne colgano le dinamiche, le modalità attraverso le quali ciascuna componente ridefinisce tutte le altre, dando a ciascuna nuova forza e legami più solidi con la società. L'*homo dignus* non si affida a un principio che sovrasta libertà, eguaglianza, fraternità e così, in qualche modo, le ridimensiona. Dall'intrecciarsi continuo di questi principi tutti fondativi, dal loro reciproco illuminarsi, questo *homo* riceve maggiore pienezza di vita e, quindi, più intensa dignità umana.

[47] P. Legendre, *Revisiter les fondations du droit civil*, in «Revue trimestrielle de droit civil», 89, 4, 1990, p. 641.

[48] P. Barcellona, *Critica della ragion laica*, Città Aperta, Enna 2006. Su questi temi cfr. G. Cricenti, *I diritti sul corpo*, Jovene, Napoli 2008.

[49] La dignità come principio è esplicitamente affermata nel paragrafo 34 della sentenza della Corte di Giustizia delle Comunità europee, *Omega* cit. Sulla questione la precisa rassegna di Di Ciommo, *Dignità umana* cit., pp. 207-213; Becchi, *Il principio di dignità umana* cit. Nei moltissimi scritti dedicati al tema si coglie spesso un trascorrere dall'uno all'altro termine, con una notevole imprecisione concettuale, che tuttavia rivela la difficoltà di ricondurre la dignità solo nell'ambito dei diritti fondamentali.

Capitolo VII

Diventare indegni

Solidarietà, diversità, scelta

La dignità è sempre accompagnata, insidiata, dal rischio della caduta Si diventa indegni in molti modi. Per rinuncia propria o rifiuto altrui, per scelta, espropriazione, aggressione, disperazione, sottomissione, accettazione, dedizione, ingratitudine. L'indegnità si nasconde, si confessa, si proclama, si subisce. Conosce tragitti diversi. Appartiene alla cultura, alla politica, alla fede. Soprattutto, sembra inseparabile dal mondo delle relazioni sociali, comunque dal rapporto con l'altro. Non basta dire «non sum dignus». Perché questo intimo sentire abbia senso, ho bisogno di rivolgermi a qualcuno, di proclamarlo, di confessarlo: «Domine, non sum dignus». Se si nasce eguali in dignità e diritti, custodire la dignità nella sua pienezza è un processo continuo, che corre sempre il rischio di approdare al suo opposto, appunto l'indegnità.

Nel *Discorso sulla servitù volontaria*, Étienne de La Boétie scrive:

Vi è qualcosa di evidente nella natura, qualcosa che nessuno può dire di non vedere, è il fatto che essa, strumento di Dio, e governante degli uomini, ci ha fatti tutti di una medesima forma e, come sembra, col medesimo calco, affinché noi ci si riconosca scambievolmente tutti come compagni o meglio fratelli. E se, nella distribuzione dei suoi doni, ha avvantaggiato nel corpo o nello spirito gli uni piuttosto che gli altri, tuttavia non ha inteso metterci in questo mondo come in un campo di battaglia, e non ha mandato quaggiù i più forti e i più abili come briganti armati in una foresta per prevaricare i più deboli, ma bisogna invece pensare che distribuendo ad alcuni di più ad altri di meno, essa volesse dare spazio all'affetto fraterno e mettere gli uomini in grado di praticarlo, avendo gli uni capacità di offrire aiuto, gli altri bisogno di riceverlo [...]. Essa ha cercato, con tutti i mezzi, di formare e stringere forte il legame della nostra alleanza e società; se ha mostrato in ogni cosa che non voleva tanto farci tutti uniti ma tutti uno; di conseguenza non è da mettere in dubbio che noi siamo tutti naturalmente liberi, perché *siamo* tutti uguali; e a nessuno può saltare in mente che la natura, che ci ha fatti tutti uguali, abbia reso qualcuno servo[1].

In un testo così ricco di suggestioni culturali, e quasi di premonizioni, il riferimento alla natura vuole rendere normativo un ordine sociale che abbia nella fraternità il suo più forte fondamento, condizione stessa dell'eguaglianza e della libertà. Ma in esso si rispecchia pure una forma concreta di organizzazione della società, nella quale per lo stesso diritto di proprietà, massima proiezione nel mondo reale della concretezza delle diseguaglianze, si cercava di attuare una sorta di neutralizzazione, costruendolo come «magistratura familiare e sociale»[2], in un contesto caratterizzato da doveri verso superiori e sottoposti. La debolezza «nel corpo o nello spirito» non è percepita socialmente come menomazione dell'eguaglianza in un ambiente in cui il riconoscimento e il sostegno reciproco sono presentati come regola ineludibile. Rimane così immune dal rischio della cancellazione anche la dignità, lì emblematicamente evocata attraverso la «non naturalità» della condizione di servo.

Questa idea di società naturalmente armonica, ma destinata nei fatti a impigliarsi nella gerarchia, non è stata per sé sola in grado di sopportare il peso delle diseguaglianze, e si è poi scelta la strada che affidava all'artificialità del diritto, piuttosto che alla natura, i principi di libertà, eguaglianza, fraternità. Lungo questo cammino, tuttavia, si è incontrata una proprietà «naturalizzata» perché proclamata sacra e inviolabile. È così divenuto concreto il rischio, temuto da Étienne de La Boétie, del «camp clos», dove gli uomini si affrontano come briganti, e la proprietà è connotata invece come «le champ de bataille» descritto da Alexis de Tocqueville. Quest'ultimo, tuttavia, nel mutamento del regime proprietario seguito alla fine dell'Ancien régime, coglieva un elemento che poteva allontanare la perdita di dignità che aveva accompagnato le *corvées* mortificanti, i pesi e gli obblighi imposti dal regime feudale a chi gestiva la terra a vantaggio del signore che ne rimaneva formalmente proprietario. Con le

[1] É. de La Boétie, *Discorso sulla servitù volontaria* [c. 1554], trad. it. di F. Ciaramelli, Chiarelettere, Milano 2011, pp. 15-16.
[2] J. Carbonnier, *Droit civil*, vol. II, 4ª ed., Paris 1964, p. 87.

leggi rivoluzionarie, i vincoli personali erano cancellati, i doveri del proprietario venivano ormai fatti discendere dal regime della cosa posseduta, non dalla dipendenza della persona dal potere di un altro soggetto: «le privilège transporté ainsi des personnes aux choses était plus absurde sans doute, mais il était bien moins senti, parce que, gênant encore, il n'humiliait plus»[3]. Nel tratto dell'umiliazione, così finemente colto da Tocqueville al di là della forma giuridica, si riconosce la perdita della dignità, il costituirsi di una condizione umana che sospinge la persona appunto verso l'indegnità. E proprio sul tema dell'umiliazione si è tornati da parte di chi, proprio nel quadro della definizione della dignità, l'ha costruita come l'atto che offende il rispetto che la vittima ha di se stessa[4].

Ma nel ruolo attribuito alla natura da Étienne de La Boétie si deve cogliere un altro significato. Se le diseguaglianze nel corpo e nello spirito sono un prodotto della natura, dunque inevitabili, è maggiore la propensione individuale e sociale ad accettarle. Quando, però, crescono le opportunità offerte dalla scienza per liberarsi da quelle diseguaglianze naturali, l'attenzione individuale e sociale abbandona la logica dell'accettazione e del sostegno e si sposta verso l'accesso ai mezzi che rendono possibile il raggiungimento di quel risultato. L'obbligazione sociale si allenta, la fraternità cede alla tecnologia.

Potrebbe apparire ovvio, a questo punto, risolvere l'intero problema con la costruzione di diritti che consentano alla persona di godere di tutti i benefici della scienza. L'insistenza solo su questo aspetto, tuttavia, *porta* con sé il rischio di far divenire normativa non più la natura, ma l'innovazione scientifica. Se una persona permane in una condizione fisica o psichica disagiata anche quando sono disponibili gli strumenti tecnici per eliminarla o alleviarla, il non ricorrere a essi può indurre a una stigmatizzazione di chi decide di non fare questa scelta e di chi si trova nell'impossibilità di farla. È il tema, in primo luogo, della disabilità, per cui dev'essere ricordato quanto è scritto nell'art. 26 della Carta dei diritti fondamentali dell'Unione europea: «L'Unione riconosce e rispetta il diritto dei disabili di beneficiare di misure intese

[3] A. de Tocqueville, *L'Ancien régime et la Révolution*, in Id., *Oeuvres complètes*, a cura di G. Lefebvre, Gallimard, Paris 1952, vol. II, p. 260, più volte tradotto in italiano.

[4] Si veda K. Seelmann, *La tutela della dignità umana: garanzia di status, divieto di strumentalizzazione, oppure divieto di umiliare?*, in «Ragion pratica», 34, 1, 2012, pp. 45-60.

a garantirne l'autonomia, l'inserimento sociale e professionale e la partecipazione alla vita della comunità». Il diritto del disabile, dunque, è in primo luogo quello di essere riconosciuto e rispettato in questa sua condizione personale, senza che possa in alcun modo essere considerato come destinatario di un obbligo di rientrare nella «normalità».

Questo tema è stato particolarmente discusso in relazione alla tecnologia degli impianti cocleari, il cosiddetto orecchio bionico. Quando il governo australiano ha annunciato per il 2011 un programma di screening di tutti i neonati[5], per accertare precocemente una condizione di sordità e poter così intervenire nel modo più rapido ed efficace, il gruppo Deaf Australia ha reagito in modo assolutamente critico, con una argomentazione che riassume efficacemente le preoccupazioni relative proprio al rispetto dei diritti delle persone. L'impianto dell'orecchio bionico, si osserva, «implica che le persone sorde sono malate o incomplete, isolate e infelici, incapaci di comunicare con gli altri e quindi alla disperata ricerca di cure per la loro condizione. Così le persone sorde vengono umiliate, la loro cultura e il loro linguaggio screditati, né vengono riconosciuti la loro diversità e i loro successi»[6]. Condividendo questa preoccupazione, alcuni genitori hanno rifiutato l'impianto per i loro figli, facendo emergere il problema della tutela dei diritti dell'«altro». Chi, e in quali situazioni, può prendere decisioni ritenute necessarie per la tutela dell'altrui personalità? E soprattutto diviene evidente la molteplicità di fattori da considerare quando si fa riferimento alla dignità della persona e alla qualità della vita, con l'impossibilità di ricorrere a una normalità «normativa». Questa impegnativa necessità di individualizzazione richiama l'argomento di Alan Turing che, discutendo intorno al modo per accertare se le macchine pensino e sostenendo che la risposta può venire solo dal farsi macchina, affermava che «il solo modo per sapere che un *uomo* pensa è essere quel particolare uomo»[7].

[5] Programmi analoghi sono presenti in diversi paesi, come in Italia dal 2000.

[6] Deaf Australia, *Policy on Cochlear Implants*, 20th Annual General Meeting on 3rd November 2006 (disponibile in www.deafau.org.au/info/policy_cochlear.php). Cfr., in generale, J.B. Christiansen e I.V. Leigh, *Cochlear Implants in Children. Ethics and Choices*, Gallaudet University Press, Washington (DC) 2002.

[7] A.M. Turing, *Computer Machinery and Intelligence*, in «Mind», 59, 1950, pp. 433-460; sul test di Turing il colorito libro di B. Christian, *Essere umani. Che cosa ci dice di noi il test di Turing* [2011], trad. it. di M. Capocci con la collaborazione di R. Brusetti e A. La Cava, Le Scienze, Roma 2012.

Nel passaggio dalle leggi della natura alle leggi degli uomini, dalla necessità alla scelta, dunque, il quadro dei diritti si articola e si precisa e, con esso, si chiariscono le condizioni per la stessa legittimità sociale delle innovazioni scientifiche e tecnologiche. Il criterio generale è quello che discende dalla considerazione congiunta del principio di eguaglianza e del diritto fondamentale all'autodeterminazione. L'accesso concreto alle opportunità offerte dalla scienza non può tradursi in un privilegio, determinato dalla posizione sociale o dalle risorse economiche, pena il ricadere degli esclusi in quell'umiliazione sottolineata da Tocqueville e significativamente ripresa nel documento australiano, che si risolve nella menomazione della dignità. Non sei degno del «progresso», riservato ad alcuni soltanto.

Ma la disponibilità sociale e istituzionale non può neppure trasformarsi nell'obbligo di avvalersi dell'offerta. Qui soccorrono anzitutto le considerazioni culturali legate alla imposizione di modelli, rispetto ai quali la regola giuridica non può andare oltre la salvaguardia di un contesto all'interno del quale ciascuno possa liberamente operare le proprie scelte, senza divenire oggetto di pretese paternalistiche o autoritarie, che vogliono imporre valori, magari ostentando una loro pretesa conformità alla natura. La cultura della diversità, e dei diritti in cui essa si manifesta, gioca un ruolo fondamentale, proprio per impedire che talune scelte possano determinare situazioni di rifiuto o stigmatizzazione che privano la persona della «dignità sociale» affermata dall'art. 3 della Costituzione.

Indegnità e perdita dei diritti

Esistono vere e proprie istituzioni dell'indegnità, formalizzate, che trovano la loro disciplina nella Costituzione e nel codice civile. Nel quarto comma dell'art. 48 della Costituzione è detto esplicitamente che «il diritto di voto non può essere limitato se non per incapacità civile o per effetto di sentenza penale irrevocabile o nei casi di indegnità morale indicati dalle leggi». Il codice civile dedica all'indegnità a succedere gli artt. 463, 464 e 465, dove vengono minutamente individuate le situazioni nelle quali si è colpiti da questa particolare forma di indegnità.

La condizione di indegno incide sugli stessi diritti di cittadinanza poiché, con l'esclusione dal voto, si preclude addirittura l'accesso al processo democratico. La Costituzione giunge a una conclusione così impegnativa facendo appello alla «morale», ed è l'unica volta che nel testo costituzionale compare questa parola. Si deposita così nel sistema istituzionale una riserva di moralità pubblica, alla quale il legislatore può attingere quando ritiene che la partecipazione di alcune persone rischi di inquinare il processo democratico. Un atteggiamento, questo, che si ritrova nell'art. 54 dove, una volta sancito il dovere dei cittadini «di essere fedeli alla Repubblica e di osservarne la Costituzione e le leggi», si va oltre e si stabilisce che «i cittadini cui sono affidate funzioni pubbliche hanno il dovere di adempierle con disciplina e onore». Considerando questa norma, si può ritenere che la violazione del dovere di disciplina e onore, a parte la possibilità di specifiche sanzioni, produca una «indegnità sociale», di cui dovrebbe tenersi conto, ad esempio, quando si intenda proporre il trasgressore come candidato ad altre funzioni o cariche, in particolare a quelle elettive. Torna l'esclusione dell'indegno come elemento necessario perché il processo democratico mantenga le proprie caratteristiche.

Una critica realistica a ipotesi come questa certamente metterebbe in luce la scarsa sua praticabilità, e pure il rischio di subordinare diritti di cittadinanza a indicazioni generiche, come quelle che fanno riferimento alla disciplina e all'onore. La preoccupazione per il rispetto dei diritti è sacrosanta. Ma qui si vuol piuttosto mettere in evidenza la possibilità di costituire per l'opinione pubblica, così come fa esplicitamente per il legislatore l'art. 48 della Costituzione, risorse informali di moralità, utilizzabili quando si vuol pronunciare un giudizio su chi si muove sulla scena sociale. Questo implica, ad esempio, che il voto a favore dell'«indegno» non possa essere considerato una sorta di sua riabilitazione a furor di popolo, di fronte alla quale ogni memoria e ogni critica dovrebbero tacere. Diviene evidente, allora, che lo spazio per le valutazioni di indegnità si dilata al di là di quello proprio della giuridicità. Questo vuol dire che possiamo trovarci di fronte ad «altre dignità»[8], che tuttavia devono essere considerate in un *continuum* che le congiunge alla dimensione propriamente giuridica.

Trasportato dalla sfera pubblica a quella privata, il tema del diventare indegni si chiude nella cerchia ristretta dei rapporti tra persone determinate, alle quali viene anche attribuito quel potere di far scom-

[8] Mette a fuoco questo tema U. Vincenti, *Diritti e dignità umana*, Laterza, Roma-Bari 2009, p. 149.

parire gli effetti dell'indegnità che non appare legittimo nei processi sociali. Pur discendendo da ragioni oggettive, infatti, la persistenza dell'indegnità tra soggetti privati è subordinata alle valutazioni della persona che si intende tutelare. E tuttavia il quadro disegnato per l'indegnità dal codice civile è un contributo importante per la definizione delle condizioni sociali alle quali l'indegnità deve essere riferita.

L'esclusione per indegnità dalla successione nei beni di una determinata persona è legata a vicende che, in particolare, incidono sull'integrità fisica e sulla libertà della persona. L'art. 463 del codice civile prevede l'esclusione dall'eredità «come indegno» di chi abbia compiuto atti particolarmente gravi contro il defunto o i suoi familiari, come un attentato alla vita, una denuncia calunniosa, raggiri tendenti a influire sulla volontà testamentaria.

Il quadro sociale delineato dall'indegnità tra privati ha due ben visibili riferimenti, la famiglia e la proprietà, e la presenta come istituzione tendente a garantire la «moralità» nella circolazione dei beni, che non devono pervenire a chi ha tenuto taluni comportamenti ritenuti deplorevoli. Una moralità, tuttavia, che non assume tratti vincolanti, poiché è sempre possibile la riabilitazione dell'indegno da parte della persona dalla quale dovrebbe ereditare. Una indegnità, dunque, disponibile e, perciò, tendenzialmente negoziabile, rimessa alle valutazioni della persona interessata.

Nell'ottica della circolazione dei beni, e delle valutazioni morali che l'accompagnano, compare poi una figura che, pur non essendo tecnicamente qualificabile come indegnità, tuttavia risponde a una logica analoga, tanto che la sua disciplina prende le mosse proprio da quanto è disposto per l'indegnità a succedere. È la revocazione delle donazioni per «ingratitudine», che legittima il donante a ottenere la restituzione del bene donato. L'ingrato non è *degno* di conservarlo.

Chi è l'indegno?

Queste rapide notazioni confermano la qualità essenzialmente relazionale dell'indegnità che, tuttavia, in questi casi viene tendenzialmente considerata dal diritto come una situazione che non si presenta con i caratteri della definitività, essendo sempre possibile rimuoverne le cause per iniziativa di un soggetto coinvolto nella relazione sociale (è il caso della riabilitazione prevista dal codice civile) o fissando un termine, trascorso il quale la dignità viene riacquistata (è il caso delle «limitazioni temporanee» al diritto di voto previste «per i capi responsabili del regime fascista» dalla XII disposizione transitoria della Costituzione).

Ma non è a questa sua versione «debole» che pensiamo quando compaiono davanti a noi le storie dell'indegnità, che si dilatano ben oltre gli stretti confini segnati dagli articoli appena ricordati della Costituzione e del codice civile. In questi casi, infatti, la condizione d'indegno è fatta risalire a un comportamento individuale ben specificato, circoscritto a particolari momenti della vita e a determinati diritti e che, quindi, non produce vera esclusione sociale, e tanto meno persecuzione. Risponde soltanto a una ben precisa esigenza di moralità nell'avvio del processo democratico e nella circolazione dei beni.

L'altra via dell'indegnità, quella che drammaticamente continua ad accompagnarci, muove invece da un ribaltamento, da un radicale rifiuto dell'altro che prescinde da qualsiasi suo comportamento e conduce a una «morte civile», a una progressiva espropriazione d'ogni diritto che costruisce categorie di «indegni» nei cui confronti ogni aggressione diviene legittima. Indegne le vittime o indegni i persecutori?

Molte pratiche sociali, accompagnate o favorite anche da strumenti giuridici, hanno costruito una «azione parallela» dell'indegnità, che ha sopraffatto principi e diritti, divenendo essa stessa principio che imponeva la degradazione dell'umano. Da eccezione codificata e circoscritta, l'attribuzione della qualità d'indegno si è fatta regola generale, legittimando l'aggressione continua di intere categorie di persone. Di fronte a tutto questo il diritto non è stato innocente, anzi se ne è fatto complice. La persecuzione, fino all'eliminazione fisica, di rom, dissidenti politici, appartenenti a minoranze etniche o linguistiche, omosessuali, disabili, malati mentali, lo sterminio degli ebrei sono stati resi possibili anche da minuziose norme giuridiche. Ricordo soltanto il decreto «Nacht und Nebel» del 7 dicembre 1941, con il quale Hitler stabiliva che gli ebrei in particolare dovessero essere trasferiti dai paesi occupati in Germania, dove sarebbero appunto «svaniti nella notte e nella nebbia».

Ombre, dunque, non più persone. Esseri destinati soltanto a essere cancellati. La privazione dei diritti corrispondeva alla cancellazione dell'umanità stessa.

Le tragedie del Novecento hanno così reso visibile un'altra, terribile casistica, una moderna barbarie, e si sono trasformate in ammonimento. In apertura della Costituzione francese del 1948 si ricorda che quel testo è stato scritto «all'indomani della vittoria dei popoli liberi sui regimi che hanno cercato d'asservire e degradare la persona umana». Ma pure i vinti, i tedeschi, si sono mossi nella medesima direzione, e hanno voluto marcare la distanza dal loro passato aprendo la loro Costituzione con il dichiarare inviolabile la dignità umana.

In questo tentativo di immunizzarci dal ritorno dell'indegnità, di nuovo si è fatto appello al diritto, rovesciandone il ruolo, abbandonando il paradigma persecutorio. Nasce così un'altra casistica, volta a individuare analiticamente le aggressioni e a riportare l'indegnità in capo ai persecutori. Si sono costruiti molteplici cataloghi di atti di barbarie contro l'inerme «indegno», fino all'ultimo, ma certo non definitivo, che si trova nello Statuto della Corte penale internazionale del 1988. Qui compaiono quattro categorie di crimini: di guerra, di genocidio, di aggressione, contro l'umanità, che a loro volta si scompongono in una minutissima casistica di ben sessantasei modalità in cui quei crimini possono concretarsi. L'esperienza accumulata, e rivelata da quell'elenco, consente di individuare i criteri in base ai quali sono stati via via identificati quelli che, destituiti d'umanità ad opera degli aggressori, dovevano scomparire, appunto perché «indegni» di rimanere nel mondo che si voleva costruire. Un elenco destinato a essere allungato tutte le volte che, nella realtà che ci circonda, si manifestano nuove aggressioni contro l'umano, forme nuove di trascinamento verso l'indegnità. Il diritto, dunque, si attrezza per una permanente attesa dei barbari, dei veri «indegni» che, per esso, davvero sono sempre alle porte.

È anche una relazione tra vittime e persecutori che la riflessione sull'indegnità porta alla luce. Chi è il vero indegno, come viene costruito? Ma, di fronte all'imposizione dell'indegnità, non basta un rovesciamento semantico, un gioco definitorio, Quando si è imposta l'indegnità a una persona, questa può impadronirsi della sua vita, e non scompare per il solo fatto che il mutamento della situazione di fatto ha consentito di trasferire sul persecutore il marchio dell'indegno. Lo ha spiegato a tutti, forse in modo definitivo e con la sua stessa vita, Primo Levi[9].

[9] P. Levi, *Se questo è un uomo*, Einaudi, Torino 1958; Id., *I sommersi e i salvati*, Einaudi, Torino 1986.

Ma non esistono cataloghi che contemplino le quotidiane vie verso l'esclusione dell'immigrato ritenuto indegno di sedere sulle stesse panchine dove si riposano i nativi, della donna indegna di stabilire liberamente le proprie relazioni personali e sociali, dell'omosessuale indegno di veder riconosciuto giuridicamente il suo legame con un'altra persona, dell'arrestato indegno di essere rispettato nei suoi diritti se preme l'emergenza della sicurezza pubblica, del lavoratore indegno di conservare i diritti ritenuti incompatibili con l'emergenza economica. Queste sono le politiche dell'indegnità alle quali devono essere opposte le politiche dei diritti, mai come in questo caso costitutive dell'umanità stessa delle persone. Il mondo è fitto di queste indegnità, nuove alcune, molte invece provenienti proprio da quel passato dal quale si vuol liberare.

Il rischio dell'indegnità si fa ancor più insidioso quando tocca immediatamente l'esistenza, tanto che si parla di «vita degna d'essere vissuta», di «morire con dignità». È dunque possibile una vita indegna, è possibile un indegno morire. Come si può sfuggire a queste indegnità? A questa domanda non si può rispondere rifacendosi soltanto alla distinzione tra dignità soggettiva e oggettiva, individuando così nella persona interessata o, alternativamente, in altri soggetti chi sia competente per definire la misura della dignità in ciascuna situazione. La dignità si realizza attraverso un processo, al quale concorrono il potere di governo della persona interessata e il dovere che incombe su chi deve costruire le condizioni necessarie perché le decisioni di ogni persona possano essere prese in condizioni di libertà e responsabilità. Già in questa formulazione, tuttavia, appare evidente quale sia il rapporto tra potere individuale e dovere istituzionale, politico o sociale. Quest'ultimo, infatti, non può risolversi nella definizione dall'esterno della «qualità della vita» di ciascuno, perché, come già si è visto, libertà e dignità sono inseparabili. Non è accettabile una dignità normativa, non sono ammissibili custodi della dignità legittimati a imporre alla persona un proprio punto di vista.

Ci si allontana così tanto da un'idea di dignità come fondamento giusnaturalistico dal quale discendono tutti i diritti fondamentali, quanto da una individualizzazione della dignità che esonera le istituzioni e la società dal prenderla in considerazione. La pienezza della dignità diviene possibile quando esiste una serie di «prestazioni» sociali idonee in primo luogo a eliminare le condizioni di sfruttamento e di degrado e a recuperare quell'idea di solidarietà sulla quale già si è richiamata l'attenzione, in definitiva a soddisfare una serie di essenziali bisogni umani[10]. La dignità non può consistere nella contemplazione statica di un principio ma, proprio perché tale, è motore di un processo nel quale la persona vede riconosciuti nel concreto i propri diritti. In questo modo, però, sono pure ben definiti i rapporti tra persona e istituzioni politiche e sociali, i loro rispettivi territori.

La vita degna di essere vissuta, allora, è quella che la persona autonomamente costruisce come tale. Non vi sono vite «indegne» fuori da quelle che altri pretendono di costruire al nostro posto, violando così il diritto all'autorappresentazione e alla competenza a orientarsi nel mondo[11].

[10] Sul punto le indicazioni, in particolare sulla discussione tedesca, di P. Becchi, *Il principio di dignità umana*, Morcelliana, Brescia 2009.

[11] Seelmann, *La tutela* cit.

Capitolo VIII
Il diritto alla verità

Il bisogno di conoscere

Restituire la dignità attraverso la verità? Gli interrogativi sul diritto alla verità accompagnano da sempre la riflessione politica e filosofica, occupano un posto di rilievo nelle fonti letterarie. Proprio negli ultimi decenni, tuttavia, il tema ha conosciuto una rinnovata e più intensa fortuna, che lo ha collegato a impegnativi obiettivi politici, accentuando particolarmente la questione della conservazione della memoria, anzi di una costruzione della memoria affidata appunto all'esercizio del diritto alla verità. Ma come si può parlare di questo diritto, chi ne sono i titolari, quali i contenuti?

«Tutti hanno l'inalienabile diritto di conoscere la verità sui fatti passati e sulle circostanze e le ragioni che, attraverso casi rilevanti di gravi violazioni di diritti umani, hanno portato a commettere crimini aberranti. L'esercizio pieno ed effettivo del diritto alla verità è essenziale per evitare che tali fatti possano ripetersi in futuro»[1]. Una affermazione così netta proietta immediatamente il diritto al di là di storiche controversie, come quella che divise Immanuel Kant e Benjamin Constant, esalta una forza propria della verità, un suo universalismo, che non solo non lascia spazio alla menzogna dei governanti, ma travolge lo stesso principio secondo il quale «nessun uomo ha diritto a una verità che nuoccia ad altri».

Da che cosa nasce questa imperiosa visione di un diritto insofferente d'ogni limite, che scardina la convinzione di chi ha pazientemente ricostruito il rapporto tra diritto e verità intorno a una sorta

[1] L. Joinet, *Question of the impunity of perpetrators of human rights violations (civil and political)*, Final Report, Annexe I, Principle 1, United Nations Documents, E/CN. 4/Sub. 2/1997/20/Rev. 1, 2 ottobre 1997.

di inevitabile riduzione delle pretese di verità assolute, sottolineando anzi che lo spazio proprio del diritto è quello delle verità parziali, relative, convenzionali? È l'urgenza di reagire a tragedie che induce a ritenere che lo sguardo sul passato debba produrre anticorpi capaci di impedire nel futuro il loro ripetersi[2]. L'enfasi sulla verità, dunque, non nasce soltanto dall'esigenza di restituire la dignità alle vittime. È l'umanità intera, senza confini spaziali e temporali, che compare sulla scena, ed è proprio essa a dover essere traghettata verso tempi illuminati e redenti dalla forza della verità. Ma una legittimazione così intensa conferisce al diritto alla verità una capacità espansiva nelle direzioni più diverse, che esige una riflessione attenta, e non solo la registrazione delle vicende d'origine che gli hanno attribuito una portata tanto impegnativa.

La discussione davvero planetaria intorno al diritto alla verità si lega al passaggio alla democrazia di diversi paesi dopo una fase caratterizzata da regimi politici dittatoriali, da violenze e conflitti. Per governare questa transizione, nel 1995 nella Repubblica Sudafricana venne costituita una «Commissione per la verità e la riconciliazione», un modello seguito poi da diversi paesi. Emergeva così un bisogno di verità «finalizzata» alla riconciliazione (Cile, Canada, Contea di Greensboro negli Stati Uniti, Isole Salomone, Liberia, Perù, Sierra Leone, Timor Est), alla riconciliazione e all'unità (Figi, Ghana, Timor Est per l'amicizia con l'Indonesia), alla giustizia (Kenya), alla giustizia e alla riconciliazione (Marocco). In Salvador e Panama si è parlato di una commissione per la verità, senza altre specificazioni; in Argentina il compito ufficiale della commissione riguardava le persone scomparse; in Guatemala il «chiarimento storico»[3].

Dietro queste diverse formule si ritrova un sostanziale denominatore comune già ricordato, e che molti documenti individuano appunto nella necessità di «restituire la dignità alle vittime e ai loro familiari». Infatti, nella Risoluzione 2005/66 della Commissione per i

[2] J.-M. Chaumont, *La concurrence des victimes. Génocide, identité, reconnaissance*, La Découverte, Paris 2002; A. Forero, I. Rivera Beiras e H.C. Silveira (a cura di), *Filosofía del mal y memoria*, Anthropos, Barcelona 2012. Sulla «cultura della vittima» le osservazioni di M. Magatti, *Libertà immaginaria. Le illusioni del capitalismo tecno-nichilista*, Feltrinelli, Milano 2009, pp. 307-310.

[3] In generale G. Illuminati, L. Stortoni e M. Virgilio (a cura di), *Crimini internazionali tra diritto e giustizia: dai tribunali internazionali alle Commissioni Verità e Riconciliazione*, Giappichelli, Torino 2000.

diritti umani dell'Onu si parla del «diritto delle vittime di gravi violazioni dei diritti umani e del diritto dei loro parenti alla verità sui fatti avvenuti, compresa l'identificazione dei responsabili dei fatti che hanno originato la violazione». È un diritto delle vittime, di cui si delinea progressivamente il perimetro, identificando al tempo stesso nello Stato il soggetto tenuto a porre in essere le azioni necessarie perché quel diritto possa essere garantito. Ma questo significa che devono essere precisati il contenuto di questo diritto e le sue modalità di esercizio. E, ancor prima, bisogna chiedersi se davvero un diritto alla verità così definito, o un diritto generale alla verità, sia lo strumento migliore, o l'unico possibile, per raggiungere gli obiettivi indicati – dignità delle vittime, riconciliazione politica e sociale, punizione dei responsabili, deterrente contro il ripetersi in futuro di vicende simili.

Opportunità dell'oblio, necessità della memoria

Poiché nei documenti internazionali, e in costituzioni e leggi nazionali, si stabilisce, esplicitamente o implicitamente, un rapporto stretto tra democrazia e verità, nel significato appena indicato, è opportuno ricordare come proprio questo nesso sia stato radicalmente negato sottolineando che «l'addio alla verità è l'inizio e la base stessa della democrazia»[4], perché l'accordo democratico sarebbe spezzato dal riferimento «a una realtà esterna, a 'fatti' che sono perlopiù oscuri, controversi, costruiti»[5]. Su questo punto si tornerà più avanti nell'analizzare il rischio di una «dittatura della verità»[6] o della costruzione di verità di comodo. Ma non si può trascurare il «realismo» di chi mette in evidenza come realtà e verità siano sempre state lo strumento di tutela dei deboli contro le prepotenze dei forti[7], che è proprio il punto di vista dal quale muove il nuovo e insistito bisogno di verità prodotto attraverso processi istituzionali e istituti specifici, quali sono appunto le commissioni per la verità. Esiste certamente

[4] G. Vattimo, *Addio alla verità*, Meltemi, Roma 2009, p. 16.

[5] Così F. D'Agostini, *Introduzione alla verità*, Bollati Boringhieri, Torino 2011, p. 332, sintetizza la posizione dei critici radicali con esplicito riferimento a G. Vattimo e R. Rorty.

[6] H. Arendt, *Verità e politica* [1967], trad. it. di V. Sorrentino, Bollati Boringhieri, Torino 2004.

[7] M. Ferraris, *Manifesto del nuovo realismo*, Laterza, Roma-Bari 2012 (4a ed.).

un diritto di tutti i cittadini di mettere sempre in discussione le verità istituite. Questo, però, implica pure il diritto di esercitare la critica e il controllo del potere, di ogni potere, proprio per l'irrompere della «locomotiva-realtà», sempre più intenso grazie pure alle opportunità offerte dal Web, nuovo dato strutturale della democrazia, che fa tornare «le funzioni scettico-critiche [...] nelle mani degli individui», e così rende possibile «un nuovo rapporto con la parola 'verità'»[8].

L'esistenza attuale di un paradigma concettuale e politico tutto fondato sull'esigenza di giungere alla verità attraverso una ricostruzione della memoria, tuttavia, non può essere considerata come l'unica, accettabile tecnica sociale alla quale ricorrere. Uno sguardo storico, pur sommario, permette di cogliere il passaggio da un'idea di politica che ci libera dall'odio e dalle divisioni sociali con la cancellazione del passato a un paradigma che, al contrario, fonda questa liberazione sulla massima conoscenza possibile, sulla ricostruzione integrale del passato, dunque su un esercizio di memoria che permetta di pronunciare la parola «verità». Un passaggio, questo, che ne implica un altro: l'abbandono della tecnica sociale della *damnatio memoriae* e l'avvento dell'obbligo di ricordare, che può farsi imposizione tecnologica, anch'essa da governare con adeguate tecniche sociali[9].

Si usa citare, in questi casi, una frase di Plutarco: «la politica è ciò che toglie all'odio il suo carattere eterno». Politica, dunque, è la decisione sul ruolo da dare alla verità, cancellandola o facendola diventare un diritto, dando preminenza all'oblio o alla memoria[10].

«Non sia lecito a nessuno vendicarsi delle offese passate». Così Aristotele sintetizza il «patto a non ricordare», il «decreto dell'oblio», voluto nel 403 a. C. da Trasibulo dopo la cacciata dei Trenta Tiranni[11]. «Secondo l'accordo stipulato nessuno aveva più diritto di 'ricordare' a qualcun altro il 'male' che aveva ricevuto e di cui lo riteneva responsabile. La rappacificazione passava attraverso l'esplicito divieto di ricordare; pur se da tale cancellazione erano

[8] Così, efficacemente, D'Agostini, *Introduzione* cit., pp. 339-340.

[9] La questione è esaminata *infra*, pp. 392-395.

[10] In un bel saggio su questo tema M. Bettini, *Sul perdono storico. Dono, identità, memoria e oblio*, in M. Flores (a cura di), *Storia, verità, giustizia. I crimini del XX secolo*, Bruno Mondadori, Milano 2004, p. 38, sottolinea la propensione di Plutarco per l'oblio.

[11] Aristotele, *La Costituzione degli Ateniesi*, 39.6.

esclusi i reati di sangue»[12]. Il rispetto dell'accordo era affidato alla previsione della pena di morte per i trasgressori, e Aristotele ricorda che tale sanzione venne applicata in un caso, con l'argomento che solo così sarebbe stato possibile salvare la Costituzione e mantenere fede ai patti, dando a tutti un esempio. «E accadde proprio così: una volta che quello fu messo a morte, nessuno mai in seguito cercò di vendicarsi»[13].

Quel patto è stato ripetutamente indicato come modello di prevalenza dell'oblio sulla memoria, espressione dunque di realismo politico e non di attenzione per la verità. Maurizio Bettini, tuttavia, sottolinea come proprio il risultato politico fosse stato reso possibile anche da «una forte riattivazione della memoria e del passato». Nel momento in cui veniva previsto il divieto di vendicarsi, infatti, si faceva pure appello ai tratti comuni che univano gli ateniesi. «La riconciliazione promossa da Trasibulo venne realizzata selezionando, tramite la memoria della città, le connessioni identitarie che favorivano l'unità tra gli ateniesi e cancellando invece, attraverso l'oblio, le connessioni identitarie che ne avrebbero perpetuato la divisione»[14]. Sottolineando che il ricorso alla memoria o all'oblio non implica una incompatibilità tra queste due categorie, evidentemente il tema della verità viene relativizzato, diviene funzione del modo in cui si vuole perseguire il fine della riconciliazione. Quanta verità è compatibile con questo obiettivo? Quando e come è possibile coordinare tra loro memoria e oblio?

Un'altra vicenda, emblematica e infinite volte richiamata, può aiutare a chiarire questi punti. Il 13 aprile 1598 Enrico IV emana l'Editto di Nantes, con il quale intende porre fine al lungo tempo delle guerre di religione, sottolineando che dopo «turbamenti, confusioni e disordini [...] abbiamo raggiunto il porto della salvezza e della tranquillità dello Stato». Proprio la regola dell'oblio è il cuore dell'Editto, com'è detto esplicitamente nei suoi due primi articoli. Nell'art. 1, infatti, si stabilisce «in primo luogo che sia estinto e sopito il ricordo di qualsiasi azione compiuta dalle due parti dal principio del mese di marzo 1585 fino alla nostra accessione alla Corona e durante gli altri precedenti disordini e in occasione di essi,

[12] Bettini, *Sul perdono storico* cit., p. 39.
[13] Aristotele, *La Costituzione degli Ateniesi*, 40.2.
[14] Bettini, *Sul perdono storico* cit., pp. 41-42.

come se nulla fosse accaduto. E non sarà permesso ai nostri procuratori, né ad alcun altro, pubblico o privato che sia, in qualsiasi momento, per qualsiasi occasione, di fare riferimento a essi o di avviare un processo o una inchiesta». Aggiunge l'art. 2: «Proibiamo a tutti i nostri sudditi, di qualsiasi stato o condizione, di rinnovarne la memoria, di aggredirsi, risentirsi, ingiuriarsi, provocarsi l'un l'altro rimproverandosi per quel che è avvenuto, quale che sia la causa o il pretesto, e di litigare, discutere, accusarsi o offendersi con fatti o parole, ma di dominarsi e vivere insieme in pace come fratelli, amici e concittadini, prevedendosi per tutti coloro i quali contravvengono a questi divieti la punizione prevista per chi viola la pace e perturba la quiete pubblica».

Valutando pure questo documento con il criterio già ricordato per il patto di Atene, si potrebbe ben dire che anche qui, malgrado i toni decisi e la minaccia di sanzioni, la memoria del passato non è del tutto cancellata, dal momento che l'Editto si sviluppa riconoscendo diritti ai protagonisti dei passati conflitti proprio sulla base delle posizioni e delle identità aggressivamente ribadite in quelle occasioni. Si potrebbe, anzi, aggiungere che, a differenza di quanto era avvenuto ad Atene, la riconciliazione non avviene sulla base del riferimento a una identità comune, ma legittimando la diversità dei sudditi che professavano la «cosiddetta religione riformata» (così l'Editto). La conclusione, allora, potrebbe essere quella che mette in evidenza come, in realtà, il risultato della riconciliazione o della creazione di una memoria collettiva e condivisa venga realizzato «utilizzando sia le risorse dell'oblio che quelle della memoria»[15].

«Dimenticare al tempo giusto [...], ricordare al tempo giusto», si potrebbe aggiungere, con le parole di Nietzsche[16]. Ma, pur superando lo schematismo delle contrapposizioni, il problema rimane poi quello di stabilire quali siano le modalità e la misura della mobilitazione di ciascuna risorsa, essendo evidente, ad esempio, che la previsione di sanzioni penali pesantissime per la violazione del divieto di ricordare proietta sulla società l'affermazione dell'oblio come principio. Quale che sia, peraltro, la conclusione su questo punto, risulta evidente che nessuna rilevanza viene attribuita al te-

[15] Bettini, *Sul perdono storico* cit., p. 39.

[16] F. Nietzsche, *Considerazioni inattuali*, trad. it. di M. Montinari e S. Giametta, Adelphi, Milano 2004.

ma della verità o, meglio, che la verità storica viene percepita e presentata come un pericoloso ostacolo sulla via di una ritrovata pace tra i cittadini.

L'ossessione della verità, invece, sembra possedere l'esperienza recente delle commissioni istituite in suo nome, sì che non è arbitrario parlare di un rovesciamento del paradigma, all'interno del quale l'oblio si presenta comunque come inaccettabile. La verità è usata come risorsa «militante», diventa diritto di una schiera di soggetti, condizione per la libertà di altri. «Libertà contro verità» è la formula che meglio sintetizza la creazione di un contesto all'interno del quale le risorse mobilitate sono sostanzialmente quelle che consentono alle vittime di ricostruire i fatti, ai carnefici di non trincerarsi dietro i loro timori o le loro versioni di comodo. Si è detto che «i torturatori ricordano il bene, le vittime ricordano tutto». Proprio per interrompere questo corto circuito compare, con forza sostanzialmente eversiva, il diritto alla verità, perché si vuole evitare che la costruzione del nuovo possa rimanere prigioniera di un silenzioso passato.

Esaminato più da vicino, questo imperioso diritto può essere scomposto, utilizzando in particolare i lavori delle commissioni latino-americane e le discussioni che hanno suscitato. Si parla di diritto alla verità o diritto di sapere come diritto collettivo e come modalità del risarcimento; come cessazione della violazione del diritto alla integrità fisica e psichica; come prevenzione; come memoria; come obbligazione di mezzo e non di risultato; come comprensivo del diritto alla giustizia; e, infine, come diritto al lutto.

Questa giustapposizione di molteplici profili esige chiarimenti, per evitare una invocazione del diritto alla verità come retorico strumento salvifico. Emergono, in primo luogo, profili individuali e collettivi, diritti di singoli e gruppi e obblighi di istituzioni pubbliche. I singoli si presentano come vittime, come loro familiari, come responsabili delle violazioni, L'aspetto collettivo riguarda gruppi ai quali viene riconosciuto il diritto di intervenire – famiglie, associazioni. Ma caratterizza pure i doveri delle istituzioni pubbliche, tenute ad agire concretamente perché questa tensione verso l'impadronirsi della verità possa essere soddisfatta e trasformarsi in sapere condiviso: non a caso, il diritto alla verità viene in molti casi sovrapposto al diritto di sapere, fin quasi a renderlo indistinguibile da quest'ultimo. Realisticamente, poi, l'obbligazione pubblica è presentata, con una terminologia tipica del diritto civile, come una obbligazione di mezzi, e non di risultato: lo sforzo richiesto alle istituzioni è strumentale, consiste nell'apprestare tutto ciò che è necessario per la ricerca, senza però una garanzia del risultato, consistente nell'effettivo raggiungimento della verità.

Divenuto, in questa sua versione, anche dovere degli Stati, il diritto alla verità incrocia la storia, presenta un suo tratto peculiare che non può essere affidato alle istituzioni esistenti. Serve una istituzione nuova, dunque, la commissione per la verità, non l'intervento delle corti. La ragione di questa scelta è legata a molteplici ragioni. La storia ricorda che, nelle fasi di transizione politica da un regime a un altro, il ceto dei magistrati compare spesso con un tratto che parla più di continuità che di rottura, eccezion fatta per i casi in cui si costituiscono tribunali speciali. A essi, allora, non può essere affidato il compito di segnare visibilmente l'avvento di un altro tempo, che sente il bisogno di costruire le proprie «istituzioni della verità». Inoltre, non deve essere pronunciato un giudizio, ma celebrato in qualche modo un rito pubblico, che può richiedere negoziati complessi e non solo passaggi procedurali formalizzati, che deve aprire processi sociali e non risolversi nel solo accertamento di una responsabilità o nell'applicazione di una sanzione.

Si delinea così, visibilmente, un'idea di verità e di diritto per un verso perentoria e, per un altro, tutta «processuale», oggetto di una costruzione che si compie a diversi livelli e con la partecipazione di una molteplicità di soggetti, capace di dare concretezza all'insieme dei principi indicati come guida in questa materia. In questo tentativo di trovare una più solida fondazione, il diritto alla verità in parte si scompone e in parte tende ad abbracciare una serie sempre più ampia di situazioni, fino a proporsi come l'epicentro di un vero e proprio sistema di diritti.

In un documento dedicato ai principi da rispettare per combattere l'impunità, il diritto inalienabile alla verità apre una sequenza che continua richiamando il dovere di preservare la memoria; il diritto di sapere delle vittime e l'insieme delle garanzie necessarie perché sia reso effettivo; il diritto alla giustizia, il diritto alla riparazione. Si insiste, poi, sui rapporti che legano il diritto alla verità a una serie di altri diritti, in particolare quelli legati a una effettiva tutela giudiziaria da parte di corti indipendenti; alla ricerca ed alla diffusione delle informazioni; alla tutela della vita familiare; a forme effettive di risarcimento.

Questo insistente richiamo a una costellazione variegata di diritti può ben essere inteso come frutto della consapevolezza della necessità di insediare fortemente nello stesso sistema istituzionale tradizionale una novità dirompente, e perciò soggetta al rischio di un rigetto più o meno esplicito. La legittimazione del diritto alla verità viene così affidata alla connessione con diritti radicati nella tradizione che, tuttavia, risultano a loro volta trasformati dal nuovo contesto di cui sono ormai parte. Il riferimento al diritto alla giustizia si riempie così di contenuti ulteriori. L'istituzione centrale è rappresentata dalle commissioni per la verità ma, insieme, si allarga la platea dei soggetti legittimati ad agire davanti alle corti, si rende più agevole il loro intervento, si ampliano le possibilità di investigazione diretta ai fini dell'accertamento della verità. Si modifica, in particolare, la posizione dei responsabili delle violazioni dei diritti, che divengono parte di negoziati complessi, all'interno dei quali si determinano equilibri diversi da quelli tradizionali.

Lo schema «libertà contro verità» può ben essere ritenuto eccessivamente obbligante, cancella il diritto di tacere dell'imputato. Esprime, tuttavia, la particolarità dell'obiettivo che si vuol realizzare, che disegna in modo diverso gli stessi diritti dell'imputato. Si cancella, eccezion fatta per delitti particolarmente gravi, la sanzione giuridica perché si ritiene che la sanzione sociale sia sufficiente e, soprattutto, perché il bene della memoria ricostruita e condivisa viene ritenuto enormemente superiore alla pena che colpisca un singolo responsabile. La costruzione di una memoria condivisa come via per la riconciliazione, dunque, non può essere perseguita con amputazioni, indulgenze. Non può essere compromissoria, non può sottovalutare le scelte fatte, con il rischio che vittime e carnefici si ritrovino in una situazione equivoca, che appanna la differenza profonda tra i ruoli avuti nel passato. Esige che si dica tutto. In questa sua declinazione, il diritto alla giustizia comprende questo perentorio invito alla memoria e alla verità, e diventa esso stesso passaggio necessario per la riparazione.

Il diritto alla riparazione, peraltro, non è chiuso nello schema classico del risarcimento del danno attraverso l'attribuzione di una somma di denaro. In un efficace documento delle madri e dei parenti degli uruguaiani scomparsi si dice esplicitamente che «la riparazione comincia con la verità dei fatti. Quindi, sia per quanto riguarda le stesse vittime che i familiari degli scomparsi, l'accertamento della verità e il suo riconoscimento ufficiale rappresentano la premessa di qualsiasi forma di riparazione, fino a costituire essi stessi la riparazione»[17]. Infatti, più che ogni risarcimento pecuniario, ha assunto rilevanza, ad esempio, l'attribuzione del nome di una vittima a una scuola, una strada, un edificio, una istituzione. La pubblica comunicazione della verità, dunque, non solo come risarcimento della memoria individuale, ma come costruzione di una memoria collettiva che può placare il risentimento. Si può richiamare, per la sua sintonia, l'invito rivolto ai «compagni» che restavano dalle vittime dell'espulsione dalla Svizzera nel canto *Addio Lugano bella:* «Le verità sociali da forti propagate / è questa la vendetta che noi vi domandiam».

Lungo questo cammino, nella costellazione dei diritti compare quello che forse meglio d'ogni altro esprime la novità e il distacco dal passato – il diritto al lutto. Qui la ritrovata verità, la restituzione della memoria rimuovono quello che era stato l'indicibile, il nascosto, l'invisibile. L'impossibilità di elaborare il lutto, perché la conoscenza era negata o impedita o preclusa a ogni parola detta in pubblico, ha rappresentato la forma più profonda di violenza, un'altra delle tante negazioni dell'umanità delle persone che abbiamo conosciuto. Di fronte a una parola così carica di significato, deve tacere ogni pretesa formalistica. E in questa congiunzione tra lutto e diritto cogliamo il senso profondo della dignità, e il bisogno di verità che a essa si accompagna. Non è un diritto «azionabile» se non nelle modalità del vivere. E qui il diritto alla verità si rivela non come uno dei tanti che possono essere aggiunti a una qualsiasi dichiarazione o catalogo, ma come una necessaria narrazione nella quale l'intimità di ciascuno incontra il rispetto di tutti gli altri[18].

Dobbiamo, però, essere pure consapevoli del rischio non di dimenticare il passato, ma di consegnarlo alla leggerezza, quando si conclude che «ormai ci siamo lasciati *tutto* alle spalle, che il significato è chiaro e che adesso dobbiamo entrare – liberi dal peso degli errori del passato – in un'epoca nuova e migliore»[19]. Il manteni-

[17] Informe de Madres y Familiares de Uruguayos Detenidos Desaparecidos, *A todos ellos*, Montevideo 2004, p. 575.

[18] Segnala questo punto Y. Naqvi, *The Right to the Truth in International Law: Fact or Fiction?*, in «International Review of the Red Cross», 88, 862, 2006, p. 273.

[19] T. Judt, *L'età dell'oblio. Sulle rimozioni del '900*, trad. it. di P. Falcone, Laterza, Roma-Bari 2011, p. 6.

mento di una memoria «leggera» produce un ingannevole effetto di pacificazione e contribuisce piuttosto a una rimozione.

Obbligo della verità?

Riconosciuto proprio nella sua matrice narrativa, il diritto alla verità appartiene a una dimensione più vasta di quella individuata attraverso il modello, pur tanto significativo, delle commissioni per la verità e la riconciliazione. Investe la quotidianità, esprime una tensione che può manifestarsi in ogni momento, riguarda il modo di governare il rapporto che si istituisce tra la persona e le vicende che la riguardano, in una prospettiva che, muovendo dalla considerazione della sfera privata, finisce con il riguardare i caratteri stessi della democrazia. Jacques Le Goff ci ha ricordato che «la memoria collettiva è uno degli elementi più importanti delle società sviluppate e delle società in via di sviluppo, delle classi dominanti e delle classi dominate, tutte in lotta per il potere o per la vita, per sopravvivere e per avanzare»[20].

Manifestandosi nelle situazioni più diverse, la verità si specifica ora come diritto da rispettare, ora come obbligo da adempiere, ora come pretesa alla quale sottrarsi. E torna la questione di chi sia il titolare di questi diritti, obblighi, pretese. In una società onnivora di informazioni, e continuamente produttiva di rappresentazioni, la «verità» di queste ultime assume un rilievo particolare. Compaiono nuovi scambi, e con essi nuovi equilibri. Servizi in cambio di verità, sicurezza in cambio di verità, fiducia in cambio di verità. Così il mercato, le istituzioni pubbliche, la politica investono variamente la persona, e modellano i loro rapporti con essa intorno a rappresentazioni «veritiere», costruite in modo da essere funzionali rispetto agli scopi che via via vengono perseguiti. Il semplice fatto d'«essere in società» ormai non può essere separato da un ininterrotto flusso di informazioni che dalla persona si diramano in una molteplicità di direzioni, consegnando ad altri le molteplici verità di cui ciascuna persona è portatrice. La verità, allora, come via verso la dipendenza, la perdita dell'autonomia? Di fronte alla continua pretesa sociale di disvelarsi, compare un obbligo di verità che altera lo stesso «coraggio» della verità perché, in queste situazioni, il vero coraggio consiste nel rifiutarsi a questo scrutinio continuo e impietoso. A quale prezzo, però?

[20] J. Le Goff, *Storia e memoria*, Einaudi, Torino 1982, p. 397.

Di nuovo il riferimento a un soggetto astratto cede di fronte allo sfaccettarsi delle realtà nelle quali le persone sono immerse, agli intrecci che ne segnano l'esistenza, in definitiva ai modi differenziati in cui la persona viene «messa in scena». La verità è continuamente messa alla prova, immersa in una serie di conflitti: memoria o oblio; trasparenza o privacy; libera costruzione della personalità o subordinazione a controlli; identità inclusiva o escludente. Non siamo però di fronte a una implacabile logica binaria, ad alternative da sciogliere solo con un sì o un no, senza alcuna possibilità di individuare punti di congiunzione, di costruire tessuti che sarebbero lacerati se si cogliesse la verità solo attraverso un'astratta sua attitudine a separare.

Il tema della verità che «riconcilia» torna così a dover essere considerato al di là dei casi storici, e drammatici, che l'hanno imposto all'attenzione del mondo. Se perde questa virtù, quale senso sociale assume la verità? Se non restituisce dignità, come si è voluto per le vittime di crimini, quale valore assume per ogni persona? Costruita, nella dimensione giuridica, come diritto posto a tutela di un insieme di diritti fondamentali, non può ignorare questa sua fonte di legittimazione. Spogliata degli attributi che la presentano come una forza sempre dirompente, con una assolutezza che tutto può travolgere e cancellare, la verità intesa come diritto deve essere analizzata chiedendosi quale sia la sua misura compatibile con l'autonomia della persona e i caratteri della democrazia.

Questa idea di una verità in qualche modo «relativizzata» appare contraddittoria rispetto all'obiettivo assegnato alle commissioni per la verità, che la esigono piena, incondizionata. Ma bastano alcuni esempi per mostrare come sia pericoloso pretendere l'estensione di quello schema a qualsiasi situazione. L'«uomo di vetro» è l'immagine che vuole descrivere un cittadino che, non avendo nulla da nascondere, ben può rivelare ogni dettaglio della sua vita, rendersi visibile attraverso la vera e totale descrizione di quello che è. La verità, così intesa, diventa una continua cessione del sé agli altri, alle istituzioni pubbliche in primo luogo, a uno Stato totalitario in specie. Non dimentichiamo la matrice nazista di quell'immagine, che ha dato vita a un modello adottato poi da tutte le dittature, rafforzato dalla potenza tecnologica che rende sempre più agevole la raccolta di dati personali, non disdegnato neppure dalle democrazie tutte le volte che una qualsiasi «emergenza» fornisce una giustificazione. L'obbligo della verità totale, la trasparenza assoluta nei confronti dello Stato innescano un meccanismo per cui, tutte le volte che si rivendica un pur minimo brandello di dignità assistita dalla riservatezza, il buon cittadino non è più tale perché ha qualcosa che vuol celare e così, divenuto cattivo cittadino, legittima l'esercizio di qualsiasi potere nei suoi confronti. Nessuna analogia, allora, può essere stabilita con il dovere degli Stati di essere soggetti attivi nella ricerca della verità, di cui si è parlato in precedenza, perché in quei casi la finalità era, all'opposto, quella di ridare forza a diritti fondamentali violati.

In una democrazia non si può costruire un diritto generale alla verità di cui siano titolari le istituzioni pubbliche nei confronti di tutti i cittadini. Vi sono casi specifici in cui il cittadino è tenuto alla verità, come il testimone o il contribuente. Ma da questo non si può in alcun modo dedurre un principio di attrazione nella sfera pubblica di parti sempre più consistenti della sfera privata. Vigono, anzi, principi opposti, da quello che afferma «nemo tenetur se detegere», che legittima il silenzio e persino la menzogna dell'imputato, a quello che si esprime nel divieto della tortura. L'autonomia nel governo del sé, l'integrità della persona, la dignità inviolabile segnano pure il confine oltre il quale non può spingersi l'altrui pretesa di verità.

Un diritto generale e incondizionato alla verità non può essere costruito neppure sul versante delle persone. Più avanti si considereranno analiticamente soprattutto gli intrecci che portano verso l'identità, la privacy, la libera costruzione della personalità. Se, però, si considera l'accostamento tra diritto alla verità e diritto di sapere, che compare in tutta l'esperienza delle commissioni per la verità, si fa palese l'impossibilità di generalizzare questo modello, di identificare sempre il diritto alla verità con la pretesa di ciascuno di conoscere tutto di tutti. «Le vite degli altri» non solo devono essere ritenute intangibili dagli apparati di polizia, ma meritano rispetto da parte di ogni persona. Torna così, insieme al rapporto tra sfera pubblica e sfera privata, pure quello delle relazioni tra le diverse sfere private. Se la regola è quella che nessuno può impadronirsi della «verità» altrui senza il suo consenso, senza che l'interessato consapevolmente accetti di cedere le proprie informazioni, un confine è segnato, un criterio è individuato per evitare che la bramosia di informazioni si travesta da bisogno di verità.

Ci inoltriamo, ancora una volta, su un terreno dove non tutto può essere affidato ad alternative secche, poiché le relazioni tra le persone conoscono un trascorrere dall'assoluta segretezza all'assoluta trasparenza attraverso passaggi intermedi, zone grigie, legittime reticenze. Dissimulazione onesta, ipocrisia, menzogna, falsificazione accompagnano le nostre vite. Ma questi sono pure panni che la politica ha sempre vestito, e i realisti da sempre dicono che non può dismetterli. Si può ammettere che la regola democratica non contempli l'obbligo di dire il vero?

La democrazia non è soltanto governo «del popolo», ma anche governo «in pubblico». Per questo la democrazia deve essere il regime della verità, nel senso della piena possibilità della conoscenza dei fatti da parte di tutti. Perché solo così i cittadini sono messi in condizione di controllare e giudicare i loro rappresentanti, e di partecipare al governo della cosa pubblica. Perché qui si colloca una delle sostanziali differenze tra la democrazia e gli altri regimi politici, quelli totalitari in particolare, dove l'oscurità avvolge l'intera vita politica e sono i governi a definire quale sia la verità. Nascono in questo modo le verità «ufficiali», che sono lo strumento per distorcere o occultare le rappresentazioni reali di quel che accade. Per questo i regimi totalitari non amano le scienze sociali, non conoscono la stampa libera, erano arrivati persino a ritenere pericoloso uno strumento di conoscenza come l'elenco telefonico, cercano in ogni modo di controllare Internet.

Ma può la democrazia essere identificata con l'assoluta trasparenza, con l'obbligo di dire la verità in ogni caso e ad ogni costo? Kant poneva il divieto di mentire dei governanti come un imperativo. Ma anche i regimi democratici conoscono casi in cui il segreto è ammissibile, anzi può essere considerato necessario e doveroso. Qual è, allora, il tasso di segretezza, e di insincerità, che un sistema democratico può sopportare senza mutare la propria natura?

Segretezza e menzogna non sono la stessa cosa. Segreto, dicono i dizionari, è il «fatto, realtà, notizia che non si vuole o non si deve rivelare a nessuno». Menzogna è «affermazione contraria a ciò che è o si crede corrispondente a verità, pronunciata con l'intenzione di ingannare». Così le cose sembrerebbero chiare: il segreto è non dire, che è cosa assai diversa dall'ingannare. Ma quando gli *arcana imperii*, i segreti che avvolgono l'azione del sovrano o anche dei governanti democratici, coprono troppe materie o questioni essenziali per la vita pubblica, la distinzione tra il non sapere e l'essere ingannati può diventare sottilissima. Non sapendo, i cittadini non sono in grado di controllare le scelte dei governanti, brancolano nel buio. La conoscenza diventa appannaggio di un gruppo ristretto, e la forma di governo può trasformarsi da democratica in oligarchica.

Due situazioni, diverse e per certi versi estreme, aiutano a individuare i limiti possibili del segreto in una società democratica. Nell'art. 39 della legge 3 agosto 2007, n. 124, sul segreto di Stato, che lo ammette a difesa della libertà degli organi costituzionali e per ragioni di difesa e politica estera, tuttavia si dice che «in nessun caso possono essere oggetto di segreto, notizie, documenti o cose relativi a fatti di terrorismo o eversivi dell'ordine costituzionale o a fatti costituenti delitti di cui agli artt. 285, 416-bis, 416-ter e 422 del codice penale». In questa formula si ritrovano significative assonanze con la logica che sta alla base delle commissioni per la verità: non a caso essa viene invocata dalle associazioni delle vittime delle stragi italiane. Le norme sulla privacy, dal canto loro, consentono a ogni cittadino di rivolgersi all'Autorità garante per la protezione dei dati personali per chiederle di accertare se i servizi segreti abbiano raccolto illegittimamente informazioni sul suo conto, e all'Autorità non può essere opposto il segreto di Stato. Vi è dunque un punto oltre il quale l'ordine dello Stato e quello intimo delle persone esigono garanzie che nessuna pretesa di segretezza pubblica può mettere in discussione.

L'obbligo di verità da parte delle istituzioni diviene diritto d'informazione sul versante dei cittadini. Nell'art. 19 della Dichiarazione universale dei diritti dell'uomo dell'Onu si afferma che «ogni individuo ha diritto di cercare, ricevere e diffondere informazioni e idee con ogni mezzo e senza riguardo a frontiere». Questo diritto individuale alla ricerca della verità attraverso le informazioni chiarisce bene quale sia il significato della verità nelle società democratiche, che si presenta come il risultato di un processo aperto di conoscenza, che lo allontana radicalmente da quella produzione di verità ufficiali tipica dell'assolutismo politico, che vuole proprio escludere la discussione, il confronto, l'espressione di opinioni divergenti, le posizioni minoritarie.

La pienezza della conoscenza per tutti fonda la verità «democratica». Ed è certo pessima per l'interesse generale una deliberazione fondata su informazioni ingannevoli o false. Si deve aggiungere che la conoscenza è necessaria anche per progettare e controllare, dunque per consentire la partecipazione dei cittadini all'intero processo democratico.

Questo diritto alla verità attraverso le informazioni non può essere affidato soltanto all'iniziativa e alle forze individuali. Esige «istituzioni della verità». I parlamenti non sono stati concepiti solo come strumenti per l'approvazione delle leggi, ma come luoghi di confronto e di controllo, dove far emergere la realtà delle situazioni: quando si è parlato di una loro funzione «teatrale», non si è voluto sminuirne il ruolo, ma si è sottolineata la necessità di rappresentare in pubblico la politica per renderla comprensibile e controllabile da tutti i cittadini. Il sistema dell'informazione e della comunicazione adempie a una funzione essenziale di fornire ai cittadini conoscenze altrimenti inaccessibili. Il diritto di cercare, ottenere e diffondere informazioni è divenuto una possibilità concreta per un numero sempre crescente di persone grazie a Internet. La verità in democrazia, quindi, esige forza dei parlamenti, libertà dei sistemi informativi da condizionamenti economici e da censure, diritto di accesso alla rete.

La democrazia si presenta così come un regime di verità «molteplici», non di verità «rivelate». E di verità rese accessibili a tutti. Non dimentichiamo che, inquisendo Galileo, il cardinal Bellarmino gli rimproverava non solo di aver scoperto verità scientifiche, ma di averle comunicate a tutti scrivendo in italiano, e non in quel latino che le avrebbe rese accessibili a pochi e quindi politicamente e socialmente meno esplosive.

In democrazia, la verità è figlia della trasparenza. Come è stato già ricordato, Louis Brandeis ha scritto che «la luce del sole è il miglior disinfettante». Si valuti come si vuole questa affermazione, ma è certo che ogni impresa di lotta alla corruzione, ogni azione volta a rendere possibile il controllo di legalità delle azioni individuali e collettive, esige come condizione preliminare la creazione di un ambiente all'interno del quale non esistano barriere protettive al riparo delle quali la possibilità della segretezza generi la frode.

Ma fino a che punto l'irrinunciabile trasparenza sul versante pubblico può trasformarsi per qualsiasi cittadino in un obbligo assoluto di verità, nel dovere di denudarsi in pubblico? Qui le risposte sono diverse a seconda dei ruoli sociali, e siamo di fronte a nuovi intrecci, come quelli tra verità e fiducia. Le menzogne sulla vita sessuale da parte di molti politici sono state considerate segno di inaffidabilità politica e hanno portato alla loro esclusione istituzionale dalla vita pubblica. Non è soltanto un sottofondo puritano a far concludere che mentire su alcune abitudini private sia indice di propensione a mentire anche nella sfera pubblica. È lo statuto che sono via via venute assumendo le figure pubbliche a far sì che le loro vicende debbano essere accompagnate da una minore «aspettativa di privacy», che discende in primo luogo da quel dovere di adempiere le funzioni pubbliche «con onore e disciplina», come vuole l'art. 54 della Costituzione, ponendo così la premessa perché tutti i cittadini siano messi in condizione di disporre di tutte le informazioni necessarie per controllare se quel dovere sia stato rispettato.

Ma «la salvezza della Repubblica» non può produrre l'obbligo della verità a ogni costo e con ogni mezzo. L'imputato ha diritto di mentire per difendersi, la tortura e le schedature di massa confliggono con la logica della democrazia anche se usate per cercare la verità. Vi è una violenza della verità che la democrazia ha sempre cercato di addomesticare, per evitare che travolga le stesse libertà democratiche fondamentali.

Verità e negazione

Quali sono, in definitiva, le situazioni nelle quali la verità può o deve essere associata al diritto, e così si trasforma essa stessa in uno specifico diritto? E, una volta che sia stata affidata a regole giuridiche, fino a che punto queste possono spingersi?

Il diritto conosce i limiti che nascono dalla consapevolezza del suo essere un artificio, sì che ha costruito sistemi di regole e tecniche per l'«avvicinamento» alla verità piuttosto che strumenti che pretendono di comunicare verità indiscutibili[21]. Avverte, tuttavia, la responsabilità di indicare punti fermi, di offrire certezze a una vita sociale che non può interrogarsi senza fine sul significato di una vicenda. Procede per «presunzioni», deducendo da un fatto la presenza di un altro. Sottopone la ricerca della verità a procedure formalizzate e l'arresta quando la sentenza è definitiva, salvo il caso eccezionale della revisione del processo. Non pretende, soprattutto, di identificare la verità giudiziaria con quella storica.

Conoscendo queste specificità del diritto, si può costruirlo come custode di una qualsiasi verità storica? L'attività delle commissioni per la verità è stata volta alla costruzione di una memoria che, detta e

[21] N. Irti, *Diritto e verità*, Laterza, Roma-Bari 2011.

ribadita in pubblico, deve accompagnare, e proteggere, la vita di una comunità, di un intero paese. Deve perciò essere continuamente rinnovata attraverso la celebrazione di «giorni della memoria»? Diventa «innegabile»? La verità ufficiale preclude che si possa continuare nella ricerca della verità, diventa un limite invalicabile per lo storico, può comprimere la stessa libertà di manifestazione del pensiero?

Siamo di fronte alla impervia questione del negazionismo, che diviene drammatica di fronte all'evento unico, irriducibile a qualsiasi altro, della Shoah. Non è una questione di cui una società possa liberarsi facendo diventare reato il semplice fatto di esprimere una opinione diversa o opposta rispetto a quella che, attraverso una norma giuridica, viene qualificata come verità indiscutibile. La scorciatoia giuridica può divenire un espediente pericoloso, la soluzione sbrigativa per eludere le responsabilità di istituzioni pubbliche e di soggetti privati.

Lo sappiamo. «Ne uccide più la parola che la spada», «le parole sono pietre», «i cattivi maestri». Ma il passaggio dalla saggezza popolare, dall'indignazione civile, dal rifiuto culturale alla norma penale è complicato, e può risultare distorcente. Avevano ragione gli storici italiani quando scrissero un manifesto di critica alla proposta del ministro della Giustizia di far diventare reato la negazione della Shoah: un problema sociale e culturale così grave non si affronta con la minaccia della galera. Servono una battaglia culturale, una pratica educativa, una tensione morale.

Che cosa è in gioco? La libertà di manifestazione del pensiero certamente, dunque uno dei valori fondativi della democrazia, affidato a mille testi e mille norme, dal Primo emendamento alla Costituzione americana all'art. 21 della nostra Costituzione, all'art. 11 della Carta dei diritti fondamentali dell'Unione europea. Ma siamo di fronte anche a interrogativi che riguardano il ruolo della politica, la distribuzione di poteri e responsabilità tra le istituzioni, la libertà di ricerca, le dinamiche sociali, l'uso corretto dello strumento giuridico. L'introduzione di un reato (o di una aggravante) di negazionismo può innescare derive proibizioniste e censorie verso altre opinioni ritenute socialmente non accettabili.

Le critiche degli storici non sono soltanto opportune nel segnalare i rischi per tutti di una «verità di Stato», che può divenire strumento per la legittimazione di un'etica di Stato, e altro ancora. Sono rafforzate da molti altri elementi, a cominciare da quelli tratti dall'esperienza dei paesi che già hanno introdotto il reato di negazionismo e che, malgrado ciò, continuano a conoscere manifestazioni gravi di antisemitismo e presenze politiche di gruppi variamente espressivi di spiriti nazisti. L'Austria ha condannato David Irving, ma non era riuscita a evitare Haider. Siamo di fronte a una di quelle misure che si rivelano al tempo inefficaci e pericolose, perché poco o nulla valgono contro il fenomeno che vorrebbero debellare, e tuttavia producono effetti collaterali pesantemente negativi.

Le sole strategie giuridiche valgono poco di fronte a fenomeni che hanno radici culturali e sociali profonde, che non possono essere recise con un gesto formale. L'approvazione di una norma, anzi, può trasformarsi in un alibi o in un diversivo. Vi è un problema grave, gravissimo come il negazionismo? Vi è una risposta facile, che consente alla politica di presentarsi con le carte in regola e la coscienza pulita: l'uso dello strumento giuridico più potente, la definizione di un comportamento come reato. Può così scomparire, o diventa secondaria, quella che, invece, è la vera strategia di contrasto: l'informazione corretta e incessante nella scuola e fuori, la discussione aperta, i comportamenti politici conseguenti, isolando sempre e comunque quelli che, individui o gruppi, affidano direttamente o indirettamente al negazionismo la loro identità pubblica. La vera lotta al negazionismo passa attraverso la rinuncia al realismo politico, alle sue convenienze e alla tentazione di non condannare alcune manifestazioni perché «minori», attraverso l'intransigenza morale e la responsabile e continua confutazione d'ogni suo argomento. Non servono rimozioni, ma un impegno quotidiano.

Guardiamo alla storia italiana. Non sono stati il divieto costituzionale di ricostituzione del partito fascista, la legge Scelba e il reato di apologia del fascismo a impedire che il fascismo trovasse condizioni propizie per prolungare la propria sopravvivenza. Questo è avvenuto grazie a una azione politica e culturale che ha avuto nell'antifascismo un riferimento forte, che ne ha fatto un valore simbolico e un criterio di valutazione dei comportamenti, isolando soggetti politici e impedendo anche che i contatti, più o meno velati o sotterranei con alcuni di essi, ottenessero legittimazione pubblica. Forse anche gli eredi del Movimento Sociale Italiano dovrebbero essere grati a chi tenacemente li volle fuori dall'«arco costituzionale» e, così facendo, impedì loro di sentirsi a pieno titolo parte del sistema politico, obbligandoli ad approdare in qualche modo ai lidi della democrazia.

La politica non può allontanare da sé la questione, per di più usando mezzi che rischiano di far apparire come perseguitate persone culturalmente e moralmente condannabili. Né governi e parlamenti possono ritenere che il problema si risolva dislocandolo in un'altra area istituzionale, facendolo divenire un affare dei giudici.

Né dimissioni della politica, dunque, né sottovalutazione del negazionismo, né paura della libertà. L'impegno nella ricerca, l'interminata fatica della critica, il libero manifestarsi delle opinioni non possono mai essere considerati come un intralcio da rimuovere. Fanno parte della fatica della democrazia. Ricordiamo quello che T.B. Smith non si stancava di ripetere ai suoi concittadini americani: «i mali della democrazia si curano con più democrazia». Sembra una banalità, ma è invece una responsabile messa in guardia contro le semplificazioni giuridiche dei problemi della verità e non solo.

Questa può certamente apparire una conclusione troppo sbrigativa e consolatoria proprio di fronte a quella che è stata chiamata la «menzogna di Auschwitz»[22], che evoca, insieme, il dramma della Shoah e la *Schuldfrage*, la questione della colpa che accompagna il popolo tedesco. Vale la pena di ricordare come la stessa fondazione del «Reich eterno» possa «essere riletta come una guerra contro la memoria»[23], per la sua pretesa di fare *tabula rasa* di tutto, di far scomparire ogni verità che potesse contrastare il modo in cui si voleva costruire uno Stato interamente nuovo, facendo scomparire pure le persone che, con il loro solo esistere, potevano essere testimoni di un'altra verità.

È proprio il contesto tedesco a dover essere valutato per comprendere la sentenza del Bundesverfassungsgericht[24], del Tribunale costituzionale tedesco, che ha considerato il negazionismo come un reato, legittimando la successiva legislazione in materia. Senza poter avere qui la pretesa di discutere l'intera questione, è opportuno tuttavia richiamare alcune parole di quella sentenza: «negare o mettere in dubbio la persecuzione degli ebrei durante la dittatura nazional-

[22] Richiamo qui, unico titolo di una letteratura immensa, il bel libro recente di D. Bifulco, *Negare l'evidenza. Diritto e storia di fronte alla «menzogna di Auschwitz»*, Franco Angeli, Milano 2012.

[23] P. Levi, *I sommersi e i salvati*, Einaudi, Torino 1986.

[24] Bundesverfassungsgericht 13 aprile 1994, in «Giurisprudenza costituzionale», 1994, pp. 3379-3390.

socialista costituisce una lesione dell'onore degli ebrei, che nel corso di quella dittatura furono perseguitati. Dal momento che la persecuzione degli ebrei non può essere contestata, la circostanza che questi eventi siano contestati, resi oggetto di dubbio e minimizzati offende e umilia chiunque ne sia stato colpito»[25]. L'argomentare della decisione trova il suo fondamento nell'inviolabilità della dignità umana, affermata dall'art. 1 della Costituzione tedesca[26]. Di nuovo la restituzione della dignità attraverso la verità, come si è ricordato all'inizio.

Torna così un termine che avevamo già incontrato, umiliazione, con il suo ricacciare nella condizione d'indegno chi ne è oggetto. Qui è la ragione di un rispetto particolare che, associato com'è alla unicità della Shoah, fa assumere alla decisione dei giudici tedeschi un significato forte, ma non generalizzabile, che non può essere invocato come riferimento per considerare come reato qualsiasi altra manifestazione di negazionismo.

[25] Ivi, p. 3382.
[26] Lo mette in evidenza Bifulco, *Negare* cit., p. 41.

Capitolo IX

Il diritto all'esistenza

Povertà e diritti

Il diritto all'esistenza appartiene ormai da tempo alla dimensione istituzionale. Ma l'esistenza non è piuttosto un fatto naturale, biologico? Che cosa vuol dire trasformarla in un diritto? Proviamo, allora, a seguire le indicazioni offerte proprio dai documenti giuridici, anche per formulare un primo elenco delle questioni che devono accompagnare la risposta a questi interrogativi. Il tema è già posto nella «lunga» Costituzione di Weimar dove, all'art. 151, era scritto che «l'organizzazione della vita economica deve corrispondere ai principi fondamentali della giustizia allo scopo di assicurare a tutti una esistenza degna dell'uomo. Con questi limiti si deve garantire l'iniziativa economica individuale». Nel costituzionalismo del tempo immediatamente successivo alla seconda guerra mondiale quel riferimento compare con particolare nettezza nell'art. 36 della Costituzione italiana («un'esistenza libera e dignitosa»), nell'art. 23.3 della Dichiarazione universale dei diritti dell'uomo dell'Onu («una esistenza conforme alla dignità umana»), per poi essere ripreso dall'art. 34.3 della Carta dei diritti fondamentali dell'Unione europea («un'esistenza dignitosa»). Si tratta di norme che in alcuni casi compaiono nell'ambito della disciplina del lavoro ma che, soprattutto nel contesto italiano, investono la condizione umana nel suo complesso. E che, in primo luogo, associano l'esistenza alla dignità, dando a essa una qualificazione che non tanto ne arricchisce il significato, quanto piuttosto la ancora a un principio di rispetto integrale della persona.

L'artificio del diritto trasferisce l'esistenza in una dimensione diversa dalla sua definizione in termini di biologia o di natura[1]. Questo non si-

[1] Sui molteplici usi giuridici del termine «esistenza» W.G. Leisner, *Existenzsicherung im Oeffentlichen Recht. Minimum-Grundlagen-Forderung*, Mohr Siebeck,

gnifica separare l'esistenza dalle sue condizioni materiali. Vuol dire che queste non ne esauriscono i caratteri e che, anzi, la materialità dell'esistere esige che vengano presi in considerazione fattori che riguardano la persona nel suo rapporto complessivo con gli altri e con il mondo. Nel contesto italiano l'ostilità a ogni riduzionismo è resa esplicita dalle parole iniziali dell'art. 3, dove la dignità compare subito come dignità «sociale», dunque non come una qualità innata della persona, ma come il risultato di una costruzione che muove dalla persona, esamina e integra relazioni personali e legami sociali, impone la considerazione del contesto complessivo all'interno del quale l'esistenza si svolge. Il diritto all'esistenza impone di andare oltre il grado zero dell'esistere, dunque di liberarsi da un riduzionismo biologico che ha come parametro la garanzia del solo minimo vitale. Quando compare nella dimensione costituzionale, il diritto all'esistenza ci parla di qualcosa che eccede la nuda vita, si riempie di contenuti ulteriori.

Nella ormai lunga discussione che accompagna riconoscimenti e ripulse di questo difficile diritto, si incontra sovente una sovrapposizione, o una confusione, tra sopravvivenza e esistenza. Questo è dovuto al fatto che quella discussione nasce sul terreno della povertà e ne accompagna le vicende, mutevoli nel tempo, variabili nei contesti culturali, drammaticamente legate a condizioni territoriali. È comprensibile che, di fronte a vere tragedie, che negano l'umanità stessa delle persone, l'attenzione si sia concentrata e continui a concentrarsi sulle condizioni di povertà e sul modo in cui possono essere rimosse, o almeno alleviate, con un intenso riferimento a un dovere «morale» che caratterizza molte delle ricerche teoriche su questo tema.

«Droits des pauvres, pauvres droits?». Queste parole, assai efficaci, danno il titolo a una bella ricerca comparativa francese sulla situazione e le prospettive dei diritti sociali[2]. Parole eloquenti, nelle quali non si riflette una qualche forzatura ideologica, ma che danno conto di un dato di realtà ormai indiscutibile – il ritorno della po-

Tübingen 2007, pp. 6-12. Per l'ampia discussione tedesca V. Neumann, *Menschenwürde und Existenzminimum*, in «Neue Zeitschrift für Verwaltungsrecht», 1995, pp. 426 e sgg.; U. Sartorius, *Das Existenzminimum im Recht*, Nomos, Baden-Baden 2000.

[2] D. Roman, *«Droits de pauvres, Pauvres droits?». Recherches sur la justiciabilité des droits sociaux*, Centre de Recherches sur les droits fondamentaux (CREDOF), Université Paris Ouest Nanterre la Défense (disponibile in www.droitssociaux.u-paris10.fr), novembre 2010.

vertà e il suo modo di influire sulla complessiva dinamica dei diritti. È vero che l'attenzione per i problemi della povertà non era mai scomparsa, anche nella discussione giuridica. Ma si era concentrata piuttosto sulle povertà post-materiali, sulla post-povertà senza aggettivi (quanti sbrigativi «post» hanno distorto l'analisi di fenomeni nuovi!), sulla sottolineatura o sulla critica della «poverty law scholarship». Se era giusto mettere in evidenza che le povertà non sono riducibili solo a carenze materiali, i tempi mutati inducevano a scrivere, ad esempio, che «le nuove povertà post-materiali (anziani soli, handicappati, tossicodipendenti, depressi psichici) sono in crescita mentre calano quelle materiali»[3], e questo elenco si allungava con riferimenti alla solitudine, alla mancanza di relazioni sociali, alla perdita di senso, ai malati di Aids, alle diverse forme di esclusione. Ma oggi quella conclusione non è più proponibile nella sua perentorietà, perché sono proprio le povertà materiali a essere tornate alla ribalta.

I nostri, infatti, sono pure i tempi della vita precaria, della sopravvivenza difficile, del lavoro introvabile, delle rinnovate forme di esclusione legate alla condizione d'immigrato, all'etnia. Sono tornati i «poveri», un mondo che sembrava scomparso grazie alla diffusione del benessere materiale, o che almeno era confinato in aree sociali e geografiche che sembravano sempre più restringersi. E con essi è tornato, drammatico e ineludibile, il problema di come assicurare la tutela dei loro diritti primari – il lavoro, la salute, la casa, l'istruzione. Con buone ragioni Marco Revelli ha potuto dare a un suo libro il titolo *Poveri noi*[4]. Davvero poveri tutti: ovviamente quelli che vivono concretamente la condizione della povertà, ma anche quelli che avvertono non solo il disagio personale, ma l'inaccettabilità sociale di un mondo nel quale, attraverso la povertà, vengono negate la dignità e l'umanità stessa delle persone. E proprio grazie a questo dato di realtà possiamo comprendere meglio il significato profondo delle parole che aprono la nostra Costituzione: «L'Italia è una Repubblica democratica fondata sul lavoro». Quando il lavoro non c'è, quando viene negato o sfigurato, è lo stesso fondamento democratico di una società a essere messo in pericolo.

Non è un caso che, proprio negli ultimi anni, gli abituali indici del benessere siano stati accompagnati dalla costruzione di indici

[3] R. Spiazzi, *Enciclopedia del pensiero sociale cristiano*, Edizioni Studio Domenicano, Bologna 1992, p. 602.

[4] M. Revelli, *Poveri noi*, Einaudi, Torino 2010.

di povertà, come il Multidimensional Poverty Index elaborato dal 2010 dall'Oxford Poverty and Human Development Initiative, che affianca le proprie rilevazioni a quelle che annualmente si ritrovano nello Human Development Report dell'Onu. Emergono condizioni di povertà «estrema», in cui si trovano tra un miliardo e mezzo e due miliardi di persone, il cui reddito è inferiore a due dollari al giorno, giungendo a toccare fino al 92% dell'intera popolazione di uno Stato (è il caso del Niger). I dati della Banca Mondiale, pur registrando una diminuzione percentuale tra il 1990 e il 2008, collocano un miliardo e duecentoventinove milioni di persone nella fascia di quelle che hanno un reddito inferiore a un dollaro e venticinque al giorno[5].

È opportuno ricordare che le rilevazioni relative alla soglia di povertà misurata soltanto in base al reddito sono state criticate per la loro inadeguatezza nel cogliere le effettive condizioni di «deprivazione» delle persone, irriducibili alle sole povertà materiali. Da ciò l'integrazione degli indici con dati riguardanti ulteriori dimensioni della povertà – salute, istruzione e standard di vita (disaggregate in condizioni igieniche, disponibilità di acqua e elettricità, rischi di alluvioni, disponibilità di combustibile per cucinare). L'impostazione multidimensionale, peraltro, è quella che consente di affrontare in modo più adeguato il tema della povertà anche in aree diverse da quelle dei paesi in via di sviluppo dove, in particolare in questi ultimi anni, i processi di deprivazione si sono spaventosamente accelerati, spingendo verso la condizione di povertà materiale un numero crescente di persone.

Questi sommari riferimenti chiariscono le ragioni che hanno indotto molti studiosi a collocare le ricerche sul diritto all'esistenza nel quadro della lotta alla povertà, identificata con una povertà estrema che nega certamente i diritti ma, bisogna ripeterlo, cancella la stessa umanità. Siamo così di fronte a ricerche che si collocano sulla frontiera anch'essa estrema dell'esistenza, ne individuano i caratteri e da qui estraggono una specifica categoria, che si connota come quella dei «basic rights»[6].

[5] Un'ampia serie di dati è analizzata da L. Gallino, *La lotta di classe dopo la lotta di classe*, intervista a cura di P. Borgna, Laterza, Roma-Bari 2012 (5ª ed.), in particolare pp. 104-122. E si veda P. Rosanvallon, *La société des égaux*, Seuil, Paris 2011, pp. 12-18.

[6] A questi ha dedicato attenzione particolare H. Shue, *Basic Rights. Subsistence, Affluence, and U.S. Foreign Policy*, 2ª ed., Princeton University Press, Princeton (NJ) 1996.

Una così forte connessione tra affermazione di un diritto e condizioni effettive dell'esistenza rafforza evidentemente una più generale ricostruzione dei diritti fondamentali proprio intorno alla persona riconosciuta nella materialità del vivere. E tuttavia questa scomposizione del quadro dei diritti fondamentali pone qualche non trascurabile problema.

I «basic rights» sono quelli «il cui godimento rende possibile il godimento di tutti gli altri diritti»[7], dunque un insieme di precondizioni per l'esercizio d'ogni diritto fondamentale, una formula sintetica per individuare il «minimo morale» che deve guidare l'azione dei singoli, degli Stati, delle imprese[8]. Il riferimento a un «minimo» compare insistentemente nelle analisi di Henry Shue, ma non di questo studioso soltanto. Si parla così di una «minimal decency» che deve ispirare l'azione degli Stati, se vogliono essere rispettati[9]; e si sottolinea che i «basic rights» costituiscono «la minima richiesta ragionevole che ciascuno rivolge al resto della società»[10]. Ma di una «quota *minimamente adeguata*» di beni di base parla anche Thomas Pogge, sempre in un contesto legato al tema della povertà[11]. E, nei diversi tentativi di individuare il contenuto del diritto all'esistenza, si parla appunto di un reddito *minimo* garantito[12], così come John Rawls ci parla di un «minimo sociale»[13] e Bruce Ackerman di «livelli minimi di uscita [*minimum output levels*] che devono essere ricevuti da ogni cittadino, sotto pena di un verdetto di incostituzionalità»[14].

È opportuno ricordare che, pur manifestando una forte ambizione teorica, la tesi di Shue ha un dichiarato intento politico, muovendo da una critica della politica estera americana, di cui si mettono in evi-

[7] Ivi, p. 19.

[8] Ivi, p. XI.

[9] Ivi, p. 174.

[10] Ivi, p. 19.

[11] T. Pogge, *Povertà mondiale e diritti umani. Responsabilità e riforme cosmopolite*, trad. it. di D. Botti, a cura di L. Caranti, Laterza, Roma-Bari 2010, p. 53.

[12] Si veda l'eccellente sintesi di G. Bronzini, *Il reddito di cittadinanza. Una proposta per l'Italia e per l'Europa*, Edizioni Gruppo Abele, Torino 2011; Id., *Il reddito minimo garantito nell'Unione europea: dalla Carta di Nizza alle politiche di attuazione*, in «Giornale di diritto del lavoro e di relazioni industriali», 130, 2011, pp. 225-245.

[13] J. Rawls, *Una teoria della giustizia* [1971], trad. it. di U. Santini, ed. rivista, Feltrinelli, Milano 2008, p. 272.

[14] B.A. Ackerman, *La giustizia sociale nello Stato liberale*, trad. it. di S. Sabattini, il Mulino, Bologna 1984, p. 408.

denza l'insincerità e le contraddizioni alle quali conduce un realismo che non riesce a giustificare lo scarto tra proclamazioni di principio e comportamenti concreti. Ciò che si vuole fondare è una obbligazione politica che discenda dal rapporto che dovrebbe legare indissolubilmente ricchezza e responsabilità, convertendosi in un obbligo morale da considerare nell'ambito di una teoria della giustizia. L'ombra antica del *Primo trattato sul governo* di John Locke si distende su molte ricerche in questa materia, con l'insistita sua sottolineatura delle responsabilità della ricchezza.

> Dio non lascia un uomo alla mercé di un altro al punto che questi possa, volendo, farlo morire di fame. Dio, il padre e il signore di tutti, non ha dato a nessuno dei suoi figli una tale proprietà sulla sua particolare porzione di beni di questo mondo, egli ha dato pure al suo fratello bisognoso un diritto al sovrappiù dei suoi beni; così che ciò non possa essergli giustamente negato, quando i suoi urgenti bisogni lo richiedano [...]. Come la giustizia dà a un uomo diritto alla proprietà di ciò che ha prodotto con il suo onesto lavoro [...]; così la carità dà diritto a ogni uomo a quella parte della ricchezza di un altro che gli è necessaria per fuggire una situazione di estremo bisogno, quando non abbia altri mezzi di sussistenza[15].

Questa è ancora la strada seguita sovente nell'analizzare le condizioni di povertà estrema, che individuano le più deprivate e svantaggiate tra tutte le persone. Ma quali possono essere gli effetti della trasposizione di una categoria socio-economica nell'ambito del sistema dei diritti fondamentali? A questo interrogativo si può dare una risposta che metta al centro un dato di realtà, rappresentato appunto dall'ineludibile questione di una umanità negata dalla indisponibilità degli essenziali beni della vita. Questa viene presentata, giustamente, come una priorità assoluta. Ma tale esigenza morale, sociale e politica implica pure la necessità di fondare una autonoma e distinta categoria di diritti nei quali si riassume il diritto all'esistenza

[15] J. Locke, *Primo trattato sul governo*, par. 42 (trad. it. di B. Casalini, bfp.sp.unipi.it/classici/locketwo/index.html). Per una analisi di questa posizione nel quadro del «diritto alla sussistenza» J. Shearmur, *The Right to Subsistence in a «Lockean» State of Nature*, in «The Southern Journal of Philosophy», 27, 4, 1989, pp. 561-568. Cfr. anche L. Ferrajoli, *Principia iuris. Teoria del diritto e della democrazia*, vol. 2: *Teoria della democrazia*, Laterza, Roma-Bari 2007, pp. 404-405.

che, tuttavia, in questo modo si presenta appunto con un significato «minimale» quasi che, garantita questa soglia minima, esso possa poi scomparire e lasciare uno spazio, finalmente liberato, all'effettività degli altri diritti fondamentali?

Le teorie della democrazia, anche quelle attente soprattutto agli aspetti procedurali, sono state sempre più accompagnate da una riflessione sulla necessità che siano soddisfatte determinate precondizioni, mancando le quali alle apparenze della democrazia non corrisponderebbe alcuna sostanza. Alcune di queste precondizioni appartengono propriamente alla dimensione del politico, come quelle riguardanti l'accesso alle informazioni e la libertà di manifestazione del pensiero, la libertà d'associazione e il pluralismo dei partiti. Altre, però, rinviano alla dimensione sociale, in particolare all'istruzione e al lavoro. Non è arbitrario associare quest'insieme di precondizioni a quelle che ispirano la teoria dei «basic rights», anche per la presenza di alcune di esse in entrambi i contesti. Si può aggiungere che vi è pure una finalità comune, che si può riassumere nella liberazione di ogni persona da ogni forma di deprivazione, esclusione, diseguaglianza. Le povertà materiali si manifestano insieme con la povertà civile.

Tornano lontane parole come inscindibilità e indivisibilità di libertà e diritti, che la politica deve essere sempre capace di connettere. E sono le parole di Franklin Delano Roosevelt sulle «quattro libertà», pronunciate nel discorso sullo stato dell'Unione l'8 dicembre 1941, all'indomani di Pearl Harbor, con la convinzione e la lungimiranza che dovrebbero ogni volta accompagnare i momenti drammatici. Sono la libertà di parola e di espressione, la libertà di culto, la libertà dal bisogno e dalla paura, ciascuna associata con una assunzione di responsabilità verso l'intero mondo.

Contro l'esclusione sociale

Proprio queste connessioni ci consentono di andare oltre lo schema di una categoria di diritti che, separandosi in qualche modo dalle altre, diventa l'unico presidio d'una esistenza per molti versi scarnificata, d'un diritto all'esistenza inevitabilmente soggetto a interpretazioni restrittive per l'emergere dei riferimenti a diritti negativi o positivi, diversamente produttivi di effetti per i soggetti che dovrebbero garantire. L'argomento realistico, che insiste sul fatto che non tutti i diritti possono essere soddisfatti, rischia di approdare al riduzionismo biologico, alla garanzia non dell'esistenza, ma della sopravvivenza. Questo orizzonte viene varcato quando opportunamente si sottolinea che «cibo e libertà di associazione sono necessari per una vita dignitosa»[16].

Il riferimento da porre al centro dell'attenzione, allora, diviene quello della cittadinanza, nel significato varie volte ricordato come patrimonio di diritti che appartengono alla persona in quanto tale. Se si trascura questa prospettiva, e si orientano diversamente le analisi anche delle situazioni concrete, diviene evidente il rischio di creare «sottocategorie» di persone, sia pure con l'argomento della necessità di attribuire a esse una protezione più intensa e di imputare a specifici soggetti le responsabilità politiche e morali di questa tutela. I «worst off», i più svantaggiati, non sono un gruppo che deve essere separato dagli altri in ragione della sua debolezza. Incarnano una condizione umana che deve essere considerata lungo un tragitto che include non solo misure specifiche, ma approdi comuni, come quello della garanzia per tutti di un reddito appunto di «cittadinanza», sia pure muovendo all'inizio dalla garanzia di un reddito minimo. Siamo così di fronte a una traiettoria politica e istituzionale analoga a quella che ha progressivamente consentito di passare dalla lotta alla fame nel mondo, come oggetto di attenzione minima per garantire la sopravvivenza, alla costruzione di un più comprensivo diritto al cibo, inteso come diritto «ad una alimentazione adeguata e sufficiente, corrispondente alle tradizioni culturali del popolo al quale la persona appartiene e che assicuri una esistenza [*life*] piena e dignitosa, libera dalla paura, dal punto di vista fisico e mentale, individuale e collettivo»[17]. Tornano qui parole già ricordate, come dignità e paura, testimonianza di una condizione che si proietta al di là di ogni «minimo».

Solo così è possibile passare dalla garanzia del grado zero dell'esistenza al diritto a una esistenza libera e dignitosa. Proprio per liberarsi dai vizi del riduzionismo, infatti, è indispensabile accompagnare il diritto all'esistenza con quelle due qualificazioni, che compaiono congiuntamente solo nell'art. 36 della Costituzione italiana, con le significative conseguenze che già sono state sottolineate[18]. Un articolo

[16] Pogge, *Povertà* cit., p. 53.
[17] Cfr. *supra*, pp. 127-130.
[18] Cfr. *supra*, pp. 157-158.

che deve essere ulteriormente analizzato come concretizzazione del modello individuato dall'art. 3.

Nella prospettiva della individuazione delle responsabilità pubbliche, il secondo comma di questo articolo afferma che «è compito della Repubblica rimuovere gli ostacoli di ordine economico e sociale che, limitando di fatto la libertà e l'eguaglianza dei cittadini, impediscono il pieno sviluppo della persona umana e l'effettiva partecipazione di tutti i lavoratori all'organizzazione politica, economica e sociale del Paese». L'andamento dell'art. 36 segue questa impostazione: «Il lavoratore ha diritto ad una retribuzione proporzionata alla quantità e qualità del suo lavoro e in ogni caso sufficiente ad assicurare a sé e alla famiglia un'esistenza libera e dignitosa».

Poiché l'art. 1 parla di «una Repubblica democratica fondata sul lavoro», è evidente che norme come l'art. 36 riguardano tutte le persone e che la tensione egualitaria ribadisce uno dei suoi motivi fondanti, l'esclusione di una legittimazione del censo o del privilegio. La mancanza di adeguate risorse economiche, quindi, si palesa come il primo tra quegli ostacoli economici che possono limitare di fatto libertà e eguaglianza. La rimozione di tale ostacolo è affidata ai caratteri della retribuzione, che non deve essere soltanto misurata su qualità e quantità del lavoro, escludendo così che il criterio possa essere solo quello di garantire la mera sopravvivenza biologica. La retribuzione deve soprattutto rispondere alla finalità di garantire una esistenza libera e dignitosa con una indicazione che, comprendendo la famiglia, dia immediata rilevanza al legame sociale. Inoltre, l'aggettivazione costituzionale («pieno sviluppo della persona umana») parla di una pienezza di vita, dunque di una forma dell'esistenza inseparabile da libertà e dignità. Una impostazione, questa, che si ritrova nella già ricordata sentenza tedesca sul «minimo esistenziale»[19], che viene misurato appunto con il principio del rispetto della dignità umana, presentandosi come «diritto incomprimibile della persona» per il quale «lo Stato deve trovare i mezzi necessari per tutelarlo nella realtà e in tutte le sue connotazioni 'sociali, culturali e politiche'»[20].

[19] Cfr. *supra*, p. 36.

[20] Così G. Bronzini, *Europa e Regioni: la sussidiarietà come criterio di decisione in Ue e il diritto a un reddito garantito*, in Bin Italia, *Reddito minimo garantito. Riflessioni sulla legge del Lazio*, «QR 1», Basic Income Network, Roma 2011, p. 28.

L'operazione costituzionale dell'art. 36 dà attuazione al programma dell'art. 3, e libera integralmente il diritto all'esistenza dalle insidie riduzioniste, quale che possa esserne l'origine, visto che la norma riguarda datori di lavoro pubblici e privati, e qualsiasi forma di lavoro. Ovviamente, questo complessivo programma trova oggi sulla sua strada gli ostacoli di fatto derivanti dal suo contrasto con logiche di mercato che, riguardando direttamente misura e modalità della retribuzione e struttura dei rapporti di lavoro, ripropongono forme radicali di riduzionismo, che incidono sulla dignità stessa del lavoro e sulla libertà del lavoratore, privando l'esistenza delle qualità che la Costituzione ha voluto attribuirle.

Proprio l'analisi di queste dinamiche sociali ed economiche induce a una rinnovata attitudine critica nei confronti di impostazioni come quella dei «basic rights», non perché non se comprenda l'importanza nel voler garantire il «nucleo duro» dell'esistenza, ma per la diversa ragione che proprio la considerazione dei diversi diritti nel quadro della cittadinanza rende possibile una loro articolazione, che consenta di dare rilievo alla specificità di ciascuno e alle distinte modalità attuative, senza però dover passare a qualche forma di gerarchia o separazione. «I diritti fondamentali possono mantenere la promessa morale di tenere politicamente conto della dignità umana soltanto allorché *cooperano uniformemente* in tutte le loro categorie»[21].

Capovolgendo in qualche modo la gran parte delle impostazioni in materia, si potrebbe concludere che il riconoscimento incondizionato di un diritto all'esistenza deve rappresentare il fermo punto di riferimento, dunque il criterio per giudicare tutte le sue attuazioni parziali. Le buone ragioni costituzionali a sostegno di questa tesi sono rafforzate, al di là del fondamento offerto dall'art. 36, da quanto è detto nell'art. 38 della Costituzione a proposito della necessità di assicurare «mezzi adeguati alle loro esigenze di vita» a tutti i lavoratori vittime di infortuni o che si trovino nella condizione di «malattia, invalidità e vecchiaia, disoccupazione involontaria». Una indicazione, questa, sinteticamente ripresa dall'art. 34.3 della Carta dei diritti fondamentali dell'Unione europea, dove si afferma che

[21] J. Habermas, *Questa Europa è in crisi*, trad. it. di C. Mainoldi, Laterza, Roma-Bari 2012, p. 10 (corsivo dell'originale).

«al fine di lottare contro l'esclusione sociale e la povertà, l'Unione riconosce e rispetta il diritto all'assistenza sociale e all'assistenza abitativa volte a garantire un'esistenza dignitosa a tutti coloro che non dispongano di risorse sufficienti, secondo le modalità stabilite dal diritto comunitario e le legislazioni e prassi nazionali».

È significativo che, in una Carta che ha conosciuto traversie proprio per quanto riguarda i diritti sociali, si trovi un riconoscimento così netto del diritto a una esistenza dignitosa, e non minima, e che si vada oltre la categoria della povertà, riferendo correttamente questo diritto alla necessità di contrastare l'esclusione sociale. Certo, permangono riferimenti che condizionano il riconoscimento del diritto al manifestarsi di alcune situazioni di fatto, ma un passo è compiuto proprio verso la ricostruzione del diritto all'esistenza nella sua pienezza, che assume il doppio significato di una sua universalità e di una sua qualificazione tra i diritti di cittadinanza. Il perimetro del diritto all'esistenza si allarga al di là di un'area «minima», che tuttavia non scompare e, pur non potendo divenire il criterio di definizione del diritto, può mantenere una sua funzione nel momento in cui si devono articolare le sue modalità di attuazione.

Si creano dunque le condizioni perché il diritto all'esistenza venga caratterizzato per una sua soddisfazione «in forma universale e generalizzata»[22], svincolandolo anche dall'accertamento dello stato di bisogno. È in questo contesto progressivamente allargato e definito che può trovare più agevole svolgimento la discussione sul significato di classificazioni come quelle che portano ai «basic rights» di Henry Shue, ai beni sociali primari di John Rawls, alle risorse di Ronald Dworkin, alle capacità di Amartya Sen e di Martha Nussbaum. Tutte categorie che si presentano con la seduzione del realismo, e con una significativa fondazione teorica, ma che, nella loro dichiarata parzialità, finiscono con il trascurare il dato più importante. La progressiva emersione del diritto all'esistenza si colloca nel quadro della costituzionalizzazione della persona, alla quale contribuisce in maniera assai significativa, manifestandosi così con il carattere dell'universalità che caratterizza i diritti fondamentali.

[22] Ferrajoli, *Principia iuris* cit., p. 407.

Questo non è un esercizio retorico. Il riconoscimento del diritto all'esistenza come diritto fondamentale individua uno dei criteri ricostruttivi dell'intero sistema istituzionale, definisce la posizione in esso della persona. Così inteso, come deve essere, a esso non si addice più la sola formula sintetica di diritto all'esistenza. Ciò che lo ha svincolato dal riduzionismo e dal «minimalismo», proiettandolo ben oltre la sopravvivenza e la sussistenza, sono l'inscindibilità dalla dignità, testimoniata da tutte le fonti normative, e il nesso con la libertà. La definizione corrispondente a questi dati di realtà è quella di «diritto all'esistenza libera e dignitosa», proprio quella che, con lungimiranza, compare nella Costituzione italiana. Il senso complessivo è quello di assicurare alle persone una pienezza di vita fondata sull'autonomia, intervenendo per eliminare tutti i fattori di deprivazione, con una impostazione che non consente di collocare il diritto all'esistenza libera e dignitosa sostanzialmente tra i diritti negativi. E questa più comprensiva impostazione consente di andare oltre la dimensione puramente redistributiva, come già si è ricordato[23], legando l'attuazione del diritto all'esistenza all'accesso a beni comuni, individuati attraverso il loro rapporto diretto con categorie come quella dei beni sociali primari, che può così assumere una funzione non antagonista o riduttiva rispetto al diritto all'esistenza libera e dignitosa nel suo insieme.

Grazie a previsioni come quella contenuta nel già ricordato art. 34 della Carta dei diritti fondamentali, l'Unione europea contribuisce a delineare i caratteri di quel diritto aprendo le porte a una «democrazia del reddito universale»[24], che può apparire espressione enfatica, ma coglie nella realtà sempre più difficile dei tempi nostri il nesso tra democrazia, lavoro ed esistenza. La speranza è che proprio questa consapevolezza consenta di far vivere lo «spirito di Filadelfia», necessario per affrontare la questione capitale della giustizia sociale in una fase che ha fatto divenire globale il mercato[25]. A Filadelfia,

[23] Cfr. *supra*, pp. 136-138.

[24] *La democrazia del reddito universale*, manifestolibri, Roma 1997; P. Van Parijs e Y. Vanderborght, *Il reddito minimo universale*, trad. it. di G. Tallarico, Università Bocconi, Milano 2006.

[25] Sono queste le parole di A. Supiot, *Lo spirito di Filadelfia. Giustizia sociale e mercato totale* [2010], trad. it. di R. Prezzo, Et al./Ed., Roma 2011.

luogo simbolico per le vicende dei diritti, il 10 maggio 1944 l'Organizzazione internazionale del lavoro approvò una Dichiarazione che definiva i suoi compiti e che si presenta come «la prima dichiarazione dei diritti a vocazione universale»[26], dove davvero il diritto ad avere diritti si dispiega con particolare intensità, espressione di quella consapevolezza che sovente si sprigiona nei momenti in cui sono le vicende della storia a imporre il confronto con il futuro. Vale la pena di richiamare alcuni passi essenziali di quella Dichiarazione: «il lavoro non è una merce»; «la povertà, dove esiste, costituisce un pericolo per la prosperità di tutti»; «tutti gli esseri umani [...] hanno diritto di perseguire il loro progresso materiale e il loro sviluppo spirituale nella libertà e nella dignità»; garanzia per tutti gli occupati di «una retribuzione minima vitale»; «l'estensione delle misure di solidarietà sociale per assicurare un reddito di base a tutti coloro i quali hanno bisogno di questa protezione». Un cammino era stato segnato, e quei criteri rimangono un ineludibile termine di paragone.

Un confronto è reso possibile dalla Risoluzione del Parlamento europeo del 10 ottobre 2010, dedicata al «ruolo del reddito minimo nella lotta contro la povertà e la promozione di una società inclusiva in Europa». In questo documento, assai analitico, si sottolinea un vero e proprio dovere di intervento degli Stati attraverso l'introduzione di forme di reddito minimo, criticando quelli che, come l'Italia e la Grecia, sono ancora inadempienti, e mettendo in evidenza come si tratti di una misura indispensabile anche per contrastare l'esclusione sociale e le discriminazioni. Concepita in tempi di crisi, la Risoluzione respinge la tesi che ritiene inevitabile l'indebolimento dello Stato sociale, a causa dei vincoli imposti per la riduzione dei deficit di bilancio, e individua nel reddito minimo uno strumento dal quale non si può prescindere proprio quando si fanno più violenti i processi di esclusione, diseguaglianza crescente, aumento della povertà. E «insiste sulla necessità di modificare le politiche di austerità imposte in alcuni paesi nell'ambito della lotta alla crisi».

Non è questa la sola apertura significativa. Il reddito minimo, infatti, non è visto come misura a sé. Viene considerato nella prospettiva della garanzia del «diritto fondamentale della persona a disporre di risorse e prestazioni sufficienti per vivere conformemente

[26] Ivi, p. 3.

alla dignità umana»[27], individuando così un criterio che esclude la legittimità di provvedimenti mirati esclusivamente alla mera sopravvivenza: e infatti si prevede che i regimi di redditi minimi «adeguati» debbano essere fissati «almeno al 60% del reddito mediano dello Stato membro interessato». Conseguentemente, non si fa riferimento solo alla povertà estrema, ma pure a quella relativa. E, soprattutto, non si parla del solo reddito minimo, ma si mettono in evidenza anche le esperienze di «reddito di base incondizionato per tutti».

Si può ben dire che la Risoluzione del Parlamento europeo conferma che il reddito minimo non può essere configurato come un punto d'arrivo, raggiunto il quale il dovere degli Stati cessa e l'obbligazione sociale è soddisfatta. Possiamo, allora, specificare meglio la linea di sviluppo che si va chiaramente delineando. Il reddito minimo si configura come punto di partenza e indica le modalità che devono essere prese in considerazione perché si possa giungere all'effettiva tutela di un diritto fondamentale della persona. L'approdo è il reddito di base incondizionato per tutti, o reddito universale, che tuttavia non esaurisce il diritto all'esistenza libera e dignitosa, di cui costituisce una essenziale componente. La dimensione istituzionale è quella della cittadinanza.

Lungo questa linea s'incontrano le articolazioni che il reddito minimo conosce nelle legislazioni dei diversi paesi[28] e gli interventi con i quali i giudici danno a esso concreta attuazione, anche in contesti istituzionali che non lo prevedono esplicitamente. In Svizzera, ad esempio, proprio le iniziative giudiziarie hanno portato all'inserimento nella Costituzione del 1999 di un art. 12, intitolato «Diritto all'aiuto in condizioni di bisogno», che così dispone: «Chiunque è nel bisogno e non è in grado di provvedere a se stesso ha diritto d'essere aiutato e assistito e di ricevere i mezzi indispensabili per un'esistenza dignitosa». Siamo di fronte a una norma che suggerisce varie considerazioni, ma che non può essere interamente affidata a una interpretazione minimalista. Il riferimento a una situazione di «bisogno», dunque a uno stato personale che si colloca al di là della

[27] Sono le parole già contenute nella Raccomandazione del Consiglio europeo 92/441 del 23 giugno 1992.

[28] In generale, per una analisi dei caratteri e delle evoluzioni dei modelli nazionali, S. Giubboni, *Diritti e solidarietà in Europa. I modelli sociali nazionali nello spazio giuridico europeo*, il Mulino, Bologna 2012.

povertà, amplia l'area del necessario intervento pubblico. E, anche se si parla di mezzi «indispensabili», la loro qualità trova nell'esistenza dignitosa il criterio di valutazione. Ma è soprattutto l'inserimento del principio in una Costituzione a rappresentare il dato più rilevante, confermando che siamo di fronte alla lenta costruzione di un diritto espressivo della costituzionalizzazione della persona in una materia ancora tanto difficile e controversa, e tuttavia esemplare nel definire le modalità del vivere. Lo conferma l'art. 23 della Costituzione belga del 1994, dove si afferma che «Ognuno ha diritto di condurre una vita conforme alla dignità umana».

Proprio questa constatazione impone di spingere più a fondo la riflessione, andando oltre la considerazione della sola dimensione dei bisogni materiali, ai quali dare risposta in termini monetari. Ma non sono soltanto le povertà post-materiali a dover essere l'oggetto dell'attenzione. È la complessità del vivere a emergere, dunque non qualcosa che viene dopo la soddisfazione dei bisogni materiali, bensì ciò che a essi inestricabilmente si congiunge. Legami resi evidenti da molteplici norme, tra le quali meritano d'essere richiamati gli artt. 24, 25 e 26 della Carta dei diritti fondamentali dell'Unione europea che, considerando analiticamente i diritti di bambini, anziani e disabili, rendono particolarmente evidenti i modi concreti dell'esistenza. Per i bambini si parla di «benessere»; per gli anziani del diritto «di condurre una vita dignitosa e indipendente e di partecipare alla vita sociale e culturale»; per i disabili del diritto «di beneficiare di misure intese a garantirne l'autonomia, l'inserimento sociale e professionale e la partecipazione alla vita della comunità»[29].

Sono aperture significative, sguardi attenti. L'esistenza è fatta di autonomia e di partecipazione, di indipendenza individuale e di inserimento sociale. E questo ci parla di un adempimento dei doveri pubblici rispettosi di persone nelle quali non si manifesta un diverso modo di esistere, ma che rendono la condizione umana più evidente nelle sue diverse sensibilità.

Vi è una bella espressione che compare all'inizio della Risoluzione n. 46/91 con la quale, il 16 dicembre 1991, l'Assemblea ge-

[29] European Union Agency for Fundamental Rights, *Choice and Control: The Right to Independent Living. Experiences of Persons with Intellectual Disabilities and Persons with Mental Health Problems in Nine EU Member States*, FRA, Wien 2012.

nerale dell'Onu ha approvato i Principi sugli anziani: «aggiungere vita agli anni aggiunti alla vita». Oltre la sopravvivenza, dunque. E l'«aggiungere vita» vuol dire in primo luogo che l'anziano non può essere oggetto di una progressiva riduzione dei suoi diritti, violando il divieto di discriminazione basata sull'età e spingendolo progressivamente verso condizioni di deprivazione, di esclusione, che possono sempre di più fargli assumere i tratti di una «non persona». È quel che accade quando il correre degli anni esclude dall'accesso a cure e trattamenti medici, determina immotivati rifiuti nell'accesso al credito, impone la sottomissione a forme di controllo sempre più penetranti. La persona dell'anziano scompare, sostituita da una «entità» che, non più produttiva, diviene un costo crescente, e non una parte della società, una «macchina» sempre più costosa da riparare. La cittadinanza si fa sempre più sottile, quasi impalpabile per l'impoverirsi delle sue componenti, mentre al suo posto tornano il censo e il privilegio. Chi più ha, ha più vita. Compra farmaci, compra trattamenti medici ovunque nel mondo, compra assistenza, non ha bisogno di ricorrere a operazioni finanziarie. La dignità è affidata all'avere, non più all'essere.

Ma come si disegna il mondo intorno all'anziano? Che cosa significa per lui veder rispettata la sua sfera privata? L'abbandono della casa dove si è a lungo vissuti può essere l'unico modo per assicurare all'anziano una assistenza adeguata, ma il trauma della separazione può essere alleviato se, ad esempio, gli si consente di portare con sé una piccola parte dell'arredo familiare, costruendo così una qualche continuità tra il vecchio e il nuovo ambiente.

Oggi, però, deve essere rivolta una particolare attenzione alle nuove tecnologie. Si è detto che gli anziani sono più esposti al «digital divide», alla diseguaglianza digitale. Una constatazione corrispondente alla realtà che, tuttavia, non può essere vissuta come un ostacolo insuperabile, una condanna senza appello. Sono ormai numerosissime le esperienze che mostrano come l'alfabetizzazione all'uso di Internet diviene un potente strumento di socializzazione, di uscita dalla passività, di miglior uso del tempo libero. Per raggiungere questi risultati, accanto all'alfabetizzazione devono comparire misure come l'accesso gratuito a Internet, facilitazioni per l'acquisto dei diversi strumenti elettronici, disegnati in modo da renderne l'uso più agevole proprio alle persone anziane. È il tema del come «ci si prende cura», che costituisce il terzo punto dei Principi dell'Onu.

L'uso agevole e corretto delle tecnologie, inoltre, può consentire agli anziani di continuare a restare in casa propria in condizioni rispettose della loro dignità. Questo può implicare un uso intenso di tecnologie per controllare a distanza la loro vita quotidiana. Ma possono gli anziani divenire sempre più dipendenti dall'esterno e vivere in un regime di perenne sorveglianza? Si può accettare che venga ridisegnato non solo l'ambiente in cui vivono, ma in qualche modo il loro stesso corpo, nel quale vengono variamente «alloggiati» dispositivi di rilevazione e di trasmissione di informazioni sulla salute, sugli spostamenti, sulla risposta a segnali?

Per rispondere a queste domande, si deve riflettere sul rischio di abusi, considerando proprio i fondamentali diritti dell'anziano, senza fermarsi a una mera analisi economica dei costi e dei benefici. Quando la persona anziana viene collocata in una realtà più o meno «aumentata» dal fatto che un insieme di dispositivi rende possibile una espansione del suo corpo, si devono prendere in considerazione gli aspetti di spossessamento del proprio corpo che da ciò possono essere provocati e, soprattutto, gli effetti di sostituzione delle relazioni personali con quelle puramente tecnologiche. Se l'anziano solo non viene più visitato da una persona che se ne prende cura tre volte la settimana, ma una soltanto perché i dati significativi vengono raccolti per via elettronica, i risparmi economici sono evidenti, ma non possono compensare la deprivazione sociale derivante dal rarefarsi dei contatti umani e dell'interazione personale.

La prospettiva tecnologica si presenta in forme rassicuranti, e persino accattivanti. Ma può spingere verso un governo puramente tecnologico dell'esistenza. Ma la tecnologia può essere *parte* di un programma di cura, non può divenire essa stessa *il* programma. Il rapporto tra sfera privata e tecnologia deve essere costruito in modo che possa rafforzare il libero sviluppo della personalità, non può divenire una via per rendere le persone meno umane e più passive, con una riduzione dell'autonomia, una dipendenza crescente, una perdita della capacità d'iniziativa. Il rispetto della sfera privata è un elemento essenziale della loro dignità personale e sociale. E proprio riflettendo seriamente su un segmento della società in rapida crescita, si coglie la connessione profonda tra la condizione umana e i diritti fondamentali, che è poi un tratto essenziale della stessa democrazia.

Il diritto all'esistenza libera e dignitosa è tutto questo. Reddito, certamente. Ma, insieme e talora soprattutto, condizioni del vivere, dove l'immateriale dà il tono a tutto il resto, determina la qualità stessa della vita.

Forse, riflettendo a fondo su questo diritto, ci aggiriamo lungo una frontiera varcata la quale compare ai nostri occhi il diritto alla felicità. Di «cercare e ottenere la felicità», com'è scritto nel primo articolo della Dichiarazione d'indipendenza della Virginia del 1776. L'inattingibile felicità di Eugenio Montale, alla quale già si è fatto cenno, o l'atteggiarsi concreto del buon vivere, dove ciascuno trova la misura di una propria felicità? In quelle belle parole, infatti, la felicità non compare come un programma posto all'esterno della persona, che una qualsiasi potenza pubblica o privata può cercare di imporre, ma appunto come l'attributo della persona libera di cercare e ottenere una felicità che lo stesso articolo colloca nel quadro del «godimento della vita». Un orizzonte più promettente, e per questo più controverso, di quello pur tanto ricco della libera costruzione della personalità. Un orizzonte che oggi può essere contemplato proprio tenendo conto del fatto che «la felicità [...] non è legata a un reddito più o meno elevato, ma a un complesso di circostanze tra le quali possiamo iscrivere l'occupazione, l'età, il matrimonio, i rapporti di coppia»[30]. L'esistenza nella sua continua e multiforme costruzione, dunque.

Non dirò che un cerchio si chiuda, ma è proprio grazie all'intrecciarsi di questi diritti difficili che possiamo approssimarci con spirito più consapevole all'«enigma dell'esistenza»[31].

[30] A. Trampus, *Il diritto alla felicità. Storia di un'idea*, Laterza, Roma-Bari 2008, p. 230.

[31] S. Moravia, *L'enigma dell'esistenza. Soggetto, passioni, morale nell'età del disincanto*, Feltrinelli, Milano 1996.

Capitolo X
Autodeterminazione

Il palinsesto della vita

L'autodeterminazione nella vita e nel corpo rappresenta il punto più intenso e estremo della libertà esistenziale, che si declina pure come libertà giuridica. Parlo di libertà «giuridica» perché negli ultimi anni proprio qui, intorno alla portata e alla legittimità stessa della regola giuridica, si è concentrato il dibattito. Si tratta, da una parte, di individuare il perimetro della vita, dunque l'area che deve essere «governata». E di stabilire quali siano i poteri legittimati a intervenire in quest'area, partendo dalla constatazione che sono state modificate le condizioni «naturali» della libertà[1]. Su questo sfondo si staglia con nettezza la questione generale di quello che si può definire il «nucleo normativo della soggettività razionalistica moderna (autonomia, autodeterminazione, partecipazione)»[2], che sembrava respinto sullo sfondo dalla post-modernità, ma al quale proprio le nuove dimensioni del vivere e le relative dinamiche della soggettività hanno attribuito nuova legittimazione.

Traducendo questi problemi in un diverso linguaggio, ci si è chiesti recentemente chi scriva il «palinsesto della vita»[3]. A questa domanda, espressa in forma insolita, è stata data una risposta che cerca di ridefinire non solo e non tanto le modalità del rapporto tra giuristi e scienziati, ma il ruolo stesso del diritto, da una parte, e di biologia e genetica, dall'altra, individuando così anche le condizioni

[1] C. Pelluchon, *L'autonomie brisée. Bioéthique et philosophie*, Presses Universitaires de France, Paris 2009, p. 160.

[2] G. Preterossi, *Ciò che resta del soggetto*, in «Filosofia politica», 3, 2011, p. 357.

[3] Usa questa espressione S. Jasanoff, *Introduction: Rewriting Life, Reframing Rights*, in Id. (a cura di), *Reframing Rights. Biocostitutionalism in the Genetic Age*, Mit Press, Cambridge (Mass.)-London 2011, p. 1.

che contribuiscono a definire il contesto all'interno del quale la persona si autodetermina.

Per cinquemila anni, a partire dalle più lontane forme di normazione, la parola che descriveva la vita sarebbe sempre stata quella del diritto. Solo in tempi assai più recenti questa parola sarebbe stata affiancata, o del tutto sostituita, da quella dei biologi e dei genetisti, divenuti anzi i protagonisti primi della scrittura di quel palinsesto. Le date di questo mutamento potrebbero essere indicate con precisione, risalendo, ad esempio, al 1953, ai risultati delle ricerche di James Watson e Francis Crick sulla struttura a doppia elica del Dna. O, andando all'inizio dell'Ottocento, con la nascita della biologia, dunque con gli studi di Jean-Baptiste Lamarck e soprattutto, a giudizio di Michel Foucault, di Georges Cuvier[4]. Foucault insiste particolarmente sulla radicalità di questo passaggio. «Se la biologia era sconosciuta, era per una ragione assai semplice: la vita stessa non esisteva. Esistevano soltanto esseri viventi: apparivano attraverso una griglia del sapere costituito dalla *storia naturale*»[5]. Spingendosi oltre, Gilles Deleuze ha aggiunto: «è stato necessario [...] che la vita dispersa si raccogliesse nel codice genetico»[6]. Per tutte queste ragioni si è potuto concludere che la vita è «un'invenzione recente»[7].

Proiettandosi al di là del paradigma biologico, Zygmunt Bauman si è interrogato intorno alla tesi che mette in evidenza come, nella fase premoderna, fosse la religione a dare senso alla vita e, criticandola, ha sottolineato come, in realtà, le credenze religiose «non facessero altro che corroborare il tipo di esperienza che rendeva senza scopo

[4] M. Foucault, *Il sapere e la storia. Sull'archeologia delle scienze e altri scritti*, trad. it. di A. Cutro, Ombre Corte, Verona 2007.

[5] Id., *Le parole e le cose. Un'archeologia delle scienze umane* [1966], trad. it. di E. Panaitescu, Rizzoli, Milano 1967, pp. 143-144 e le pagine successive per una analisi della «storia naturale». Questo punto è ampiamente discusso, nella prospettiva qui considerata, da N. Rose, *La politica della vita. Biomedicina, potere e soggettività nel XXI secolo*, trad. it. di M. Marchetti e G. Pipitone, Einaudi, Torino 2008, pp. 70 sgg. Per una prima ricostruzione storica E. Mayr, *Storia del pensiero biologico. Diversità, evoluzione, eredità*, I, trad. it. di R. Valla e A. Zucchi, Bollati Boringhieri, Torino 1982, pp. 3-97.

[6] G. Deleuze, *Foucault*, trad. it. di P.A. Rovatti e F. Sossi, Feltrinelli, Milano 1986, p. 132.

[7] D. Tarizzo, *La vita. Un'invenzione recente*, Laterza, Roma-Bari 2010. In generale, è da vedere R. Ciccarelli, *Immanenza. Filosofia, diritto e politica della vita dal XIX al XX secolo*, il Mulino, Bologna 2008.

la preoccupazione per il significato», appunto, della vita. Così, pur muovendo da un punto di vista tanto diverso, anch'egli giunge a concludere che «la vita non era nelle mani dei viventi. La vita non era un compito. La vita *era* e basta. [...]. L'idea di un significato della vita [...] può comparire solo una volta che il significato [...] è stato già costruito come compito»[8].

Altre analisi potrebbero essere richiamate. Quei due riferimenti, tuttavia, sono significativi nel convergere in una considerazione della vita come costruzione della modernità, la cui vicenda s'intreccia significativamente con quella del soggetto moderno e, conseguentemente, fa emergere il profilo dell'autodeterminazione. Ma le due tesi prima ricordate, portando a conseguenze estreme la logica della discontinuità, scalzerebbero le fondamenta stesse dell'ipotesi riguardante la costruzione del palinsesto della vita, perché questa, pur mettendo in evidenza un passaggio dal paradigma giuridico a quello biologico, considera comunque la vita come un «oggetto» permanente, caratterizzato da una «lunga durata», del quale è sempre stato possibile parlare e la cui descrizione ha costituito la premessa di una regolazione. Qui non conviene andare oltre in questa discussione. È opportuno, tuttavia, sottolineare come l'associazione biologia/vita possa spingere verso un pericoloso riduzionismo, identificando appunto la vita con il suo sostrato biologico, ben al di là dell'attenzione che ormai deve essere continuamente rivolta ai rapporti tra persona e tecnoscienza, che implicano pure una ridefinizione del ruolo del diritto nell'età tecnologica.

Non perdiamo d'occhio l'innovazione linguistica. Proprio la parola «biologia» è divenuta il calco al quale si sono riferite nel loro divenire scienze antiche: e così discutiamo di «biopolitica», «bioetica», «biodiritto». Compaiono poi la «biocittadinanza dei diritti» e la «biocittadinanza digitale»[9] e, soprattutto, il «biocostituzionalismo»[10]. In quest'ultimo termine cogliamo una chiara indicazione, perché le operazioni giuridiche volte a scrivere il palinsesto della vita vengano sottratte a ipoteche naturalistiche e fondate, invece, sulla costruzione di un insieme di principi di riferimento, con una evidente consi-

[8] Z. Bauman, *Mortalità, immortalità e altre strategie della vita*, trad. it. di G. Arganese, il Mulino, Bologna 2012, p. 124.

[9] Rose, *La politica della vita* cit., p. 216.

[10] Jasanoff, *Introduction* cit.

derazione del diritto anche come argine alle impostazioni puramente ideologiche e all'estremo riduzionismo scientifico. Così il biodiritto, nell'accezione che è venuto assumendo in questi anni, si configura come rovesciamento dello schema della biopolitica, intesa come l'insieme dei dispositivi che consentono di esercitare il potere di disciplinamento dei corpi. Il biodiritto, invece, si struttura come insieme di strumenti volti a garantire la persona proprio contro tutti i poteri variamente invasivi del suo corpo.

Comune, dunque, l'etimo. Al quale, tuttavia, non ci si può fermare, perché la sua origine greca richiama l'esistenza, in quella lingua, di due distinti termini per indicare la vita: «*zoé*, che esprimeva il semplice fatto di vivere comune a tutti gli esseri viventi (animali, uomini o dèi) e *bìos*, che indicava la forma o maniera di vivere propria di un singolo o di un gruppo»[11]. Non è semplice scrupolo filologico. La diversità dei termini greci è un segnale da tener presente per evitare di cadere nel riduzionismo, per sfuggire a un'enfasi sulla biologia che cancella la biografia. Distinzione, questa, assai rilevante per definire lo spazio della regola giuridica che, da una parte, non può prescindere dalla biografia della persona quando si tratta, ad esempio, di ricostruirne la volontà per quanto riguarda le decisioni di fine vita, e non solo; e, dall'altra, non può pretendere di impadronirsene.

Ricordiamo le parole di Walter Benjamin: «Falsa e miserabile è la tesi che l'esistenza sarebbe superiore all'esistenza giusta, se esistenza non vuol dire altro che la nuda vita». E aggiunge: «l'uomo non coincide infatti in nessun modo con la nuda vita dell'uomo; né con la nuda vita in lui né con alcun altro dei suoi stati o proprietà, anzi nemmeno con l'unicità della sua persona fisica»[12].

Irriducibile al mero dato biologico, tuttavia l'esistenza si svolge in un contesto ormai largamente ridefinito proprio dalla biologia, che Nikolas Rose ha così descritto: «la nostra individualità somatica, corporea, neurochimica diviene oggi un terreno di scelta, prudenza e responsabilità. È completamente aperta alla sperimentazione e alla contestazione. La vita non è immaginabile come una dote fissa e inal-

[11] Così G. Agamben, *Homo sacer*, Einaudi, Torino 1995, p. 3. Cfr. E. Berti, *Vita e vita riuscita nell'etica classica*, in A. Aguti (a cura di), *La vita in questione. Potenziamento o compimento dell'essere umano?*, La Scuola, Brescia 2011, pp. 53-70.

[12] W. Benjamin, *Angelus Novus. Saggi e frammenti*, a cura di R. Solmi, Einaudi, Torino 1962, p. 28.

terabile. La biologia non è più un destino»[13]. Lo sfondo, allora, non è quello della vita come invenzione recente, ma piuttosto quello che coglie l'articolarsi delle sue forme e porta lo stesso Rose a concludere che ormai «la vita è post-genomica»[14].

Il paradigma biologico viene in tal modo ricostruito allontanando ogni forma di determinismo, considerandolo piuttosto come un insieme di condizioni che aprono uno spazio nuovo alle decisioni della persona. Si stabilisce una forte, inedita saldatura tra volontà e vita, incomprensibile con il ricorso alle tradizionali categorie giuridiche. Infatti, poiché questo avviene per il liberarsi della vita da vincoli naturalistici e per la sua disponibilità a una costruzione deliberata, solo una impostazione saldamente ancorata alla persona «costituzionalizzata», dunque riconosciuta nella pienezza dei suoi poteri, può impedire che corpo e vita possano divenire anche oggetto di poteri esterni in modo ancor più intenso che in passato.

Se si muove da questa premessa, l'accento intensamente posto sulla volontà dell'interessato non può essere considerato, come fin troppo spesso accade, un incentivo alla frammentazione, alla cancellazione di ogni legame sociale, che conduce a una «società dei diritti e dell'individualismo autocentrato»[15]. Il tema deve essere analizzato e valutato dal diverso punto di vista della distribuzione dei poteri, e dunque soprattutto come costruzione di uno spazio giuridico tale da assicurare alla persona il potere di governo di sé, il suo «pieno sviluppo» in un contesto socialmente definito, come indica nitidamente il secondo comma dell'art. 3 della Costituzione. Così i processi di individualizzazione non possono essere descritti unicamente in termini di separazione e di isolamento, ma chiamano in causa le responsabilità proprie di una molteplicità di soggetti, pubblici e privati, che devono garantire il «rispetto del potere di definizione di sé delle persone»[16].

[13] Rose, *La politica della vita* cit., p. 57. Di un antidestino si parla nel volume di F. Gros e G. Huber, *Vers un anti-destin? Patrimoine génétique et droits de l'humanité*, Odile Jacob, Paris 1992.

[14] Rose, *La politica della vita* cit. Sul punto cfr. K.S. Rajan, *Biocapital. The Constitution of the Postgenomic Life*, Duke University Press, Durham-London 2006.

[15] M. Isnenghi, *Storia d'Italia. I fatti e le interpretazioni dal Risorgimento alla società dello spettacolo*, Laterza, Roma-Bari 2011, p. 336. Sull'«ideologia moderna dell'individualismo» F. Remotti, *Noi primitivi. Lo specchio dell'antropologia*, Bollati Boringhieri, nuova ed. accresciuta, Torino 2009, in particolare pp. 286 e sgg.

[16] M. Nussbaum, *Creare capacità. Liberarsi della dittatura del Pil*, trad. it. di R. Falcioni, il Mulino, Bologna 2012, p. 26.

Autodeterminazione è stata per lungo tempo parola che, nel linguaggio giuridico, apparteneva al diritto internazionale, comparendo nelle riflessioni di altre discipline senza uno specifico spessore tecnico. Formalizzando una linea emersa all'indomani della prima guerra mondiale, nel 1945 la Carta dell'Onu indica tra i fini delle Nazioni Unite quello di «sviluppare tra le nazioni relazioni amichevoli fondate sul rispetto e sul principio dell'eguaglianza dei diritti e dell'autodeterminazione dei popoli» (art. 1.2). Questo principio compare poi in apertura del Patto internazionale relativo ai diritti economici, sociali e culturali del 1966, dove si afferma che «Tutti i popoli hanno il diritto di autodeterminazione» (art. 1). Il richiamo all'autodeterminazione percorreva il mondo negli anni in cui si spegneva il colonialismo, con quello che fu appunto definito il passaggio «dai diritti dell'uomo ai diritti dei popoli», che trovò espressione in diversi documenti, tra i quali la Dichiarazione universale dei diritti dei popoli, stilata da Lelio Basso e approvata ad Algeri nel 1976, dove il titolo della seconda sezione afferma appunto il «diritto all'autodeterminazione politica». Un diritto non affermato soltanto in astratto, ma che fu all'origine di dure lotte politiche e militari.

Questo era lo spirito del tempo, che non esprimeva tanto l'affermazione di una identità territoriale, nella logica indipendentista o secessionista di realtà locali che volevano liberarsi dalla condizione coloniale, ma un bisogno nuovo di internazionalismo e di una logica diversa nelle relazioni politiche, incarnata da un nuovo soggetto, i popoli, di cui doveva essere riconosciuta l'autonomia. Gli studi postcoloniali hanno messo in evidenza come si fosse in sostanza di fronte alla costruzione di soggettività sottratte a forme di dominio esterno. Oggi è sempre un bisogno di autonomia al centro dell'attenzione, riferito però anche al singolo, alla persona in quanto tale.

Qual è il senso di questo mutamento? Un degradarsi del concetto stesso di autodeterminazione nel passaggio dalle grandi narrazioni collettive alle storie infinite e minute dei singoli? Siamo di fronte a un ripiegamento dalla libertà all'individualismo, allo scomparire del legame sociale a favore di un individuo sovrano sì, ma in senso atomistico e seriale? O la soggettività rivendicata è piuttosto quella, già ricordata, di una persona libera di muoversi in un mondo continuamente trasformato?

Per cogliere la sostanza del mutamento, e cercar di individuare il modo in cui esso si riflette nel sistema giuridico, si deve muovere da quanto è scritto nella sentenza n. 438 del 2008 della Corte costituzionale. Il punto chiave è il seguente: «la circostanza che il consenso informato trova il suo fondamento negli artt. 2, 13 e 32 della Costituzione pone in risalto la sua funzione di sintesi di due diritti fondamentali della persona: quello all'autodeterminazione e quello alla salute». Si coglie qui, nitidamente, una distribuzione di poteri, anzi un trasferimento di poteri, la cui portata può essere meglio colta attraverso due rapidi esercizi di riflessione storica.

Il riferimento all'art. 13, dunque alla libertà personale, consente di risalire, fino al 1215, alla Magna Carta e al suo *habeas corpus*, all'antica promessa che il re fa a ogni «uomo libero»: «non metteremo né faremo mettere la mano su di lui, se non in virtù di un giudizio legale dei suoi pari e secondo la legge del paese». Siamo di fronte all'abbandono di una prerogativa regia, a una autolimitazione di un potere che, proprio per i caratteri dell'impegno assunto, nella fase precedente era stato con tutta evidenza esercitato in maniera sostanzialmente arbitraria, peraltro in conformità con la sua natura. Quell'atto, se così si può dire, laicizza il potere del re. Quel che ne risulta, infatti, non riposa più sulla sovranità/sacralità, ma si cala nel mondo, si presenta come l'esito di una negoziazione complessa, manifesta l'avvio di un intrecciarsi di fattori che, in tempi assai successivi, porterà a quella «autolimitazione» dello Stato sovrano come atto di fondazione dei diritti pubblici subiettivi.

Facciamo un salto di più di sette secoli, e giungiamo ai primi mesi del 1947, quando l'Assemblea costituente discute e approva l'art. 32 della Costituzione, dove il tema della costituzionalizzazione della persona si manifesta con particolare intensità[17]. Dopo aver considerato la salute come diritto *fondamentale* dell'individuo, si prevede che i trattamenti obbligatori possano essere previsti soltanto dalla legge, e tuttavia la stessa legge «non può in nessun caso violare i limiti imposti dal rispetto della persona umana». È, questa, una delle dichiarazioni più forti della nostra Costituzione, poiché pone al legislatore un limite invalicabile, più incisivo ancora di quello previsto dall'art. 13 per la libertà personale, che ammette limitazioni sulla

[17] Sul punto, più analiticamente, *supra*, pp. 148-149.

base della legge e con provvedimento motivato del giudice. Nell'art. 32 si va oltre. Quando si giunge al nucleo duro dell'esistenza, alla necessità di rispettare la persona umana in quanto tale, siamo di fronte all'*indecidibile*. Nessuna volontà esterna, fosse pure quella coralmente espressa da tutti i cittadini o da un Parlamento unanime, può prendere il posto di quella dell'interessato.

Siamo di fronte a una sorta di nuova dichiarazione di *habeas corpus*, a una rinnovata autolimitazione del potere. Viene ribadita, con forza moltiplicata, la già ricordata promessa della Magna Carta. Il corpo intoccabile diviene presidio di una persona umana alla quale «in nessun caso» si può mancare di rispetto. Il sovrano democratico, una assemblea costituente, rinnova a tutti i cittadini quella promessa: «non metteremo la mano su di voi», neppure con lo strumento grazie al quale, in democrazia, si esprime legittimamente la volontà politica della maggioranza, dunque con la legge. Anche il linguaggio afferma la singolarità della situazione, poiché è la sola volta in cui la Costituzione qualifica un diritto come «fondamentale», abbandonando l'abituale riferimento all'inviolabilità.

È significativo, peraltro, che i costituenti, dopo avere in un primo momento definito il limite invalicabile attraverso il riferimento alla *dignità*, abbiano poi ritenuto più forte quello alla *personalità* umana, approdando infine alla formula, più diretta e non equivoca, del «rispetto della *persona* umana». Si ritenne, evidentemente, che parlare di dignità, oltre a essere un richiamo da qualcuno ritenuto «generico», evocasse solo uno degli attributi della persona e si volle, invece, che il rispetto fosse dovuto appunto alla persona nella sua integralità.

Scrivendo quella norma, i costituenti erano ben consapevoli del passo compiuto. Sapevano di cimentarsi con una questione capitale della teoria politica, quella della sovranità del Parlamento e dell'onnipotenza del legislatore. Avvertivano la necessità di non chiudere gli occhi di fronte alla drammatica rappresentazione del rapporto tra la vita e il potere imposta al mondo civile dalla storia ancora bruciante delle sperimentazioni condotte sugli esseri umani dai medici nazisti. Colti com'erano, lontani da ogni grettezza e da chiusi spiriti difensivi delle prerogative parlamentari, non fuggivano davanti a una questione dura e inedita, che li obbligava ad andare al di là di ogni dogma politico o giuridico.

Nelle parole registrate dai resoconti della discussione del 28 gennaio 1947 nella Commissione per la Costituzione tutto questo emerge in modo chiarissimo. Aldo Moro, illustrando un emendamento presentato insieme a Paolo Rossi, premette che «si tratta di un problema di libertà individuale che non può non essere garantito dalla Costituzione». E aggiunge: «non soltanto ci si riferisce alla legge per determinare che i cittadini non possono essere assoggettati altrimenti a pratiche sanitarie, ma si pone un limite al legislatore, impedendo pratiche sanitarie lesive della dignità umana. Si tratta, prevalentemente, del problema della sterilizzazione e di altri problemi accessori. L'esperienza storica recente dimostra l'opportunità che nella Costituzione italiana sia sancito un simile principio».

Il dissenso di altri costituenti è esplicito. Dice Giuseppe Grassi, criticando proprio il limite imposto al legislatore: «una limitazione assoluta in materia costituirebbe un fatto grave ed una norma del genere inserita nella Costituzione sarebbe inutile o assurda». Umberto Nobile è altrettanto esplicito: «non è possibile porre un limite rigoroso al legislatore»[18]. Questa discussione venne ripresa in Assemblea nella seduta del 24 aprile 1947, nel corso della quale le obiezioni più marcate vennero da Gaetano Martino, che vedeva nell'affermazione del necessario rispetto della persona umana il riflesso di una pretesa della Chiesa di imporre il proprio punto di vista su «problemi che ognuno deve risolvere secondo la propria coscienza»[19].

È bene ricordare questi contrasti, perché dimostrano che la scelta dell'Assemblea costituente non fu né casuale, né inconsapevole. Sensibilità storica e forte senso della garanzia giuridica, convertita addirittura in un limite al legislatore, disegnano così un quadro generale che non può essere chiuso in una interpretazione «originalista», nel senso che dovrebbe tener conto solo dei casi che i costituenti avevano sotto i loro occhi, sì che non sarebbe possibile andare oltre le immagini terribili dei «corpi cavia» e delle sterilizzazioni di massa. Una volta di più, invece, i costituenti individuano un problema e indicano una soluzione aperta al futuro, ai diversi, e imprevisti e sempre imprevedibili, modi di violare il rispetto della persona umana. Proprio questo riferimento, generico agli occhi di qualcuno, è il segno dell'apertura, della consapevolezza di un contesto variabile nel quale una indicazione costituzionale di principio, cosa ben diversa

[18] *Atti della Commissione per la Costituzione*, *Resoconto sommario della seduta di martedì 28 gennaio 1947*, pp. 203-204.
[19] Ivi, *Seduta di giovedì 24 aprile 1947*, p. 3304.

dalla genericità, può proprio per la sua particolare natura continuare a operare in situazioni storicamente diverse.

La rottura è netta. Nel lontano *habeas corpus* la volontà sovrana cedeva di fronte al presidio della legge, alla garanzia affidata appunto alla legge e alla giurisdizione (il giudizio dei pari). Questo è il modello storico, che nel *Grundgesetz*, nella Costituzione tedesca coeva alla nostra, viene sostanzialmente riprodotto, poiché anche per il diritto alla vita e alla incolumità fisica si prevede la possibilità di limitazione in base alla legge. L'autolimitazione del sovrano, dunque, è sempre accompagnata da una riserva, dal potere di rimettere la mano su quel diritto. Proprio questo modello è abbandonato dalla Costituzione italiana che, nata in una temperie storica e culturale per questi temi simile a quella tedesca, imbocca una strada completamente diversa, con piena consapevolezza, testimoniata dallo scandalo manifestato da taluni costituenti per questo abbandono ritenuto incompatibile con la natura stessa del Parlamento. Non siamo, infatti, di fronte alla tradizionale autolimitazione del potere. Si opera un vero e proprio trasferimento di potere, anzi di sovranità. Sovrana nel decidere della propria salute, e dunque della propria vita come ci dicono le sempre più comprensive definizioni di salute, diviene la persona.

Passiamo così al secondo esercizio storico, spingendo lo sguardo ancora più indietro, a quel IV secolo a.C. quando Ippocrate formula il giuramento che accompagnerà nei secoli la professione medica. Come nella promessa del re inglese, anche nella promessa del medico greco scorgiamo sullo sfondo una storia di violazioni, di abusi, senza la quale la necessità di un giuramento non sarebbe stata avvertita. «Sceglierò il regime per il bene dei malati secondo le mie forze e il mio giudizio, e mi asterrò dal recar danno e offesa» – recita solennemente il giuramento. E aggiunge, tra l'altro: «In tutte le case che visiterò entrerò per il bene dei malati, astenendomi da ogni offesa e da ogni danno volontario».

Di nuovo una autolimitazione del potere che, tuttavia, nel tempo manifesterà una sostanziale inadeguatezza. La conferma la troviamo facendo questa volta un salto addirittura di ventitré secoli, così giungendo sempre all'ultimo dopoguerra, al 1946, quando viene celebrato a Norimberga il processo ai medici nazisti. La scoperta drammatica dell'abuso del potere medico attraverso la sperimentazione sugli esseri umani (scopriremo poi che lo stesso era avvenuto in Giappone) provoca una immediata reazione, affidata a un documento che prenderà il nome di Codice di Norimberga, che si apre con le parole «il consenso volontario del soggetto umano è assolutamente necessario», seguite da una serie di specificazioni che indicano le condizioni essenziali perché il consenso possa essere considerato valido.

L'affermazione di una radicale libertà e autonomia del soggetto, nata come reazione alle terribili pratiche naziste, si estenderà progressivamente all'intera materia dei rapporti tra il paziente e il medico e, infine, al riconoscimento alla persona del diritto al governo della propria vita, al pieno esercizio della sovranità sul proprio corpo. La «rivoluzione» del consenso informato modifica le gerarchie sociali ricevute, dando voce a chi era silenzioso di fronte al potere del terapeuta e succubo indirettamente del potere politico, e definisce una nuova categoria generale costitutiva della persona. Consentire equivale a essere. Non a caso il rovesciamento della relazione medico-paziente, fondato sulla nuova disciplina del consenso, è stato descritto come nascita di un nuovo «soggetto morale».

Dall'autolimitazione del potere del medico, definita unilateralmente dal giuramento, si passa anche in questo caso a un integrale trasferimento del potere alla persona. Qui la laicizzazione è resa ancora più evidente dalla sostituzione di una morale *esterna*, quella definita dalla deontologia medica, con una risolta all'*interno* della sfera personale dell'interessato. Qui si coglie con nettezza il momento fondativo di quel rapporto tra consenso informato e diritto fondamentale all'autodeterminazione che ritroveremo nella sentenza della Corte costituzionale già ricordata, e che ormai informa nella sua interezza la dimensione della vita e del corpo, com'è detto esplicitamente nell'art. 3 della Carta dei diritti fondamentali dell'Unione europea.

Non a caso, nel novembre del 1983, il Bundesverfassungsgericht, la Corte costituzionale tedesca, aveva riconosciuto «l'autodeterminazione informativa» come diritto fondamentale della persona, di nuovo operando una distribuzione di potere, sottraendo le informazioni personali al potere incondizionato dello Stato (la sentenza era stata occasionata dalla legge sul censimento) e al potere dei «signori dell'informazione». Anche qui, come nella relazione tra medico e paziente, assistiamo alla nascita di una nuova soggettività. Dove prima era subordinazione a poteri esterni pubblici e privati troviamo un potere attribuito direttamente alla persona. Lì nasceva un nuovo soggetto morale, qui un nuovo soggetto sociale.

La suggestione di questo modello porterà a proporne una estensione in altri ambiti e, soprattutto in ambiente tedesco, si parlerà di «autodeterminazione biologica» e, ancor più specificamente, di «autodeterminazione relativa al materiale biologico». Ma questa ansia di aggettivare l'autodeterminazione, comprensibile nel momento in cui si voleva estenderne la rilevanza, rischia ora di farle perdere l'ormai raggiunta generalità, ed è bene che venga abbandonata.

Nella ricostruzione complessiva del sistema, si deve piuttosto mettere in evidenza un significativo mutamento che si coglie mettendo a confronto l'art. 8 della Convenzione europea dei diritti dell'uomo con l'art. 26 della Convenzione sui diritti dell'uomo e la biomedicina. Nel primo, indicando i criteri in base ai quali sono ammesse limitazioni al diritto alla tutela della vita privata, si trova una lunga elencazione, nella quale compare la «protezione della morale». Nell'elencazione, per molti versi analoga, contenuta nella Convenzione sulla biomedicina, quel riferimento è del tutto scomparso. Segno evidente, nel passaggio al biodiritto, del consapevole abbandono di una linea che può portare a una morale esterna, normativa, la cui definizione è rimessa a soggetti diversi da quello al quale è affidato il potere finale di decisione.

Vita e patrimonio

La base giuridica del diritto fondamentale all'autodeterminazione è nitidamente individuata dalla ricordata sentenza n. 438 del 2008 della Corte costituzionale negli artt. 2, 13 e 32 della Costituzione. Questa linea è stata esplicitamente confermata dalla sentenza n. 253 del 2009 e ha numerosi antecedenti nella giurisprudenza della stessa Corte. Basta qui ricordare che già la sentenza n. 471 del 1990 sottolineava il «valore costituzionale della inviolabilità della persona umana, nel precetto di cui all'art. 13, primo comma, della Costituzione, come libertà nella quale è postulata la sfera di esplicazione del potere della persona di disporre del proprio corpo». Con la sentenza n. 332 del 2000, poi, si ribadisce che l'art. 2 della Costituzione tutela «l'integrità della sfera personale» e «la libertà di autodeterminarsi nella sfera privata», così come si afferma l'obbligo del «rispetto dell'integrità psico-fisica e della personalità del malato» (sentenza n. 282 del 2002). Il percorso è netto, e si snoda dall'art. 2, con il suo riconoscimento dei diritti fondamentali della persona, verso la libertà personale dell'art. 13 e la complessa ricostruzione di salute e vita operata dall'art. 32. L'analisi giuridica deve muovere proprio da qui, da quest'insieme di dati.

Se ne era avveduta la Corte di Cassazione, con attenzione e sensibilità maggiori di quelle dimostrate da troppi studiosi, con la sentenza n. 21748/07 che decideva la difficile questione del diritto di morire con dignità, conformemente ai propri stili di vita, di Eluana Englaro. In questa sentenza, infatti, la base giuridica è rappresentata proprio dal riferimento agli artt. 2, 13 e 32 della Costituzione, seguendo le indicazioni già desumibili dalle decisioni costituzionali e che saranno poi sistemate organicamente nella sentenza n. 438 del 2008 con l'esplicito riferimento all'autodeterminazione come diritto fondamentale della persona. Non può sorprendere la più acuta consapevolezza della giurisprudenza, anche di quella ordinaria, per le ragioni generali ricordate in precedenza e perché di fronte alla vita non è possibile rifugiarsi in un inaccettabile «droit rétif», in un diritto recalcitrante di fronte al nuovo che conduce a un inammissibile *non liquet*, che assume le sembianze della denegata giustizia, o che si rifugia nelle tradizionali categorie privatistiche, per storia e struttura inadeguate a comprendere la diversa dimensione nella quale ormai si collocano la persona e i suoi diritti. Si va così oltre una «interpretazione costituzionalmente orientata» delle norme vigenti. Sono le stesse norme costituzionali direttamente alla base di un argomentare che si snoda muovendo dai principi che esse individuano. Un procedimento, peraltro, che si ritrova nelle giurisdizioni di altri paesi, e che è particolarmente visibile nelle decisioni della Corte europea dei diritti dell'uomo, fondate come sono sugli articoli della Convenzione europea dei diritti dell'uomo relativi alla vita (art. 1), alla libertà personale (art. 2), alla vita privata e familiare (art. 8)[20].

Siamo davvero di fronte al mutamento di un paradigma giuridico. La nuova associazione tra volontà della persona e vita, alla quale dà evidenza la normativa costituzionale, si allontana da quella tra volontà e patrimonio, che ha caratterizzato i codici civili e ha così ricostruito la categoria dell'autonomia privata con riferimento esclusivo alla dimensione economica, alla sicurezza dei traffici e non al governo di un sé irriducibile alla categoria del mercato. Il soggetto,

[20] Si veda M. Levinet, *La notion d'autonomie personnelle dans la jurisprudence de la Cour européenne des droits de l'homme*, in «Droits», 49, 2009, pp. 3-18.

dunque, non è più considerato esclusivamente o prevalentemente come agente economico, ma come libero costruttore della propria personalità. Così l'oggetto del suo agire non è l'assetto degli interessi patrimoniali, ma il complessivo svolgersi della vita.

La persona costituzionalizzata fonda la regola giuridica su di una antropologia diversa da quella dei codici civili, la cui caratteristica era proprio quella di disciplinare l'insieme delle relazioni personali e sociali «in relazione alla proprietà», secondo l'icastica formula di Cambacérès[21]. Consenso nelle transazioni economiche e autodeterminazione nel governo del corpo sono categorie irriducibili l'una all'altra. Per evitare fraintendimenti culturali, e improprie conclusioni politiche, è bene ricordare, infatti, che quella nozione di autonomia e le conseguenti regole sul consenso sono state costruite avendo come punto di riferimento le dinamiche di mercato e le conseguenti esigenze di certezza nella circolazione dei beni. Proprio «all'esigenza della circolazione dei beni» si fa riferimento nel gran libro di Emilio Betti sul negozio giuridico quando si affronta il «problema pratico dell'autonomia privata»[22]. E lì compare anche il termine autodeterminazione, riferito tuttavia alla finalità di «procacciare ai singoli» beni e servizi, come vuole il contesto nel quale compare, quello del regolamento di un «rapporto giuridico patrimoniale», secondo la definizione codicistica del contratto (art. 1321 del codice civile). Basta questo per rendersi conto della improprietà dei tentativi di adoperare quei riferimenti e quelle categorie giuridiche per delineare il quadro istituzionale in cui si colloca il diritto all'autodeterminazione, che riguarda la vita, per sé irriducibile alla logica del mercato, e che deve dunque essere riferito al profilo della personalità e, in definitiva, della sovranità. Giustamente Paolo Zatti ha messo in evidenza che «la dignità, l'identità, la libertà e l'autodeterminazione, la privacy nei suoi diversi significati sono prerogative da declinare con la specificazione '*nel corpo*'»[23], dunque nella vita.

[21] J.J.R. Cambacérès, *Discours préliminaire prononcé par Cambacérès au Conseil de Cinq Cents*, in P.-A. Fenet, *Recueil complet des travaux préparatoires du Code civil*, vol. I, Videcoq, Paris 1836, p. 141: «La législation civile règle les rapports individuels, et assigne à chacun ses droits, quant à la propriété».

[22] E. Betti, *Teoria generale del negozio giuridico* [1950]. Cito dalla ristampa della seconda edizione, Utet, Torino 1952, pp. 40-43.

[23] P. Zatti, *Maschere del diritto, volti della vita*, Giuffrè, Milano 2009, p. 86. E si vedano le osservazioni di L. Nivarra, *Autonomia (bio)giuridica e diritti della persona*, in «Europa e diritto privato», 2009, pp. 719-754.

Una conferma testuale del mutamento di significato assunto dal termine «autodeterminazione», e del contesto che lo caratterizza, si trova nella base normativa esplicitamente citata nel momento in cui l'autodeterminazione viene riconosciuta come diritto fondamentale. I riferimenti alla disciplina privatistica sono del tutto assenti nella ricca giurisprudenza interna e internazionale che affronta i problemi della «Selbstbestimmung», dell'«autonomie personnelle»[24] e dell'«autodetermination»[25], della «personal autonomy», della «self-determination», dell'autodeterminazione. Le ricordate sentenze della Corte costituzionale italiana e della Corte europea dei diritti dell'uomo mai fanno riferimento a norme relative a profili patrimoniali, segnando così nettamente il passaggio dalla proprietà alla personalità. Lo spostamento dell'asse normativo è netto, l'abbandono della strumentazione patrimonialistica è definitivo[26].

Prendere atto di questo è faticoso, e sovente molti studiosi del diritto cercano di sfuggire questa difficoltà, che sfida le loro abitudini culturali fin quasi a turbare le coscienze. Mimando il celebre *incipit* del *Manifesto dei comunisti*, verrebbe fatto di dire che «uno spettro si aggira per l'Europa – lo spettro dell'autodeterminazione». Timori e turbamenti che, tuttavia, dovrebbero avere minore ragion d'essere in Italia proprio grazie alle indicazioni fornite dalla molte volte citata, e fondamentale, sentenza della Corte costituzionale n. 438 del 23 dicembre 2008, se la possibilità di una discussione razionale non fosse continuamente pregiudicata da strumentalizzazioni politiche e fondamentalismi ai quali gli studiosi dovrebbero pur sottrarsi.

Richiamiamone il passo centrale.

[24] M. Fabre-Magnan, M. Levinet, J-P. Marguénaud e F. Tulkens, *Controverse sur l'autonomie personnelle et la liberté du consentement*, in «Droits», 48, 2008, pp. 3-57.

[25] Levinet, *La notion d'autonomie* cit.; G. Resta, *La dignità*, in S. Rodotà e P. Zatti (a cura di), *Trattato di biodiritto*, vol. I: *Ambito e fonti del biodiritto*, Giuffrè, Milano 2010, pp. 259-285.

[26] Aderisce sostanzialmente all'orientamento fortemente critico di alcuni studiosi francesi verso le decisioni della Corte europea dei diritti dell'uomo G. Piepoli, *Soggetto, soggetti e mercato nello scenario europeo*, in «Rivista critica del diritto privato», 1, 2012, pp. 41-62, segnalando una doppia deriva, economicistica da una parte, individualistica senza confini dall'altra. Si può solo osservare che l'indubbio rilievo di alcune discutibili sentenze non sembra tale da travolgere l'impianto complessivo del quadro delineato dalla Corte, e le attitudini riduttive rischiano di non cogliere le dinamiche complessive in questa materia.

La circostanza che il consenso informato trova il suo fondamento negli artt. 2, 13 e 32 della Costituzione pone in risalto la sua funzione di sintesi di due diritti fondamentali della persona: quello all'autodeterminazione e quello alla salute, in quanto, se è vero che ogni individuo ha il diritto di essere curato, egli ha, altresì, il diritto di ricevere le opportune informazioni in ordine alla natura e ai possibili sviluppi del percorso terapeutico cui può essere sottoposto, nonché delle eventuali terapie alternative; informazioni che devono essere le più esaurienti possibili, proprio al fine di garantire la libera e consapevole scelta da parte del paziente e, quindi, la sua stessa libertà personale, conformemente all'art. 32, secondo comma, della Costituzione.

Siamo di fronte a una decisione che segna in modo netto lo spazio del potere individuale nel governo della vita, e così contribuisce, in maniera decisiva, a segnare limiti e caratteri d'ogni altro potere. Vi è la constatazione, ovvia, del carattere *fondamentale* del diritto alla salute: ovvia, perché proprio così lo definisce, nelle sue parole iniziali, l'art. 32 della Costituzione. Vi è la conferma, forte, della centralità e del valore *fondativo* del consenso informato: fondativo, perché a esso si attribuisce la funzione di sintetizzare, e dunque di dare espressione, a diritti fondamentali della persona. Vi è l'affermazione, a un tempo confermativa e innovativa, dell'esistenza nel nostro sistema dell'*autodeterminazione* come autonomo diritto fondamentale: confermativa, perché l'esistenza di questo diritto poteva già essere desunta dalle molte decisioni nelle quali la Corte costituzionale lo aveva fatto emergere come implicazione necessaria, in particolare, del diritto alla libertà personale, affermato nell'art. 13; innovativa, perché l'autodeterminazione segna il punto d'approdo di un percorso interpretativo dell'art. 32 e trova qui il suo definitivo fondamento, quasi senza bisogno di altri riferimenti.

Diritto alla salute e decisioni individuali

Per cercar di sfuggire all'obbligo di fare i conti con un contesto giuridico così modificato, si ricorre a diverse strategie argomentative. In via generale, si contesta la legittimità di un procedimento che conduce a una autofondazione della regola, affrancata da ogni riferimento a un «ordre morale institutionnel», a un sistema di valori che operi anche come strumento di controllo per valutare la legittimità stessa dell'autodeterminazione. Più specificamente, si cerca di limitare il perimetro dell'autodeterminazione, circoscrivendo le situazioni nelle quali questo diritto fondamentale può essere esercitato, negando validità a un consenso privo di specifici requisiti formali, escludendo la rilevanza del consenso in relazione a specifici aspetti della scelta effettuata dalla persona.

La questione dell'autofondazione, così come proposta dai critici, trascura il fatto che il sistema giuridico, nello Stato costituzionale di diritto, è strutturato intorno a principi che sono l'esito di processi storici, legittimati dalle procedure della democrazia. Se si vuol parlare di valori di riferimento, questi possono essere ritrovati e ricostruiti attingendo appunto all'insieme di quei principi, com'è avvenuto nelle diverse sentenze ricordate in precedenza. Non siamo dunque di fronte all'affermazione di una autonomia senza principi o a ripiegamenti verso un neo-giusnaturalismo. Proprio l'essere nella storia costituisce il legame attraverso il quale il sistema giuridico si connette alla società nel suo insieme.

È debole un sistema così configurato, che si presenta profondamente secolarizzato? Non si può qui affrontare questo tema più generale considerando, ad esempio, l'assai discussa opinione di Ernst-Wolfgang Böckenförde che, proprio in relazione allo Stato costituzionale di diritto, si chiede «in qual misura i popoli riuniti in uno Stato possono vivere soltanto della garanzia della libertà del singolo, senza un vincolo unificatore preesistente a tale libertà»[27]. Qui si può soltanto osservare che proprio gli sviluppi del costituzionalismo novecentesco hanno dato a quella libertà una più larga fondazione sociale, quale si può immediatamente cogliere nell'art. 3 della Costituzione italiana dove la dignità viene appunto declinata come «dignità sociale». Siamo oltre una secolarizzazione senza radici, oltre l'antropologia giuridica del soggetto astratto che proprio nella cultura giuridica tedesca aveva massimamente celebrato i suoi fasti. La restituzione del soggetto al mondo, attraverso la progressiva riscoperta della materialità del vivere, ripropone il tema del legame sociale e della costruzione/mantenimento del contesto necessario per la libera costruzione della personalità, individuando a tal fine

[27] E.-W. Böckenförde, *Diritto e secolarizzazione. Dallo Stato moderno all'Europa unita*, trad. it. di M. Carpitella, a cura di G. Preterossi, Laterza, Roma-Bari 2007 (2ª ed. 2010), p. 52.

una obbligazione pubblica, come quella specificamente individuata dal secondo comma dell'art. 3 della Costituzione, che prevede come compito della Repubblica la rimozione degli «ostacoli di ordine economico e sociale». Emerge così una trama unificante, politica e istituzionale, marcata significativamente dal peso progressivamente assunto dal già ricordato costituzionalismo dei bisogni[28].

In realtà, e più banalmente, quando si evoca il rischio dell'autofondazione discutendo di diritto all'autodeterminazione, si vuole costruire un meccanismo grazie al quale questo diritto sia destinato a rimanere permanentemente sotto il controllo di poteri diversi da quello della persona interessata, che dovrebbero in ogni momento definirne il perimetro. Risolto in questo modo il problema, verrebbe però cancellato l'intero, complesso percorso storico, sommariamente ricostruito in precedenza, che ha condotto al riconoscimento del diritto all'autodeterminazione, e verrebbe pure distorta l'impostazione dell'importante questione di quali siano i limiti compatibili con l'esercizio di tale diritto.

Le altre critiche si avvalgono di argomenti riguardanti i caratteri propri del diritto all'autodeterminazione e i caratteri del consenso[29]. Viene, in primo luogo, operata una sorta di depotenziamento del diritto all'autodeterminazione attraverso il «confinamento» del diritto alla salute tra i diritti sociali, con il dichiarato intento di ridurne la portata. Ma questa è una linea argomentativa che, per un verso, trascura la reciproca autonomia dei due diritti, com'è esplicitamente affermato dalla Corte costituzionale, e non solo; e, soprattutto, non si prende in considerazione l'innovazione rappresentata dall'affermata «indivisibilità» dei diritti, quale risulta esplicitamente dalla Carta dei diritti fondamentali dell'Unione europea, nel cui Preambolo si afferma che «l'Unione si fonda sui valori *indivisibili* e universali della dignità umana, della libertà, dell'eguaglianza e della solidarietà». Così definito il quadro di riferimento, non v'è posto per operazioni che mirano a ricacciare il diritto alla salute, e con esso quello all'autodeterminazione, in una categoria di diritti, quelli sociali, di cui

[28] Proprio discutendo le tesi di Böckenförde fa riferimento, sia pure problematicamente, alla possibilità che il deficit di legittimità possa essere compensato da una «politica dei bisogni» G. Preterossi, Prefazione, ivi, p. XI.

[29] Si veda in particolare l'ampio saggio di C. Castronovo, *Autodeterminazione e diritto privato*, in «Europa e diritto privato», 4, 2010, pp. 1037-1071.

impropriamente si afferma una condizione di minorità, continuando a insinuare il dubbio se si tratti di veri e propri diritti.

Una seconda operazione riduzionista riguarda i confini fino ai quali può spingersi l'autodeterminazione. Sostanzialmente si cerca di escludere che le decisioni riguardanti la fine della vita possano essere comprese nel perimetro dell'autodeterminazione, con l'argomento che la morte non apparterrebbe alla vita. In altra occasione[30] ho avuto modo di ricordare che, se la morte appartiene alla natura, il morire è sempre più governabile dall'uomo, appartiene alla sua vita[31], e dunque rientra nell'autonomia delle scelte di ciascuno. Si può aggiungere che il «'si muore' [...] costituisce anticipatamente la finitezza umana», appartenendo così al pensiero della vita[32]. Peraltro, queste considerazioni d'ordine generale sono confermate dall'esperienza giuridica che ha visto progressivamente generalizzarsi nei più diversi paesi le normative che attribuiscono alla persona il potere di decidere sulla fine della vita.

Proprio il caso del diritto alla salute, peraltro, rivela la crescente debolezza teorica e l'inconsistenza pratica di una riflessione ancorata a una separazione tra diverse categorie o generazioni di diritti. Il progressivo cammino del diritto alla salute verso il centro del sistema istituzionale, la sua assunzione a valore fondativo della persona mostrano con nettezza l'improponibilità dei confini tradizionali, o almeno rendono palese il fatto che si tratta di confini destinati a essere continuamente oltrepassati, perdendo così ogni forza ricostruttiva. Questo accade non solo perché preme una realtà continuamente produttiva di innovazioni, alle quali i sistemi giuridici non possono restare indifferenti. Avviene soprattutto grazie ad analisi che hanno costituito quel diritto attraverso la sua sempre più intima connessione con il governo della vita, con la sovranità sul sé. Il diritto alla salute, diritto fondamentale nel senso pieno del termine, non ammette aggettivazioni riduttive.

Una volta ribadito il carattere fondamentale del diritto all'autodeterminazione e la sua riferibilità all'intero arco dell'esistenza,

[30] S. Rodotà, *La vita e le regole. Tra diritto e non diritto*, 2ª ed. ampliata, Feltrinelli, Milano 2012.

[31] Sugli intrecci tra vita e morte il bello scritto di G. Sasso, *Dignità e ambiguità del morire. Per una «ars moriendi» laica*, in Istituto veneto di scienze, lettere e arti, *Dignità del morire*, Zadig, Milano 1999, pp. 169-180.

[32] Ciccarelli, *Immanenza* cit., p. 161.

compresi i suoi stati di confine, può essere meglio affrontato il tema del consenso. Anche qui, tuttavia, bisogna preliminarmente ricordare come sia impropria la conclusione di chi, pur muovendo dalla corretta considerazione che l'autodeterminazione, proprio perché riguarda la vita, debba essere circondata da particolari cautele, afferma poi che essa debba sottostare alle medesime regole di certezza che accompagnano qualsiasi transazione economica.

Si sono già ricordate le ragioni per le quali, quando si fa riferimento al diritto fondamentale all'autodeterminazione, il consenso non può essere ridotto alla misura dell'autonomia privata quale ci è stata consegnata dalla tradizione privatistica. L'assoluta centralità del consenso, affermata dal Codice di Norimberga, è via via penetrata negli ambiti più diversi del sistema giuridico, imponendo una rilettura di molti istituti fino ad approdare all'art. 3 della Carta dei diritti fondamentali dell'Unione europea, che si apre nel modo seguente: «1. Ogni persona ha diritto alla propria integrità fisica e psichica. 2. Nell'ambito della medicina e della biologia devono essere in particolare rispettati; a) il consenso libero e informato della persona interessata, secondo le modalità stabilite dalla legge [...]».

La ricordata rivoluzione del consenso libero e informato trova così un forte insediamento istituzionale, che si coglie con evidenza nella nostra giurisprudenza costituzionale. Di nuovo le parole della Corte sono di grande limpidezza: «la giurisprudenza costituzionale ha ripetutamente posto l'accento sui limiti che alla discrezionalità legislativa pongono le acquisizioni scientifiche e sperimentali, che sono in continua evoluzione e sulle quali si fonda l'arte medica; sicché, in materia di pratica terapeutica, la regola di fondo deve essere la autonomia e la responsabilità del medico che, con il consenso del paziente, opera le necessarie scelte professionali» (così la sentenza n. 151 del 2010). Le pretese del legislatore-scienziato, che vuol definire che cosa sia un trattamento terapeutico, e del legislatore-medico, che vuol stabilire se e come curare, vengono esplicitamente dichiarate illegittime. E, al tempo stesso, la definizione dello spazio proprio delle acquisizioni scientifiche e dell'autonomia del medico viene affidata al consenso della persona, ribadendosi il ruolo ineliminabile della volontà individuale. La distribuzione dei poteri giuridici e sociali è definita, con la chiara indicazione del prevalere del potere della persona sul potere politico e su quello medico.

Si definisce così ulteriormente il contesto nel quale deve essere analizzato il tema del consenso. Gli essenziali punti di riferimento dovrebbero essere ormai chiari, a cominciare dall'incompatibilità tra governo della vita e mercato, esplicitamente affermata da numerosi documenti internazionali (Convenzione del Consiglio d'Europa sulla biomedicina, art. 21; Dichiarazione universale dell'Unesco sul genoma umano e i diritti dell'uomo, art. 4) e che ha trovato definitivo riconoscimento nel già citato art. 3 della Carta dei diritti fondamentali dell'Unione europea, dov'è contenuto «il divieto di fare del corpo umano e delle sue parti in quanto tali una fonte di profitto».

Questo essere la vita fuori del mercato impone di guardare al di là del corpo e della sua fisicità, verso il corpo «elettronico», dunque verso l'insieme delle informazioni personali, il cui governo è affidato sempre «al consenso della persona interessata» dall'art. 8 della Carta dei diritti fondamentali. È possibile ritenere che il divieto di profitto si estenda anche ai dati personali, considerando che il loro commercio, in particolare quando ha come oggetto dati sensibili riguardanti le convinzioni o la salute della persona, può produrre effetti negativi, personali e sociali, assai maggiori di quelli che possono derivare dalla vendita di un frammento di pelle? Per affrontare questo problema, dobbiamo leggere insieme gli artt. 3 e 8 della Carta che, attraverso il comune riferimento al consenso, ricompongono l'unità della persona tra fisicità e virtualità, così come il solo art. 3 aveva già ricomposto l'unità tra soma e psiche affermando l'integrità fisica e psichica della persona.

Quale che sia la soluzione del problema riguardante i dati personali e l'eventuale loro essere fonte di profitto, è certo comunque che l'insieme delle indicazioni normative appena ricordate conferma la più generale linea di ricostruzione dell'ambito dell'autodeterminazione, e del consenso che la sorregge, come irriducibile alla dimensione biologica della persona. Nel titolo dell'art. 3 della Carta si parla di «integrità fisica e psichica» e si definiscono le condizioni per il rispetto di tale integrità facendo riferimento, oltre che al consenso, al mercato, all'eugenetica e alla clonazione. Si riconosce il diritto fondamentale alla protezione dei dati personali distinguendolo da quello alla protezione della vita privata e familiare (come fa l'art. 8 della Carta) e tuttavia ribadendo anche la tutela di quest'ultima (art. 7 della Carta). Tutto questo conferma che è la biografia, e non la biologia, al centro dell'attenzione. Vita e corpo si definiscono nel continuo fluire della libera costruzione della personalità.

Se è la biografia a essere implicata, qualità e modalità del consenso si allontanano ancora di più da quelle intorno alle quali era stata costruita la classica nozione di autonomia privata. Non è soltanto la sostanziale fondazione patrimonialistica di quest'ultima a indicare una distanza, a imporre una distinzione, come già si è messo in evidenza. L'autonomia privata dei codici civili si esercita attraverso una molteplicità di atti separati, puntiformi, che nella loro astrazione possono in via di principio prescindere dalle caratteristiche proprie del soggetto che li pone in essere (si pensi soltanto alla regola che, in generale, esclude la rilevanza dei motivi nell'ambito negoziale, salvo specifici casi di illiceità) e che solo eventualmente e parzialmente possono far parte di un progetto che unifichi alcuni di essi. L'indifferenza dell'autonomia privata rispetto alla materialità delle situazioni e alle «proprietà» del soggetto, il suo collocarsi in un «tempo che non fluisce»[33], ne fanno una categoria giuridica non trasferibile nella dimensione individuata da riferimenti, anch'essi giuridicamente rilevanti, come «vita» e «esistenza». Queste non possono prescindere dalla persona in cui s'incarnano, non possono essere scomposte, esprimono un sistema di relazioni tra i diversi atti che compongono la vita, e tra questa e il contesto nel quale si svolge. La rilevanza della volontà appartiene a questo processo di individuazione, è la condizione perché il soggetto si allontani dalla sua astrattezza e perché alla persona sia restituita la sua unicità.

Si comprende, allora, perché il biodiritto abbia individuato modalità di accertamento della volontà della persona che si distaccano nettamente dai criteri adottati in altre materie e in altre situazioni. Proprio l'aver scelto questa diversa strada ha attirato critiche tanto severe, quanto inconsapevoli della ormai innegabile peculiarità della materia, sulla motivazione del nostro caso giurisprudenziale più importante, quello riguardante la vicenda già ricordata di Eluana Englaro, che invece è un buon esempio di rinnovamento delle categorie giuridiche realizzato attraverso il riferimento agli artt. 2,

[33] Così, evocando Benjamin, Bauman, *Mortalità, immortalità e altre strategie della vita* cit., p. 186.

13 e 32 della Costituzione: l'argomentare per principi consente di individuare un quadro di riferimenti all'interno del quale riportare le situazioni concrete. La Corte di Cassazione ha così potuto fare esplicito riferimento agli stili di vita come a uno dei criteri da seguire per l'accertamento dell'effettiva volontà della persona in relazione alle scelte riguardanti il morire. Questa è esattamente la strada seguita dal Mental Capacity Act inglese del 2005 e dalla legge tedesca del 2009 sulle disposizioni del paziente. Vale la pena di ricordare alcune di queste norme, come la legge inglese che, alla persona chiamata a decidere al posto dell'incapace, impone l'obbligo di prendere in considerazione desideri e sentimenti, credenze e valori ai quali la persona aveva ispirato la propria vita e che, proprio nel momento della decisione più drammatica, quella sul morire, illuminano tutto il suo itinerario esistenziale, agganciano la decisione a questa complessità e non la rinsecchiscono nell'esclusività burocratica di un atto formale. La legge tedesca è altrettanto esplicita: «La volontà presunta va accertata in base a elementi concreti. Devono essere considerati, in particolare, dichiarazioni orali o scritte fatte in precedenza dall'assistito, i suoi convincimenti etici o religiosi ed eventuali altri suoi valori di riferimento». Peraltro, è proprio questa la linea indicata dall'art. 9 della Convenzione sui diritti dell'uomo e la biomedicina con la formula massimamente ampia dei «desideri precedentemente espressi», di cui si deve tener conto.

L'autodeterminazione si identifica così con il progetto di vita realizzato o perseguito dalla persona. E qui la vita è davvero quella di cui ci parlava Montaigne, «un movimento ineguale, irregolare, multiforme»[34], irriducibile a rigidi schemi formali, governato da un esercizio ininterrotto di sovranità che permette quella libera costruzione della personalità che troviamo iscritta in testa alla nostra e ad altre costituzioni.

Al tempo stesso, la fine delle condizioni naturali della libertà rende vana la pretesa di sostituire il perduto ordine della natura con l'ordine artificiale del diritto, piegando quest'ultimo a imprese di restaurazione. Queste sono dimensioni che non è possibile sovrapporre, trasferendo meccanicamente al diritto la funzione della natura. Vi è

[34] M.E. de Montaigne, *Essais* [1588], Livre III, chap. III, *Des trois commerces* [l'ultima edizione italiana è quella pubblicata da Bompiani, Milano 2012, con traduzione di F. Garavini].

una «eccedenza» che caratterizza il tempo mutato, che non può essere cancellata da alcuna mossa autoritaria o volontaristica, che rende impraticabile ogni impresa di restaurazione. Questa «eccedenza» è il nucleo di una libertà nuova, che conduce appunto al diritto fondamentale all'autodeterminazione. Da qui, da questa novità ineludibile, e non da un impossibile ritorno al passato, devono prendere le mosse le nuove modalità di un diritto che non può più fare astrazione da se stesso, e perciò viene definito come «biodiritto».

Un consenso «biografico»

Così ricostruito il contesto all'interno del quale si manifesta, il consenso, da parte ed elemento costitutivo di un processo, si fa esso stesso processo. La ricostruzione della volontà, che si struttura come consenso, risulta da un accumulo di materiali di origini e tempi diversi. È quel che accade nei casi prima ricordati delle scelte riguardanti la fine della vita, così come accade per le «aspirazioni dei figli», di cui parla l'art. 147 del codice civile e che, evidentemente, non possono essere desunte da un singolo atto o comportamento. Se, poi, si considerano le parole che ricorrono nella Convenzione sulla biomedicina, si incontrano «i desideri precedentemente espressi» dalla persona (art. 9), formula poi esplicitamente adottata dall'art. 34 del Codice di deontologia medica: desideri al plurale, dunque desumibili da una molteplicità di comportamenti, non da un singolo atto. Non a caso Vezio Crisafulli, interrogandosi già nel 1982 sul significato delle parole finali dell'art. 32, osservava che, «nel contesto complessivo della Costituzione, non è escluso che nel limite del rispetto della persona umana possa includersi, con interpretazione estensiva ma non arbitraria, anche il rispetto della libertà di coscienza e fede religiosa»[35]. La frontiera è spostata molto in avanti, svanisce la logica «originalista» incentrata tutta sul rispetto della fisicità, del corpo inviolabile, e compaiono i moti della coscienza, le libere determinazioni di ciascuno. È dunque la stessa persona che può decidere la misura dell'accettabilità dell'intervento esterno, e la salvaguardia di questa prerogativa strettamente individuale diviene criterio per determinare la legittimità dell'intervento legislativo.

[35] V. Crisafulli, *In tema di emotrasfusioni obbligatorie*, in «Diritto e società», 3, 1982, pp. 557-568.

La vita non può essere racchiusa o riassunta in un momento solo, anche se ineffabile. E il consenso deve seguire questa dinamica: e così, contemplando questo orizzonte, l'autodeterminazione si presenta come espressione ed esito di dinamiche complesse. Ciò non esclude, evidentemente, la possibilità o la necessità di specifici atti di autodeterminazione, fondati dunque su una singola, particolare manifestazione. Ma il quadro d'insieme è quello che si è venuto progressivamente delineando e che la regola giuridica deve accompagnare con sobrietà e rispetto.

Per muoversi coerentemente in questa direzione, il biodiritto riprende e rinnova il ricorso a tecniche che, in una visione antropomorfica, hanno indotto a parlare di «organi respiratori»[36] del sistema giuridico che, proprio per non morire di asfissia, dev'essere in grado di cogliere il modo d'essere del mondo al quale si rivolge. Il sistema giuridico si struttura così intorno a formule aperte, elastiche, adotta parole inconsuete come desideri, aspirazioni, stili di vita, convincimenti, sentimenti. Sono parole che rinviano a processi reali, che descrivono l'immaterialità degli interessi implicati[37], che soprattutto esprimono non una variabilità che apre poi spazi all'altrui discrezionalità, ma incardinano nella persona concreta e nell'insieme dei dati a essa riconducibili i tratti che ne costituiscono la volontà.

Un consenso «biografico» è quello nel quale si rispecchia e si fonda l'autodeterminazione, e che meglio esprime il suo essere processo. Così si presenta non solo quando la volontà debba essere ricostruita, ma pure quando deve essere interpretata e in tutte le fasi in cui la decisione matura attraverso un rapporto con l'altro: che può essere il medico chiamato a fornire l'informazione riguardante le scelte terapeutiche o a dare attuazione alle decisioni relative alla fine della vita; o l'amministratore di sostegno, di cui parla l'art. 404 del codice civile, con il quale può essere istituito un rapporto di collaborazione o al quale può anche essere delegato un potere di decisione più o meno esteso; o il giudice, protagonista anch'egli di vicende riguardanti l'accertamento della volontà della persona.

[36] V. Polacco, *Le cabale del mondo legale*, in «Atti del Regio Istituto Veneto», LXVII, 1908, p. 172.

[37] R. Caterina, *Ai confini dell'autonomia*, in «Rivista critica del diritto privato», 3, 2010, p. 462.

La vita è tutta un continuo scegliere, nel suo insieme si manifesta in ogni decisione che concretamente e quotidianamente l'accompagna. Un peso che può divenire troppo grande, un obbligo insostenibile, al quale, soprattutto quando ci prendono la difficoltà o lo scoramento, si può preferire l'affidarsi interamente all'altro, alla regola esterna? Una tirannia della scelta, da respingere?

«Negli ultimi decenni l'idea di scelta, come viene presentata nella teoria della scelta razionale, è divenuta un esempio di idea tirannica nel mondo industrializzato»[38]. Ma questa è una scelta rimessa alla logica del mercato, il contesto è quello del consumo, la razionalità è quella economica. Torna così la distanza già sottolineata tra una autonomia esercitata nella dimensione patrimonialistica e l'autodeterminarsi nella vita e nel corpo. È indubbio tuttavia che, critiche a parte alla teoria della scelta razionale, non si può pensare l'autodeterminazione come un'enclave, una zona franca, insensibile ai condizionamenti economici. Proprio per questo si sono fatti ripetuti riferimenti all'art. 3 della Costituzione nel suo istituire uno stretto rapporto tra rimozione degli ostacoli di ordine economico e sociale, compito della Repubblica, e libero svolgimento della personalità, attributo della persona. Una volta che questo rapporto sia stato concretamente tradotto in forme adeguate, si entra in un'area in cui la razionalità non è più quella propriamente economica, dove «la repubblica delle scelte»[39] si diffonde in una molteplicità di direzioni, obbedisce a logiche diverse, lascia spazio, appunto, a emozioni e sentimenti. Sconfiniamo così nell'irrazionale o piuttosto ci imbattiamo in un'altra razionalità, capace di tenere a bada quella meramente economica? Non dimentichiamo che la collocazione di vita e corpo fuori dell'area del mercato è dato istituzionalmente rilevante, e ciò non può essere trascurato quando si tratta di definire quale sia la «razionalità» che accompagna le relative scelte.

La regola giuridica non può risolvere il problema di che cosa significhi essere pienamente liberi nel momento delle scelte. Ma certamente può, anzi deve, costruire l'insieme delle condizioni necessarie

[38] R. Salecl, *La tirannia della scelta*, trad. it. di F. Orsi, Laterza, Roma-Bari 2011, p. 9.

[39] L.M. Friedman, *The Republic of Choice. Law, Authority and Culture*, Harvard University Press, Cambridge (Mass.)-London 1990; E.C. Rosenthal, *The Era of Choice. The Ability to Choose and Its Transformation of Contemporary Life*, Mit Press, Cambridge (Mass.)-London 2005, con significative analisi della rilevanza degli stili di vita.

perché il processo di decisione si svolga in modo tale da assicurare alla persona consapevolezza di ogni sua scelta, controllo di ogni fase del processo di decisione, chiarezza nell'approdo finale. Questo significa identificare i soggetti terzi che possono eventualmente comparire nel processo di autodeterminazione, con ruoli variamente collaborativi, ma anche scegliere le condizioni e i limiti dell'esercizio del diritto all'autodeterminazione quando la decisione è destinata a produrre effetti nell'altrui sfera giuridica, come meglio si dirà più avanti. Significa pure che le peculiarità delle scelte riguardanti la vita esigono distinzioni e, quindi, la messa a punto e la legittimazione di strumenti differenziati, abbandonando la pretesa di formalizzare tutto intorno a un unico schema. Così non viene meno l'esigenza di un accertamento puntuale della volontà della persona, ma assumono rilevanza il tempo e la qualità della decisione, muovendo sempre dalla premessa della necessità di assicurare il pieno rispetto della volontà della persona interessata.

Decidere sulla fine della vita

Si è già messo in evidenza come questo tema riveli una particolare complessità quando le decisioni riguardano la fine della vita. Pure di questo tempo ciascuno di noi può voler concretamente prendersi cura. Un tempo nel quale si può entrare in condizioni tali da escludere un contestuale esercizio del diritto all'autodeterminazione e che, tuttavia, proprio per il suo carattere estremo, per essere sentito come il compimento di una esistenza che non può contraddire tutto il tempo precedente (in ciò consiste la dignità nel morire), non può essere sottratto alla libera scelta della persona, perché assistito dalla garanzia costituzionale della libera costruzione della personalità, che non ha altro confine che quello biologico della morte. La difficoltà nasce dal fatto che qui l'autodeterminazione è tutta prospettica, vuole impadronirsi di un futuro che contiene l'imprevedibile, e quindi deve rimanere sempre «disponibile» per la persona interessata. Davvero una «guerra illustre contro il tempo», che si vuole condurre in modo tale che l'eventuale sopravvivere in condizioni di totale incapacità di decisione non precluda possibilità di scelta[40].

[40] Ho esaminato alcuni aspetti del problema in *La vita e le regole* cit., pp. 247-266. La discussione italiana è stata pesantemente inquinata da fondamentalismi

Davanti a noi è di nuovo un processo. Che la persona può voler governare attraverso strumenti variamente strutturati – testamento biologico o dichiarazioni anticipate, amministrazione di sostegno – ai quali si affida un insieme di decisioni, tutte convergenti verso un governo del corpo che lo sottragga a una sopravvivenza in forme ritenute inaccettabili, che lo consegni alle terapie antidolore anche quando abbreviano la vita, che in definitiva lo escludano dall'interferenza di qualsiasi potere altrui nella determinazione del modo in cui l'esistenza deve concludersi. Una scelta così sfaccettata non può essere congelata in un unico atto formale, ma può validamente risultare da qualsiasi documentazione in cui sia inequivocabilmente espressa: dunque da un atto scritto più o meno formalizzato, da un video, dalle dichiarazioni ripetutamente manifestate in occasioni pubbliche, dall'argomentazione netta che compare in un libro. L'assenza di uno di questi atti, e l'impossibilità di ottenere una manifestazione attuale di volontà da parte dell'interessato, come accade nei casi di stato vegetativo permanente, apre le porte alla ricostruzione della volontà secondo i criteri già prima indicati, quando vi siano elementi tali da far ritenere che quello fosse l'orientamento della persona. Agli stessi criteri ci si deve attenere quando si tratta di stabilire se la persona abbia revocato la precedente scelta. Qui la deformalizzazione deve essere persino maggiore perché, trattandosi della prosecuzione della vita, ogni consistente indizio di un mutamento della volontà deve essere preso in considerazione.

Altra questione è quella riguardante i casi in cui al medico si indirizza il rifiuto di cure o la decisione di non iniziare neppure la terapia o la scelta della terapia accettabile. Liberi dall'ingannevole formula dell'«alleanza terapeutica», in sé ambigua o indicazione d'una via per ridimensionare il potere della persona, si può affrontare in termini generali il tema della relazione tra medico e paziente. Che è relazione comunicativa, irriducibile alla banalizzazione del consenso attraverso la firma di un modulo che evoca piuttosto la sottoscrizione di un contratto di assicurazione o di fornitura di servizi, o nel quale si manifesta l'attitudine «difensiva» del medico, soprattutto

religiosi, strumentalizzazioni politiche, approssimazioni giuridiche. Ha indicato una strada per una discussione rispettosa della persona e del rigore giuridico P. Zatti, *Premesse e criteri per un diritto della dignità del morire e delle «disposizioni anticipate del paziente»*, in corso di pubblicazione in «Politica del diritto».

preoccupato di mettere il suo agire al riparo da eventuali responsabilità civili o penali. Contano le parole usate, e il modo, dunque il momento della comunicazione, il tempo a essa dedicato, il dialogo con un linguaggio capace di far sì che il sapere medico giunga alla persona con l'indispensabile grado di comprensibilità, e non come una sottile sopraffazione attraverso la quale il medico recupera il suo potere. L'informazione, quella che fonda il consenso appunto «informato», quindi l'autodeterminazione, esige una procedura gestita da soggetti consapevoli della particolarità della situazione e rispettosi dell'ultima parola spettante all'interessato[41].

Ma, quando si esce dal campo specifico della relazione terapeutica e si torna a volgere lo sguardo alle decisioni di fine vita, e alla loro necessaria deformalizzazione, è evidente che non possono essere evocate solo queste modalità del rapporto tra medico e paziente. Qui non si discute dell'accettabilità o meno di un atto medico, ma di una modalità del vivere, sì che una informazione è in sé impossibile, nel senso proprio della comunicazione di una serie di dati sulla base dei quali si giunge a una decisione. L'autodeterminazione è l'esito di una proiezione nel futuro di un insieme di considerazioni accumulate nel corso della vita, irriducibili a una sorta di un minimo denominatore costituito da valutazioni mediche più o meno probabilistiche. Davvero, e di nuovo, un atto che si fonda sulla biografia, e ne prefigura il compimento. Questa è la ragione per cui è contraddittoria con l'esercizio del diritto di autodeterminazione, in questa materia, la pretesa di subordinare la validità della decisione a una sorta di «certificazione» medica, sia pure nella forma limitata dell'attestazione di un colloquio. E la contraddizione si fa ancora più evidente quando si considerano le diverse modalità di accertamento della volontà che, come si è messo in evidenza, rinviano al vissuto della persona, a un insieme di dati tra i quali non può essere compresa la presenza necessaria di una informazione da parte del medico.

Tutto questo impone una riconsiderazione del tema da un punto di vista più generale. La libertà del consenso fondato sull'informazione, alla quale si riferiscono le norme contenute nei più diversi documenti, esige un'attenzione sociale perché venga creato un am-

[41] Su questo delicatissimo tema si veda la prospettiva indicata da P. Zatti, *«Parole tra noi così diverse». Per una ecologia del rapporto terapeutico*, in «La nuova giurisprudenza civile commentata», 3, 2012, pp. 143-150.

biente tale da mettere ciascuno nella possibilità di disporre delle informazioni necessarie per un adeguato governo del sé tutte le volte che le scelte ricadono nell'area più o meno direttamente interessata dall'innovazione scientifica e tecnologica. Si parla, a questo proposito di «cittadino scientifico» o di «cittadino biologico»[42], sottolineando così la necessità di creare le condizioni di una «comprensione pubblica della scienza», compito al quale le istituzioni non possono sottrarsi e che mette in evidenza la dimensione sociale all'interno della quale si colloca l'autodeterminazione. Qui l'attenzione pubblica è spoglia della pretesa invasiva, non si presenta con strumenti che vogliono sovrapporre una volontà esterna a quella della persona. Hanno il significato proprio di una rimozione di ostacoli di fatto che limitano la libera costruzione della personalità. E, per meglio comprendere questa dimensione del rapporto tra responsabilità pubbliche e libertà private, bisogna essere consapevoli del fatto che il vero problema non è rappresentato dall'estrema individualizzazione, ma dall'abbandono delle persone.

Se, infatti, si considera in particolare la fase finale della vita, ci avvediamo che le condizioni della libertà non sono salvaguardate soltanto riconoscendo alla persona la pienezza del diritto all'autodeterminazione se vuole decidere di porre fine a un'esistenza giudicata non più dignitosa. La persona deve poter godere del necessario sostegno anche quando nulla abbia disposto in questo senso, sì che la sua volontà appare quella di continuare a vivere. Ma questo può richiedere assistenza, accompagnamento, dunque investimento di risorse personali e finanziare di cui non tutti possono disporre. Una risposta istituzionale può essere quella, presente già in alcuni sistemi, che destina un indennizzo per il familiare che si prende cura di una persona nella difficile fase finale della vita. Di nuovo una presenza pubblica non invasiva, la ricostruzione d'un legame sociale, la manifestazione concreta del principio di solidarietà.

L'autodeterminazione trova così il suo fondamento in una convinzione nutrita di consapevolezza, in un contesto nel quale il legame sociale non è spento, ma ritrova il senso proprio di una relazione solidale. Partendo da questa premessa, si può meglio affrontare la questione assai controversa del valore vincolante delle decisioni ri-

[42] Sul punto, ampiamente, Rose, *La politica della vita* cit., pp. 223-228.

guardanti la fine della vita, che tuttavia non può essere riportata alla pretesa, venata di corporativismo, dei medici che rifiutano di essere degradati a meri esecutori di una decisione, con uno svilimento professionale. Dovrebbe essere evidente che una autodeterminazione depotenziata, privata della possibilità di raggiungere proprio gli effetti alla quale è finalizzata, è un controsenso. Al tempo stesso, proprio perché siamo di fronte a un processo, a una dimensione prospettica, deve essere presa seriamente in considerazione l'eventualità di un mutamento delle premesse di fatto che hanno indotto la persona a decidere in un determinato modo. Qui s'innesta correttamente il ruolo, tutt'altro che notarile, di un medico che diviene garante del rispetto della volontà della persona.

Nella Relazione che accompagna la Convenzione sui diritti dell'uomo e la biomedicina si fa esplicito riferimento alla possibilità di uno scarto tra la situazione di fatto esistente nel momento in cui, pienamente cosciente, la persona ha indicato la sua scelta e quella esistente nel momento in cui sopravviene l'incapacità. «Ad esempio», è scritto nella Relazione, «se i desideri sono stati espressi molto tempo prima e le condizioni scientifiche si sono evolute, potrebbe essere giustificato il non seguire l'opinione del paziente. Il medico, dunque, deve assicurarsi, per quanto è possibile, che i desideri del paziente siano conformi alla situazione attuale e siano sempre validi, tenuto conto in particolare dell'evoluzione delle tecniche mediche». Richiamo l'attenzione su questi chiarimenti perché aiutano a comprendere la portata della disposizione contenuta nell'art. 9 della Convenzione, dove si dice che i desideri precedentemente manifestati dalla persona «devono essere presi in considerazione». Questa non è una formula debole. Non apre lo spazio a una assoluta discrezionalità del medico, che comporterebbe gravi rischi di un contenzioso, con l'attribuire al giudice il ruolo di decisore finale in una materia che, invece, dovrebbe essere sottratta il più possibile all'incertezza e al gioco degli interessi, in presenza di una netta indicazione dell'interessato. La possibilità di discostarsi dalla decisione della persona, infatti, viene fondata proprio su un mutamento della situazione informativa all'interno della quale quella decisione era maturata. Inoltre, neppure in questo caso si può dire che vi sia un obbligo del medico di non prendere in considerazione i desideri della persona: le parole della Relazione sono assai prudenti, e ci dicono che, nella situazione ricordata, «*potrebbe* essere giustificato il non seguire l'indicazione del paziente». Una formula dubitativa, che di tutto ci parla meno che di un ritorno della persona sotto l'esclusivo potere medico.

In questo difficile campo di forze si colloca il ruolo del medico, estrema forma di collaborazione con l'interessato, e che si esercita anche attraverso il dialogo con un fiduciario eventualmente indicato dalla persona, come custode della sua volontà, o con un amministratore di sostegno al quale potrebbe essere stato integralmente attribuito il potere di decisione in queste situazioni estreme. Quello del medico, in definitiva, si configura piuttosto come un «dovere di sostanziale attuazione dell'intento del paziente in relazione alle circostanze concrete»[43]: della persona, appunto, non di altri soggetti.

La costruzione delle «non persone»

L'accento così marcato sulla volontà, e sullo spettro ampio delle sue legittime forme di manifestazione, non può essere semplicisticamente inteso come forma estrema di individualizzazione o come una sorta di rinnovato dogma della volontà. Solo attraverso la doppia operazione del ruolo centrale della volontà e della sua ricostruzione biografica, infatti, è possibile rifiutare la pretesa di affidare a terzi il governo della vita altrui. Non siamo, dunque, di fronte a una prepotenza dell'autodeterminazione, bensì a una via obbligata, non solo dal punto di vista istituzionale, per mantenere integro il rispetto della persona. Solo se il riferimento alla volontà rimane fermissimo, è possibile sfuggire all'insidia sempre presente nelle posizioni di chi, affrontando i problemi dei soggetti a vario titolo incapaci, finisce con il costruire delle «non persone», della cui vita dovrebbe essere possibile disporre nell'interesse della società o in nome di una presunta attitudine benefica nei loro confronti[44]. Proprio qui, invece,

[43] Così Zatti, *Premesse e criteri* cit.

[44] P. Singer, *Scritti su una vita etica. Le idee che hanno messo in discussione la nostra morale*, Net, Milano 2004, pp. 149, 211-227; H.T. Engelhardt, *Manuale di bioetica*, 2ª ed., il Saggiatore, Milano 1999, pp. 152-154. Sul punto efficacemente R. Esposito, *Terza persona. Politiche della vita e filosofia dell'impersonale*, Einaudi, Torino 2007, pp. 118-122. Il rapporto problematico tra «il (maggiore o minore) valore» e «la (maggiore o minore) soggettività» è indagato nella ricerca curata da L. Lombardi Vallauri, *Il meritevole di tutela*, Giuffrè, Milano 1990, i cui criteri e riferimenti vengono indicati dallo stesso curatore nel saggio introduttivo *Abitare pleromaticamente la terra*, pp. VII-XCVIII.

davvero la vita diventa sacra, indisponibile, il corpo intoccabile. Di fronte all'impossibilità di ottenere un consenso attuale, o di una sua ricostruzione biografica, la persona deve essere rispettata nella sua integrità. Diviene oggetto non di potere, ma di solidarietà, che deve accompagnarla per l'intero suo percorso di vita. Nessuna esercitazione dialettica è ammissibile intorno al «beneficio» che potrebbe venire alla persona in condizione estrema dal porre fine alla sua vita. Nessuno può farsi arbitro della vita altrui, quali che siano le considerazioni utilitaristiche alle quali fare appello. L'autodeterminazione si presenta così anche come presidio sociale della persona, fedele alla logica che la segna fin dalla sua vicenda d'origine.

Non si può mai dimenticare che proprio la trasformazione in «non persone» di ebrei e rom, omosessuali e dissidenti politici rese legittime le violenze su di loro del nazismo e di altri regimi, reagendo alle quali si giunse all'affermazione netta della impossibilità di prescindere dal consenso informato dell'interessato, com'è detto in tutti i documenti che vanno dal Codice di Norimberga del 1946 alla Carta dei diritti fondamentali dell'Unione europea del 2000. Non possiamo mai ritenerci al riparo da questo inumano riduzionismo, al quale il diritto ha tante volte dato il suo contributo, come dovrebbero sempre ricordarci le ultime due terribili righe dell'art. 1 del codice civile, scritte nel 1939 e cancellate nel 1944, dove si stabiliva che «le limitazioni alla capacità giuridica derivanti dall'appartenenza a determinate razze sono stabilite da leggi speciali». Proprio perché s'incideva sulla capacità giuridica, dunque sull'elemento costitutivo della soggettività, si era ben oltre un caso di discriminazione, perché si metteva in moto un meccanismo originario di esclusione della persona dalla stessa entrata nel mondo del diritto, dei suoi riconoscimenti e delle sue garanzie. L'intero ordine giuridico era così «pervertito»[45], o rivelato unicamente nella sua nuda trama di potere.

Ancora una volta dobbiamo chiedere soccorso alla memoria, e non perderla. Conosciamo la frontiera estrema, la Shoah, «la più grande negazione che si fosse mai vista del carattere sacro della persona umana»[46]. Di essa dobbiamo parlare, pur sapendo che null'al-

[45] F. von Hippel, *Die Perversion von Rechtsordnungen*, Mohr, Tübingen 1955.
[46] A. Prosperi, *Dare l'anima. Storia di un infanticidio*, Einaudi, Torino 2005, p. 297.

tro può venirle assimilato, perché la costruzione delle non persone continua ininterrotta, è un'insidia sempre presente tra noi, assume le sembianze di un altro comunque inaccettabile – l'immigrato, il dissidente, chiunque venga percepito come «estraneo».

Di fronte a questa attualità, a un passato che davvero mai passa, storia e memoria ci dicono che la narrazione dei diritti, e la lotta condotta in loro nome, ci forniscono ancora la più forte grammatica sociale, il punto d'avvio d'ogni politica che non vuole spogliarsi dell'umanità. E così tutte queste vicende, considerate nella loro interezza, ci dicono pure che la norma giuridica, come può aprire pericolosissime brecce, può anche costruire strumenti di garanzia capaci di offrire alla persona le tutele necessarie perché possa essere sempre riconosciuta e rispettata nella sua integrità. Di questo parla il diritto fondamentale all'autodeterminazione.

I diritti «procreativi»

Seguendo questo cammino segnato dalla storia, e rafforzando in tal modo nel suo nucleo inscalfibile il diritto all'autodeterminazione, la vita si presenta come una catena di decisioni, che progressivamente e incessantemente costituiscono personalità e identità. È un processo che comincia con il nascere, e si svolge in forme non lineari nel corso di una esistenza che nel morire trova il suo tratto finale. Questo itinerario non è di solitudine, ma dà continua rilevanza alla costruzione di legami sociali, e qui il diritto all'autodeterminazione conosce anche i limiti al suo esercizio. Che, tuttavia, non possono discendere dalla subordinazione a un potere altrui, ma dalla sua pretesa di costituirsi in potere sugli altri.

L'autodeterminazione è momento e strumento del governo del sé, produce legittimamente i suoi effetti nella sfera di chi esercita il diritto. La pretesa di costituire questo diritto in potere di incidenza nella sfera giuridica altrui contraddice proprio la sua ragione fondativa. Più che di limiti all'esercizio, allora, si dovrebbe parlare di vera e propria inesistenza di poteri che rientrino nel contenuto del diritto.

La rilevanza di questo problema può essere colta muovendo dal tempo del nascere e dalla possibilità di considerare i diritti «procreativi» appunto come forma di esercizio dell'autodeterminazione, come si sostiene ad esempio in molte delle elaborazioni dei postumanisti. Ma questo presunto sviluppo lineare trascura proprio il dato di realtà rappresentato dalla presenza dell'«altro», di cui la scelta procreativa è modalità costitutiva.

La libertà di questa scelta, e dunque il suo rientrare nell'autodeterminazione, è indiscutibile per quanto riguarda il «se» procreare, che non può essere oggetto di sindacato nelle sue motivazioni da parte di qualsiasi soggetto esterno, che pretenda di stabilire chi sia legittimato alla procreazione e in quali situazioni. L'attitudine alla procreazione, peraltro, si è venuta progressivamente caratterizzando come situazione autonoma, con l'esclusione di essa come elemento caratterizzante, ad esempio, dell'istituto matrimoniale. Viene così a cadere l'argomento per il quale non sarebbe ammissibile estendere il matrimonio all'unione di persone dello stesso sesso proprio per la naturale loro impossibilità di procreare. E così viene meno pure il limite all'autodeterminazione nella libera costruzione delle relazioni personali che esso comportava. Ma l'estensione alle coppie dello stesso sesso dell'istituto matrimoniale, o comunque l'attribuzione a esse di un adeguato statuto giuridico, proietta il tema dell'autodeterminazione nella dimensione della «genitorialità», che può trovare eventuale riconoscimento attraverso l'adozione o la maternità di sostituzione.

Rimane problematica la questione del come e quando procreare, e soprattutto della libertà di determinare le caratteristiche della persona che deve nascere. Non si tratta di stabilire, in astratto e ideologicamente, se si abbia il diritto di «produrre l'uomo»[47], ma di individuare condizioni e modalità di esercizio del diritto all'autodeterminazione in questi specifici casi. L'arricchirsi e il raffinarsi delle tecniche di procreazione assistita illustrano bene il nuovo rapporto tra volontà e vita e, in primo luogo, mettono in evidenza l'incompatibilità sempre più marcata tra diritto all'autodeterminazione e limitazioni all'accesso a queste tecniche legate a condizioni personali e sociali (è il caso, in particolare, della donna sola), che si traducono non solo in violazioni del principio di eguaglianza, ma incidono sulla stessa dignità della persona. Altri limiti, come quelli derivanti dal divieto di utilizzare gameti di un donatore o da regole riguardanti le metodiche procreative, rivelano tratti ideologici incompatibili con il

[47] Tra i moltissimi scritti in materia si veda J.-L. Baudouin e C. Labrusse-Riou, *Produire l'homme, de quel droit? Étude juridique et ethique des procreations artificielles*, Presses Universitaires de France, Paris 1987.

diritto all'autodeterminazione o discendono da una inammissibile pretesa del legislatore di agire da scienziato e medico, nettamente censurata dalla già citata sentenza della Corte costituzionale n. 151 del 2010, che ha messo in evidenza come ciò possa comportare anche una violazione del diritto alla salute della donna.

Sono, queste, manifestazioni evidenti della volontà di custodire un diritto legato unicamente alla natura sì che, quando scienza e tecnica fanno venir meno il vincolo naturalistico, la regola giuridica dovrebbe ricostruire artificialmente appunto il vincolo scomparso. Una forzatura inammissibile e una missione impossibile, se così può dirsi. L'analisi dei dati di fatto rivela l'aggiramento delle norme di divieto attraverso il cosiddetto turismo procreativo, l'inconsistenza delle tesi che parlano di un disadattamento dei nati grazie alle tecniche di procreazione assistita, l'esistenza di legami affettivi più forti con il figlio fortemente voluto di quelli che si stabiliscono attraverso la procreazione naturale e l'adozione, come dimostrano in questi ultimi casi le più elevate percentuali di rifiuto. Si potrebbe aggiungere che la procreazione naturale non è preclusa alla donna sola, come non può esserlo la collaborazione di un terzo estraneo alla coppia, poiché a ciò si oppone l'inviolabilità della sfera privata di chi fa queste scelte e l'insindacabilità di motivi e modalità di una scelta personalissima, qual è appunto quella di procreare. Lo stabilirsi di un doppio binario procreativo è pericoloso, può dare origine a forme di discriminazione sociale nei confronti di chi viene al mondo con il soccorso della tecnica, come incautamente s'era cercato di fare in Gran Bretagna ai tempi del governo laburista di Tony Blair con la proposta della creazione di un separato registro dello stato civile per i nati da procreazione assistita.

Quest'intrico di problemi conferma che un uso proibizionista della regola giuridica non solo può produrre un suo scacco sociale, ma soprattutto esaspera i conflitti e preclude, o almeno rende assai difficile, il dialogo e la comune maturazione su temi tanto significativi. Questioni come i limiti del desiderio e la medicalizzazione della vita scaturiscono da dinamiche sociali e culturali, da mutamenti antropologici, che non possono essere affidati a una *fin de non recevoir*, a un blocco imposto dal diritto. La vita preme sempre e rivela come l'autodeterminazione, che sempre l'accompagna, dipenda certamente dall'informazione di cui ciascuno dispone, ma pure che non ci si può affidare unicamente a procedure formali. Se è povero il contesto culturale, l'autodeterminazione s'impoverisce a sua volta, si rattrappisce, si misura sull'angustia della visione di un singolo obbligato a fare i conti con l'astrattezza della norma, di cui spesso coglie solo l'incomprensibilità o la violenza, e alla quale oppone il nudo interesse privatistico. È qui la radice di vere o presunte derive individualistiche, che non si contrastano con un naturalismo normativo, ma attraverso un uso del diritto che non scacci la vita, ma costruisca un contesto nel quale ogni persona possa coglierne il senso.

Questo è l'orizzonte largo da contemplare sempre, nel quale l'autodeterminazione in materia procreativa trova la giusta collocazione e incontra i limiti conformi alla vita stessa, quali sono quelli affidati a protocolli clinici che individualizzano le procedure e ne misurano l'ammissibilità sull'età e sulle condizioni di ciascuna donna. Torna così, ineludibile, il momento della biografia, alla quale si attinge, ad esempio, per determinare l'ammissibilità dell'accesso alla diagnosi preimpianto o della selezione degli embrioni in base alle storie familiari delle coppie interessate. Sulla dimensione dei diritti nel procreare s'innesta in tal modo quella degli obblighi, che ha trovato un punto significativo di emersione nella previsione di un risarcimento del danno al figlio obbligato dall'imprevidenza dei genitori a una «vita dannosa», fino ai limiti estremi del riconoscimento di un «diritto di non nascere».

Ancora gli interrogativi intorno al «produrre l'uomo». Se pure non si vuole affrontare direttamente il tema della clonazione, che pure segnala questioni importanti[48], l'autodeterminazione nella procreazione ne individua altre, stringenti. La scelta procreativa può violare il diritto di chi nasce a ricevere un patrimonio genetico non manipolato? Interrogativo ingannevole, se è formulato come scelta secca tra due sole possibilità. Interrogativo ragionevole, se avvia una analisi delle nuove, crescenti opportunità di intervenire sull'uomo già nel momento del suo «progetto», anzi di guardare attraverso la tecnoscienza al modo stesso in cui le persone nasceranno nei tempi più lontani. È questa la cura delle generazioni future che dobbiamo assumerci?

I transumanisti, e non solo loro, vedono nella rivoluzione scientifica e tecnologica l'offerta continua di un dono che deve essere inte-

[48] Rinvio ancora a *La vita e le regole* cit., pp. 199-207.

ramente messo a frutto, richiamandosi anche a una lettura del testo biblico che vede il mondo affidato alla volontà dell'uomo, legittimato dunque a intervenire anche su se stesso. Si può così giungere addirittura a capovolgere il senso dell'affermazione che vuole il genoma patrimonio dell'umanità, poiché sarebbe appunto l'umanità, concretamente incarnata in ciascuno di noi, a disporne nella maniera ritenuta più conveniente. Proviamo a saggiare questa linea argomentativa analizzando alcune situazioni concrete. La prima riguarda la possibilità di ricorrere alla terapia genica germinale per eliminare il rischio di trasmettere ai discendenti la propensione a sviluppare determinate malattie. Il caso più spesso citato, anche per l'intensità delle ricerche in questa materia, è quello relativo al cancro alla mammella. Se una donna elimina con la terapia genica il gene causa di questa malattia, viola in prospettiva il diritto delle figlie, delle nipoti e via continuando, a ricevere un patrimonio genetico non manipolato? Qui, tuttavia, non siamo in presenza di un conflitto tra diritti procreativi e diritto all'integrità del patrimonio genetico da ricevere, ma a una situazione relazionale che si manifesta nella dimensione della cura. Si tratta, in sostanza, della possibilità di ricorrere alla tecnica per eliminare le condizioni di una possibile «vita dannosa» della persona che nascerà, possibilità che può essere costruita come un vero e proprio obbligo dei genitori, funzionale al rispetto del diritto fondamentale alla salute di questa persona. Accettata questa conclusione, e relativizzato così il diritto a ricevere un patrimonio genetico non manipolato, tuttavia nascono altri problemi, che mi limito a enunciare.

Si può generalizzare la categoria della vita dannosa, quali ne sono i confini? Non v'è il concreto rischio di una stigmatizzazione di tutti coloro i quali vivono in quella condizione, violando l'art. 26 della Carta dei diritti fondamentali dell'Unione, dov'è detto che «l'Unione riconosce e rispetta il diritto dei disabili di beneficiare di misure intese a garantirne l'autonomia, l'inserimento sociale e professionale e la partecipazione alla vita della comunità»? Da che cosa discende l'obbligo di impedire la vita dannosa, dalla sola conoscenza delle opportunità terapeutiche o anche dalla disponibilità delle risorse finanziarie (e culturali) necessarie per accedervi?

In questo problematico perimetro ci avvediamo che l'autodeterminazione, quando si traduce nella scelta procreativa, deve fare i conti con una serie di questioni che muovono dal rispetto della persona, dal principio di eguaglianza e via via si diramano in direzioni che concretamente chiamano in causa le tecniche disponibili. E dobbiamo anzitutto chiederci se la situazione possa essere descritta come un potenziale o attuale conflitto di diritti tra chi dà la vita e chi la riceve.

Nell'art. 21 della Carta dei diritti fondamentali compare, tra gli altri, il divieto delle discriminazioni fondate sulle caratteristiche genetiche e sull'handicap. Viene così ribadito il principio che vuole l'eguaglianza legata al rispetto delle diversità, sì che ben possono ritenersi illegittime tutte le politiche volte a perseguire, direttamente o indirettamente, la costruzione di una «normalità». Siamo sul terreno dell'accettazione sociale, considerata tuttavia non come contemplazione passiva delle diversità, ma come fonte di doveri pubblici (ma anche privati: si pensi soltanto alla materia del lavoro), volti a rendere concrete le misure necessarie per assicurare autonomia e inserimento sociale e professionale. Questo può indurre a concludere che, in via generale, non si può considerare come un limite al diritto di autodeterminazione la possibilità di una nascita accompagnata da disabilità.

Ma quando la disabilità viene addirittura pianificata, fa parte dello stesso «progetto procreativo»? Questa seconda situazione rappresenta lo sviluppo estremo dell'affermata assolutezza dei diritti procreativi, e riflette una attitudine culturale che non si collega necessariamente all'innovazione scientifica e tecnologica. Il caso più noto è quello, citato in precedenza, delle due lesbiche americane sorde, che decidono di far nascere una persona anch'essa sorda, ricorrendo alla donazione di sperma di un loro amico, ovviamente anch'egli sordo. Conformemente alla logica già ricordata, questa pratica ha trovato appoggio tra i transumanisti[49]. Ed è stata giustificata dalle due donne sottolineando che la nascita di una persona che sente è una benedizione, ma la nascita di una persona sorda è una doppia benedizione, perché trova un ambiente sociale, una comunità di vita pronta al massimo di accoglienza[50], perché «l'essere sordo non significa essere disabile o fisicamente incompleto, ma appartenere a una

[49] Si vedano, tra i molti, gli scritti di J. Savulescu, *Deaf Lesbians, «Designer Disability», and the Future of Medicine*, in «British Medical Journal», 325, 2002, pp. 771-773; Id., *Is it Wrong to Deliberately Select Embryos Which will Have Disabilities?*, in *Practical Ethics* (blog), 12 marzo 2008.

[50] Si vedano le dichiarazioni delle due donne, Sharon Duchesneau e Candace McCullough, come riportate dal «Washington Post Magazine», 2 aprile 2002.

minoranza linguistica»[51], che possiede una forma di comunicazione unica e particolarmente sofisticata.

Questa scelta rivela una forte motivazione identitaria, non solo dal punto di vista della comunità di appartenenza, ma per quanto riguarda la volontà di avere un figlio con le stesse caratteristiche del genitore. Muovendo da questa premessa, eventuali divieti vengono considerati come una negazione della insindacabilità delle motivazioni che sono alla base delle scelte procreative, una inaccettabile mossa eugenetica, una vera e propria violazione del principio di eguaglianza se una legge, come fa l'art. 14 dello Human Fertility and Embriology Act del 2008, permette una selezione degli embrioni benefica per il nascituro e proibisce quella che può determinare disabilità, malattie gravi, condizioni di salute sfavorevoli. In definitiva, saremmo di fronte alla trasformazione dei sordi in un gruppo oppresso che, muovendo proprio da questa premessa, ha intensamente manifestato in Gran Bretagna contro l'approvazione della norma citata.

Il punto vero del conflitto è rappresentato dal modo in cui vengono considerati i diritti procreativi delle coppie. «In definitiva, dobbiamo rispettare le decisioni che esse prendono *sulle loro vite*»[52]. Ogni intervento legislativo, di conseguenza, sarebbe inammissibile perché volto a imporre valori diversi da quelli ai quali le interessate si rifanno. Ma proprio qui si annida l'equivoco perché, pur essendo evidente che la coppia prende una decisione che la riguarda in quanto tale, ciò avviene disponendo della vita altrui, «disegnando» la persona che deve nascere in una forma che ne sacrifica la libertà esistenziale. Naturalmente qui si coglie pure il limite dell'intervento del diritto. Si può vietare una particolare scelta procreativa quando questa richiede l'accesso a specifiche tecniche procreative, non se ciò avviene seguendo le vie della natura (è una situazione analoga a quella della donna sola, alla quale si può negare l'accesso alle tecniche di procreazione assistita, non già di avere un figlio da un partner di cui poi decide di tacere il nome). E tuttavia, se il diritto prevede comunque un divieto, la persona fatta nascere sorda o nana può chiedere

[51] Così motivano la loro intenzione di fare una scelta analoga a quella delle due americane Paula Garfield e Tomato Lichy, in «The Observer», 9 marzo 2008.

[52] Savulescu, *Is it wrong* cit. (mio il corsivo).

ai genitori il risarcimento dei danni derivanti da questa loro scelta procreativa, valutata negativamente dall'ordinamento giuridico.

Tornano così le questioni ricordate a proposito della vita dannosa nei casi in cui questa non sia stata deliberatamente pianificata. L'attenzione si sposta così sul contesto all'interno del quale vengono compiute le scelte procreative, per far sì che queste possano essere fatte in condizioni di eguaglianza, di informazione adeguata, di assunzione di responsabilità non solo individuali, ma sociali. E, poiché siamo di fronte a veri conflitti culturali, e le tecniche giuridiche di divieto presentano evidenti limiti e possono essere variamente aggirate, l'accento deve essere posto anche sulla necessità di favorire una adeguata discussione pubblica.

L'eguaglianza riguarda in primo luogo la disponibilità delle risorse finanziarie necessarie per far sì che, ad esempio, tutti possano accedere alle tecniche disponibili per evitare la trasmissione di un rischio genetico. L'informazione non è soltanto un corredo di dati, ma la disponibilità, una volta acquisite le necessarie conoscenze, di utilizzarle, ad esempio, per accedere alla diagnosi preimpianto. La responsabilità pubblica può concretarsi nel mettere a disposizione delle persone strumenti giuridici e servizi.

A quest'ultimo proposito, e considerando proprio la valutazione del rischio genetico nella procreazione, si può far riferimento al conflitto tra il diritto alla privacy e il diritto a ottenere una analisi genetica volta a valutare l'entità di quel rischio. Questo conflitto nasce perché le analisi genetiche possono richiedere la disponibilità non solo dei dati della persona direttamente interessata, ma anche di quelli di suoi familiari. Può accadere che un familiare rifiuti l'accesso ai propri dati, anche se già presenti presso una struttura sanitaria. La risposta giuridica può essere (e in Italia è stata) nel senso di ritenere che l'interesse a una piena informazione in vista delle scelte procreative debba prevalere su quello alla riservatezza, considerando anche il fatto che le informazioni genetiche sono strutturalmente condivise da tutti gli appartenenti a un nucleo familiare, sì che esse non possono essere considerate oggetto di un diritto di proprietà individuale che può escludere la conoscenza da parte degli altri appartenenti al medesimo nucleo. Si accresce così la dotazione giuridica di ciascuna persona per quanto riguarda le scelte procreative. Ma queste possono essere condizionate anche dalla disponibilità di servizi. Se, ad esempio, per le persone con disabilità si può contare su servizi per l'infanzia, sostegni scolastici, opportunità riguardanti l'entrata nel mondo del lavoro, cresce la propensione a decidere di procreare anche in presenza di accettabili condizioni di rischio.

Sul terreno assai problematico della procreazione, dove più direttamente l'autodeterminazione incontra l'altro, si scopre così un insieme di relazioni, una serie di rapporti tra la sfera giuridica dell'interessato e la costruzione dell'altrui sfera giuridica. Questione che non può essere integralmente risolta nell'individuazione di limiti all'autodeterminazione, poiché rivela piuttosto come l'autodeterminazione non possa essere confusa con l'autoreferenzialità e quale sia il tessuto di rapporti all'interno del quale essa concretamente si manifesta. Riconoscere alla persona il diritto fondamentale all'autodeterminazione non porta con sé un successivo disinteresse, per non dire un abbandono. Ancora una volta soccorrono le parole dell'art. 3 della Costituzione, dove la libera costruzione della personalità, di cui l'autodeterminazione è componente essenziale, incontra il dovere pubblico di rimuovere gli ostacoli di ordine economico e sociale. In questo senso può parlarsi una autodeterminazione «presidiata» dalle istituzioni, il cui compito è quello di garantire uno spazio di libertà: esattamente l'opposto della pretesa di compiere scelte pubbliche che incidano o annullino quella libertà.

Le «politiche del disgusto»

Ma che cosa accade quando l'autodeterminazione incontra la «politica del disgusto»? Ricorro a questa espressione, usata da Martha Nussbaum, per mettere in evidenza come l'autodeterminazione, che manifesta i suoi aspetti più problematici e controversi nelle situazioni di confine, nel nascere e nel morire, abbia poi il suo tratto costante nella quotidianità della vita. In questo tragitto ordinario, essa si manifesta nella rete di relazioni che la persona intrattiene, dunque è continuamente messa alla prova dal modo in cui ciascuno giudica le scelte altrui, contribuendo così a creare il contesto sociale che caratterizza e condiziona l'esercizio dell'autodeterminazione. Possenti meccanismi di delegittimazione e di rifiuto intercettano la libertà di scelta, fondano discriminazioni, e così impongono riduzioni della dotazione di diritti di cui tutti dovrebbero egualmente godere.

Molte rappresentazioni dell'altro rendono palesi, con intensità diverse, le politiche del disgusto. È inaccettabile l'omosessuale per il suo stile di vita, lo è il migrante o il rom sporco e malvestito, lo diventano tutti quelli che, per etnia o origine geografica o religione, testimoniano una diversità percepita come attentato alla propria identità. Il catalogo della discriminazione è così squadernato davanti a noi, le parole astratte rinviano a esclusione, violenza, dolore.

È rivelatore il modo in cui, nelle varie costituzioni e dichiarazioni dei diritti, si allunga la lista delle inammissibili cause di discriminazione. Si è già ricordato l'elenco contenuto nell'art. 21 della Carta dei diritti fondamentali dell'Unione europea, di cui è opportuno analizzare alcune caratteristiche, riferite in particolare al sesso, sia perché proprio in questa materia il disgusto gioca un ruolo determinante, sia perché offrono indicazioni importanti per una riflessione più generale.

L'elenco, peraltro non esaustivo, delle cause di discriminazione contenuto nell'art. 21 si apre con il riferimento al sesso e si chiude con quello alle tendenze sessuali. Mentre il primo riprende un canone storicamente consolidato, e che vede nel sesso una modalità oggettiva di identificazione, l'emersione delle tendenze sessuali come autonoma categoria di discriminazione esprime una soggettivizzazione della questione. Siamo di fronte al modo in cui ciascuno costruisce liberamente la propria personalità, definendo autonomamente la propria identità sessuale, con un esercizio di autodeterminazione che investe le relazioni personali e affettive, definendo anche la posizione sociale. In questo modo, peraltro, viene reinterpretato pure il tradizionale riferimento al sesso, sottratto alla logica binaria del genere maschile o femminile, come mostra l'articolazione espressa con l'acronimo «persone LGBT» – lesbiche, gay, bisessuali, transgender. Una volta di più è la biografia a costituire il punto di riferimento, ed è proprio questo dato biografico l'oggetto delle politiche del disgusto, che producono non solo discriminazioni formali, ma creano un ambiente propizio anche all'aggressione fisica.

La possibilità di ricorrere ai diritti per abbandonare la politica del disgusto e passare a quella «dell'umanità» è testimoniata da una significativa trasformazione del diritto europeo, che ha esercitato una influenza importante anche sulle corti italiane. La Carta dei diritti fondamentali determina una netta discontinuità rispetto alla Convenzione europea dei diritti dell'uomo del 1950. Nell'art. 21 della Carta si vieta ogni discriminazione basata sulle tendenze sessuali. E, soprattutto, nell'art. 9 si stabilisce che «il diritto di sposarsi e di costituire una famiglia sono garantiti secondo le leggi nazionali che ne disciplinano l'esercizio». La distinzione tra «il diritto di sposarsi» e quello «di costituire una famiglia» è stata introdotta proprio per legittimare pienamente la costituzione legale di unioni in forme diverse da quella matrimoniale, ampliando così le possibilità di scelta e, soprattutto, svincolando ogni tipo di unione, matrimoniale o no, dalla diversità di sesso. L'innovazione introdotta dalla Carta si coglie con nettezza proprio attraverso il confronto con quanto è scritto nell'art. 12 della Convenzione europea: «uomini e donne hanno diritto di sposarsi e di costituire una famiglia secondo le leggi nazionali che disciplinano l'esercizio di tale diritto». Sono immediatamente evidenti le differenze sostanziali tra questo articolo e quello della Carta che, non dimentichiamolo, per i paesi membri dell'Unione europea ha lo stesso valore giuridico dei trattati. Nella Carta scompare il riferimento a «uomini e donne». Non si parla di un unico «diritto di sposarsi e di costituire una famiglia», ma si riconoscono due diritti distinti, quello di sposarsi e quello di costituire una famiglia. La conclusione è evidente. Nel quadro costituzionale europeo esistono ormai due categorie di unioni destinate a regolare i rapporti di vita tra le persone. Due categorie che hanno analoga rilevanza giuridica, e dunque medesima dignità: non è più possibile sostenere che esiste un principio riconosciuto – quello del tradizionale matrimonio tra eterosessuali – e una eccezione (eventualmente) tollerata – quella delle unioni civili, eventualmente consentite anche alle persone dello stesso sesso. E nell'orizzonte disegnato dalla Carta europea dei diritti fondamentali la diversità di sesso non è più un connotato di alcuna forma di organizzazione dei rapporti interpersonali.

Cogliendo questo nuovo clima, la Corte costituzionale, con la sentenza n. 138 del 2010, ha riconosciuto la rilevanza costituzionale delle unioni omosessuali, poiché siamo di fonte a una delle «formazioni sociali» di cui parla l'art. 2 della Costituzione. Da questa constatazione la Corte trae una conclusione importante: alle persone dello stesso sesso unite da una convivenza stabile «spetta *il diritto fondamentale di vivere liberamente una condizione di coppia*, ottenendone – nei tempi, nei modi e nei limiti stabiliti dalla legge – il riconoscimento giuridico con i connessi diritti e doveri». Sono parole impegnative: un «diritto fondamentale» attende il suo pieno riconoscimento. Non è ammissibile, dunque, la disattenzione del Parlamento, perché in questo modo si privano le persone di diritti costituzionalmente garantiti.

Vi è poi una seconda affermazione, che mostra come non sia corretto prospettare una incompatibilità assoluta tra il modello del matrimonio tradizionale e quello dell'unione omosessuale. È sempre la Corte che parla : «può accadere che, in relazione a ipotesi particolari, sia riscontrabile la necessità di un trattamento omogeneo tra la condizione della coppia coniugata e quella della coppia omosessuale».

Una barriera è caduta, un primo passo è stato fatto nella direzione di quel pieno riconoscimento giuridico delle unioni tra persone dello stesso sesso che sta progressivamente caratterizzando i più diversi sistemi giuridici. E tuttavia questa sentenza è stata giustamente definita «pilatesca», perché si è arrestata di fronte alla possibilità di dare pieno riconoscimento al matrimonio tra quelle persone, come aveva fatto, negli stessi giorni in cui veniva pronunciata la sentenza italiana, il Tribunal constitucional del Portogallo, in una situazione normativa sostanzialmente analoga a quella italiana. Questo è avvenuto perché la Corte costituzionale, invece di partire dal principio di eguaglianza per interpretare l'art. 29 della Costituzione sul matrimonio, ha preso le mosse dal modo in cui il codice civile disciplina l'istituto matrimoniale, dando così testimonianza della fatica che ancora si fa quando si tratta di riconoscere la posizione sovraordinata della Costituzione e di prendere atto, come altre volte era avvenuto, delle dinamiche culturali e sociali che accompagnano la vita delle istituzioni giuridiche.

Questo cammino di civiltà giuridica è stato imboccato con più nettezza dalla Corte di Cassazione con la sentenza n. 4184 del 2012, non un esempio di giurisprudenza «sociologica», che desume dal mutamento della situazione di fatto la regola che la disciplina. È, invece, il frutto di una riflessione sulla persona costituzionalizzata, i cui diritti possono essere ricostruiti attingendo direttamente ai principi in materia, quali si ritrovano appunto in documenti di rango costituzionale, nel nostro caso la Convenzione europea dei diritti dell'uomo e la Carta dei diritti fondamentali dell'Unione europea. Infatti, per superare l'obiezione che sottolinea come la diversità di sesso sia un elemento costitutivo del matrimonio, la Corte di Cassazione si è giovata della ricostruzione operata dalla Corte europea dei diritti dell'uomo, interpretando le due norme ricordate prima, l'art. 12 della Convenzione e l'art. 9 della Carta. Scrive la Corte europea: «visto l'art. 9 della Carta, pertanto, la Corte non ritiene più che il diritto al matrimonio di cui all'art. 12 debba essere limitato in tutti i casi al matrimonio tra persone di sesso opposto», sottolineando poi che l'art. 9 ha «un campo di applicazione più ampio dei corrispondenti articoli di altri strumenti relativi ai diritti umani» e che il diritto al rispetto della vita familiare (art. 8 della Convenzione) deve essere riconosciuto anche alle coppie formate da persone dello stesso sesso. I giudici di Strasburgo hanno così modificato la loro precedente giurisprudenza e, poiché lo hanno fatto sulla base di documenti vincolanti per i paesi membri, di conseguenza hanno anche individuato i criteri ai quali questi dovranno attenersi. Muovendo da questa ricostruzione operata a livello europeo, la Corte di Cassazione, pur continuando a sottolineare che spetta al Parlamento il pieno riconoscimento delle nuove forme matrimoniali, è potuta andare oltre quanto era stato riconosciuto dalla Corte costituzionale. La Corte di Cassazione, infatti, non si è limitata al riconoscimento in via generale di questo diritto fondamentale. Ha affermato che, essendo ormai venuto meno il requisito della diversità di sesso e poiché si è in presenza di un diritto fondamentale, le coppie formate da persone dello stesso sesso possono rivolgersi ai giudici «per far valere, in presenza appunto di 'specifiche situazioni', il diritto a un trattamento omogeneo a quello assicurato dalla legge alla coppia coniugata». L'umanità di ciascuno trova il suo pieno riconoscimento, il disgusto viene scacciato.

Un trasferimento di sovranità dallo Stato alla persona

Era necessario ricostruire con qualche dettaglio questo cammino complesso tra Europa e Italia perché in questo modo si può concretamente tornare sul tema generale del rapporto tra legislazione e giurisdizione[53]. Il tema è nettamente posto dalle parole appena ricordate della sentenza della Corte di Cassazione, dove si afferma il diritto delle persone interessate di rivolgersi al giudice anche in mancanza di uno specifico intervento del legislatore. Quali devono essere i limiti del diritto di produzione giudiziaria rispetto al diritto di produzione politica? Possono i giudici intervenire anche quando non vi sia stato uno specifico atto legislativo senza violare i principi della democrazia rappresentativa?

La vicenda dei diritti delle coppie formate da persone dello stesso sesso consente di sottrarsi agli equivoci che questi interrogativi portano con sé, alle distorsioni che possono produrre. Qui, infatti,

[53] Si veda quanto scritto *supra*, pp. 54-61.

non siamo di fronte a una sorta di diritto libero, a un giudice che arbitrariamente invade il campo legislativo. È evidente, invece, che i giudici europei e italiani hanno operato sulla base di un materiale normativo prodotto attraverso le procedure proprie della democrazia rappresentativa – l'art. 2 della Costituzione italiana, gli artt. 8 e 12 della Convenzione europea dei diritti dell'uomo, l'art. 9 della Carta dei diritti fondamentali dell'Unione europea. Il fatto che si tratti di norme di principio, e non di disposizioni analitiche, non preclude la loro applicazione diretta, che ovviamente richiede una più marcata mediazione giudiziaria, tuttavia operata in un contesto già definito dal legislatore. Il legiferare per principi è ormai una tecnica solidamente radicata nei più diversi ordinamenti, storicamente discende dall'acquisita consapevolezza che i sistemi giuridici devono dotarsi di strumenti capaci di intercettare i mutamenti culturali e sociali senza doversi affidare a un continuo, e sostanzialmente impossibile, inseguimento del nuovo grazie soltanto a puntuali interventi legislativi. Clausole come buona fede o correttezza o buon costume, e altre ancora, hanno svolto e continuano a svolgere questa funzione, rendendo possibile un diritto omeostatico, dunque capace di autoadattamento a una realtà sempre più dinamica e cangiante.

Ma la rilevanza dei principi ha assunto nuovi significati e forza nello Stato costituzionale dei diritti, perché i principi costituzionali non sono soltanto quelli ai quali bisogna riferirsi per una ricostruzione complessiva dell'ordinamento, per una interpretazione costituzionalmente orientata delle altre norme. Essi hanno anche applicazione diretta nelle situazioni da essi individuate, e dunque non solo legittimano, ma rendono necessitato il ricorso a essi da parte del giudice.

Questo è oggi il terreno proprio della discussione su diritto e democrazia, e qui l'autodeterminazione definisce ulteriormente la propria insostituibile funzione. L'autodeterminazione, infatti, non si autoistituisce, non vive in un vuoto di principi di riferimento. Proprio l'inveramento di quell'insieme di principi, qui ripetutamente richiamati, individua e garantisce lo spazio dell'agire legittimo e, consentendo l'adattamento della regola alle mutevoli e irripetibili modalità della vita attraverso l'attività degli stessi interessati, rende possibile non solo l'autonomo governo del sé, ma pure quel confronto culturale e sociale che può produrre reciproca comprensione, e così aprire una strada per una costruzione condivisa e non autoritaria di comuni valori di riferimento. Valori non «tiranni», bensì espressivi di una riflessione che muove dai principi fondativi del sistema, ai quali nessuno può dichiararsi estraneo.

Ragionando su vita e corpo, nella prospettiva segnata proprio dal rapporto tra individuo e Stato, Paolo Zatti ha messo in evidenza l'esistere di una «riserva di sovranità», che «nella sua versione più forte si riferisce a un'affermazione di *sovranità*: la sottrazione di una parte, di ciò che è originariamente 'mio', alla cessione di sovranità del contratto sociale; che è poi il significato originario di 'privato', *privus*, un confine dentro al quale non entra il potere della *res publica*»[54]. Siamo così alle origini della moderna età dei diritti, che proprio in quel patto, piuttosto che nelle successive riflessioni illuministiche alle quali si fa prevalentemente riferimento, ebbe già il suo principio. Una fondazione tutta mondana, legata alle «due invenzioni politiche moderne: il soggetto e lo Stato [...]. La servitù volontaria allo Stato sovrano è l'altra faccia della sovranità del soggetto»[55]. E tra le «libertà dei sudditi» compare «il proprio modo di vita»[56].

Alla sovranità dello Stato, il soggetto vittorioso della rivoluzione francese, il borghese moderno, pose come limite la proprietà. Lo disse icasticamente, come si è ricordato, Portalis: «al cittadino appartiene la proprietà, al sovrano l'impero»[57]. Nel complesso passaggio dal soggetto astratto alla persona costituzionalizzata, riconosciuta nella concretezza del vivere, che caratterizza la fase presente, si realizza un trasferimento di sovranità, testimoniato nella sua forma più radicale proprio dalle parole conclusive dell'art. 32 della Costituzione – «la legge non può in nessun caso violare i limiti imposti dal rispetto della persona umana». Il patto sociale viene così «rinegoziato», la condizione di «suddito» viene revocata in dubbio quando si giunge al nucleo dell'esistenza.

[54] P. Zatti, *Principi e forme del «governo del corpo»*, in S. Rodotà e P. Zatti (a cura di), *Trattato di biodiritto*, vol. II: *Il governo del corpo*, Giuffrè, Milano 2011, t. 1, p. 125.

[55] C. Galli, *All'insegna del Leviatano. Potenza e destino del progetto politico moderno*, introduzione a T. Hobbes, *Il Leviatano* [1651], trad. it. di G. Micheli, Rizzoli, Milano 2011, p. XXXIV.

[56] T. Hobbes. *Il Leviatano*, XXI. *Della libertà dei sudditi*, ivi, p. 225.

[57] J.-É.-M. Portalis, *Discours au Corps législatif*, 26 nivôse an XII, in P.-A. Fenet, *Recueil complet des travaux préparatoires du Code civil* cit., vol. XII, pp. 259 e sgg. Sul punto, tra gli altri, E. Gasparini, *Regards de Portalis sur le droit révolutionnaire: le juste milieu*, in «Annales historiques de la Révolution française», vol. 328, 2008, pp. 121-133.

Capitolo XI
Quattro paradigmi per l'identità

Scrive Thomas Mann all'inizio delle *Storie di Giacobbe*: «profondo è il pozzo del passato. Non dovremmo dirlo insondabile?»[1]. Profondissimo è divenuto il pozzo dell'identità, e su questo troppi giuristi evitano di sporgersi. Ma ciò non avviene per una sorta di divisione del lavoro intellettuale, che in questa materia consegnerebbe maggiore competenza nelle mani di filosofi, psicoanalisti, sociologi o antropologi. Accade piuttosto per una riluttanza a sottoporre le proprie categorie, e le proprie certezze, a un confronto con altre discipline e al vaglio di una realtà talvolta così mobile da dare il capogiro.

Ma in quel pozzo bisogna pur calarsi, anche per evitare che il diritto non sia più in grado di contribuire a dare la giusta misura alla costruzione e alla rappresentazione dell'identità, all'essere e all'apparire. Per questo servono appigli. Ne suggerisco alcuni, che sintetizzo in quattro paradigmi: il paradigma Lepellettier o dell'identificazione; il paradigma Montaigne o della costruzione incessante; il paradigma Zelig o della moltiplicazione; il paradigma Auchan o della riduzione.

Questa molteplicità di punti di vista può aiutare a cogliere il dato immediatamente più rilevante, quello di una identità a un tempo inseguita e rifiutata, e a indicare alcune coordinate generali che troveranno nelle pagine successive più specifici approfondimenti.

Il paradigma Lepellettier o dell'identificazione

«Je crois qu'il est bon d'ordonner que chaque citoyen ne pourra porter d'autre nom que celui de sa famille et non point celui d'une

[1] T. Mann, *Le storie di Giacobbe*, trad. it. di B. Arzeni, Mondadori, Milano 1963, p. 9.

terre. Je vous demande la permission de signer ma motion: Louis-Michel Lepelletier». Così, nel giugno del 1790, si esprime Louis-Michel de Saint-Fargeau parlando all'Assemblea costituente. Il passaggio è significativo: non mi identifico *con*, sono identificato *da*; non dipendo da qualcosa che mi oggettivizza, mi identifico attraverso una storia che mi riguarda; mi libero da una «essenza», mi affido a una «decisione»[2]. Da qui l'abbandono dell'identificazione con un luogo, con una professione o con un mestiere, di cui le tracce si continuano a cogliere nell'onomastica, ma che hanno ormai perduto la funzione di stabilire un collegamento tra la persona e un suo ruolo sociale. Il primo tra i segni distintivi dell'identità, lo strumento di base per l'identificazione *pubblica*, viene ricondotto a un dato *privato*, alla nascita e, di conseguenza, all'appartenenza familiare. Identità e nome si associano in una forma che li riferisce a un ordine, quello della famiglia patriarcale, che in questo modo struttura la stessa sfera pubblica. L'eco di questa impostazione continua a cogliersi nel presente, come testimonia la sentenza n. 61 del 2006 della Corte costituzionale, dove l'esigenza di dar rilievo anche al cognome della madre viene argomentata «nella duplice direzione del diritto della madre di trasmettere il proprio cognome al figlio e di quello del figlio di acquisire segni di identificazione rispetto a entrambi i genitori, testimoniando *la continuità della sua storia familiare* anche con riferimento alla linea materna». In questo modo, pur rimanendo fermo il riferimento familiare, lo schema patriarcale e la rigidità nell'attribuzione del cognome vengono abbandonati e, a seconda delle discipline concrete, il cognome entra in un'area di disponibilità da parte dei genitori.

Non vengono per questo cancellate le esigenze pubbliche legate all'identificazione, sì che, pur depurato da agganci esterni, il nome si presenta ancora come istituzione di polizia, esprimendo il bisogno dello Stato di mantenere con continuità il controllo sulle persone

[2] «*L'identità* [...] *non inerisce all'essenza di un oggetto; dipende invece dalle nostre decisioni*. L'identità è un fatto di decisioni. E se è un fatto di decisioni, occorrerà abbandonare la visione essenzialista e fissista dell'identità, per adottarne invece una di tipo convenzionalistico» (corsivo nel testo): così F. Remotti, *Contro l'identità*, Laterza, Roma-Bari 1996 (6ª ed. 2012), p. 5. Sull'«antiessenzialismo» insiste G. Pino, *L'identità personale*, in S. Rodotà e P. Zatti (a cura di), *Trattato di biodiritto*, vol. I: *Ambito e fonti del biodiritto*, Giuffrè, Milano 2010, pp. 297-321.

attraverso l'esistenza di documenti e l'obbligo di dare «contezza di sé». Non è così in tutti gli ordinamenti, in alcuni dei quali la libertà del cittadino è affidata anche all'assenza di documenti d'identità obbligatori (i casi più noti sono quelli degli Stati Uniti e della Gran Bretagna, anche se in quest'ultimo paese le esigenze di sicurezza hanno prima portato a un temporaneo abbandono di questo criterio, durante la seconda guerra mondiale, poi all'Identity Card Act del 2006, abrogato nel 2011). Tuttavia, il problema della rilevanza sociale dell'identità e dell'identificazione delle persone non può essere considerato soltanto in questa dimensione poiché, negli Stati Uniti con particolare intensità, il possesso di una carta di credito costituisce il titolo giuridico necessario per l'entrata nel mondo del consumo e della prestazione di servizi, con effetti d'ordine generale sull'identificazione della persona. La presenza nella sfera pubblica viene così collegata, e in qualche modo subordinata, alla legittimazione nel mercato.

Ma i percorsi dell'identità e dell'identificazione, che già in passato non sempre apparivano come coincidenti, tendono, da una parte, a separarsi sempre più marcatamente e, dall'altra, trovano nuove modalità di congiunzione. Se si esamina la struttura tradizionale dei documenti d'identità, appare subito evidente che l'identità affidata al solo nome non è sufficiente per l'identificazione, che ha bisogno di essere consegnata a una descrizione fisica – foto, colore degli occhi e dei capelli, segni particolari, impronte digitali – che attribuisce alla corporeità un ruolo fondativo.

L'avvento delle tecnologie elettroniche sembra portare con sé il congedo dell'identificazione dalla fisicità. L'identità si fa astratta, affidata com'è a codici segreti, parole chiave, algoritmi. Ma nei tempi più recenti si è tornati a rivolgere l'attenzione alle componenti fisiche, soprattutto perché la sola realtà dematerializzata rischia, in molte situazioni, di non assicurare la certezza dell'identificazione del soggetto al quale si fa riferimento. Le modalità d'uso di un bancomat o di simili strumenti non garantisce una loro utilizzazione da parte del titolare che, a parte i casi di frode, può aver volontariamente resa nota ad altri la sua parola chiave, il suo «codice segreto», condividendo così con altri questo particolare modo d'essere della sua identità. Ciò è possibile quando la *password* consiste in un codice da digitare per accedere a un servizio, a un documento o a una area protetta, o addirittura per votare. Inoltre, una volta affidata l'identità unicamente a dati privi di ogni relazione con la persona concreta, cresce il rischio dei furti d'identità attraverso il semplice fatto d'impadronirsi di un codice numerico, di una parola chiave, di un algoritmo.

Per reagire a questa situazione, l'attenzione si è sempre più massicciamente spostata verso i dati biometrici, in primo luogo verso le impronte digitali, anche per finalità legate alla possibilità di controlli generalizzati su tutti i cittadini. Ma così possono nascere derive inquietanti, cresce anche la vulnerabilità individuale e sociale, con conseguenze preoccupanti anche nei casi di furto dell'identità.

Sono ormai ben noti i risultati di ricerche sulla riproducibilità delle impronte digitali, sulla loro falsificazione, con conseguente possibilità di utilizzazione da parte di soggetti diversi da quelli ai quali naturalmente si riferiscono. Questa situazione muta radicalmente la qualità del furto d'identità. Infatti, per quanto possano essere sgradevoli o dannosi gli effetti del furto di una tradizionale *password*, è poi sempre possibile sostituirla con una diversa, sì che la persona può continuare a rimanere in tutti i circuiti che condizionano l'accesso proprio all'uso di quel tipo di chiave (carte di credito, bancomat, accesso a computer, a luoghi protetti, e via dicendo). Nel caso del furto dell'impronta digitale, invece, la sostituzione è impossibile. Siamo, infatti, di fronte a una falsificazione totale dell'identità, sì che l'unico modo per evitare gli usi illegittimi da parte di altri è quello di non ricorrere più a questo strumento identificativo. Ma, per la persona interessata, questo implica l'esclusione totale da tutti i sistemi basati sulle impronte digitali, con un danno individuale e sociale tanto maggiore quanto più sono diffusi tali sistemi. Considerando questo problema, è stata messa in discussione l'opportunità di generalizzare i sistemi basati su questo tipo di dato biometrico, il cui uso dovrebbe comunque essere almeno integrato dal ricorso congiunto ad altri dati biometrici o integralmente sostituito da dati diversi e più affidabili (impronta dell'intera mano, rilevazione del tracciato delle sue vene).

Si torna così a dare rilevanza, in modo nuovo, al corpo, che diventa fonte di nuove informazioni, oggetto di un continuo «data mining», davvero una miniera a cielo aperto dalla quale attingere dati ininterrottamente. Il corpo in sé sta diventando una *password*: la fisicità prende il posto delle astratte parole chiave. Impronte digitali, geometria della mano o delle dita o dell'orecchio, iride, retina, tratti del volto, odori, voce, firma, modalità d'uso di una tastiera, andatura,

Dna. Si ricorre sempre più frequentemente a questi dati biometrici non solo per finalità d'identificazione o come chiave per l'accesso a diversi servizi, ma anche come elementi per classificazioni permanenti, per controlli ulteriori rispetto al momento dell'identificazione o dell'autenticazione/verifica, cioè della conferma di una identità.

Ma questa rivincita della fisicità non implica una dissociazione del corpo dalla tecnologia. Anzi, sono proprio le innovazioni tecnologiche che permettono una rinnovata scomposizione del corpo attraverso raccolte di informazioni che riducono l'identità complessiva di un soggetto a un solo dettaglio – a un tratto del volto, alla scansione dell'iride. E qui nascono nuovi, più drammatici interrogativi, derivanti dal fatto che alcuni dati biometrici racchiudono una molteplicità di informazioni, anche molto sensibili, eccedenti la finalità di identificazione o di verifica e riferibili a una molteplicità di soggetti, non solo a quello immediatamente preso in considerazione. È il caso dei dati genetici, che rivelano informazioni tanto sulla persona dalla quale provengono quanto sui suoi consanguinei. Così, attraverso i dati di una sola persona, ci si impadronisce dell'identità genetica di un intero gruppo biologico.

Muovendo dall'identificazione, si instaura così un rapporto, complesso e sempre più intenso, tra la persona e una serie di altri soggetti, che possono variamente incidere sulle modalità di determinazione dell'identità e, attraverso ciò, sulla costruzione stessa della personalità. Conviene anche qui partire dalla considerazione di situazioni estreme, come sono quelle prospettate dagli impieghi delle tecnologie delle radiofrequenze (Rfid), che possono non soltanto consentire l'identificazione di una persona che abbia con sé – contenuto in un documento, in un badge o addirittura inserito sotto la pelle – un microchip leggibile a distanza. Possono anche rendere possibile un controllo continuo, anzi una «lettura» continua della persona attraverso l'accesso all'insieme di informazioni che porta con sé, se non si definiscono garanzie tecniche e giuridiche adeguate.

Si sottolinea, però, che è sempre stato così, che l'identità è il frutto di interazioni sociali, che si radica sì nello spazio privato, ma poi si esplicita e si precisa nello spazio pubblico. Nell'ultima fase, tuttavia, questo fenomeno ha cambiato dimensioni e scala per effetto delle innovazioni legate alle tecnologie dell'informazione e della comunicazione. Proprio la razionalità tecnologica ha formalizzato un modo di affrontare la questione dell'identità che approda a procedure di costruzione nelle quali il contributo dell'altro non si affianca all'autonomia della persona, ma tende a sovrapporsi a essa, a sostituirla. Come esistono già procedure automatiche di decisione nelle più diverse materie, ad esempio con l'algoritmo di Google che stabilisce quali siano le informazioni che, per prime, compaiono quando si avvia una ricerca, così la decisione complessiva su che cosa sia l'identità di una persona può essere trasferita a sistemi che ordinano secondo la propria logica le informazioni ricevute e proiettano all'esterno la «loro» rappresentazione della persona.

Giungiamo così a identità «fratturate» dall'attraversamento di troppi confini[3], virtuali certamente, ma drammaticamente reali quando sono i migranti ad affidare la loro stessa vita al muoversi su precarie imbarcazioni, obbligati talora a nascondere la loro identità per cogliere un'opportunità di sopravvivenza.

Il paradigma di Montaigne o della costruzione incessante

Il paradigma di Montaigne – con la sua già ricordata definizione della vita come «un movimento ineguale, irregolare, multiforme»[4] – ci aiuta a penetrare in questa dimensione. Chi guida, nei fatti, questo movimento, chi ne stabilisce i ritmi, chi lo insedia nella dimensione istituzionale?

Le risposte a queste domande vanno cercate in diverse direzioni, esigono attenzione non soltanto per i rapporti tra lo spazio dell'autonomia individuale e quello della trasparenza sociale, ma sempre più per il trasferimento della costruzione dell'identità ai sistemi tecnologici. Di questo si dirà analiticamente più avanti. Fin d'ora, però, è bene tener presente un gioco delle apparenze che può riuscire ingannevole. Proprio perché i sistemi automatici possono ricevere ed elaborare una grande quantità di dati personali, il risultato può divenire quello di una costruzione dell'identità che segue minutamente l'evolversi dell'esistenza, non ne perde alcun tratto, ne registra ogni mutamento. Ma

[3] S. Mezzadra, *Confini, migrazioni, cittadinanza*, in Id. (a cura di), *I confini della libertà. Per un'analisi delle migrazioni contemporanee*, Derive Approdi, Roma 2004, p. 103.

[4] M.E. de Montaigne, *Essais* [1588], Livre III, chap. III, *Des trois commerces* [la più recente edizione italiana è quella pubblicata da Bompiani, Milano 2012, con traduzione di F. Garavini].

le logiche che stanno alla base di questi sistemi possono pure essere configurate in modo da sottolineare regolarità più che scostamenti, normalità più che variazioni, conformità a modelli più che rottura di schemi. L'identità chiusa in una gabbia costruita da altri?

Queste considerazioni consentono di cogliere meglio, forse di illuminare, senso e portata di alcune norme, e di valutare più correttamente talune sentenze e posizioni dottrinarie. È significativo che il riconoscimento legislativo del diritto all'identità sia avvenuto in apertura della legge 31 dicembre 1996, n. 675 e sia stato ribadito dall'art. 2 del decreto legislativo 30 giugno 2003, n. 196 (Codice in materia di protezione dei dati personali). Questa innovazione merita d'essere considerata da tre punti di vista: come un consapevole ampliamento della disciplina, visto che il riferimento all'identità non compariva nella Direttiva europea 95/46, di cui la legge del 1996 costituisce la trasposizione nell'ordine interno; come una collocazione dell'identità nel quadro «dei diritti e delle libertà fondamentali [...] con particolare riferimento [...] all'identità personale» (art. 1 della legge 675/96; art. 2.1 del Codice); come criterio interpretativo della normativa sulla protezione dei dati personali nel suo complesso. Il rapporto stretto che così viene istituito tra identità e tutela dei dati personali fa emergere con nettezza l'identità come «rappresentazione».

Alcune indicazioni particolari danno evidenza a questa linea ricostruttiva, a partire dal diritto di accesso (art. 7 del Codice), che rappresenta un elemento costitutivo della protezione dei dati come diritto fondamentale (art. 8.2 della Carta dei diritti fondamentali dell'Unione europea). L'accesso generalizzato, e comunque la possibilità di conoscenza che si estende fino ai dati trattati dai servizi di sicurezza (art. 160.4 del Codice), mette la persona nella condizione di non perdere mai il potere di controllo sulla propria identità, quale risulta dall'attività svolta da altri soggetti. Particolare rilevanza, da questo punto di vista, assume il diritto di conoscere le «modalità del trattamento» e la «logica applicata in caso di trattamento effettuato con l'ausilio di strumenti elettronici» (art. 7.1b e 1c del Codice): la conoscenza di «se stesso» derivante dal trattamento dei propri dati, infatti, non è soddisfatta dalla semplice comunicazione di quali siano i dati raccolti, ma esige appunto una consapevolezza complessiva del senso che tali dati assumono nella elaborazione che altri ne facciano.

Oggi, quindi, possiamo leggere le parole di Montaigne anche come la descrizione d'una identità nomade, perennemente incompiuta, costruzione incessante e interminata, dunque faticosamente riconducibile a schemi giuridici che vogliono eguaglianza, regolarità, uniformità. E qui si coglie il riflesso d'una situazione più generale, della dialettica tra eguaglianza e diversità registrata anche dall'art. 22 della Carta dei diritti fondamentali dell'Unione europea, dove il riconoscimento della diversità viene significativamente collocato appunto nel capo dedicato all'eguaglianza.

Il dato di realtà, evidentemente, riguarda l'irriducibile diversità che fa di ciascuno un unico, mettendo così in guardia contro i rischi dell'adozione di criteri di normalità per la valutazione delle persone e dei loro comportamenti. La necessità di criteri individualizzanti penetra nell'ordine giuridico, come dimostra il già citato art. 14.1 del Codice in materia di protezione dei dati personali, che vieta la definizione della personalità sulla sola base di procedimenti automatizzati. Al tempo stesso, l'ordine giuridico mostra d'essere consapevole del variare dell'identità, almeno nei suoi dati esteriori, ad esempio quando prevede un limite di validità temporale dei documenti d'identità e richiede che le fotografie necessarie siano «recenti» (carta d'identità), «non anteriori a sei mesi» (passaporto).

L'identità, dunque, è variabile, di tempo in tempo prospetta la necessità della «reidentificazione», a essa si addice il dilemma identitario che accompagna la nave di Teseo. Mutati il fasciame e gli alberi, una volta arrivata in porto, la nave sarà ancora identica a quella che era salpata?

La risposta non può venire soltanto da una contrapposizione tra identità soggettiva e oggettiva, tra il mio percepire una continuità e lo sguardo dell'altro che registra le variazioni. Forse ancora più acuta e profonda è l'esigenza soggettiva di oblio, di non rimanere prigionieri del passato, di perseguire il cambiamento, e di essere quindi riconosciuti proprio attraverso questo non essere più identici a quelli di ieri. Vi sono discontinuità radicali, come quelle legate all'identità sessuale, quando essa è vissuta in contrasto con quella biologica e chiede una formale presa d'atto e una registrazione pubblica. Perché il diritto all'identità sessuale possa trovare pieno riconoscimento, tuttavia, non sempre è necessario che questo segua a un mutamento chirurgico dei caratteri fisici della persona, com'è disposto dalle leggi tedesca e italiana. Con il Gender Recognition Act inglese del 2004 e la legge spagnola sull'identità sessuale diviene possibile registrare il mutamento di sesso e riportarlo sui documenti d'identità, evitando così i problemi psicologici, sovente drammatici, legati appunto alla demolizione-ricostruzione, non più reversibile, dei caratteri fisici, alla «metamorfosi impossibile». È nella psiche, non solo nel corpo, che l'identità sessuale trova il suo luogo.

Questa considerazione non può essere generalizzata. La trasformazione del corpo può essere ritenuta necessaria per costruire una identità capace di comunicare, come accade con il piercing, il tatuaggio, la chirurgia plastica, un riconoscimento del diritto alle cure dentistiche per consentire quella particolarissima forma di comunicazione rappresentata dal sorriso. Ma anche per costruire le condizioni estreme dello stare bene con se stessi, come accade nel caso dei cosiddetti *Body Integrity Identity Disorders*, che fanno nascere la richiesta di rimuovere la parte del corpo indesiderata (negli Stati Uniti un medico ha accolto la richiesta del paziente di ottenere l'amputazione delle gambe), facendo coincidere l'accettabilità dell'esistenza con una identità fisica appunto «amputata»[5].

Preso congedo da una «ben rotonda identità», conchiusa e definita una volta per tutte, l'identità si conferma come un processo, che tuttavia non opera solo per accumulazione, ma pure per selezione, per eliminazioni o per un provvisorio mettere tra parentesi dati che ci riguardano. Di nuovo il Codice in materia di protezione dei dati personali ci offre elementi significativi, quando appunto disegna il diritto di accesso ai dati personali (art. 7) come una situazione strumentale che consente l'esercizio di diritti strettamente collegati alla definizione dell'identità in sé (aggiornamento, rettifica, integrazione, trasformazione in forma anonima, blocco dei dati) o alla sua percezione da parte degli altri (attestazione che le operazioni prima ricordate siano state portate a conoscenza di coloro ai quali i dati erano stati prima comunicati). Il diritto all'oblio, peraltro, è previsto da una molteplicità di norme, e trova una sua fondazione di principio nell'art. 11.1 e) del Codice, dove si dispone che i dati siano «conservati in una forma che consenta l'identificazione dell'interessato per un periodo di tempo non superiore a quello necessario agli scopi per i quali essi sono stati raccolti e successivamente trattati». Inoltre,

[5] Sul tema continuità/discontinuità dell'identità personale si vedano i rilievi di S. Tagliagambe, *Identità personale e neuroscienze*, in S. Rodotà e P. Zatti (a cura di), *Trattato di biodiritto*, vol. I: *Ambiti e fonti del biodiritto*, Giuffrè, Milano 2010, pp. 323-329, 354.

si può ben dire che un limite all'intervento di terzi nella costruzione dell'identità si ritrova nel diritto di non sapere, esplicitamente contemplato, ad esempio, dalla Convenzione sui diritti dell'uomo e la biomedicina quando prevede, all'art. 10.2, che «ogni persona ha diritto di conoscere tutte le informazioni raccolte sulla propria salute e tuttavia si deve rispettare la volontà di una persona di non essere informata». La sfera privata non può essere invasa da informazioni non desiderate.

Gli strumenti del diritto, dunque, si atteggiano sempre più nettamente in forme che consentono di accompagnare l'identità nelle sue molteplici modalità di costruzione, di cui le diverse discipline sul cognome sono un ulteriore esempio. Essi, però, incontrano anche situazioni in cui la possibilità del mutamento è *naturalmente* esclusa, come accade per i dati genetici: e tuttavia questa situazione non può essere trasformata in un vincolo a uniformare all'identità genetica dei genitori anche quella dei loro discendenti, attraverso un diritto di questi ultimi a ricevere un «patrimonio genetico non modificato», che può entrare in conflitto con le opportunità offerte dalla scienza di evitare la trasmissione di caratteri genetici che possono determinare lo sviluppo di malattie. L'aggancio alla fisicità, inoltre, riemerge quando diviene essenziale la certezza dell'identificazione e, come già si è ricordato, sono i dati biometrici a costituire un riferimento obbligato. Ma vincoli *artificiali* possono essere ritenuti anch'essi necessari, come si può desumere, tra l'altro, dalle normative riguardanti le varie forme di documenti elettronici.

Natura e cultura trovano sul terreno dell'identità nuove occasioni di confronto. Che divengono particolarmente impegnative quando la modifica del corpo può incidere nel profondo sulla percezione del sé, analizzata a proposito dei trapianti e alla quale il diritto ha cercato di rispondere attraverso la previsione di un anonimato bilaterale, con il divieto del trapiantato di conoscere l'identità del donatore, e viceversa. Ma il trapianto del volto già pone nuovi dilemmi, e le discussioni intorno al trapianto del cervello ci trascinano verso frontiere dove gli interrogativi sull'identità assumono carattere radicale. Se la continuità vera dell'identità è affidata al permanere della coscienza – mentre i processi biologici realizzano un continuo, ma ordinario mutamento – quali possono essere gli esiti di una vicenda in cui il cambiamento biologico è così prepotente?

Il paradigma Zelig o della moltiplicazione

In *Zelig* di Woody Allen viene manifestato un desiderio, o una aspirazione: «Vorrei essere tante persone. Forse un giorno questo si avvererà». L'irrompere nelle nostre società dell'elettronica e delle tecniche di clonazione avvicina alla realtà questa ipotesi, e suggerisce riflessioni nuove su unicità, identità, personalità, sul prepotente ritorno del tema della «maschera» nella nostra cultura, compresa quella giuridica.

Le parole di Zelig rinviano alla possibilità della moltiplicazione delle identità in rete[6]. Qui l'identità si fa molteplice e si scompone. Può divenire una identità del tutto provvisoria, per fronteggiare una situazione non abituale. Può essere costruita come identità funzionale, per il raggiungimento di specifici risultati. Può manifestarsi come identità mimetica, nel tentativo di avvicinarsi a un modello, all'interno del quale si vorrebbe essere assorbiti. È proprio questa la trasformazione che Zelig presenta, con il mutamento fisico del protagonista corrispondente alle situazioni nelle quali via via si trova. Ma qui il dualismo tra fisicità e virtualità, sempre meno proponibile in un numero crescente di casi, manifesta una sua irriducibile persistenza. Quale che sia la diversificazione/moltiplicazione delle identità, rimane unico e indivisibile il riferimento a una sola persona fisica, che poi condiziona e struttura la possibilità di esercitare diritti.

Il paradigma Auchan o della riduzione

In diversi luoghi della Francia, dove si ergono nella loro banale e squadrata monumentalità gli ipermercati Auchan, compare talvolta sulla loro facciata una scritta che, soprattutto nei luminosi caratteri notturni, suona imperiosa e inquietante: «la Vie, la vrai». È il segno, insieme prepotente e sincero, della riduzione della persona a consumatore, unica identità socialmente riconosciuta nella sua pienezza.

Considerando nel suo insieme il sistema giuridico europeo, si continua tuttavia a scorgere una forte dialettica tra riduzionismo economico e tutela della persona in tutta la ricchezza della sua esi-

[6] Nel capitolo che segue, «Uomini e macchine», la questione è considerata più analiticamente.

stenza. La normativa europea ha privilegiato l'attenzione per la persona nella dimensione del consumo, facendo appunto della tutela del consumatore uno degli oggetti primari della sua attenzione. Un obiettivo sicuramente di grande importanza, con effetti significativi nella legislazione degli Stati membri. E tuttavia parziale, espressivo di una considerazione della persona unicamente dal punto di vista del mercato: logica giudicata insufficiente dalla stessa Unione europea che, istituendo la Convenzione alla quale veniva affidata la stesura della Carta dei diritti fondamentali, metteva alla base di questa decisione proprio l'affermazione secondo la quale «la tutela dei diritti fondamentali costituisce un principio fondatore dell'Unione europea e il presupposto indispensabile della sua legittimità». Veniva così esplicitamente sottolineata l'insufficienza di un quadro istituzionale sostanzialmente organizzato intorno al mercato, e si spostava l'attenzione dalla sola logica economica a quella dei diritti. La Carta dei diritti ha operato una esplicita connessione tra valori, principi, diritti e centralità della persona, non più considerata prevalentemente nella dimensione della produzione o del consumo. L'identità personale può così recuperare le sue sfaccettature, non è assoggettata a un unico fattore «dispotico» o totalizzante[7].

Si specifica così ulteriormente la costituzionalizzazione della persona[8], nel senso di una sottrazione dell'identità alle pretese del riduzionismo. La persona non può essere *identificata* unicamente con uno solo dei suoi modi d'essere in società o con una parte di sé – noi siamo i nostri geni o le nostre informazioni o la nostra impronta digitale. Questo è detto esplicitamente, ad esempio, nell'art. 2 della Dichiarazione universale sul genoma umano dell'Unesco: «la dignità impone di non ridurre le persone alle loro caratteristiche genetiche e di rispettare l'unicità e la diversità di ciascuno».

Ogni riduzionismo, in realtà, nasconde un tentativo di legittimare la possibilità di diversi soggetti di impadronirsi di una parte della persona che, scorporata dall'intero, vedrebbe ridursi o svanire le garanzie che dovrebbero accompagnarla. Se la persona è soltanto il consumatore, questa sua identità impoverita si colloca interamente nel mercato, e i suoi dati assumono una valenza funzionale al funzio-

[7] Pino, *L'identità personale* cit., pp. 299-300.
[8] Per un quadro d'insieme L. Trucco, *Introduzione allo studio dell'identità personale nell'ordinamento costituzionale italiano*, Giappichelli, Torino 2004.

namento di quest'ultimo, che non si vuole intralciato dalla pretesa individuale di sottrarre all'attenzione e al potere altrui una parte più o meno ampia della sua sfera privata.

Una notazione finale

Questi quattro, sommari paradigmi vogliono in particolare segnalare il rapporto che si istituisce tra integrità della persona e articolazione dell'identità. Non sono riferimenti contraddittori. Al contrario, l'integrità si custodisce proprio se la persona non viene forzata entro schemi identitari che sfuggono al suo potere di costruzione o, almeno, al suo controllo. I relativi diritti si strutturano appunto intorno a questa dialettica, nella quale convergono le questioni dell'identificazione, del mutamento, della moltiplicazione, del rifiuto del riduzionismo. La persona non può essere semplificata arbitrariamente, perché sia agevolmente collocata in categorie che corrispondono agli interessi di una molteplicità di soggetti esterni, giuristi compresi. Deve essere seguita nel suo itinerario multiforme, senza pretese autoritarie, ma costruendo pazientemente il contesto all'interno del quale i suoi diritti fondamentali possano ottenere non solo riconoscimento, ma attuazione.

Parte terza

La macchina

Capitolo XII
Uomini e macchine

L'uomo-macchina

Nella riflessione sull'«homme-machine» di La Mettrie e d'Holbach[1] l'identità fisica e psichica è ordinata, in senso normativo, dalla natura. Ma proprio il rapporto con il mondo delle macchine mostra che l'identità è un oggetto sociale complesso, irriducibile ai soli dati naturalistici, risultante da una vicenda storica mai compiuta. Torna il riferimento a Montaigne, al suo sottolineare come la vita, nella quale l'identità si riflette, sia una costruzione continua, affidata a contesti variabili, sottratta a ogni automatismo. Peraltro, se l'ordine che governa l'identità fosse soltanto quello naturalistico, verrebbe negata all'origine proprio l'autonomia della persona.

Siamo, invece, di fronte a una storia in cui si è sempre cercato di forzare i limiti della natura, soprattutto quando si voleva e si vuole mimarla, riprodurla, trasportarla in una dimensione diversa. Non è una conclusione paradossale, ma proprio quando appare massima la riproduzione della natura, vuol dire che si è raggiunto il massimo dell'artificialità. Gli automi, i «meccanismi ingegnosi» ci affascinano sin dall'antichità[2]; aprono la strada ad altre creature meccaniche, come i robot e le diverse macchine pensanti[3]; e poi verranno i cyborg, con

[1] J.O. de La Mettrie, *Opere filosofiche*, trad. it. a cura di S. Moravia, Laterza, Roma-Bari 1992; P.-H.T. d'Holbach, *Sistema della natura* [1770], trad. it. a cura di A. Negri, Utet, Torino 2001.

[2] M.G. Losano, *Storie di automi. Dall'antica Grecia alla Belle époque*, Einaudi, Torino 1990; C. Sini, *L'uomo, la macchina, l'automa*, Bollati Boringhieri, Torino 2009.

[3] V. Pratt, *Macchine pensanti. L'evoluzione dell'intelligenza artificiale*, trad. it. di M.T. Bolla e M.-L. Sapino, il Mulino, Bologna 1990; J. Bernstein, *Uomini e macchine intelligenti*, trad. it. di G. Longo, 2ª ed., Adelphi, Milano 1990; A.M. Turing, *Intelligenza meccanica*, trad. it. a cura di G. Lolli, Bollati Boringhieri, Torino 1994. Punto d'avvio di ricerche ancora in corso è il lavoro di M. Minsky, *La società della*

il loro annuncio del trans- e del post-umano, le ricerche sui rapporti tra cervello e macchine, sulle «Brain-machine interfaces» (BMIs) o «Brain-computer interfaces» (BCIs) e, più in generale sulla «Human-computer interaction» (HCI). Ma i rapporti tra l'uomo e il mondo delle macchine non sono lineari. Il fatto che si parta dall'uomo come riferimento o modello può portare a risultati molto diversi: a cercar di replicare l'uomo nella macchina o a far sì che l'uomo si faccia macchina esso stesso, oggetto tra gli oggetti, appunto «homme-machine».

Una preoccupazione sociale ha sempre accompagnato queste vicende, è all'origine di molte reazioni, delle critiche radicali del macchinismo, la più nota ed estrema delle quali è quella che va sotto il nome di luddismo, che ebbe una sua singolare manifestazione ancora negli anni Sessanta, quando Harvey Matusow e la sua International Society for the Abolition of Data Processing Machines manifestavano a New York davanti alla sede della Ibm, innalzando cartelli dove era scritto «Computers Are Obscene». La critica al progresso tecnologico si è espressa in varie forme, per mettere l'uomo al riparo da un destino che lo faccia diventare «lo schiavo felice delle macchine»[4] e per evitare la trasformazione dell'intera società in una macchina implacabile di controllo.

In realtà, grandi distopie e utopie costituiscono uno sfondo dal quale non si può culturalmente prescindere quando si discute del rapporto uomo-macchina. I rovesciamenti sono continui. Proprio l'integrazione progressiva con il mondo della scienza e delle macchine, infatti, è stata considerata anche come una straordinaria opportunità offerta al mondo umano per raggiungere una pienezza che fino a quel momento gli era mancata. Un mondo, tuttavia, non più soltanto esterno, ma che penetra nell'umano, lo trasforma. Tornano alla memoria le *Magnalia naturae* elencate da Francis Bacon in appendice alla *Nuova Atlantide*: «Prolungamento della vita [...]. Ritardo della vecchiaia. Cura di malattie ritenute incurabili. Mitigazione della sofferenza [...]. Modificazione dei caratteri somatici. Accrescimento ed esaltazione delle facoltà intellettuali. Mutazione di corpi in corpi differenti. Fab-

mente, trad. it. di G. Longo, Adelphi, Milano 1989. Inoltre G. Sartor, *Intelligenza artificiale e diritto. Un'introduzione*, Giuffrè, Milano 1996.

[4] Ha scritto grandi pagine nei capitoli XXIII-XXV, dedicati al «Libro delle macchine», S. Butler, *Erewhon. Ritorno in Erewhon*, trad. it. a cura di L. Drudi Demby, Adelphi, Milano 1965, pp. 172-201; *Erewhon* venne pubblicato anonimo in Inghilterra nel 1872.

bricazione di nuove specie. Trapianto di una specie in un'altra [...]. Trarre nuovi cibi da sostanze non ancora impiegate a questo scopo»[5].

Tutto questo, oggi, può essere considerato anche nella dimensione dei diritti, di una costruzione dell'identità che finisce con il coincidere con la costruzione stessa dell'umano. Dopo la vicenda di Oscar Pistorius, l'atleta sudafricano che corre con due protesi di fibra di carbonio al posto della parte inferiore delle gambe, un'altra atleta paraolimpica, Aimée Mullins, ha affermato che «modificare il proprio corpo con la tecnologia non è un vantaggio, ma un diritto. Sia per chi fa sport a livello professionistico che per l'uomo comune». Cade così la barriera tra «normodotati» e portatori di protesi, e anzi si prospetta una più ampia nozione di normalità, che diviene la condizione per costruire liberamente la propria identità utilizzando tutte le opportunità socialmente disponibili. La nuova dimensione dell'umano esige una diversa misura giuridica, che dilata l'ambito dei diritti fondamentali della persona.

Attraverso il corpo, le persone si appropriano così della tecnologia, la riportano alla misura dell'umano. Accanto a queste nuove opportunità, tuttavia, si ritrovano situazioni in cui l'ibridazione dell'umano con strumenti tecnologici non conduce a un ampliamento delle facoltà della persona, a un «human enhancement», ma a una conformazione del suo corpo in maniera tale per cui diventa agevole il controllo dall'esterno e, con esso, l'incidenza sull'identità. È il caso, tra i tanti, dell'inserimento sotto la pelle di microchip che, grazie alle radiofrequenze, consentono di trasformare la persona in una entità che trasmette continuamente informazioni, che altri possono immediatamente utilizzare. L'appropriazione delle tecnologie attraverso il corpo si rovescia, proprio la tecnologia apre la via all'espropriazione quotidiana.

Ma il mutamento più significativo è rappresentato dal fatto che il corpo, intatto nella sua materialità, intrattiene rapporti sempre più intensi con un mondo delle macchine che si presenta come del tutto esterno rispetto a esso. Siamo destinati a vivere in una «realtà aumentata» in un «ambiente intelligente», popolato, per continuare a usare le vecchie parole, da meccanismi ingegnosi e macchine pensanti, costruiti in modo da rendere possibile un governo pervasivo,

[5] F. Bacon, *Le grandi opere della natura soprattutto in rapporto agli usi umani*, in Id., *Scritti filosofici*, trad. it. a cura di P. Rossi, Utet, Torino 1975, pp. 869-870.

per molti versi invisibile, delle persone grazie ai dati che su di esse vengono implacabilmente e continuamente raccolti.

L'integrità fisica è rispettata, ma l'integrità della persona, e con essa la sua autonomia, sono continuamente ridotte. Con quali modalità e quali conseguenze? Quale nuova razionalità guida il rapporto tra gli umani e il mondo delle macchine?

Mutazioni antrolopogiche

Per cercar di rispondere a queste domande, e cogliere il modo nuovo in cui si costruisce l'identità, bisogna partire dalla constatazione che si sta delineando un ordine sociale e giuridico delle macchine che rivendica una propria autonomia e che non solo può determinare conflitti con la tradizionale autonomia delle persone, ma produce una nuova antropologia. Due sentenze del Bundesverfassungsgericht possono contribuire a chiarire alcuni aspetti del problema.

La prima (15 febbraio 2006) riguarda il par. 14.III del *Luftsicherheitsgesetz*, la quale autorizzava l'aviazione militare ad abbattere un aereo civile che, dirottato da terroristi, rischiava di essere utilizzato come un'arma contro obiettivi civili o militari (il caso dell'attacco dell'11 settembre 2001 alle Twin Towers e al Pentagono), senza che vi fossero altri mezzi per impedire quel risultato. La norma è stata considerata in contrasto con quanto è stabilito dagli artt. 1 e 2 del *Grundgesetz*, della Costituzione, relativi alla dignità e alla difesa della vita, con una motivazione particolarmente significativa. Secondo i giudici costituzionali tedeschi, infatti, i passeggeri dell'aereo venivano «spersonalizzati e, al tempo stesso, privati dei loro diritti [*verdinglicht und zugleich entrechtlicht*]». Una decisione unilaterale dello Stato sulla vita dei passeggeri li privava del diritto di ogni essere umano di decidere autonomamente della propria esistenza, riducendoli a oggetti inanimati. La persona era così ridotta a mera componente dell'aereo, assorbita dalla macchina con un radicale mutamento delle sue prerogative, del suo stesso statuto «umano»[6].

[6] La «formula dell'oggetto» era stata enunciata con particolare nettezza fin dal 1956 da G. Dürig, *Der Grundsatz von der Menschenwürde. Entwurf eines praktikablen Wertsystems der Grundrechte aus Art. 1 Abs. 1 in Verbindung mit Art. 29 Abs. II des Grundgesetzes*, in «Archiv öffentliches Recht», 1956, pp. 117-157, con l'intento di bandire ogni strumentalizzazione degli esseri umani, considerata offesa alla dignità: l'essere umano non deve essere mai trasformato in oggetto.

Altrettanto importante è la successiva sentenza del 27 febbraio 2008, con la quale il Bundesverfassungsgericht ha dichiarato contrario al *Grundgesetz* un emendamento alla legge sui servizi di sicurezza del Land Nord Reno-Westfalia. Questo emendamento aveva attribuito ai servizi il diritto di «controllare segretamente in ogni modo Internet, in particolare intervenendo segretamente sugli strumenti di comunicazione adoperati e accedendo clandestinamente ai sistemi informativi tecnologici con qualsiasi modalità tecnica». La sentenza del Bundesverfassungsgericht è stata considerata una decisione assolutamente innovativa, perché ha creato un nuovo «diritto fondamentale alla riservatezza e all'integrità dei sistemi informativi tecnologici» come parte del diritto generale della personalità riconosciuto dalla Costituzione tedesca. La sentenza afferma che «dalla rilevanza dell'utilizzazione dei sistemi informativi tecnologici per lo sviluppo della personalità, e dai danni al diritto della personalità che possono derivarne, discende la necessità di una tutela, essenziale per il rispetto dei diritti fondamentali. La persona deve avere la garanzia che lo Stato rispetta la sua ragionevole aspettativa di integrità e riservatezza dei sistemi informativi tecnologici nella prospettiva di una costruzione della personalità non soggetta a restrizioni» (par. 181). Questa sentenza integra due precedenti, fondamentali decisioni della Corte costituzionale, quella del 1983 sul «diritto all'autodeterminazione informativa» e quella del 2004 sul diritto a «una tutela assoluta del contenuto essenziale della sfera privata».

I sistemi informativi tecnologici, protetti dal nuovo diritto fondamentale, sono tutti quelli che, «da soli o attraverso le loro interconnessioni, possono contenere dati della persona interessata che, per le loro caratteristiche e per le loro sfaccettature, possono far sì che l'accesso a essi si trasformi in una interferenza in aspetti essenziali del modo di vivere della persona o rende possibile un profilo significativo della sua personalità» (par. 203).

Questo diritto si riferisce a qualsiasi strumento tecnico adoperato e, trattandosi di un diritto fondamentale, le autorità pubbliche possono eccezionalmente interferire in esso solo con una autorizzazione del giudice e solo se vi siano «indicazioni precise del rischio di un concreto danno», in un caso specifico, per la vita, l'integrità fisica e la libertà delle persone, per l'esistenza dello Stato e la sopravvivenza delle persone. Non basta, dunque, la probabilità di un danno futuro. E le ricerche online non possono essere utilizzate per le ordinarie investigazioni criminali o per una generale attività di sicurezza.

Confrontiamo questa impostazione con quella che traspare dalla copertina del primo numero del 2007 della rivista «Time», dedicato secondo tradizione alla «persona dell'anno». Qui compariva a grandi lettere la parola «You». Era dunque la sterminata platea degli individui a essere indicata come protagonista. Ciascuno, però, nella sua irripetibile singolarità, perché in quella copertina era inserito un materiale riflettente che consentiva a chiunque la guardasse di riconoscersi come in uno specchio. Il mondo sei tu.

Ma, osservando meglio, quello specchio si rivelava come lo schermo di un computer, disegnato sulla copertina sopra la parola «You». Il messaggio assumeva così un particolare significato. Ti riconosco come persona dell'anno perché ormai sei entrato a far parte di quell'apparato tecnologico. L'ordine uomo-macchina è capovolto. Sei protagonista, e forse signore dell'ambiente che ti circonda, solo se ti fai macchina tu stesso, se in definitiva diventi una componente di quell'apparato.

Nella sentenza tedesca del 2008 questa impostazione viene completamente rovesciata. È l'umano che ingloba in sé la macchina, non il contrario. Si riconosce che tra l'uomo e la macchina non vi è soltanto interazione, ma compenetrazione. Questo è un dato strutturalmente evidente, di cui viene riconosciuta la rilevanza costituzionale. Il diritto ristabilisce così la priorità dell'umano, ma manifesta la sua potenza dicendo che nel mondo esiste una nuova entità, costituita appunto dalla persona e dall'apparato tecnico al quale essa affida i suoi dati. Tra persona e macchina si stabilisce un *continuum*: riconoscendolo, il diritto ci consegna anche una nuova antropologia, che reagisce sulle categorie giuridiche e ne modifica la qualità. La riservatezza, qualità dell'umano, si trasferisce alla macchina.

Non è possibile, allora, ritenere che questa sentenza rappresenti soltanto uno sviluppo ulteriore della linea inaugurata dalla stessa Corte costituzionale nel 1983, con la storica sentenza che, riconoscendo come diritto fondamentale quello all'«autodeterminazione informativa», operava una svolta radicale nel quadro tradizionale della tutela della privacy, riprendendo le indicazioni più importanti dell'elaborazione culturale avviata intorno agli inizi degli anni Settanta. Nella sentenza del 2008 compare ancora il riferimento alla riservatezza, anche se il suo trasferimento dalla persona alla macchina conferma già la novità della prospettiva. Ma due questioni essenziali la differenziano dalla precedente decisione. La prima riguarda il fatto che la nozione di riservatezza viene dilatata per definire un quadro d'insieme che impedisca la riduzione della persona, dunque dell'umano, a semplice entità materiale. Da questo, ed è il secondo punto rilevante, risulta una nuova forma di garanzia, che supera la dicotomia tra *habeas corpus*, legata al corpo *fisico*, e *habeas data*, concepito come estensione di quella garanzia storica al corpo *elettronico*. Non vi sono più oggetti distinti della tutela, ma un oggetto unico: la persona nelle diverse sue configurazioni, via via determinate dal suo rapporto con le tecnologie, che non sono soltanto quelle elettroniche.

Siamo di fronte a una ricostruzione dell'integralità della persona, analoga a quella realizzata attraverso il riconoscimento di una tutela unitaria della sua integrità, non più limitata soltanto a quella fisica, ma estesa fino a comprendere anche quella psichica e sociale, com'è esplicitamente detto nella definizione di salute elaborata dall'Organizzazione mondiale della sanità e poi ricevuta in una molteplicità di documenti giuridici (come, ad esempio, l'art. 3 della Carta dei diritti fondamentali dell'Unione europea). Si potrebbe dire, con qualche enfasi retorica, che il diritto, dopo aver preso atto dell'inscindibilità di corpo e anima, fornisce con la sentenza tedesca del 2008 una sua versione dell'«uomo macchina». Si mantiene fermo l'accento primario sul dato umano, unica via per riconciliarlo con gli apparati tecnici che progressivamente lo accompagnano, lo ristrutturano, lo invadono.

Un'identità «esterna»

Nella dimensione tecnologica, dunque, l'identità personale sembra dilatarsi. Ma chi, concretamente, la costruisce? La risposta desumibile dalla sentenza tedesca del 2008 vuole dirci che, ristabilendo la propria signoria su una porzione del mondo esterno, sugli apparati tecnici di cui direttamente ci serviamo, sia sempre e soltanto l'interessato a definire le condizioni per la definizione dell'identità.

Non è mai stato così, la costruzione dell'identità non può essere confusa con un diritto all'autorappresentazione. Ma il mutamento tecnologico delle modalità di trattamento delle informazioni personali ha progressivamente alterato il rapporto tra l'identità liberamente costruita dal soggetto e l'intervento di terzi, attribuendo all'attività di questi ultimi un peso crescente.

Inesattezze e rappresentazioni parziali, o anche vere e proprie falsificazioni, sono una caratteristica costante di molte biografie liberamente costruite da soggetti diversi dall'interessato, che poi entrano a far parte di complessi informativi socialmente accreditati (come Wikipedia). Siamo, inoltre, in presenza di una identità «dispersa», per il fatto che le informazioni riguardanti la stessa persona sono contenute in banche dati diverse, ciascuna delle quali restituisce soltanto una parte o un frammento dell'identità complessiva. Rischiamo d'entrare nel tempo dell'identità «inconoscibile» da parte dello stesso interessato, dislocata com'è in luoghi non solo diversi, ma di cui è difficile o impossibile conoscere l'esistenza o ai quali è difficile o impossibile l'accesso.

La nostra identità, dunque, è sempre più il frutto di una operazione nella quale sono gli altri a giocare un ruolo decisivo, con una presenza continua di elaborazione e controllo. E non si tratta soltanto della costruzione fondata sul modo in cui l'altro ci vede e ci definisce, ora con occhio disinteressato e partecipe, ora sotto la spinta di bisogni indotti da logiche di mercato o di sicurezza pubblica. La rappresentazione collettiva può determinare il modo in cui siamo considerati, pur senza apprestare essa stessa i materiali costitutivi dell'identità, come accade quando si utilizzano direttamente i nostri dati personali. Vero è, peraltro, che nell'uno e nell'altro caso si è di fronte a una identità «instabile», alla mercé, di volta in volta, di umori e pregiudizi o degli interessi concreti di chi raccoglie, conserva, diffonde i dati personali. Si crea così una situazione di dipendenza, che determina la costruzione di una identità «esterna», e qualifica l'identità in forme che ne riducono il potere di governo da parte dell'interessato.

La reinvenzione della privacy

La costruzione dell'identità, dunque, si effettua in condizioni di dipendenza crescente dall'esterno, dal modo in cui viene strutturato l'ambiente nel quale viviamo. Dipendenza da altre persone, ma anche dal mondo delle cose che ci circondano o che vengono adoperate per modificare direttamente il nostro stesso corpo. Stiamo davvero vivendo una vera rivoluzione dell'identità. «L'identità [...] è nel cuore di un tempo di straordinari tumulti»[7], nell'età nuova del Web, della continua e massiccia produzione di profili, del «cloud

[7] J.D. Lasica, *Identity in the Age of Cloud Computing: The Next-Generation Internet's Impact on Business, Governance and Social Interaction*, The Aspen Institute, Washington (DC) 2009, p. 1.

computing», dell'intelligenza artificiale, di sviluppi come quelli indicati dall'«autonomic computing»[8]. Due mutamenti, in particolare, devono essere segnalati, legati all'emergere del Web 2.0 e 3.0.

Internet 2.0, quello delle reti sociali, è divenuto uno strumento essenziale per i processi di socializzazione di massa e per la libera costruzione della personalità. In questa prospettiva, assume un nuovo significato la libertà di espressione, come elemento essenziale dell'essere della persona e della sua collocazione nella società. La costruzione dell'identità tende così a presentarsi sempre di più come un mezzo per la comunicazione con gli altri, per la presentazione del sé sulla scena del mondo. Questo modifica il rapporto tra sfera pubblica e sfera privata, e la stessa nozione di privacy.

La privacy, infatti, è stata costruita come un dispositivo «escludente», come uno strumento per allontanare lo sguardo indesiderato. Ma l'analisi delle sue definizioni mostra anche le sue progressive trasformazioni, che hanno fatto emergere un diritto sempre più finalizzato a rendere possibile la libera costruzione della personalità, l'autonomo strutturarsi dell'identità, la proiezione nella sfera privata dei principi fondamentali della democrazia. L'originaria definizione della privacy come «diritto a essere lasciato solo»[9] non è stata cancellata, ma fa parte di un contesto via via arricchito da diversi punti di vista[10]. La prima vera innovazione arriva con Alan Westin, che definisce la privacy come il diritto di controllare l'uso che altri fanno delle informazioni che mi riguardano[11]. Successivamente la privacy viene anche considerata come «tutela delle scelte di vita contro ogni forma di controllo pubblico e di stigmatizzazione sociale»[12], «rivendicazione delle limitazioni che impediscono a ciascuno di essere semplificato, oggettivato e valutato fuori contesto»[13] e, più direttamente, proprio

[8] A questo tema è dedicato il volume collettivo curato da M. Hildebrandt e A. Rouvroy, *Law, Human Agency and Autonomic Computing. The Philosophy of Law Meets the Philosophy of Technology*, Routledge, Abingdon 2011.

[9] S. Warren e L.D. Brandeis, *The Right to Privacy*, in «Harvard Law Review», 5, 1890, pp. 4 e sgg.

[10] Sul punto S. Rodotà, *La vita e le regole. Tra diritto e non diritto*, 2ª ed. ampliata, Feltrinelli, Milano 2012.

[11] A. Westin, *Privacy and Freedom*, Atheneum, New York 1970.

[12] L. Friedman, *The Republic of Choice. Law, Authority and Culture*, Harvard University Press, Cambridge (Mass.)-London 1990, p. 184.

[13] J. Rosen, *The Unwanted Gaze. The Destruction of Privacy in America*, Random House, New York 2000, p. 20.

come «libertà da vincoli irragionevoli alla costruzione della propria identità»[14]. Poiché, inoltre, il flusso delle informazioni non è soltanto dall'interno verso l'esterno, con la conseguente pretesa di tenere lontane da esse le mani altrui, ma anche dall'esterno verso l'interno della sfera privata, contro il quale si può voler esercitare il diritto di non sapere, la privacy viene inoltre definita come «diritto di mantenere il controllo sulle proprie informazioni e di determinare le modalità di costruzione della propria sfera privata»[15] e, in definitiva, come «il diritto di scegliere liberamente il proprio modo di vivere»[16].

Siamo di fronte a definizioni che non si escludono reciprocamente, ma si presentano come sfaccettature di una categoria che può essere considerata unitariamente e così ricondotta a quel generale diritto alla tutela dei dati personalizzati formalizzato dall'art. 8 della Carta dei diritti fondamentali dell'Unione europea[17]. Siamo di fronte a una vera reinvenzione del concetto di protezione dei dati personali, non solo perché viene esplicitamente considerato come un autonomo diritto fondamentale, ma perché si presenta come strumento indispensabile per il libero sviluppo della personalità e per definire l'insieme delle relazioni sociali. Si rafforza così la costituzionalizzazione della persona grazie a un insieme di poteri che davvero caratterizzano la cittadinanza del nuovo millennio.

Se, a questo punto, si analizzano più attentamente le diverse gradazioni della tutela prevista per le varie categorie di dati personali, si può cogliere un significativo paradosso. Infatti, per molti dei cosiddetti «dati sensibili», in particolare per quelli riguardanti le opinioni, viene prevista una tutela molto forte non per garantirne una maggiore riservatezza, ma per renderne possibile la loro comunicazione in *pubblico* senza correre il rischio della discriminazione o della stigmatizzazione sociale. Le mie opinioni politiche o la mia fede religiosa accompagnano e costruiscono la mia identità solo se posso collocarle fuori della sfera privata, se posso farle valere nella sfera pubblica. Il vero oggetto della tutela non è la riservatezza, ma l'eguaglianza[18].

[14] P.E. Agree e M. Rotenberg, *Technology and Privacy. The New Landscape*, Mit Press, Cambridge (Mass.) 2001, p. 7.

[15] S. Rodotà, *Tecnologie e diritti*, il Mulino, Bologna 1995, p. 122.

[16] F. Rigaux, *La protection de la vie privée et des autres biens de la personnalité*, Bruylant, Bruxelles-Paris 1990, p. 167.

[17] Cfr. *infra*, pp. 397-398.

[18] Sui paradossi della privacy Rodotà, *Tecnologie e diritti* cit.

Nel momento in cui l'identità si specifica come concetto relazionale, la protezione dei dati cambia di significato. Il «social networking», emblema del Web 2.0, esprime in modo radicale questo mutamento di punto di vista. Si va su Facebook per essere visti, per conquistare una identità pubblica permanente che supera il quarto d'ora di notorietà che Andy Wahrol riteneva dovesse divenire un diritto di ogni persona. Si alimenta il «pubblico» per dare senso al «privato». Si esibisce un insieme di informazioni personali, il corpo elettronico, così come si esibisce il corpo fisico attraverso tatuaggi, piercing e altri segni d'identità[19]. L'identità si fa comunicazione.

Ma che cosa accade a questa identità tutta rovesciata all'esterno? Essa diventa più disponibile per il «data mining»[20], per la considerazione della persona come una miniera a cielo aperto dalla quale estrarre continuamente qualsiasi dato: e allora ci si deve chiedere se l'essere in reti sociali porti con sé anche un consenso implicito alla raccolta dei dati messi in rete o se, invece, continui a operare, direttamente o indirettamente, il principio di finalità come criterio di legittimazione della raccolta, nel senso che i dati, pur disponibili, possono essere utilizzati solo in modo conforme alle ragioni per le quali l'interessato ha deciso di renderli in qualche modo pubblici. Problemi che ritroviamo, dilatati, quando si passa a considerare la dimensione dell'Internet 3.0, l'Internet delle cose, che determina nuove modalità di creazione e di acquisizione di dati personali[21]. Il mondo degli oggetti prende la parola, diventa fonte di dati che si traducono in un flusso crescente di informazioni sulle persone che hanno rapporti con tali oggetti. Gli oggetti, anzi, «dialogano» tra loro, per accrescere e aggiornare continuamente i dati riguardanti le persone e per trasferirli ad apparati che, a loro volta, li elaborano e ne traggono conclusioni riguardanti la persona interessata.

Le previsioni parlano di 25 miliardi di oggetti che già nel 2015 saranno collegati a Internet, creando un contesto in cui saranno le

[19] D. Le Breton, *Signes d'identité. Tatouages, piercings et autres marques corporelles*, Métailié, Paris 2002.

[20] M. Hildebrandt e S. Gutwirth (a cura di), *Profiling the European Citizen. Cross-Disciplinary Perspectives*, Springer, New York 2008; F. Giannotti e D. Pedreschi (a cura di), *Mobility, Data Mining and Privacy. Geographic Knowledge Discovery*, Springer, Berlin 2008.

[21] Per una prima serie di indicazioni si veda International Telecommunications Union, *The Internet of Things*, Itu, Geneva 2005.

macchine a raccogliere, scambiare, elaborare e conservare automaticamente le informazioni. Tutto questo può accadere senza che le persone interessate ne abbiano consapevolezza e, soprattutto, attribuendo al sistema degli oggetti anche la capacità di prendere decisioni automatizzate. La crescita esponenziale delle informazioni disponibili, peraltro, determina un cambiamento di scala non soltanto quantitativo, ma qualitativo. Aumentano le possibilità combinatorie che, già socialmente assai rilevanti quando non vi sia una diretta implicazione delle persone, possono divenire dirompenti per il sistema dei diritti. L'identità personale è sfidata, l'autonoma capacità di decisione risulta impoverita, l'invocazione della privacy può divenire ancora più vana, in definitiva si percepisce una perdita di controllo sul sé che può indurre alla rassegnata conclusione della vanità di ogni resistenza.

La portata di questo cambiamento è evidente, e giustifica il ricorso all'espressione Web 3.0, che descrive un mutamento di paradigma all'interno della rete di portata tendenzialmente superiore a quello descritto parlando di Web 2.0. Qui, infatti, si era in presenza di un passaggio dall'Internet degli individui a quello delle reti sociali, rimanendo comunque la rete centrata unicamente sulle persone. Si profila ora una separazione tra il mondo delle persone e un mondo degli oggetti dotato di una propria, crescente autonomia. È vero che quest'ultima considerazione non deve essere usata enfaticamente, perché il sistema degli oggetti funziona secondo i codici messi comunque a punto da persone. Ma, in questo modo, il problema è tutt'altro che risolto. Rivela, anzi, la sua vera natura, che riguarda le nuove forme di distribuzione del potere che il Web 3.0 porta con sé, rispetto alle quali le strategie giuridiche di controllo e di riduzione delle asimmetrie sono impervie, e comunque richiedono anch'esse una capacità innovativa di cui si parlerà più avanti. Indubitabile, comunque, si rivela fin d'ora il mutamento che investe il rapporto tra la persona e il mondo delle macchine, anzi con un mondo che, complessivamente, si fa macchina esso stesso. L'autonomia si sposta dalle persone alle cose, che appaiono dotate di vita propria, rendendo arduo il riproporre un recupero di sovranità attraverso le tecniche ricordate in precedenza, fondate com'erano sul presupposto che fosse possibile mantenere un *continuum* tra la persona e gli apparati tecnici.

Lungo questa lunga frontiera si incontrano le sperimentazioni sul cosiddetto «autonomic computing», un progetto avviato dall'Ibm nel

2000 e concepito come un sistema di computer capace di autoregolarsi allo stesso modo in cui il sistema nervoso regola e protegge i nostri corpi[22], esercitando così una funzione di controllo senza una esplicita consapevolezza e coinvolgimento. In questo modo, l'*autonomic computing* fornisce al computer le proprietà necessarie per autogestirsi senza interventi umani. Modellato sull'umano, l'*autonomic computing* se ne congeda nel momento in cui se ne appropria interamente. Infatti, «per essere *autonomic*, un sistema di computer deve 'conoscere se stesso' – e comprendere elementi che posseggano una identità di sistema»[23]. Ci inoltriamo così in una dimensione nella quale la crescita delle interconnessioni crea un ambiente intelligente che segue in tempo reale le persone, ne configura gli sviluppi, esercitando così una funzione proattiva. Un ambiente nel quale già compaiono l'intelligenza artificiale e l'«ubiquitous computing», il cui consolidarsi e diffondersi possono trovare proprio nell'Internet delle cose una spinta determinante. Un ambiente che si costruisce intorno a una crescente autonomia di tutte le sue componenti: «*l'autoconsapevolezza*, in definitiva, può essere il nuovo paradigma delle tecnologie intelligenti»[24].

Di fronte a tutto questo, il criterio di giudizio non può essere rappresentato dal fatto che la persona riceva vantaggi o corra rischi per effetto della nuova dimensione nella quale si trova a essere collocata. Il punto chiave, infatti, è rappresentato dall'emergere di una nuova razionalità, che coincide con una progressiva ritirata dell'intervento umano, sostituito dall'affidare una quantità crescente di dati personali all'autonoma capacità di elaborazione di computer che, sulla base di programmi statistici e attuariali, di modelli probabilistici, rendono possibili non semplici predizioni sui comportamenti futuri delle persone, ma vere e proprie costruzioni di identità. E queste possono diventare la rappresentazione che, poi, viene considerata vincolante ai fini delle decisioni riguardanti la persona da parte dei soggetti che producono quella rappresentazione o a essa possono

[22] Per ulteriori informazioni, Hildebrandt, *Introduction: A Multifocal View of Human Agency in the Era of Autonomic Computing*, in Hildebrandt e Rouvroy (a cura di), *Law* cit., pp. 3-5.

[23] L'Ibm, che ha avviato la ricerca in questa direzione, ha pubblicato un vero e proprio manifesto: *Autonomic Computing: Perspectives on the State of Information Technology*, Ibm, Armonk 2001. La citazione nel testo è a p. 21.

[24] Hildebrandt, *Introduction* cit., p. 5.

avere accesso. Si deve aggiungere che proprio la disponibilità di una quantità crescente di informazioni impone di riflettere sul modo in cui questo processo può strutturarsi, partendo da una «osservazione puramente statistica di correlazioni [...] tra dati catturati in modo assolutamente non selettivo in una varietà di contesti eterogenei»[25]. Cresce così il rischio di fraintendimenti dell'identità per effetto del divorzio tra mondo delle determinazioni consapevoli e mondo dell'elaborazione automatica.

È questa la dimensione più generale che dev'essere considerata nel momento in cui si affrontano le questioni più ravvicinate via via poste dall'innovazione tecnologica. Si approssima quello che un gruppo di ricerca dell'Unione europea ha definito un «digital tsunami», che rischia di travolgere gli strumenti giuridici che garantiscono non solo l'identità, ma la stessa libertà delle persone[26]. Una radicale trasformazione delle nostre organizzazioni sociali è davanti a noi, che vuol far diventare il criterio della sicurezza pubblica l'esclusivo criterio di riferimento.

Questa intenzione è dichiarata. In un documento della presidenza dell'Unione europea si sono fatte affermazioni per molti versi inquietanti. «Tutti gli oggetti adoperati dalle persone, tutte le transazioni e tutti gli spostamenti contribuiranno a creare un dettagliato dossier digitale. Si genererà così una ricchezza di informazioni utili per gli organi di pubblica sicurezza, creando enormi opportunità per una loro attività più efficace e produttiva». E si aggiunge: «nel futuro prossimo molti oggetti genereranno un flusso di dati digitali [...], rivelatori di contesti e di comportamenti sociali che i professionisti della sicurezza pubblica potranno utilizzare per finalità investigative». Un Rapporto di Statewatch, *The Shape of Things to Come* (non a caso lo stesso titolo di un racconto del 1933 di H.G. Wells)[27], sottolinea come l'Unione europea abbia in questo modo dato una indicazione che spinge verso la sostituzione del principio secondo il quale i dati riguardanti i cittadini dovrebbero essere in via generale al riparo dall'intervento di soggetti pubblici con l'opposto principio

[25] A. Rouvroy, *Technology, Virtuality and Utopia. Governmentality in an Age of Autonomic Computing*, in Hildebrandt e Rouvroy (a cura di), *Law* cit., p.126.
[26] The Future Group, *Freedom, Security, Privacy: European Home Affairs in an Open World*, June 2008.
[27] T. Bunyan, *The Shape of Things to Come*, Statewatch, September 2008.

che legittima la pretesa pubblica di avere accesso a ogni dettaglio delle nostre vite private. In questo scenario, la protezione dei dati e il controllo giudiziario sulle forme di sorveglianza esercitate dalla polizia vengono percepiti come «ostacoli» a una efficiente cooperazione in materia di applicazione del diritto. Questo implica che governi europei e uomini politici dell'Unione si pongono l'obiettivo di ottenere poteri illimitati nell'accedere e nel raccogliere masse di dati personali sulla vita quotidiana di tutti, con l'argomento che così saremo sicuri e al riparo dai «rischi» percepiti.

Le critiche di Statewatch analizzano un solo aspetto del «digital tsunami», quello dell'uso crescente dell'argomento della sicurezza pubblica per ridurre libertà e diritti, per trasformare le nostre organizzazioni sociali da società di persone libere in «nazioni di sospetti». Questione certamente fondamentale, perché modifica il rapporto tra il cittadino e lo Stato e, più specificamente, viola l'impegno preso dallo Stato nei confronti di ogni persona di utilizzare i suoi dati in maniera selettiva, rispettando principi come quelli di necessità, finalità, proporzionalità, pertinenza. In questo modo, alcuni di questi principi, che sono alla base della protezione dei dati, vengono lentamente erosi. E questo accade soprattutto per il principio riguardante le finalità della raccolta e per quello che riguarda la separazione tra i dati trattati da soggetti pubblici e quelli trattati da soggetti privati. Il solo principio di riferimento diventa quello di «disponibilità», per favorire lo scambio e l'utilizzazione delle informazioni da parte di tutti gli organi che hanno compiti di polizia e di sicurezza. Il criterio della multifunzionalità viene sempre più largamente adottato a seguito delle pressioni di soggetti istituzionali. I dati raccolti per una determinata finalità vengono resi disponibili per finalità diverse, considerate altrettanto importanti di quelle per le quali erano stati originariamente raccolti. I dati trattati da un determinato organismo diventano disponibili per altri. Questo significa che le persone diventano sempre più trasparenti e che gli organismi pubblici sono sempre più sottratti al controllo politico e giuridico. E questo porta con sé una nuova distribuzione di poteri politici e sociali.

Il cosiddetto «digital tsunami», allora, deve essere considerato anche da altri punti di vista, a cominciare proprio da quello dell'identità. La piena disponibilità dei dati personali da parte di soggetti pubblici determina un vero e proprio trasferimento della costruzione delle identità a questi organismi, che possono operare sulla base di informazioni di cui la persona non ha notizia. Fenomeno, questo, destinato a crescere e a divenire sempre più importante proprio nella prospettiva dell'aumento dei dati generati automaticamente dalle cose.

In questo quadro, diventa sempre più rilevante il diritto di accesso, che rappresenta un potere particolarmente intenso della persona, dal momento che consente di mantenere il controllo sulle proprie informazioni, quale che sia il soggetto che le gestisce, il luogo ove si trovano, le modalità della loro utilizzazione. Diritto, questo, essenziale per la costruzione dell'identità, poiché conferisce il potere di ottenere la cancellazione dei dati falsi o illegittimamente raccolti o conservati oltre i termini previsti, la rettifica di quelli inesatti, l'integrazione di quelli incompleti. Ma questa è divenuta ormai un'impresa senza fine, una ricerca inesauribile, poiché mai si arresta la registrazione d'ogni nostra traccia. Il «conosci te stesso» non è più un'operazione che ci obbliga a guardare solo al nostro interno. Ha la sua premessa nella possibilità di attingere a fonti diverse, non tanto per accertare che cosa gli altri sanno di noi, ma soprattutto per conoscere chi siamo nella dimensione elettronica dove si svolge ormai una parte rilevante della nostra vita. Proprio considerando le dinamiche che caratterizzano sempre più intensamente le raccolte dei dati, e i soggetti che le utilizzano, si è notato che diventa sempre meno proponibile una definizione del'identità come «io sono quello che dico di essere», sostituita da un «tu sei quello che Google dice che sei».

Siamo di fronte a questioni che riguardano l'autonomia e il diritto di sviluppare liberamente la propria personalità. Si assiste a una diminuzione della possibilità di ciascuno di conoscere e costruire il sé, mentre diventa più forte la possibilità di altri di impadronirsi integralmente del nostro essere.

Il potere di decisione nel mondo digitale

Non basta, allora, constatare che viviamo ormai in una «networked public sphere», come fa Yochai Benkler[28]. È necessario analizzare il modo in cui si costruisce questa sfera pubblica, i soggetti che partecipano a questa operazione e come, per effetto di questo cambiamento,

[28] Y. Benkler, *La ricchezza della rete. La produzione sociale trasforma il mercato e aumenta le libertà*, trad. it. di A. Delfanti, Egea, Milano 2007.

si struttura la sfera privata. La progressiva immersione in un «ambiente intelligente», popolato da oggetti «intelligenti», produce uno slittamento ulteriore rispetto a quello che ha determinato una progressiva separazione/contrapposizione tra il sé e gli altri per quanto riguarda la costruzione dell'identità. Si va verso una sempre più marcata separazione tra mondo delle persone e mondo delle macchine, per la crescente autonomia di quest'ultimo. Si accentua il trasferimento del potere di definizione della persona e della sua identità dall'ambito della valutazione umana a quello della decisione automatica.

La riflessione su questo punto fa nascere numerosi problemi. Il primo riguarda norme come l'art. 15 della Direttiva europea 95/46 sulla protezione delle persone per quanto riguarda il trattamento dei dati personali e la loro libera circolazione. Qui si dà una indicazione di particolare importanza. stabilendo che «gli Stati membri riconoscono a ogni persona il diritto a non essere sottoposta a una decisione che produca effetti giuridici o abbia effetti significativi nei suoi confronti fondata esclusivamente su un trattamento automatizzato di dati destinati a valutare taluni aspetti della sua personalità, quali il rendimento professionale, il credito, l'affidabilità, il comportamento ecc.». Semplificando assai, si può dire che questa è una norma generale sulla distribuzione del potere di decisione nel mondo digitale.

Ma il significato simbolico e pratico di questa norma è fortemente ridotto dalle interpretazioni restrittive che ne hanno dato molte legislazioni nazionali e soprattutto dal diffondersi e dal raffinarsi delle tecniche di costruzione di profili, che hanno mutato il senso stesso della parola «decisione». Proprio le ricerche sul «data mining» e sul «profiling» hanno messo in evidenza la rilevanza sostanzialmente normativa delle classificazioni, spesso socialmente più obbliganti delle decisioni giuridicamente vincolanti. Questo punto, peraltro, è stato opportunamente segnalato dalla Direttiva quando si parla di decisioni che, in generale, producano «effetti significativi» per la persona. I profili, infatti, determinano comunque effetti di selezione delle persone, con conseguente possibilità di stigmatizzazione e di esclusione sociale. Non a caso, ben prima che il fenomeno dei profili assumesse le dimensioni attuali, le definizioni della privacy avevano appunto messo l'accento sul rischio della stigmatizzazione.

La creazione di questo nuovo ambiente determina modifiche dei comportamenti individuali, che sono state molte volte descritte e che assumono la forma dell'autocensura, di una normalizzazione «spontanea», dell'adozione preventiva di comportamenti conformi. Nella creazione di profili, infatti, si riflette una modellizzazione della società che produce appunto conformità più che normalità, com'era peraltro ben noto a tutti gli studiosi dei modelli culturali, la cui influenza non è funzione di un loro valore formalmente vincolante, ma del fatto che si presentano come un passaggio necessario per l'accettazione sociale ai più diversi livelli. Questo effetto si amplifica e si rafforza per effetto del «data mining» e dei profili, poiché il modello viene individualizzato, riferito a singole persone, utilizzato in maniera mirata e selettiva. L'accettazione sociale assume così la forma dell'identità «obbligata».

La possibilità di sottrarsi a questo tipo di obbligo, invocando lo schema adottato dalla Direttiva 95/46, è ulteriormente indebolita dalle analisi che criticano la tesi della inaccettabilità delle valutazioni integralmente affidate a processi automatici. Si osserva che, se la presenza dell'umano è considerata come una componente irrinunciabile della legittimità della decisione, questa presenza è comunque presente fin dall'origine: «sono uomini quelli che scrivono il software, stabiliscono i parametri di base delle raccolte dei dati e decidono sul tipo di connessioni rilevanti»[29]. Questa argomentazione viene ulteriormente rafforzata se si sottolinea che i processi di decisione automatica corrispondono sempre più a quelli tipici della decisione umana. Non a caso il paradigma dell'«autonomic computing» è stato ispirato dal sistema nervoso umano. «L'obiettivo è quello di realizzare computer, sistemi di software e applicazioni che possono gestirsi in sintonia con il più alto livello di guida da parte degli umani[30]». Se l'artificialità mima la natura in maniera sempre più marcata, dovrebbe venir meno la ragione del divieto previsto dall'art. 15 della Direttiva 95/46. E infatti questa vicenda viene giustificata non tanto facendo riferimento alla necessità di dare risposte adeguate alla crescente complessità, quanto piuttosto parlando, come fanno i documenti dell'Ibm, come del «prossimo passo

[29] P.M. Schwartz, R.D. Lee e I. Rubinstein, *Data Mining and Internet Profiling: Emerging Regulatory and Technological Approaches*, Berkeley Center for Law and Technology, Paper 50, 2008, p. 282.

[30] M. Parashar e S. Hariri, *Autonomic Computing: An Overview*, in J.-P. Banâtre *et al.* (a cura di), *Unconventional Programming Paradigms 2004*, Springer, Berlin-Heidelberg 2004, pp. 247-259.

naturale» nello sviluppo della scienza dei computer. Una volta di più, compare l'uso ideologico del riferimento alla natura che, tuttavia, non può modificare una valutazione dei processi in atto che comprenda il rischio del congedo dall'umano[31].

Di fronte alla cancellazione dei confini tra processi umani e processi artificiali è opportuno sottolineare che questa posizione è sostenuta con particolare determinazione da chi vuole far prevalere le ragioni della sicurezza e del mercato. Il controllo delle persone e la loro riduzione a puri consumatori vengono considerati fini prioritari, che legittimano il ricorso a qualsiasi strumento. Questo incide direttamente sull'identità, la cui costruzione viene sempre più affidata a entità esterne, gli interessi delle quali possono essere radicalmente opposti a quelli delle persone considerate, che vengono così private sia del governo del sé, sia del potere di controllo su chi si è impadronito della loro identità.

È possibile un recupero almeno di una limitata possibilità di controllo utilizzando in primo luogo le indicazioni contenute sempre nella Direttiva 95/46? Tre sono i punti da prendere in considerazione. Il primo riguarda la necessità di tener fermo, come principio, il divieto di integrale sostituzione di una decisione interamente automatica a una che veda qualche forma di partecipazione umana. Il secondo si riferisce all'utilizzabilità del diritto di accesso da parte del soggetto interessato (art. 12.a della Direttiva), soprattutto per conoscere «la logica applicata nei processi automatizzati che lo riguardano, in particolare nei casi in cui ci si affida a decisioni automatizzate» (art. 15.1). L'accento posto sulla logica è importante perché fa emergere un altro protagonista, il designer delle tecnologie[32], e il fatto che le tecnologie digitali sono portatrici di un loro proprio «codice»[33], sì che il problema del controllo riguarda anche queste dimensioni. Inoltre, poiché sono ben noti limiti e difficoltà dell'accesso individuale[34], ed è questo il terzo punto, bisogna prevedere e rafforzare poteri di accesso da parte di soggetti collettivi non sol-

[31] Si vedano i rilievi di Rouvroy, *Technology* cit., pp. 123-125.

[32] A. Rouvroy, *Privacy, Data Protection, and the Unprecedented Challenges of the Ambient Intelligence*, in «Studies in Ethics, Law, and Technology», 2, 1, 2008, p. 44.

[33] L. Lessig, *Code and Other Laws of the Cyberspace*, Basic Books, New York 1999.

[34] M. Hildebrandt, *Profiling and the Identity of the European Citizen*, in Hildebrandt e Gutwirth (a cura di), *Profiling* cit., pp. 303-337.

tanto su incarico degli interessati, come già prevedono alcune leggi nazionali. In questo modo, che ricorda la storia dell'organizzazione sindacale, si ridurrebbe l'asimmetria di potere tra i diversi soggetti, si determinerebbero situazioni di maggiore trasparenza e, soprattutto, potrebbero essere avviati processi di controllo diffuso grazie a forme di autorganizzazione sociale.

In questo contesto, devono essere particolarmente esaminate alcune altre questioni, che chiariscono ulteriormente quali siano i diritti da prendere in considerazione. Il primo riguarda l'anonimato, o per meglio dire l'uso in rete di identità fittizie, e l'uso legittimo della crittografia, proprio per rendere impossibile l'identificazione della persona e la creazione di profili che la riguardano, dando così origine a una dicotomia tra l'identità online e quella nel mondo reale. Con una sentenza del 25 marzo 2010, la Corte Suprema di Israele ha affermato che il diritto all'anonimato è elemento costitutivo della cultura di Internet, perché crea un ambiente sicuro e propizio alla sperimentazione di nuove idee, all'espressione di punti di vista politici non conformisti, alla critica di comportamenti di privati o di organizzazioni senza timori e senza il rischio di intimidazioni o sanzioni. Questo diritto, quindi, si presenta come congeniale all'innovazione, costituisce un fattore di mantenimento della capacità creativa di Internet[35].

A questo può essere aggiunto il diritto «al silenzio del chip», che sarà meglio esaminato più avanti e che, pur essendo in primo luogo riferibile ai già ricordati controlli esercitati con la tecnologia delle radiofrequenze, può essere esteso a molteplici forme di localizzazione e controllo a distanza. La possibilità di interrompere la connessione con apparati tecnologici ovviamente aumenta il potere della persona di autodeterminarsi.

La questione della conservazione dei dati, poi, individua un altro aspetto delle garanzie necessarie. Una sentenza del 2 marzo del 2010 della Corte costituzionale tedesca ha dichiarato incompatibile con «l'identità costituzionale della Repubblica Federale Tedesca» la Direttiva europea 2006/24. Si afferma, infatti, che «la garanzia delle comunicazioni non include soltanto il contenuto delle comunicazio-

[35] J. Zittrain, *The Future of the Internet and How to Stop it*, Allen Lane, London 2008.

ni, ma anche la segretezza delle circostanze della comunicazione, che comprende in particolare se, quando e quante volte una persona [...] ha preso contatto con un'altra o ha cercato di farlo», perché «la valutazione di questi dati rende possibile il trarre conclusioni su aspetti intimi della vita privata e, in presenza di determinate circostanze, il definire un quadro dettagliato della personalità e profili riguardanti i movimenti di una persona». La questione è di particolare importanza perché, mentre per conservare i contenuti delle comunicazioni sono ordinariamente necessarie una previsione legislativa e un'autorizzazione giudiziaria, i dati riguardanti l'identità di chi chiama e di chi riceve la comunicazione, i luoghi dove queste persone si trovano, la durata della comunicazione vengono sempre conservati, per periodi più o meno lunghi, dal gestore del servizio. Questi sono dati tutt'altro che muti per quanto riguarda la possibilità di tracciare profili anche assai dettagliati di una persona, ricostruendo la trama dei suoi rapporti personali, sociali, economici, politici, i suoi spostamenti. Basta, infatti, conoscere il semplice fatto di aver comunicato con il partito A o B, con una organizzazione cristiana o islamica, con un agente di cambio o con una persona poi arrestata per traffico di stupefacenti, per vedere dipanarsi il filo che, congiungendo tutte queste comunicazioni, ci restituisce una identità. Che può essere ingannevole perché, ad esempio, la comunicazione con una chiesa cristiana non è fatta da un credente, ma da un ricercatore che sta svolgendo una indagine statistica. Siamo di fronte a un paradossale capovolgimento: proprio i dati ritenuti più rischiosi, quelli tratti dai contenuti di una comunicazione, possono restituirci il più veritiero profilo della persona. Questo non implica, tuttavia, che si possa abbassare la soglia delle garanzie per quanto riguarda i contenuti. Significa, al contrario, che questa soglia debba essere assai alzata per tutti i dati personali raccolti in occasione di qualsiasi comunicazione.

L'ultima questione riguarda il «cloud computing». Con questa formula si indica sinteticamente una dimensione di Internet ampia, sempre accessibile, una struttura esterna dove singoli e organizzazioni possono collocare dati che non intendono gestire direttamente. Questa dimensione deve essere presa in considerazione per valutare gli effetti del Web sociale sull'identità online. Già al primo emergere del «cloud computing» si era osservato che «la creazione di blog diviene una attività preminente e fa nascere un diverso atteggiamento mentale. Con poche eccezioni, i *bloggers* esprimono il bisogno di essere presenti dietro le loro parole. Vogliono legare il loro stare online con la loro vita reale. Autenticità e trasparenza – e non invenzione e anonimato – diventano le regole fondamentali della blogsfera»[36]. Questa conclusione può essere certamente criticata, ritenuta eccessiva, ma è indubbio che con l'avvento di YouTube, Facebook e Twitter, in primo luogo, la situazione è completamente mutata. Facebook si è presentato come il primo servizio in rete che richiede una identità certificata, pur non essendo difficile creare false identità, ed è ormai la più grande piattaforma della nuova era, un «popolo» che si avvicina a un miliardo di persone, la terza «nazione» al mondo dopo Cina e India. Proprio il modo in cui i dati sono posti su Facebook ha imposto un diverso modo di affrontare il tema della protezione dei dati, poiché il tradizionale principio del consenso non è adeguato in una situazione in cui i dati sono resi pubblici volontariamente. Così, a parte gli inviti alla prudenza nel mettere in rete informazioni che poi possono provocare conseguenze sgradite per l'interessato, si sottolinea la necessità di attribuire un ruolo centrale al principio di finalità, prevedendo che i dati personali resi pubblici per la sola finalità di stabilire rapporti sociali non possano essere resi accessibili e trattati per finalità diverse, come quelle legate alla logica di mercato o alle diverse forme di controllo.

La dislocazione delle informazioni in un apparato tecnologico diverso da quello gestito direttamente dall'interessato induce a chiedersi se, nel tempo del «cloud computing», possano ancora essere considerate valide le conclusioni, giuridiche e antropologiche, che si è ritenuto di poter trarre dalla sentenza del 2008 della Corte costituzionale tedesca, già ricordata. Ma il nuovo diritto fondamentale all'integrità e alla riservatezza dei sistemi informativi tecnologici è formulato in termini così generali, ed è funzionale alla tutela della personalità dell'interessato, sì che non v'è dubbio che esso si estenda al «cloud computing», come ad altro apparato tecnologico al quale l'interessato affidi i propri dati. Si potrebbe ritenere, invece, che l'affidamento della gestione a un altro soggetto spezzi quel rapporto di immedesimazione con il sistema informativo che induce a prospettare una compenetrazione tra persona e macchina. Ma questa è una riflessione legata ancora alla materialità del rapporto, alla prossimità

[36] Lasica, *Identity* cit., p. 16.

fisica con l'apparato tecnologico, che non tiene conto del modo in cui le relazioni con gli «oggetti» si strutturano nella rete.

L'articolazione dell'identità

Ma l'identità nella «nuvola» ha suggerito un diverso modo di considerarla nel nuovo contesto sociale, muovendo verso «una rete di identità aperta e centrata sulle esigenze della persona». L'ipotesi è quella di

> un sistema di identità che sia graduabile, in modo da poter operare in qualsiasi contesto; centrato sugli interessi della persona, e non su quelli a essa attribuiti da altri; e soprattutto utilizzabile nelle attività di consumo. Questo sistema riconosce che ciascuno di noi ha identità molteplici. Saremo in condizione di diffondere porzioni o pezzi della nostra identità a seconda del contesto sociale o di mercato in cui ci troviamo [...]. Potrete frazionare la vostra identità in gruppi distinti e stabilire diverse modalità di accesso a ciascuno di essi a seconda del vostro ruolo in una determinata situazione. Potrete creare un profilo per il mercato, un profilo relativo alla salute, un profilo per i vostri amici, un profilo come madre o come singolo, un profilo virtuale, e via dicendo [...]. Pochi sviluppatori di software ritengono che la maggior parte delle persone voglia governare le proprie identità[37].

Dobbiamo considerare queste indicazioni come una via per la riconquista del potere sulla propria identità, sia pure seguendo le modalità e le convenienze che possono indurre ad affidare ad altri non più la costruzione stessa dell'identità, ma più semplicemente una gestione delle identità nelle quali ci siamo autonomamente suddivisi?

Considerando i molteplici profili dell'identità, possiamo sfuggire al rischio dell'ossessione dell'identità «unica»[38], e disegnare scenari diversi per l'identità umana. È stato proposto, ad esempio, di considerare la possibilità di avere un nostro sé attuale (qualcuno); una sua versione edonistica, spersonalizzata (nessuno); un sé orientato socialmente (ognuno); un'autonoma individualità

[37] Ivi, pp. 17-18.
[38] F. Remotti, *L'ossessione identitaria*, Laterza, Roma-Bari 2010.

creativa («eureka»). Proprio la tecnologia renderebbe possibile la costruzione di un mondo nel quale queste quattro «persone» riescano a essere sviluppate in un contesto integrato[39]. Questo significa anche che l'identità si espande con finalità e in contesti diversi, sì che la sua gestione differenziata diventa il tema capitale[40].

Una nuova vulnerabilità sociale

Prospettive come queste si collocano all'interno di un ben definito campo di forze, che premono diversamente per contribuire alla costruzione dell'identità o per impadronirsene. Si tratta di un dato di realtà che deve essere compreso culturalmente e per il quale devono essere comunque previste forme di controllo sociale, non necessariamente legislative. È evidente che siamo di fronte alla ridefinizione dell'intero contesto in cui si svolge il rapporto tra identità e autonomia, incidendo sul significato e la portata di questi due concetti.

Riprendendo le riflessioni precedenti sulla nuova razionalità introdotta dalla funzione esercitata dagli apparati tecnologici, si può ulteriormente chiarire la possibilità di un distacco definitivo dell'autonomia dall'identità. Quest'ultima si oggettivizza, segue strade che non sono filtrate dalla consapevolezza individuale, si presenta come un sostituto funzionale dell'autonomia, almeno nel senso che viene costruito uno schema adattativo di una identità «catturata» in un certo momento, con le sue caratteristiche e i suoi bisogni, e quindi affidata a sistemi che si autogestiscono, che forniscono risposte e soddisfano esigenze nel variare delle circostanze. La costruzione di questa identità «adattativa» potrebbe essere presentata come un processo che ha la sua origine appunto in un congelamento dell'identità stessa, e che prosegue nel suo adattamento all'ambiente senza una decisione o consapevolezza individuale, ma grazie a una ininterrotta raccolta di informazioni che produce una proiezione statistica e quindi una anticipazione/attuazione di quelle che sarebbero state le decisioni dell'interessato. Le possibilità di un suo intervento consapevole ri-

[39] S. Greenfield, *ID: The Quest for Meaning in the 21st Century*, Sceptre, London 2008.

[40] B. Wessels, *Exploring the Practices of Identity and Privacy in Digital Communication*, Transforming Government (tGov) Workshop 2010 (tGov 10), London 2010.

schiano così di essere completamente escluse, rendendo impossibile un suo intervento anche a semplici fini di integrazione dei dati. La costruzione dell'identità viene così affidata integralmente ad algoritmi.

In concreto, «l'ambiente può agire nell'interesse della persona senza mediazioni consapevoli. Può estrapolare caratteristiche comportamentali e generare risposte proattive»[41]. Ma siamo davvero di fronte ad attività volte a realizzare sempre e comunque l'interesse della persona? O la separazione tra identità e intenzionalità, oltre a una «cattura» dell'identità da parte di altri, può anche produrre deresponsabilizzazione, disincentivare la propensione al mutamento, ridurre una attenzione vigile nel governo del sé? E bisogna ancora chiedersi se questo modo di costruire l'identità realizzi «una proiezione del passato piuttosto che una anticipazione del futuro»[42]. Si conferma così la tendenza verso un progressivo allontanarsi da una identità come frutto dell'autonomia della persona.

L'insieme di questi mutamenti definisce anche una agenda culturale, politica e istituzionale. Si deve considerare, infatti, che siamo di fronte a una forma di raccolta di informazioni che, a parte la sua ampiezza e pervasività, non è statica, ma in sé dinamica, nel senso che è continuamente produttiva di effetti senza bisogno di mediazioni. Sono i sistemi automatici a elaborare i dati secondo la propria logica. E l'utilizzabilità dei risultati di questa forma del trattamento dei dati da parte di una molteplicità di soggetti non fa soltanto crescere la possibilità di soddisfazione diretta di bisogni, ma la trasparenza complessiva della persona. E questo significa che, allo stesso tempo, viene disegnato non solo lo spazio «interno» della persona, ma pure quello «esterno».

Ci troviamo così di fronte a un carattere processuale dell'identità, che risulta con chiarezza se consideriamo i diversi sistemi di gestione dell'identità digitale, per i quali si è osservato che essi «devono rispettare tre criteri essenziali per quanto riguarda la privacy. Il sistema deve (1) rendere espliciti i flussi di dati e rendere possibile il controllo da parte della persona interessata; (2) rispettare il principio di 'minimizzazione' dei dati, trattando solo quelli necessari in un contesto determinato; e (3) imporre limiti ai collegamenti tra banche

[41] E. Aarts e B. de Ruyter, *New Research Perspectives on Ambient Intelligence*, in «Journal of Ambient Intelligence and Smart Environments», 2009, p. 8.

[42] M. Hildebrandt e S. Gutwirth, *General Introduction and Overview*, in Iid., *Profiling* cit., nota 17.

dati»[43]. Queste indicazioni, in cui si uniscono norme giuridiche e misure tecniche volte a garantire la privacy (*privacy by design*), non possono tuttavia essere considerate come la soluzione definitiva, ma come spie da utilizzare per far crescere la consapevolezza sociale dei temi riguardanti il modo in cui l'identità deve essere considerata nel nuovo ambiente tecnologico.

L'attenzione rinnovata per la protezione dei dati personali si conferma così non solo come «una utopia necessaria»[44], ma come una via che deve essere percorsa per mantenere condizioni di libertà della persona e garantire condizioni di esercizio democratico del potere. Le trasformazioni tecnologiche dell'organizzazione sociale, infatti, non producono soltanto asimmetrie nella distribuzione e nell'esercizio del potere. Determinano una frattura sociale tra individui sempre più trasparenti e poteri sempre più opachi e incontrollabili, come è avvenuto, ad esempio, dopo l'11 settembre, con il ricorso a forme di raccolta di dati personali senza limiti e senza garanzie adeguate. Peraltro, si tratta di dati che appartengono spesso alla categoria di quelli definiti «sensibili», per essere rivelatori di tratti assai intimi dell'identità di una persona e, soprattutto, perché la loro utilizzazione può determinare diseguaglianza e discriminazione. Per questi, in via di principio, è prevista una tutela più forte, che viene travolta quando l'oggetto della raccolta indiscriminata è rappresentato da informazioni riguardanti in primo luogo le convinzioni politiche, e anche da dati che, non sensibili in sé, possono tuttavia diventarlo, come accade a quelli relativi alle abitudini alimentari, dai quali può essere desunta l'appartenenza a una religione.

L'annunciato «digital tsunami», dunque, è il frutto non soltanto delle opportunità offerte dalla tecnologia, ma del fatto che i dati personali, come già si è sottolineato, vengono attratti nell'orbita onnivora del sistema delle imprese e degli organismi di sicurezza. Una strategia di contrasto passa sicuramente attraverso una riflessione che metta al centro una vera e propria reinvenzione della privacy, alle cui modalità si è già accennato, e che saranno riprese più avanti. Ma deve affrontare esplicitamente anche il tema dei poteri che in vario

[43] Schwartz, *Data Mining* cit., p. 278.

[44] S. Simitis, *Datenschutz – eine notwendige Utopie*, in R.M. Kiesow, R. Ogorek e S. Simitis, *Summa. Dieter Simon zum 70. Geburtstag*, Klostermann, Frankfurt a.M. 2005, pp. 511-527.

modo vogliono sovrapporsi a quello della persona, riducendolo, o addirittura cercando di cancellarlo del tutto, in nome del mercato, dell'ordine pubblico, dell'efficienza tecnologica.

Non si tratta soltanto di mantenere saldo un possesso sulla propria sfera privata. La differenza con tutta la precedente storia della privacy sta nell'ormai obbligato vivere in pubblico, nel continuo impadronirsi da parte di altri del fluire della nostra vita. Si è costituito un nuovo spazio, non definibile con i tradizionali riferimenti al pubblico e al privato, dove sovente ci aggiriamo alla ricerca di noi stessi, incontrando anche l'informazione lontanissima, la mistificazione, la totale falsificazione della nostra identità che chiunque può realizzare mettendo in rete, in un sito particolare o in una enciclopedia generale, una nostra immaginaria biografia, che i motori di ricerca renderanno poi disponibile per chiunque. Il diritto di eliminare o correggere il dato falso o immaginario, il diritto all'oblio realizzato attraverso la cancellazione di una informazione, può non bastare, quando i dati siano entrati in un circuito planetario. Questa, ormai, è la dimensione da tenere sempre presente, tanto che si è suggerito di prendere atto della vanità di reazioni volte a contrastare direttamente la circolazione di informazioni illegittime o inesatte, e di adottare piuttosto una strategia che utilizzi proprio le caratteristiche della rete. L'unica mossa realistica consisterebbe nella creazione di un sito al quale consegnare la nostra *vera* identità, nella speranza che questa informazione possa essere registrata e resa accessibile dagli stessi motori di ricerca che hanno accreditato una nostra falsa rappresentazione. Ma questi suggerimenti, efficacia pratica a parte, sottolineano una volta di più che dobbiamo tener conto di una diversa modalità del vivere, frutto non soltanto della prepotenza tecnologica, del «codice» che contrassegna ciascuna tecnologia, ma di dinamiche sociali che portano verso l'esercizio di poteri difficilmente controllabili.

Le nuove, gigantesche raccolte d'informazioni, in definitiva, fanno crescere la vulnerabilità sociale, non soltanto nella direzione solitamente messa in evidenza, quella d'essere concepite come strumenti di controllo delle persone. Se la persona viene troppo spesso considerata come una miniera a cielo aperto, alla quale attingere con limiti sempre meno stringenti, la concentrazione in banche dati di masse crescenti di informazioni organizzate offre anch'essa a diversi soggetti pubblici e privati la possibilità di utilizzarle per finalità diverse da quelle per cui sono state costituite. Lo testimonia l'esistenza di continui accessi illegittimi, malgrado la messa a punto di misure di sicurezza fisiche e logiche, tanto che si comincia a prevedere che i responsabili delle banche dati debbano informare, in particolare chi ha loro affidato le proprie informazioni, di qualsiasi violazione, anche se gli interessati non abbiano subito alcun «furto d'identità». Questo è prova evidente della nuova vulnerabilità sociale, che capovolge in specie la funzione assegnata alle banche dati che, concepite per meglio garantire la sicurezza, si trasformano in strumenti che rendono invece possibili aggressioni proprio alla sicurezza delle persone. Questi sono mutamenti complessivi dell'organizzazione sociale, che devono essere accompagnati da una rinnovata considerazione dei diritti esercitabili da tutti gli interessati.

Un ritorno all'astrazione?

La constatazione di quali siano oggi le dinamiche che investono identità e privacy, tuttavia, impone di guardare ai temi di questo mutamento considerando le sue caratteristiche più generali.

Il sistema delle macchine non esprime una sua intima prepotenza, ma si manifesta come struttura di dominio «impersonale» sulle persone, nel senso che si opera una disconnessione tra il sistema dei diritti e la gestione della vita. Non solo questa viene trasferita, per aspetti essenziali, a chi esercita l'effettivo potere attraverso la disponibilità della «macchina», quale che sia la sua configurazione. Soprattutto si producono fenomeni di spersonalizzazione, la persona viene nuovamente ricacciata nel mondo dell'astrazione.

Questo processo, tuttavia, non può essere meccanicamente assimilato a quello che, storicamente, portò alla costruzione, nella modernità, del soggetto astratto. Considerata dal punto di vista dei diritti, l'astrazione dalle caratteristiche proprie del singolo e dalle condizioni materiali del vivere ha avuto la funzione di liberare la persona dalle gabbie costrittive in cui era stata ricacciata da discipline giuridiche che la immergevano nel mondo degli status differenziati, negavano l'eguaglianza, e la rendevano così disponibile per il ricorso a dispositivi di dominio fondati appunto su diversità codificate. Ma, una volta costruita una categoria necessaria per l'eguaglianza nei diritti, che muoveva dall'irrilevanza di condizioni personali e individuava così una sorta di punto di non ritorno per il trattamento d'ogni persona, si sono poi venute via via appannando le altre finalità attribuite alla costruzione del soggetto astratto. Non solo, come già si è ricordato, l'astrazione non ha impedito il ricorso a dispositivi che, fondati appunto su caratteristiche personali come la razza, hanno drammaticamente consentito di far piombare gli esseri umani nella categoria delle «non persone», dunque legittimamente disponibili per qualsiasi aggressione. Si è assistito a un uso del riferimento al soggetto astratto per non prendere in considerazione la vita materiale, determinando così una legittimazione delle diseguaglianze di fatto e la conseguente riduzione della dotazione di diritti. La categoria della persona, intangibile nella sua dignità e ricondotta alla materialità del vivere, rappresenta il tentativo di non considerarla soltanto come centro astratto di imputazione di situazioni giuridiche, ma di titolarità di precisi diritti fondamentali.

Se si considera il punto di partenza dei sistemi delle macchine, questo sembra costituito proprio da una attenzione minuta, da una registrazione quasi senza precedenti di qualsiasi caratteristica individuale. Tutto è raccolto, ma non per esaltare la persona nella sua individualità, per accrescerne l'autonomia, ma per consegnarla a dispositivi tecnologici che prescindono da singolarità e libertà. La costruzione di profili individuali, familiari, di gruppo costituisce una gabbia ancor più costrittiva di quella degli status. L'autodeterminazione diventa irrilevante di fronte all'identità assegnata attraverso procedimenti automatici. La nuova astrazione produce uno svuotamento dell'umano, sì che diventa problematico pure l'affermare che siamo di fronte a una nuova «antropologia».

Il rapporto tra persone e macchine deve essere liberato proprio da questa astrazione riduttiva, continuando a mantenere al centro della riflessione e della progettazione istituzionale i diritti fondamentali, che è anche l'unico modo per sfuggire alle contrapposizioni, anch'esse astratte, tra utopie e distopie, tra esaltazione e rifiuto della dimensione tecnologica. Le «implicazioni normative delle innovazioni tecnologiche»[45] non possono certo essere trascurate, ma devono essere valutate secondo i principi che fondano il rispetto della persona e i protocolli di un sistema democratico, che non possono essere affidati a un «crescente governo statistico del reale»[46].

[45] Hildebrandt, *Introduction* cit., p. 3.
[46] Rouvroy, *Technology* cit., p. 119.

Capitolo XIII
Post-umano

Quali diritti?

Nelle descrizioni delle trasformazioni del mondo, legate all'innovazione scientifica e tecnologica, si parla di un corpo destinato a diventare una «neuro-bio-info-nano machine». Il corpo, dunque il luogo per definizione dell'umano, ci appare oggi come l'oggetto dove si manifesta e si compie una transizione che sembra voler spossessare l'uomo del suo territorio, appunto la corporeità, facendolo «reclinare» nel virtuale[1] o modificandone i caratteri in forme che non da oggi fanno parlare di trans-umano o di post-umano. Una nuova, ed estrema, incarnazione de «l'homme machine»[2], di antiche utopie, speranze, angosce?

Di fronte alla radicalità di talune prospettazioni, si può riproporre la domanda con la quale Bernard Williams apriva un suo scritto: «Siamo animali? Siamo macchine?»[3]. Ma questo modo di affrontare la questione ci appare ormai come una semplificazione che non coglie la non linearità dei processi in corso, che non possono essere rinchiusi in alternative secche, che si escludano reciprocamente. E che, soprattutto, non affrontano quella che viene anche presentata come una trasformazione che investe al suo interno, nel profondo, la stessa specie umana.

Nel mutamento, indubbio, si dovrebbe essere capaci di cogliere il tratto che continua a congiungere l'umano con le trasformazioni

[1] A. Krocker e M.A. Weinstein, *Data Trash. Teoria della classe virtuale*, trad. it. di G. Cara e A. Cara, Apogeo, Milano 1996, p. XI.

[2] Richiamo l'attenzione su A. Punzi, *L'ordine giuridico delle macchine*, Giappichelli, Torino 2003.

[3] B. Williams, *Comprendere l'umanità*, trad. it. di V. Ottonelli, il Mulino, Bologna 2006, p. 19.

che lo investono quando viene immerso nella dimensione della tecnoscienza. E, insieme, una possibile, estrema discontinuità, espressa con le parole che descrivono il nuovo rapporto tra ominizzazione e umanizzazione[4] e che ci spingerebbe al di là dell'evoluzione darwiniana, con un salto che rende possibile il «fabbricare nuove specie». A questa espressione dobbiamo guardare con l'ottimismo di chi l'ha adoperata in tempi lontani, Francis Bacon[5], o facendo nostro il pessimismo di chi, come Günther Anders, ci ha comunicato che «l'uomo è antiquato»?[6] Incontriamo così, di nuovo, l'esigenza di una narrazione. Non a caso, muovendosi nella dimensione di Internet e analizzando i modi in cui le persone si connettono grazie alle tecnologie, Michael Chorost ha parlato del suo libro come «a romance about friends, about a woman, and about what humanity can become»[7].

Se si percorrono proprio i mille sentieri di Internet, ci si imbatte in definizioni di ciò che sarebbe transumanismo («il movimento intellettuale e culturale che afferma la possibilità e la desiderabilità di migliorare in maniera sostanziale la condizione umana attraverso la ragione applicata, usando in particolare la tecnologia per eliminare l'invecchiamento ed esaltare al massimo le capacità intellettuali, fisiche e psicologiche») e in entusiastiche tavole sinottiche che propongono comparazioni tra il corpo del XX secolo e quello del XXI, che vedrebbero quest'ultimo non solo liberato dall'invecchiamento e dai limiti imposti dall'attuale sua struttura, ma addirittura svincolato dalla «corrosione indotta da irritabilità, invidia, depressione» e pro-

[4] È la terminologia adottata da P. Teilhard de Chardin, di cui si possono vedere in particolare, *Il fenomeno umano*, trad. it. di F. Mantovani, Queriniana, Brescia 1995; *L'evoluzione convergente*, trad. it. di G. Straniero, Sei, Torino 1995. Questa terminologia è tornata ampiamente nella discussione degli ultimi anni anche in forme che, adoperati i medesimi termini, li collocano poi in una dimensione culturalmente assai diversa, come fa, ad esempio, E. Wolff, *Hominisation and Humanisation: A Perspective from the Sociology of Technics*, in «Journal of Transdisciplinary Research in Southern Africa», 2006, pp. 231-248.

[5] Cfr. *supra*, pp. 313-314.

[6] G. Anders, *L'uomo è antiquato*, vol. I: *Considerazioni sull'anima nell'epoca della seconda rivoluzione industriale*, Bollati Boringhieri, Torino 2005.

[7] M. Chorost, *World Wide Mind. The Coming Integration of Humanity, Machines, and the Internet*, Free Press, New York-London-Toronto-Sidney 2011, p. 17. È comprensibile che nella materia del post-umano ricorra frequentemente il termine «narrazione», vista l'influenza esercitata da molti scrittori, in particolare di fantascienza, sull'attitudine «visionaria» assunta da più di uno scienziato.

iettato verso un «turbocharged optimism»[8], in una prospettiva che consentirebbe di «superare problemi secolari, come inquinamento, povertà, malattia, invecchiamento»[9]. Di nuovo parole simili a quelle pronunciate nel 1626, poco prima di morire, da Francis Bacon, amplificate fino all'estremo dai post-umanisti, dal loro spirito visionario che li porta ad indicare traguardi come quello dell'immortalità, e che hanno trovato eco fin troppo compiacente pure in impegnativi discorsi politici[10]. Possiamo dire che così l'intera prospettiva è già delineata e, con essa, sono indicati i problemi che apre?

Tra questi spicca subito la questione della portata, e del destino, dei diritti fondamentali, non a caso storicamente identificati come diritti «dell'uomo» o diritti «umani», che proprio nella natura umana troverebbero il loro fondamento, primo tra tutti quello all'«integrità fisica e psichica» di cui, da ultimo e con particolare intensità, parla l'art. 3 della Carta dei diritti fondamentali dell'Unione europea. La transizione verso una condizione post-umana o trans-umana farà progressivamente scolorire questi diritti?

Affrontando il tema dell'integrità, la Carta indica quattro principi di riferimento, che riflettono orientamenti largamente diffusi: consenso dell'interessato, divieto di fare del corpo oggetto di profitto, divieto dell'eugenetica di massa, divieto della clonazione riproduttiva. Secondo queste indicazioni, dunque, l'umano sarebbe incompatibile con la serialità, irriducibile alla logica di mercato e,

[8] Per una sintetica storia del problema N. Bostrom, *A History of Transhumanistic Thought*, in «Journal of Evolution & Technology», vol. 14, April 2005 (a Bostrom si deve la definizione prima citata). Ma si veda anche, per una ricostruzione che mette in evidenza i tratti di un «postumanismo millenarista», B. Orland, *Wo hören Körper auf und fängt Technik an? Historische Anmerkungen zu posthumanistischen Problemen*, in Ead. (a cura di), *Artifizielle Körper - lebendige Technik: Technische Modellierungen des Körpers in historischer Perspektive*, Chronos, Zurich 2005, pp. 9-42, in particolare pp. 15-20. Inoltre, soprattutto per il modo in cui la discussione si è svolta nell'ambiente americano C. Coenen, *Immagini di società potenziate dalla nanotecnologia. L'ascesa dell'ideologia postumanista del progresso estremo*, in S. Arnaldi e A. Lorenzet (a cura di), *Innovazioni in corso. Il dibattito sulle nanotecnologie fra diritto, etica e società*, il Mulino, Bologna 2010, pp. 242-246.

[9] R. Kurzweil, *La singolarità è vicina*, trad. it. di V.B. Sala, Apogeo, Milano 2008. Sulle entusiastiche prospettazioni dei benefici delle nanotecnologie Coenen, *Immagini di società* cit., pp. 225-258.

[10] Viene abitualmente ricordato il discorso pronunciato da Bill Clinton il 21 gennaio 2000 nella conferenza stampa di presentazione della National Nanotechnology Initiative.

soprattutto, esigerebbe piena autonomia di decisione da parte di ciascun interessato. Questa è una conclusione assai vicina, almeno in una prima approssimazione, a quella alla quale giungono anche studiosi che guardano con fiducia quasi illimitata alle nuove opportunità offerte da scienza e tecnologia, sottolineando però che l'accettabilità sociale del transumanismo, in un ambiente democratico, dipende dalla capacità di garantire la sicurezza delle tecnologie, la loro accessibilità a tutti in condizioni di eguaglianza, il rispetto del diritto di ciascuno di governare liberamente il proprio corpo[11]. Questa era proprio la prospettiva indicata dallo studioso al quale si attribuisce l'introduzione del termine «transhumanism», Julian Huxley, il quale nel 1927 scriveva che «forse il transumanismo servirà: l'uomo rimarrà uomo, trascendendo però se stesso e realizzando così nuove possibilità per la sua propria natura umana»[12]. E aggiungeva: «un vasto Nuovo Mondo di infinite possibilità aspetta il suo Colombo»[13].

Una più sobria definizione del post-umano, che lo riferisce alla «tecnologia che permette di superare i limiti della forma umana»[14], prospetta in termini più generali e più chiari i problemi che possono porsi quando il tema viene considerato nella dimensione giuridica. Siamo di fronte, infatti, alla radicalizzazione di una questione ben nota, che nasce tutte le volte che l'artificio cancella la natura, rendendo possibili scelte là dove, prima, era solo caso o necessità. La fine del limite naturale implica anche l'inammissibilità di ogni altro limite? In altri termini: l'entrata nel post-umano si sottrae alla valutazione giuridica?

[11] J. Hughes, *Citizen Cyborg: Why Democratic Societies Must Respond to the Redesigned Human of the Future*, Westview, Cambridge (Mass.) 2004.

[12] J. Huxley, *Religion without Revelation*, Benn, London 1927 (inutile ricordare che Julian è fratello di Aldous, che pubblicherà cinque anni più tardi la distopia del *Mondo nuovo*, trad. it. di L. Gigli, Mondadori, Milano 1933). Cito dal più tardo volume, dove sono confluite queste sue riflessioni, *New Bottles for New Wine. Essays by Julian Huxley*, Chatto & Windus, London 1957, p. 17.

[13] Huxley, *New Bottles* cit., p. 14. Questo invito a esplorare spazi sempre nuovi si ritrova in molti scritti, ad esempio in quello ritenuto l'atto fondativo delle nanotecnologie di R. Feynman, «C'è molto spazio là in fondo» [1960], in Id., *Il piacere di scoprire*, trad. it. di M.G. Giberti, Adelphi, Milano 2002, pp.127-148. Sul punto F. Neresini, *Il nano-mondo che verrà. Verso la società nanotecnologica*, il Mulino, Bologna 2011, pp. 22-24.

[14] P.K. Nayar, *Virtual Worlds: Culture and Politics in the Age of Cybertechnology*, Sage, New Delhi 2004, p. 71.

Cercando risposte in una mole di scritti sul tema che cresce ogni giorno, ci si avvede che si è di fronte a un continuo tentativo di intravvedere possibilità, di immaginare sviluppi, di segnare confini che non si sa se verranno davvero raggiunti, o addirittura varcati. Ma negli incerti territori del post-umano ricompare la questione del diritto e dei diritti, in forme che avevamo già conosciuto quando l'oggetto della tutela cominciava a essere individuato in entità distinte e diverse da quell'«uomo» storicamente assunto come unico e definitivo riferimento. Vi è una sorta di ingenuo antropomorfismo in alcune domande. Ieri, di fronte alle questioni sempre più stringenti di tutela dell'ambiente, ci si è domandati se gli alberi potessero agire in giudizio, così alludendo alla necessità che un umano responsabile ne garantisse la tutela. Ora ci si chiede se i robot possano avere diritti. E, anche quando «il tramonto dell'umano» viene letto come obbligo di guardare oltre la sola specie umana, tuttavia si finisce spesso con l'avere come modello di riferimento proprio i diritti dell'uomo, in qualche modo mimati nelle carte e nelle dichiarazioni dei diritti degli animali[15].

Tra umano e post-umano si instaura così una relazione complessa, poiché l'attenzione non deve essere rivolta solo alle entità nuove o comunque ritenute tali o che, come gli animali, pur esistendo già, escono dalla natura e entrano nella storia grazie proprio alla categoria dei diritti. È lo stesso umano, trasformato o parte ormai di una «realtà aumentata», ad esigere una rinnovata considerazione proprio per quanto riguarda i suoi diritti. Il cuore del problema, allora, può essere individuato prestando attenzione al suo versante antropologico, che ci mostra come al diritto si chieda ora di custodire quella che viene considerata l'antropologia profonda della specie umana, ora di prendere atto del delinearsi di antropologie molteplici, rispetto alle quali proprio i diritti possono o segnare una irriducibile distanza o presentarsi come strumenti per la comunicazione tra antropologie diverse. In ogni caso, l'immersione nella dimensione della tecnoscienza e, soprattutto, delle sue dinamiche obbliga a lavorare su ipotesi di ricerca, a muovere passi su un terreno instabile, ad abbracciare logiche congetturali, a giovarsi di strumenti probabilistici. Un diritto concepito come fattore di stabilizzazione, anch'esso

[15] Per una precisa messa a fuoco di questi problemi S. Rodotà e P. Zatti (a cura di), *Trattato di biodiritto*, vol. VI: *La questione animale*, a cura di L. Lombardi Vallauri e S. Castignone, Giuffrè, Milano 2012.

nottola di Minerva che inizia il suo volo sul far del crepuscolo, vede questa sua storica funzione spostata all'alba, nel suo chiarore ancora incerto. È quasi un narrare i diritti al futuro il difficile esercizio che incombe.

Seguendo alcuni di questi itinerari, si incontrano analisi e suggestioni assai diverse. Per individuare meno enfaticamente, e più analiticamente, il post-umano, si è detto che esso potrebbe, forse, essere definito come «il riconoscimento dell'esistenza di creature viventi non più identificabili come umane, in quanto utilizzano protesi diffuse di varia natura e funzione, che modificano profondamente la funzionalità organica, rendendo poco riconoscibili le demarcazioni tra umani e macchine, tra meccanismi cibernetici e meccanismi biologici»[16]. Ma lo sguardo va oltre. Il corpo stesso dovrebbe essere sempre di più riconosciuto come una semplice protesi, con una riconsiderazione delle modalità di definizione dell'essere umano. Questo nuovo essere umano si troverebbe nella condizione «naturale» per interagire con macchine intelligenti. «Nel post-umano, non vi sono differenze essenziali o demarcazioni assolute tra esistenza corporea e simulazioni affidate ai computer, tra meccanismi cibernetici e organismi biologici, tra tecnologie robotiche e finalità umane»[17]. Di nuovo, la questione dei confini, della demarcazione, e sembrerebbe che solo risolto questo problema sia possibile avventurarsi nella definizione degli strumenti giuridici necessari.

Il punto finale della transizione viene indicato sottolineando che «la grande scoperta dei teorici dell'informazione riguarda la possibilità di trasferire senza perdite l'informazione da un supporto all'altro [...]. Si postula che l'informazione contenuta nel mio cervello si possa estrarre e introdurre in un altro corpo, in una macchina, nella ferraglia e nel silicio di un robot. Se l'identità di un Sé consiste in una certa configurazione neuronale, [...] nei segni astratti di un codice, allora il corpo biologico diventa una sede occasionale»[18]. Si giunge al «post-umano disincarnato», alla possibilità di effettuare un «personality download»: ricorrendo a impianti neuronali nano-

[16] G. Polizzi, *Vite degne di essere vissute. Note sulla prospettiva «post-umana»*, in «Alfabeta», 8, 2011, p. 32.

[17] K. Hayles, *How We Became Posthuman*, University of Chicago Press, Chicago-London 1999, p. 24.

[18] G.O. Longo, *Il corpo e il codice*, in «Tempo Fermo», 2, 2004.

elettronici (*nanobionics*) sarebbe possibile collegare le attività cerebrali a sistemi di elaborazione dei dati, rendendo possibile un vero e proprio «uploading», estraendo informazioni dal cervello umano e replicandole in un computer[19]. Per un altro verso, la possibilità che il cervello sia collegato con entità esterne renderebbe possibile connettersi con Internet tramite un impianto neurale. Così Internet «diverrebbe direttamente parte di noi, in un modo tanto semplice e naturale com'è l'uso delle mani»[20]. Tutto questo spingerebbe verso una conclusione senza appello, che troviamo sintetizzata nelle parole che aprono *The Post-Human Manifesto*: «È ormai chiaro che gli Umani non sono più la cosa più importante dell'universo. Questo è qualcosa che gli Umanisti devono ormai accettare». Conclusione perentoria, il cui spirito ritroviamo nella *Dichiarazione d'indipendenza del cyberspazio*, dove il congedo definitivo non riguarda l'umano, ma i vecchi Stati, «stanchi giganti di sangue e d'acciaio»[21].

Accettabili o no che siano, queste impostazioni, come molte altre che potrebbero essere ricordate, individuano, ciascuna a suo modo, un punto d'arrivo, un compimento, in presenza del quale potrebbe parlarsi di post-umano. Tuttavia, una più diretta e immediata considerazione della tecnoscienza considera il dilatarsi degli orizzonti, e le opportunità che esso prospetta, come possibilità da salvaguardare fin d'ora attraverso l'accesso legittimo, e reso ampiamente disponibile, a tutte le «human enhancement technologies», dunque a un continuo potenziamento tecnologico dell'umano. Viene sottolineato come ciò si risolva nel potere di esercitare una «libertà morfologica»,

[19] Segnala questo tema, tra gli altri, un parere del Comitato Nazionale di Bioetica, *Nanoscienze e nanotecnologie*, 9 giugno 2006 (disponibile in www.governo.it/bioetica/testi/nanoscienze_ nanotecnologie.pdf).

[20] Chorost, *World Wide Mind* cit., p. 45.

[21] *The Post-Human Manifesto* è parte di R. Pepperell, *The Post-Human Condition*, Intellect Books, Exeter 1997. È interessante notare come, di fronte all'innovazione scientifica e tecnologica, si senta il bisogno di assumere posizioni a loro modo definitive, che liberino da ogni dubbio, ricorrendo al genere per sé assertivo del «manifesto». Gli «stanchi giganti di sangue e d'acciaio» compaiono in apertura della *Dichiarazione d'indipendenza del cyberspazio* [1996] di J.P. Barlow, su cui ritornerà il capitolo seguente. E si devono ricordare anche D. Haraway, *Manifesto Cyborg. Donne, tecnologie e biopolitiche del corpo* [1985], trad. it. a cura di L. Borghi, Feltrinelli, Milano 1995; W. McKenzie, *Un Manifesto Hacker. Lavoratori immateriali di tutto il mondo unitevi!* [2004], trad. it. di M. Deseriis, Feltrinelli, Milano 2005.

consistente nell'applicare a se stessi i benefici della tecnologia; e una «libertà riproduttiva», che attribuisce ai genitori il diritto di stabilire se e quando, e soprattutto come, avere figli. Si raggiungerebbe così una umanità potenziata, un divenire «più umani», una condizione trans-umana, che potrebbe poi approdare a un vero e proprio post-umano, e non a una progressiva disumanizzazione[22].

La questione del post-umano si scompone. Già si è considerato quanto sia improprio e pericoloso stabilire una continuità necessaria tra le due forme di libertà appena richiamate, in particolare perché nella libertà riproduttiva viene compreso il potere di decidere al posto dell'altro le condizioni della sua vita – sordo o senziente, alto o basso[23]. Situazione, questa, che immediatamente ci mette di fronte a una violazione del principio di dignità, che sottrae la persona all'esercizio di poteri esterni per tutto quanto riguarda la sua vita, il suo corpo, la sovranità sul sé. Ma la stessa libertà morfologica non può essere intesa come incondizionata, per quanto riguarda sia la persona interessata, sia il ruolo proprio delle istituzioni. Scelte personali e decisioni istituzionali, infatti, non possono essere considerate separatamente, come se appartenessero a mondi non comunicanti. L'utilizzazione delle tecnologie per il potenziamento dell'umano esige un contesto istituzionale e sociale costruito in forme tali da garantire che la scelta individuale sia effettivamente libera, l'accesso in condizioni di eguaglianza sia reso possibile, la dignità personale e sociale costituisca un ineludibile principio.

Quali principi?

Conviene richiamare la vicenda di Oscar Pistorius, che emblematicamente riassume i temi della normalità e dell'accesso alla tecno-

[22] Questa è la linea sostanzialmente proposta dal gruppo di Oxford che fa capo a N. Bostrom e J. Savulescu, su cui in particolare N. Bostrom, *In Defense of Posthuman Dignity*, in «Bioethics», 2005, pp. 202-214 (per i riferimenti nel testo pp. 202-203); N. Bostrom e J. Savulescu (a cura di), *Human Enhancement*, Oxford University Press, Oxford-New York 2009. La tesi della disumanizzazione conosce diverse versioni, tra le quali la più diffusa è quella assai disinvolta, com'è nello stile dell'autore, di F. Fukuyama, *L'uomo oltre l'uomo. Le conseguenze della rivoluzione biotecnologica*, trad. it. di G. Della Fontana, Mondadori, Milano 2002.

[23] Si veda, *supra*, il capitolo «Autodeterminazione».

logia come diritto fondamentale della persona. I telefilm degli anni Ottanta avevano reso popolare l'immagine dell'uomo «bionico», un essere in cui convivevano organi biologici e artificiali, modificando così la natura umana e facendole assumere la forma del cyborg. Oggi quel modello si è materializzato davanti agli occhi del mondo e ha le sembianze, appunto, di Oscar Pistorius. I confini dell'umano sono divenuti mobili, vengono continuamente attraversati alla ricerca di perfezionamenti del corpo che gli facciano superare i limiti che la natura o gli accidenti della vita gli hanno finora imposto, ricordandoci non tanto che «l'uomo è antiquato», quanto piuttosto che di fronte a noi si aprono vie che ci conducono verso l'*homo possibilis*[24].

Il mondo s'interroga non solo intorno alla misura di artificialità ammissibile nelle competizioni sportive, ma più in generale sul senso profondo di un intrecciarsi sempre più intenso di biologia e tecnologia, sul post-umano. «Come un pioniere, l'uomo sposta i propri confini sempre più in là, si allontana sempre più da se stesso; si 'trascende' sempre di più – e anche se non s'invola in una regione sovrannaturale, tuttavia, poiché varca i limiti congeniti della sua natura, passa in una sfera che non è più naturale, nel regno dell'ibrido e dell'artificiale». Queste parole di Anders[25] descrivono un'ambizione, una insoddisfazione; e, insieme, una preoccupazione. Sottrarsi ai limiti imposti dalla fisicità, alla fatalità che questa porta con sé, alla finitezza del corpo, per proiettarsi in una dimensione che sfida la stessa morte sulla spinta di un «turbocharged optimism». Siamo in presenza di uno spostamento infinito della soglia verso un «oltre» il corpo fisico che non conosce definizione, né limiti. Torna così un interrogativo che ormai ci accompagna in ogni momento. Tutto ciò che è tecnologicamente possibile dev'essere anche considerato eticamente ammissibile, socialmente accettabile, giuridicamente lecito? Quali sono i criteri di giudizio, i principi ai quali appellarsi?

La Federazione internazionale di atletica, con una decisione del gennaio 2006, aveva negato a Pistorius il diritto di partecipare alle Olimpiadi, intrecciando il criterio della normalità con quello della lealtà nelle competizioni e dando una sua lettura dell'umano come

[24] Si veda, ad esempio, quel che scrive, partendo dalla considerazione delle nanotecnologie, A. Pavan, *La posta antropologica delle nano-scienze/tecnologie*, in Arnaldi e Lorenzet, *Innovazioni in corso* cit., pp. 409-410.

[25] Anders, *L'uomo è antiquato* cit.

misura del lecito sportivo. Si doveva stabilire se le protesi, lungi dal rimuovere una disabilità, permettessero di godere di un indebito vantaggio competitivo (spinta maggiore, minor resistenza dell'aria). Quella decisione è stata poi cancellata il 15 maggio 2008 dal Tribunale arbitrale dello sport di Losanna. Cadeva così la barriera tra «normodotati» e portatori di protesi, e si prospettava una nuova nozione di normalità. Vero è che il Tribunale arbitrale ha basato la sua decisione sul fatto che «al momento non esistono argomenti scientifici sufficienti per dimostrare che Pistorius tragga vantaggio dalle protesi», rovesciando la tesi della decisione precedente dove, invece, si sosteneva che le protesi davano a Pistorius «un vantaggio meccanico dimostrabile (più del 30%) se confrontato con qualcuno che non usa le protesi». Si potrebbe sostenere, allora, che il criterio della normalità è stato tenuto fermo. Ma non è questo il punto. La vera innovazione di quella decisione consiste nel riconoscimento del fatto che la normalità non è più soltanto quella *naturalmente* determinata, ma pure quella *artificialmente* costruita[26].

Ma sul sentiero della manipolazione scientifica del corpo dell'atleta ci si è da tempo incamminati e, doping a parte, molti interventi sono ormai considerati leciti. O sottratti a quella particolare forma di valutazione che distingue tra interventi che «riparano» il corpo e quelli che lo «potenziano»: quando il giocatore di golf o di baseball si fa ricostruire i tendini del gomito o del polso, non si fanno accertamenti per stabilire se in questo modo sia stata acquisita una funzionalità accresciuta rispetto a quella precedente in condizioni di normalità. Peraltro, una quota crescente di artificialità è ormai accettata per ciascuno di noi attraverso trapianti, pacemaker, inserimento di placche di metallo o dispositivi che consentono il controllo di condizioni come la malattia di Alzheimer. Indiscutibile appare, in questi casi, la finalità che si vuole raggiungere: la tutela della salute, il ripristino di funzioni perdute. Se si prescinde dalla competizione sportiva, chi condannerebbe, in nome dell'intoccabilità dell'umano, l'impianto in qualsiasi persona delle protesi che consentono a Pistorius di camminare, di muoversi liberamente nel mondo? In questa prospettiva *normalità* e *umanità* assumono un significato nuovo.

[26] Su questa vicenda, tra gli altri, Neresini, *Il nano-mondo che verrà* cit., pp. 62-65.

Una visione, questa, illuminata ulteriormente dalla vicenda di Aimée Mullins, un'atleta che si trova nella stessa condizione fisica di Pistorius e che ha avuto successo come indossatrice. Successo determinato non solo dalla sua non comune bellezza, ma dal fatto che, come alcuni sostengono, le protesi che integrano le sue gambe le permettono un incedere che nessuna indossatrice *umana* può realizzare.

Dove si dovrebbe cogliere, allora, il segno di una discontinuità inaccettabile perché l'umano viene sommerso e cancellato dal flusso tecnologico? Le descrizioni del futuro, già sommariamente ricordate, fanno apparire marginale la vicenda di Pistorius. Il post-umano è associato a trasformazioni ben più profonde. Si parla della nascita di nuove specie, di entità prodotte dall'ibridazione del dato biologico a opera della tecnica, nelle quali diventerebbe difficile riconoscere lo specifico umano. L'ambito delle possibilità è scandito da una molteplicità sempre più ricca di strumenti, che vanno dalle nanotecnologie alle interfacce bioniche e neurali, dai sistemi bionici ibridi alle protesi biomeccatroniche, delineando in modo sempre più netto e concreto una prospettiva di trasformazioni profonde. L'essere umano viene così presentato come una entità in continua trasformazione, e il nuovo modo d'intendere l'umanità, o addirittura il suo tramonto, implicherebbe anche una ridefinizione dei rapporti con le altre specie esistenti[27].

Ripensare le categorie del diritto

Una rappresentazione enfatica del mondo a venire? È indubitabile che siamo di fronte a mutamenti radicali del rapporto tra natura e cultura, tra componenti biologiche e componenti culturali, all'abbandono di una dimensione dove alla biologia veniva assegnata anche la funzione di limite. Questa funzione non può essere recuperata invocando ritorni al passato, ritenendo che l'unica regola possibile sia quella del divieto – l'opposto di un diritto. La norma dovrebbe

[27] È questa la diversa visione del post-umano che è alla base di ricerche come quelle di R. Marchesini, *Post-human. Verso nuovi modelli di esistenza*, Bollati Boringhieri, Torino 2002; *Il tramonto dell'uomo. La prospettiva post-umanista*, Dedalo, Bari 2009. Sui rapporti tra umani e altre specie le osservazioni, come sempre penetranti, di F. Remotti, *Noi primitivi. Lo specchio dell'antropologia*, nuova ed., Bollati Boringhieri, Torino 2000, in particolare pp. 335, 339-341.

ricostruire una situazione *artificiale* di impossibilità al posto di quella *naturale*, travolta dal progresso scientifico. Ma può il diritto divenire solo il custode di arretratezze, di paure, dietro le quali non si fatica a scoprire una incapacità di fare i conti con una realtà impegnativa? E, soprattutto, davvero si può ritenere che il passaggio dal dato di natura all'artificio del diritto generi una condizione di equivalenza, mentre si è comunque di fronte a una realtà «aumentata» proprio dall'intervento della regola giuridica?

La logica degli opposti non descrive nella sua complessità la discussione intorno al diritto. È vero che, di fronte all'interminata creazione di un mondo nuovo, i giuristi manifestano timori che sembrano confermare la tesi che li vuole espulsi dalla dimensione dove si scrive il palinsesto della vita. Tesi che, nella sua allarmante radicalità, finisce con il congiungersi con quella che al diritto assegna l'unico compito di legittimare tutto ciò che la scienza rende praticabile: ieri *instrumentum regni*, oggi, e soprattutto domani, mero *instrumentum scientiae*.

Così molti giuristi vivono l'innovazione scientifica e tecnologica come un'espropriazione continua, non come un terreno nuovo dove cimentarsi. Con questo cieco riflesso conservatore, si inoltrano in una terra di nessuno senza strumenti adeguati, non afferrano il nuovo e non riescono a dare corpo ai principi che a quel mondo nuovo possono dare forma, a cominciare dal principio di dignità che non a caso, con la rivoluzione da esso incarnata, ha accompagnato e continua ad accompagnare il prorompere della rivoluzione scientifica e tecnologica.

La tesi dell'improponibilità, più che della scomparsa del diritto, nasce dunque da una incapacità di andare a fondo delle ragioni stesse del diritto, e di ripensarne le categorie com'è tante volte avvenuto nella storia. È un diritto astorico a non essere proponibile, non quello che muove dal riconoscere se stesso proprio nella realtà storica. Ma qui si colgono pure diversi tragitti verso il depotenziamento del diritto, che ne annullano l'autonomia, ne cancellano la presenza. Muovendo da un suo ineliminabile carattere, dal suo inscindibile rapporto con l'interpretazione, lo si consegna a un riduzionismo interpretativo che può avere come esito l'insignificanza dei fatti. Lo si descriva come post-modernismo giuridico o come pensiero giuridico debole, certo è che vi sono versioni della funzione del diritto che ne annunciano la resa per l'intrinseca sua impossibilità di indicare principi di riferimento. E la debolezza si fa persino maggiore quando, conservando la consapevolezza che per esso i dati di realtà sono comunque ineludibili, si torna a quella sua funzione che lo relega in un ruolo servente del potere, di qualsiasi potere. Muovendo da una versione davvero debolissima, e volgare, dell'hegeliano «tutto ciò che è reale è razionale», il diritto mostra una sua completa disponibilità a farsi attraversare dalle imperative richieste provenienti dalla politica e dal mercato, degradando il giurista a consigliere del principe o, in tempi di globalizzazione, a mercante del diritto[28] nell'interesse dei nuovi governanti del mondo, le imprese transnazionali. Un diritto debole e remissivo fa così scomparire i diritti, e con essi le persone che l'incarnano.

Le persone, appunto. Perché, in questo intricato viluppo che oggi avvolge il diritto, si è fatta sempre più evidente, e prepotente, la necessità di fare i conti con la nuova antropologia della persona costruita dalla tecnoscienza. Il diritto, allora, viene assiso come arbitro tra due antropologie, affidata l'una alla natura, l'altra alla scienza. Di quale antropologia, allora, il diritto deve farsi custode?

La questione è vera, non può essere elusa. È il modo di definirla e di affrontarla a dover essere chiarito. Quando si muove dall'assunto di una «violazione» della natura operata dalla tecnoscienza, si dà una lettura ideologica della fase che stiamo vivendo, che cerca di espellere il dato di realtà prima ricordato, il progressivo estendersi della possibilità di scelta là dove prima erano solo destino, caso, necessità. Non due antropologie a confronto, dunque, ma un processo di costruzione continuo al quale peraltro non concorrono solo le scienze della vita. Certo, alla ricorrente domanda se si abbia il diritto di «costruire l'uomo» bisogna pure dare una risposta. Ma questa deve prendere le mosse dalla constatazione che le frontiere della vita sono ormai mobili, che ci rivelano un passaggio «dalle antiche credenze all'uomo tecnologico»[29], e che il vero problema è quello di

[28] Così definisce il lavoro svolto in particolare dai grandi studi internazionali di avvocati Y. Dezalay, *I mercanti del diritto*, *Le multinazionali del diritto e la ristrutturazione dell'ordine giuridico internazionale*, trad. it. a cura di M. Raiteri, Giuffrè, Milano 1997.

[29] H. Jonas, *Frontiere della vita, frontiere della tecnica*, trad. it. di G. Bettini, il Mulino, Bologna 2011. Le parole citate nel testo compaiono nel sottotitolo dell'edizione americana del 1974 (*Philosophical Essays. From Ancient Creed to Technological Man*, The University of Chicago Press, Chicago-London).

segnare i limiti di quella costruzione. Di nuovo, però, non cedendo a suggestioni ideologiche come quella espressa nella formula, tante volte ripetuta, che non si può «giocare a fare Dio». Senza entrare qui nella controversa interpretazione dei passi della Bibbia che ci parlano di una natura sottomessa, o affidata, al potere dell'uomo, si tratta piuttosto di individuare il percorso mondano da seguire per comprendere l'atteggiarsi forte di questo potere che, come ogni potere, non può essere pensato senza quei limiti che, via via, si sta cercando di individuare.

Scelte personali e mutamenti del corpo

Non solo nelle prospettive del trans- e del post-umano al diritto viene affidato il compito di garantire la più ampia possibilità di accesso alle opportunità crescenti offerte dall'innovazione scientifica e tecnologica. Si è già ricordato quale sia l'insieme dei principi da tener presente come condizione della legittimità dell'accesso, dando così in qualche modo come risolto il problema generale della possibilità di riferirsi a principi forgiati sull'umano anche nelle nuove situazioni. Si può così sfuggire anche alle semplificazioni e alle ideologizzazioni che accompagnano i discorsi sulla disumanizzazione, categoria grazie alla quale si finisce con il sottrarsi all'obbligo di dare risposte misurate sulla diversità delle situazioni che l'innovazione scientifica e tecnologica incessantemente ci sottopone. Questo accade, ad esempio, quando si scorge nelle trasformazioni del corpo addirittura un crimine contro l'umanità, in particolare quando si manifestano nella forma della clonazione o delle modificazioni genetiche trasmissibili[30]. Una prospettazione così enfatica rischia di distorcere l'analisi, dal momento che trasferisce la questione sull'assai problematico terreno dei crimini contro l'umanità, rendendo così più difficile la legittima discussione intorno agli indispensabili limiti agli interventi sul corpo. Ponendo, inoltre, sullo stesso piano la clonazione ripro-

[30] G.J. Annas, L.B. Andrews e R.M. Isasi, *Protecting the Endangered Human: Toward an International Treaty Prohibiting Cloning and Inheritable Alterations*, in «American Journal of Law and Medicine», 2/3, 2002, pp. 162 e sgg. Nello stesso senso, per quanto riguarda la clonazione, M. Delmas-Marty, *Certitudes et incertitudes du droit*, in H. Atlan *et al.*, *Le clonage humain*, Seuil, Paris 1999, pp. 67-97.

duttiva e le modificazioni trasmissibili del genoma, si trasforma in questione ideologica un tema che, al contrario, esige distinzioni e attenzione particolare per il fondamentale diritto alla salute.

Riflettendo in via generale su queste dinamiche, realisticamente si deve dunque registrare il fatto che il destino del genere umano appare sempre più affidato a scienza e tecnica, che lo immergono nella storia, lo liberano progressivamente da caso e necessità, fino a prendere congedo dalla natura. Di fronte alla radicalità di questo passaggio, alla discontinuità che descrive, l'etica torna prepotentemente in campo, la politica si divide, il diritto si interroga sul proprio ruolo. Parole nuove ci accompagnano, appunto biopolitica, bioetica, biodiritto. Con esse l'umanità sembra quasi voler «uscire da se stessa», nel senso almeno che pare quasi entrare in una fase in cui viene meno l'esclusività della pura logica darwiniana, affidandosi a una evoluzione profondamente legata a una tecnica direttamente governata dalle persone. Intorno al corpo di ciascuno si addensano le possibilità incessantemente offerte da biologia e genetica, dall'innovazione informatica, dalle neuroscienze, dalle nanotecnologie.

Si modifica lo spazio della presenza dell'umano, dall'infinitamente piccolo alla dilatazione nella più vasta delle dimensioni. Tengono il campo le nanotecnologie, che «comprendono tutto ciò che riguarda la manipolazione della materia atomo per atomo»[31], di dimensioni inferiori al micrometro (un milionesimo di millimetro), consentendo così la progettazione e la realizzazione di dispositivi su questa scala, già impiegati nei settori più diversi, da quelli industriali alla nanomedicina. Il corpo viene «potenziato», proiettato in spazi temporali che si vogliono far coincidere con l'immortalità.

Con una semplificazione estrema, il corpo viene presentato come un planetario campo di battaglia, dove si affrontano bioconservatori e transumanisti[32]. Tenacemente impegnati, i primi, a restaurare i diritti della natura. Custodi, gli altri, di una nuova libertà, quella appunto di usare senza limiti l'inedito potere di cui siamo investiti. Ma questa polarizzazione non dà alcuna vera indicazione sul modo di governare la fase interamente nuova nella quale l'umanità è già entrata. Si è già sottolineato come sia illusorio pensare che il diritto, con le sue regole

[31] Neresini, *Il nano-mondo che verrà* cit., p. 17.
[32] Bostrom, *In Defense* cit., p. 202.

artificiali, possa ricostituire le situazioni *naturali* profondamente modificate dalla scienza. E, d'altro canto, l'illimitata apertura all'utilizzazione di ogni nuova opportunità sembra piuttosto confermare la tesi di chi vede nella tecnica l'unico potere del nostro tempo, al quale sarebbe vano cercar di porre argini, perché essa è continua produzione di fini alla quale nessun altro fine potrebbe essere contrapposto.

Dobbiamo piuttosto essere consapevoli del fatto che bisogna governare una inedita eccedenza e che il punto d'avvio di questa riflessione si trova nel diritto all'autodeterminazione. Da qui, da questa novità ineludibile, e non da un impossibile ritorno al passato, devono prendere le mosse le nuove modalità di un diritto che non può più fare astrazione da se stesso, e per ciò deve trovare nei propri principi la misura della nuova antropologia.

Proprio questa riflessione può aiutare a sciogliere quel viluppo ricordato prima, nel quale il diritto appare avvolto. Il progressivo emergere e consolidarsi del diritto fondamentale all'autodeterminazione, al quale ben può essere riferita la quasi totalità dei nuovissimi diritti legati al governo della vita, si presenta come una smentita della tesi che vorrebbe qui esaurita la funzione del diritto. Inoltre, il mondo progressivamente costruito dalla tecnoscienza davvero prospetta discontinuità radicali. La specie umana, unica, si avvia a essere sostituita da una molteplicità di specie, con un passaggio dal singolare al plurale reso inevitabile da una tecnoscienza che ci avvicina sempre più al post-umano? L'evoluzione darwiniana, dunque, deve sempre più cedere il passo a una evoluzione guidata dalla tecnologia?

Il moltiplicarsi delle specie non appartiene soltanto all'immaginario corrente, visto che già Francis Bacon menzionava appunto la possibilità della «fabbricazione di nuove specie». Ma, quali che siano le valutazioni relative a questo cambiamento radicale, di cui più d'un genetista dubita, certo è che l'intreccio tra corpo, scienza e tecnologia si fa così profondo che il riferimento al post- o al trans-umano appare legittimo, ponendo proprio nella dimensione del diritto interrogativi inediti, in primo luogo quello, già ricordato, riguardante la possibilità stessa di continuare a richiamarsi ai diritti dell'«uomo» di fronte ad entità definite «post-umane». Un nodo nuovo, il cui scioglimento è ancora affidato alle pagine che riuscirà a scrivere il diritto grazie alla forza dei suoi principi, ai quali si continua a fare riferimento proprio nell'elaborazione intorno alle novità più radicali, com'è testimoniato, ad esempio, dal fatto che tra gli stessi entusiasti assertori dell'illimitato ricorso alle tecnologie disponibili vi sia chi sente il bisogno di intitolare un suo scritto «In difesa della dignità post-umana»[33].

Linee guida per le sfide del futuro

Dignità, eguaglianza, autonomia, normalità s'intrecciano: nessuna tra esse può essere ignorata, o sacrificata. Come già si è accennato, l'accettabilità della transizione verso il post-umano è stata subordinata al rispetto dell'eguaglianza e dell'autonomia delle persone, della loro dignità, condizioni ineliminabili in sistemi fondati sulla democrazia e sul rispetto dei diritti fondamentali.

Riandando sinteticamente ad alcuni dei temi in discussione, si può ben dire che in essi si manifestano le preoccupazioni e le angosce che, in forme estreme, hanno accompagnato le distopie riguardanti il corpo, e i destini individuali e collettivi che a esso si associano, dal *Mondo nuovo* di Aldous Huxley[34] fino a *Non lasciarmi* di Kazuo Ishiguro[35]. Ma si tratta pure di preoccupazioni che, depurate appunto dalle prospettazioni estreme, non possono essere eluse, tanto che compaiono anche in contributi di studiosi che convintamene lavorano nella prospettiva del post-umano.

«Mentre ti osservavo ballare quel giorno, ho visto qualcos'altro. Ho visto un nuovo mondo che si avvicinava a grandi passi. Più scientifico, più efficiente, certo. Più cure per le vecchie malattie. Splendido. E tuttavia un mondo duro, crudele. Ho visto una ragazzina, con gli occhi chiusi, stringere al petto il vecchio mondo gentile, quello che nel suo cuore sapeva che non sarebbe durato per sempre, e lei lo teneva fra le braccia e implorava, che non la abbandonasse»[36]. Ritorna il conflitto tra vecchio e nuovo mondo, uno che si tinge con i colori della nostalgia, l'altro portatore di un progresso che sembra voler prendere definitivamente congedo appunto dall'umano.

Ma è questa l'unica rappresentazione possibile, o la più corretta? Molto di ciò che noi cataloghiamo nella categoria del post-umano

[33] Bostrom, *In Defence* cit.
[34] A. Huxley, *Il mondo nuovo*, trad. it. di L. Gigli, Mondadori, Milano 1933.
[35] K. Ishiguro, *Non lasciarmi*, trad. it. di P. Novarese, Einaudi, Torino 2006.
[36] Ivi, p. 276.

ha le sue origini nell'antica, interminata ricerca di come uscire dalle strettoie di un mondo dove la natura è pure «matrigna», condannando alla malattia, alla sofferenza, all'ereditarietà dannosa. Non siamo soltanto di fronte a tentativi di acquisire nuove capacità, o di ampliare a dismisura quelle già possedute, ma di «riammettere» in una sorta di normalità *naturale* le persone che ne sono state o possono esserne escluse. La sperimentazione degli impianti nel corpo per recuperare o ottenere vista e udito, per governare protesi, per controllare le manifestazioni dell'Alzheimer deve essere valutata da questo punto di vista, così come le opportunità offerte dalla genetica per evitare la trasmissione di determinate malattie. Sappiamo bene che l'argomento del «pendio scivoloso» verso impieghi distruttivi delle tecnologie troppe volte nasconde l'incapacità o la non volontà di affrontare con mezzi adeguati le sfide del futuro. E sappiamo anche che il chiudersi in un conservatorismo senza sbocchi rischia di provocare reazioni anch'esse estreme, che finiscono con il legittimare, insieme alle innovazioni sicuramente positive, anche quelle che un argomentare più razionale avrebbe potuto opportunamente limitare o escludere del tutto.

Il vero problema culturale e istituzionale è quello di valutare fino a che punto si è di fronte a reali discontinuità, che segnano un congedo da un altro mondo, e dove, invece, è possibile e necessario mantenere una continuità che consenta quel trascendere dell'umano di cui parlava Julian Huxley, impedendo così la nascita di un «doppio standard» nella considerazione dell'umano e del post-umano. È dunque comprensibile la preoccupazione di chi segnala il rischio di una svalutazione dell'umano per effetto di una percezione del post-umano come portatore di un valore più forte, o di una condizione disturbante, aprendo la via a un conflitto, addirittura a una «guerra», tra umani e post-umani[37]. Un conflitto, evidentemente, che nascerebbe sul terreno dei valori di riferimento. Questo modo enfatico di prospettare i problemi del futuro, tuttavia, non può essere respinto con una mossa infastidita, perché comunque segnala come ineludibile la questione dei raccordi tra umano e post- e trans- umano, avendo sempre come costante punto di riferimento, e garanzia della

[37] Si veda, ad esempio, quel che scrive proprio Bostrom, *In Defense* cit., pp. 202-214.

continuità possibile e della coesistenza necessaria, i principi già ricordati di dignità, eguaglianza, autonomia.

Per cercar di vedere se e come queste indicazioni generali possano essere tradotte in principi e indicazioni concrete, giova rifarsi sinteticamente a un parere approvato il 16 marzo 2005 dal Gruppo europeo per l'etica delle scienze e delle nuove tecnologie, dedicato appunto agli *Aspetti etici dei dispositivi ICT impiantabili nel corpo umano* e che procede a una ricognizione puntuale delle diverse possibili modalità di intervento[38]. Ci si chiede, infatti, «in che misura questi dispositivi sono da considerarsi parte di ciò che si potrebbe chiamare 'progetto corporeo', ricomprendendovi la personale e libera progettazione delle proprie abilità fisiche e intellettuali (eventualmente potenziate)». Per rispondere a questa domanda, si disegna un analitico quadro dei principi di riferimento, che tiene conto del principio di precauzione e si articola ponendo accanto a consolidati principi fondamentali (dignità, non discriminazione, autonomia, inviolabilità del corpo, privacy) altri principi che, una volta accertata l'ammissibilità in via generale di un intervento, consentono una valutazione della sua ammissibilità in casi specifici (principi di necessità, finalità, proporzionalità,

[38] European Group on Ethics in Science and New Technologies to the European Commission, *Ethical Aspects of ICT Implants in the Human Body*, Office for Official Publications of the European Communities, Luxembourg 2005. Qui si individuano diverse categorie secondo le modalità di intervento: «*Dispositivi ICT*: dispositivi che si avvalgono delle tecnologie dell'informazione e della comunicazione, solitamente basati sulla tecnologia dei chip di silicio. *Dispositivo medico attivo*: qualsiasi dispositivo medico il cui funzionamento si basa su una fonte di energia elettrica interna e indipendente, ovvero su una fonte di energia diversa da quella generata direttamente dal corpo umano o dalla gravità. *Dispositivo medico attivo impiantabile*: qualsiasi dispositivo medico attivo destinato ad essere impiantato interamente o parzialmente mediante intervento chirurgico nel corpo umano, o mediante intervento medico in un orifizio naturale, e destinato a rimanervi dopo l'intervento. *Dispositivi ICT passivi impiantabili*: dispositivi ICT impiantabili nel corpo umano che utilizzano per il funzionamento un campo elettromagnetico esterno [si veda, ad esempio, la Sezione 3.1.1. relativa al 'VeriChip']. *Dispositivi ICT impiantabili online*: dispositivi ICT impiantabili che utilizzano per il funzionamento una connessione ['online'] con un computer esterno, o che sono interrogabili ['online'] da un computer esterno [si veda, ad esempio, la Sezione 3.1.2. relativa ai biosensori]. *Dispositivi ICT impiantabili offline*: dispositivi ICT impiantabili il cui funzionamento non dipende da dispositivi ICT esterni [eventualmente dopo un'operazione iniziale di configurazione, come nel caso della stimolazione cerebrale profonda].

pertinenza). Principi, questi ultimi, che rappresentano anche una sorta di precipitato storico dell'esperienza in materia di accettabilità delle innovazioni scientifiche e tecnologiche e di cui deve essere ulteriormente saggiata la rilevanza nel quadro della discussione sull'evoluzione umana.

L'insieme dei principi e delle regole giuridiche si pone, in via generale, come un possibile freno alle derive tecnologiche. Peraltro, alla potenza di una tecnica che si manifesta come produzione illimitata di applicazioni, non si può opporre un diritto debole, «amputato della sua causa finale». Si torna così alla necessità di non perdere mai di vista quella costituzionalizzazione della persona che è il risultato di un lungo processo e che ha trovato riconoscimento anche in documenti che si misurano direttamente proprio con le trasformazioni dell'umano.

«Non metteremo la mano su di te». Questa era la promessa della Magna Carta: rispettare il corpo nella sua integrità – *habeas corpus.* Questa promessa sopravvive ai mutamenti tecnologici. Ogni intervento sul corpo, ogni operazione di trattamento di dati personali, quindi, devono essere considerati come se si riferissero al corpo nel suo insieme, a una persona che deve essere rispettata nella sua integrità fisica e psichica, nella sua dimensione tecnologica, determinando l'assorbimento nella categoria generale dell'*habeas corpus* di tutte quelle specificazioni con le quali si sono volute accompagnare le innovazioni scientifiche e tecnologiche e che, ad esempio, hanno trovato espressione in una formula come *habeas data*.

Si parte da una premessa obbligata, o piuttosto da una constatazione: il corpo dev'essere ormai considerato come perennemente «incompiuto». Su di esso è possibile intervenire per reintegrarne funzioni perdute o mai possedute (amputazioni, cecità, sordità) o proiettarlo al di là della sua antropologica normalità, rafforzandone le funzioni o aggiungendone di nuove, sempre in nome del benessere della persona, o della sua competitività sociale (incremento delle attitudini sportive, «protesi» per l'intelligenza). Siamo di fronte a «repairing and capacity enhancing technologies», a una moltiplicazione delle tecnologie *body-friendly*, che dilatano e modificano la nozione di cura del corpo e annunciano l'avvento dei *cyborg*, del corpo post-umano. «Nelle nostre società il corpo tende a divenire una materia prima modellabile secondo l'ambiente del momento»[39]. Si allargano così le possibilità di intervento individuale, ma crescono anche le opportunità di interventi politici di controllo del corpo attraverso le tecnologie.

La totale riduzione del corpo a macchina alimenta la propensione a trasformarlo sempre di più in strumento che rende possibile un controllo continuo della persona. Questa viene espropriata del suo corpo e, attraverso ciò, della sua stessa autonomia. Il corpo passa nella disponibilità di soggetti diversi. Ma quale può essere il destino dell'individuo spossessato del proprio corpo?[40]

Muovendosi in quest'area problematica, il parere del Gruppo individua alcuni parametri significativi per la valutazione dell'ammissibilità degli impianti, che dovrebbero in ogni caso essere tenuti presenti:

a) l'esistenza di un rischio riconosciuto attualmente come elevato, ma incerto, in relazione anche alle più semplici forme di dispositivi ICT impiantabili nel corpo umano, esige l'applicazione del principio di precauzione. In particolare, devono essere distinti gli impianti attivi da quelli passivi, quelli reversibili da quelli irreversibili, quelli che lasciano la persona offline da quelli che la mettono online;

b) il principio di finalità impone almeno una distinzione tra finalità sanitarie e finalità di altro genere. Tuttavia, anche le utilizzazioni mediche devono essere valutate con rigore e in modo selettivo, anche per evitare che possano essere poi invocate per legittimare altre forme di utilizzazione;

c) il principio di necessità porta ad escludere la legittimità di dispositivi ICT impiantabili volti unicamente alla identificazione dei pazienti, quando essi possono essere sostituiti da strumenti meno invasivi e altrettanto sicuri;

d) il principio di proporzionalità porta ad escludere la legittimità di impianti come quelli utilizzati, ad esempio, al solo fine di consentire un più agevole ingresso in locali pubblici;

e) il principio di integrità e inviolabilità del corpo esclude la possibilità di ritenere che il solo consenso dell'interessato sia sufficiente per rendere possibile qualsiasi tipo di impianto;

[39] D. Le Breton, *Signes d'identité. Tatouages, piercings et autres marques corporelles*, Métailié, Paris 2002, p. 7.

[40] Sull'insieme di questi problemi si può vedere quanto ho scritto in *La vita e le regole. Tra diritto e non diritto*, 2ª ed. ampliata, Feltrinelli, Milano 2012, pp. 73-98.

f) il principio di dignità si oppone alla trasformazione del corpo in un oggetto manipolabile e controllabile a distanza, in puro fornitore di informazioni.

Quest'insieme di indicazioni compone già un quadro giuridico utile per cominciare ad affrontare le impegnative questioni continuamente proposte dall'innovazione scientifica e tecnologica.

Che cosa accade, però, quando si passa da un miglioramento finalizzato al recupero di funzioni perdute o mai possedute a un miglioramento delle prestazioni del corpo «normale»? È questo, ad esempio, il tema del doping sportivo, sanzionato da norme nazionali e internazionali perché mette a rischio la salute dell'atleta e altera la lealtà delle competizioni. Ma la storica assunzione di droghe da parte di scrittori, musicisti, pittori non ha mai provocato una reazione giuridica di tipo proibizionista per il fatto che, in questo modo, si altererebbe il naturale o normale procedimento di creazione artistica. Gli eventuali divieti, rilevanti anche per gli artisti, discendono da norme di carattere generale sull'uso delle sostanze stupefacenti, comunque temperate da riconoscimenti della legittimità di un loro uso personale e in quantità modica. Lo sport vincolato al caso, dalle cui ristrettezze l'artista può invece liberarsi?

Sempre dall'Unione europea vengono indicazioni che ancora una volta, pur essendo riferite a situazioni o a tecnologie specifiche, finiscono con l'assumere una portata generale. Si è scritto, ad esempio, che «gli organismi che svolgono attività di ricerca nel campo delle nanoscienze e delle nanotecnologie non dovrebbero intraprendere ricerche su potenziamenti non terapeutici degli esseri umani che possano portare alla dipendenza o che siano volti esclusivamente a un potenziamento illecito delle prestazioni del corpo umano»[41].

La legittimazione del ricorso alle innovazioni scientifiche e tecnologiche viene così costruita intorno a due parametri: il mantenimento dell'autonomia della persona e l'ammissibilità del «potenziamento» solo se abbia una finalità terapeutica e non configuri un

[41] Commission of the European Communities, *Recommendation on a Code of Conduct for Responsible Nanosciences and Nanotechnologies Research*, Com (2008), 424 final, Brussels 2008, p. 9. Una accurata ricostruzione dell'insieme delle indicazioni europee in E. Pariotti, *Regolare l'incertezza: verso uno sviluppo costruttivo del principio di precauzione applicato alle nanotecnologie*, in Arnaldi e Lorenzet, *Innovazioni in corso* cit., pp. 383-406.

illecito. Indicazioni importanti ma che, per definire concretamente le condizioni della loro operatività, rinviano a un contesto nel quale la regola giuridica contribuisca alla loro precisazione. Non bisogna dimenticare, peraltro, che le ipotesi di regolamentazione giuridica vengono configurate in situazioni di incertezza proprio per quanto riguarda gli effetti da considerare. Si comprende, allora, la ragione per la quale si tende a considerare l'insieme delle norme già esistenti nelle materie di confine, investite più marcatamente dall'innovazione scientifica e tecnologica, come un complesso di regole in qualche modo convergenti nel definire il «possibile» dell'intervento del diritto, estrapolando soprattutto dai documenti internazionali una sorta di linee guida da applicare, quasi sperimentalmente, nei campi più aperti e controversi[42]. Questo esercizio è reso possibile anche dal fatto che le innovazioni scientifiche e tecnologiche tendono a produrre una «unificazione problematica», poiché i medesimi problemi si pongono nei luoghi e nei contesti giuridici più diversi. Ed è ovvio che l'estrapolazione di indicazioni comuni è agevolato dall'esistenza di un'area giuridica comune, come accade per l'Unione europea, non a caso dotata di una propria Carta europea dei diritti fondamentali costruita proprio intorno ad alcuni principi ineludibili.

Ominizzazione e umanizzazione

In questo quadro devono essere considerate le nuove opportunità di una programmazione integrale degli esseri umani offerte dalla genetica e dalla sua convergente integrazione con altre discipline. Qui la rottura con il passato assume caratteri radicali, e il mantenimento del caso viene ancora indicato come la via obbligata per non soccombere di fronte a uno scientismo che travolgerebbe la dignità umana e prospetterebbe una visione tutta strumentale della persona. Di nuovo, però, non è pensabile che la società, e con essa il diritto, si ritraggano di fronte al cambiamento.

Interrogandosi proprio sul ruolo del diritto di fronte a «hominisation» e «humanisation», Mireille Delmas-Marty ha osservato che

[42] Si veda, per le nanotecnologie, l'analisi di M. Piccinni, *Nanotecnologie, medicina e diritto. Prime considerazioni a partire dalla disciplina comunitaria sulla sperimentazione clinica*, in Arnaldi e Lorenzet, *Innovazioni in corso* cit., pp. 83-127.

l'umanità sembra uscita da due processi nelle apparenze opposti: l'ominizzazione, dunque l'evoluzione biologica, che ha portato all'emergere di una sola specie umana, con un processo di unificazione tendente all'universalismo; e l'umanizzazione, dunque l'evoluzione che si è articolata attraverso le culture, con un processo di diversificazione tendente al relativismo[43]. Universalità e unicità, da una parte; diffenziazione propria di ciascun gruppo umano, dall'altra. Nel tempo di una innovazione scientifica che modifica le modalità della procreazione e costruisce integrazioni nuove del mondo umano con quello animale e con quello delle macchine, queste categorie non ci darebbero più una descrizione delle dinamiche umane adeguata alla profondità del mutamento. L'accento dovrebbe essere posto con intensità particolare proprio sull'ominizzazione, poiché la profondità del mutamento dei processi biologici e il loro intersecarsi con l'intero complesso delle innovazioni scientifiche e tecnologiche sembrano indicare una direzione che porterebbe a una diversificazione della specie umana. Nei processi di umanizzazione, al contrario, si colgono significativi segni di un movimento verso l'unificazione, di cui è testimonianza proprio nel diffondersi di norme giuridiche comuni nei settori in cui l'umano è messo più visibilmente alla prova dalla tecnoscienza. Un radicale rovesciamento di prospettiva, dunque, che è stato anche descritto riferendosi alla speranza che l'umanità riuscirà a sostituire «la casualità del processo evolutivo con una autodiretta re-ingegnerizzazione della natura umana»[44].

Può la riflessione giuridica fare astrazione da questi dati? Il possibile passaggio dall'unità alla pluralità delle specie, o comunque l'articolarsi dell'umano, pongono in modo ancor più stringente il tema della possibilità di ritrovare principi unificanti. Il palinsesto della vita scritto dalla tecnoscienza impone un congedo non solo dalle categorie giuridiche tramandate, ma dalla stessa regola giuridica? Ricordiamo che, proprio nel tempo descritto come quello in cui la biologia dettava le regole della vita, dal mondo del diritto sono venute nuove categorie unificanti, come quella dell'accesso; ampliamento di diritti tradizionali, come quello alla privacy; diritti nuovi come quelli procreativi e informativi; e, soprattutto, ascesa del

[43] M. Delmas-Marty, *Hominisation, humanisation: le rôle du droit*, in «La lettre du Collège de France», 32, 2011, p. 25.
[44] A. Mauron, *The Choosy Reaper*, in «Embo Reports», 6, 2005, p. 67.

principio di dignità della persona, che porta con sé la sottolineatura sempre più marcata di un mutamento antropologico.

Se, infatti, la tesi secondo la quale staremmo vivendo il passaggio dall'unicità alla pluralità delle specie può essere, ed è, oggetto di critiche che la ritengono una impropria forzatura, non si può invece sfuggire alla prospettiva propriamente antropologica, che consente di cogliere con proprietà la qualità del mutamento, descritto sbrigativamente con la sottolineatura dell'avvento del cyborg, delle frontiere indicate dalla robotica, della trasformazione dell'uomo in macchina. Muovendo da questa premessa, incontriamo la necessità di svolgere analisi differenziate secondo le specificità delle diverse tecnologie, i cui diversi effetti non possono essere compresi appagandosi del fatto che, tutti, incidono sul corpo. Solo in questo modo, peraltro, diventa possibile sfuggire alla pericolosa semplificazione operata da chi, di fronte alle molte questioni finora segnalate, conclude che l'unico e vero tema sia quello di custodire una antropologia che sarebbe stata fin dall'origine definita una volta per tutte, e mobilita in questa direzione tutte le risorse giuridiche. Di nuovo un discorso sulla natura che identifica il ruolo del diritto nella sua salvaguardia.

Tecnoscienza e interventi sull'umano

Si sono delineate diverse possibili letture, o ricostruzioni, del rapporto tra la persona e la tecnologia, mediato dal corpo. Julian Huxley e Günther Anders ricorrono entrambi alla parola «trascendere», quasi il dantesco «trasumanar»[45], dunque una superiore forma dell'umano, ben diversa da quell'«uscire» dall'umano che altri sottolineano, dando così evidenza piuttosto a un congedo e alla vera e propria nascita di altre specie.

«Il Novecento può essere considerato il tramonto del paradigma umanistico»[46], poiché avrebbero via via perduto d'importanza alcune sue linee fondative; perché la tecnologia sarebbe sconfinata «dal tradizionale ambito dell'inorganico per assumere uno statuto

[45] «Trasumanar significar per verba/non si poria»: Dante Alighieri, *Divina Commedia, Paradiso*, canto I, 70-71. La parola percorre la poesia italiana: P.P. Pasolini, *Trasumanar e organizzar*, Garzanti, Milano 1971.

[46] R. Marchesini, *Il tramonto dell'uomo. La prospettiva post-umanista*, Dedalo, Bari 2009, p. 5.

di integrazione con il biologico, intaccando le fondamenta stesse dell'essere umano»; perché «le applicazioni della tecnoscienza [...] entrano nel corpo dell'uomo, lo scompaginano», gli fanno perdere quella centralità che sta alla base dell'antropocentrismo che, dunque, dovrebbe essere abbandonato[47]. Senza giungere a conclusioni così radicali, molti sono gli studiosi che si chiedono «che uomo vediamo sorgere e che uomo possiamo aspettarci»[48] dall'intervento sull'umano di scienza e tecnologia. Questione ineludibile, e dalle sue risposte dipende anche la possibilità di continuare a seguire la linea fin qui adottata, che vorrebbe condurre verso un ruolo del diritto che, attraverso una rilettura dei principi che hanno dato rilevanza essenziale alla persona e ai suoi diritti, metta in condizione di analizzare i diversi problemi nella prospettiva dell'«uomo dopo l'uomo»[49] piuttosto che in quella della cesura definitiva.

Questo non vuol dire che non si debba partire dalle diverse condizioni dell'umano, ormai ben delineate, senza tuttavia indulgere a un abuso antropologico che induce a moltiplicarne le figure in relazione a qualsiasi fattore tecnologico, aggettivando all'infinito il termine *homo*[50]. Né la scelta di questo riferimento preclude la possibilità di prendere seriamente in considerazione le nuove dinamiche dei rapporti tra le specie viventi. Bisogna chiedersi, allora, se la presenza di questa pluralità implichi necessariamente razionalità differenziate o se possa ancora essere percorsa la via della ricostruzione di riferimenti comuni che prenda atto della impraticabilità del riferimento naturalistico come criterio unificante e, al tempo stesso, non guardi all'artificio tecnologico come se a esso dovesse corrispondere un'esplosione dell'umano che lo disperde in una miriade di frammenti. Affermare che la tecnica produce un effetto di «exosomatisation»[51],

[47] Ivi, pp. 8-9.

[48] Pavan, *La posta antropologica* cit., pp. 407-408.

[49] G. Granieri, *Umanità accresciuta. Come la tecnologia ci sta cambiando*, Laterza, Roma-Bari 2009, pp. 31 e sgg.

[50] Parla, ad esempio, di un *homo technologicus* G.O. Longo, *Homo technologicus*, Meltemi, Roma 2001 (nuova ed. 2005); e di un *homo interneticus* L. Siegel, *Against the Machine. Being Human in the Age of the Electronic Mob*, Spiegel & Grau, New York 2008, pp. 172-179.

[51] A. Gras, *L'homme machine ou l'homme sans essence: la tentation au coeur du progrès techno-scientifique*, in C. Hervé, M.Stanton-Jean, P.A. Molinari, M.A. Grimaud e E. Laforêt, *L'humain, l'humanité et le progrès scientifique*, Dalloz, Paris 2009, p. 64.

di proiezione dell'umano oltre il corpo, non implica una sua dispersione, ma il suo occupare uno spazio più vasto, con un processo che può essere avvicinato a quello che vede l'«intimité» accompagnata dall'«extimité»[52].

Qui non può essere ricostruito il vastissimo dibattito che muove proprio dagli interrogativi intorno alla persistenza dello stesso modello cartesiano, al dualismo tra *res cogitans* e *res extensa*, all'intima dipendenza tra mente e organi del corpo. Conviene piuttosto registrare quei dati di realtà rivelatori dell'attuale condizione umana nel tecnospazio che, al tempo stesso, consentono di individuare lo spazio che il diritto deve frequentare per garantire l'umano anche nelle nuove forme che viene assumendo.

Nelle ricostruzioni correnti, più che mettere l'accento sulla moltiplicazione delle specie, si insiste su una scomposizione della società, che segue appunto i caratteri delle tecnologie. Si parla abitualmente di una società della conoscenza, ma si indicano pure tragitti «verso la società nanotecnologica»[53] o la «società di cervelli»[54]. Ma questa rappresentazione di una società che si divide tecnologicamente trova una smentita nelle stesse dinamiche tecnologiche, nel fatto che siamo sempre più di fronte a «tecnologie convergenti»[55]. E questa convergenza ha il suo punto d'incidenza proprio nel corpo umano, descritto con l'immagine ricordata all'inizio di una macchina costruita grazie alle neuroscienze, alla biologia, alle tecnologie informatiche, alle nanotecnologie. La riflessione giuridica, quindi, si trova di fronte a un dato unitario, che tuttavia non replica l'umano nelle forme che, finora, avevano identificato il suo oggetto, l'entità di cui dovevano essere garantiti i diritti.

Insieme alla trasformazione del corpo muta la collocazione della persona nel sistema delle relazioni. Il corpo umano si inserisce in una rete sempre più vasta di sistemi informatici e robotici – una rete che consente di estendere la nostra capacità di comunicare e agire.

[52] Cfr. *supra*, p. 23.

[53] È questo il sottotitolo del libro di Neresini, *Il nano-mondo che verrà* cit.

[54] K. Evers, *Neuroéthique. Quand la matière s'éveille*, Odile Jacob, Paris 2009, pp. 177-183.

[55] Si veda M.C. Roco e W.S. Bainbridge (a cura di), *Converging Technologies for Improving Human Performances: Nanotechnology, Biotechnology, Information Technology, and Cognitive Science*, National Science Foundation, Arlington 2000 (in seguito edito da Kluwer, Dordrecht 2004).

Questo essere in rete della persona porta con sé la prospettiva di una interazione diretta tra le menti umane, ma evoca anche esperimenti riguardanti l'inserimento di chip nel corpo o di elettrodi nel cervello che consentono di comandare a distanza dispositivi elettronici per l'apertura di porte o l'accensione di luci o di comandare movimenti di un robot[56]: ad esempio, grazie anche a un esame dell'attività elettrica del cervello, un computer può cogliere un'intenzione ad agire e richiedere a un robot di eseguire per noi l'azione desiderata. Lo «stare in rete», dunque, non fa crescere soltanto le possibilità di interazione diretta con le altre persone, ma con l'intero mondo circostante.

In questa diversa dimensione, qui sommariamente descritta, non si prolungano soltanto questioni già note, quali sono, ad esempio, quelle riguardanti il principio di dignità o la tutela della privacy. Nascono nuovi conflitti per effetto, in primo luogo, d una più diretta e intensa esposizione dell'umano al controllo esterno, che può metterne radicalmente in discussione l'autonomia, cancellando così la possibilità stessa dell'autodeterminazione. E compaiono ipotesi apocalittiche, fino a ieri associate quasi esclusivamente alle tecnologie atomiche, come quella dello «scenario della poltiglia grigia», che descrive un mondo che rischia la distruzione da parte di nanorobot autoreplicanti fuori controllo[57].

Proprio considerando il trascorrere della persona verso una sempre più intensa integrazione con il mondo delle macchine, sono tornate domande che riguardano l'identità. «Un sistema bionico ibrido è una persona, una entità alla quale attribuire diritti e doveri partendo da questa premessa? [...] La componente umana di un sistema bionico ibrido è la stessa persona prima e dopo essere divenuta l'interfaccia di strumenti artificiali?»[58]. Riecheggia qui l'antica questione della nave di Teseo, che tuttavia non solleva soltanto un dubbio

[56] Le sperimentazioni più note, e pubblicizzate, sono quelle di K. Warwick, *I, Cyborg. The Inside Story of the Experiment to Fuse Artificial with Human Intelligence*, University of Illinois Press, Champaign (Ill.) 2004.

[57] E.K. Drexler, *Engines of Creation. The Coming Era of Nanotechnology*, Anchor Books, New York 1986. Sul punto Coenen, *Immagini di società* cit., pp. 228-229.

[58] F. Lucivero e G. Tamburrini, *Ethical Monitoring of Brain-Machine Interfaces. A Note on Personal Identity and Autonomy*, in «Artificial Intelligence & Society», 3, 2008, p. 451.

epistemologico, ma pone la questione assai concreta della soglia oltre la quale diventerebbe impossibile identificare una soggettività come centro di imputazione di diritti. È un dato quantitativo (quanto di umano permane nel sitema bionico ibrido) o qualitativo (quali funzioni può svolgere quel sistema) a dover essere tenuto presente per individuare quella soglia? Interrogativi, questi, che portano dritti al tema della «Robolaw». Si fa così più chiara e stringente la questione della possibilità di costruire un quadro istituzionale risultante dalla dialettica tra i principi fondativi dello Stato costituzionale dei diritti e le dinamiche scientifiche e tecnologiche, considerate tuttavia non solo dal punto di vista delle realizzazioni già acquisite, ma delle ipotesi che indicano la necessità di prendere in considerazione un futuro che è sempre prossimo.

La misura del diritto induce a rivolgere l'attenzione, anzitutto, alla rilettura del rapporto tra dignità, libertà e eguaglianza[59]. Poi a due specifici sviluppi, individuati nei principi di precauzione e responsabilità, la cui rilevanza è cresciuta proprio per l'ampliarsi dell'area delle situazioni di incertezza. Infine, diventa essenziale considerare l'insieme di questi riferimenti nel quadro del mantenimento della democraticità complessiva del sistema.

Il rapporto diritto/tecnologie, nell'ambito qui esaminato, non può registrare soltanto l'incertezza come dato strutturale. Deve muovere anche dalla considerazione delle situazioni di «incontrollabilità» che possono manifestarsi su scala sociale e individuale. È il tema, da una parte, della rivolta delle macchine, del loro sfuggire al «creatore», non solo trasformando il mondo «umano», ma aggredendolo fino alla distruzione. Dal punto di vista individuale, invece, l'incontrollabilità coincide con la perdita di autonomia, con la vita della persona tecnologicamente governata da altri.

Di fronte alle ipotesi millenariste o apocalittiche, che comunque segnalano un rischio estremo, la strategia giuridica può essere attinta ai modelli che hanno variamente valutato proprio le eventualità di catastrofe globale, considerando in primo luogo quello costruito intorno al problema concreto dell'impiego dell'energia atomica. In questo confluiscono tecniche diverse: moratorie, trasparenza estrema delle ricerche e loro controllo condiviso, radicalità del ricorso al

[59] Cfr. *supra*, p. 199.

principio di precauzione, controlli da parte di soggetti terzi, divieti generalizzati attraverso la stipulazione di trattati internazionali.

Per quanto riguarda le singole persone, nei diversi documenti prima citati compare una costante, costruita muovendo dal duplice riferimento all'autonomia e alla salute. Le modificazioni del corpo, l'inserimento al suo interno di qualsiasi dispositivo, vengono in via di principio considerati legittimi in presenza del consenso della persona interessata e per finalità comunque riconducibili alla tutela della sua salute, intesa anche come «buon vivere». La finalità specificamente terapeutica, tuttavia, si presenta come condizione necessaria e sufficiente per effettuare interventi anche su persone che non si trovano nella condizione di manifestare il loro consenso, secondo lo schema ben noto della salvaguardia della vita. Ma questo schema si rivela insufficiente proprio nelle situazioni in cui l'inserimento nel corpo di dispositivi fa assumere a questo caratteri che, con grande approssimazione, possono definirsi post-umani. Nell'affrontare quest'ultimo problema possono convergere tecniche giuridiche diverse. Si deve certamente dare rilievo alla volontà espressa dalla persona quando, essendo pienamente capace, ha dichiarato di non voler accettare in alcun caso il ricorso a determinate tecnologie, secondo il modello ben noto delle dichiarazioni anticipate di trattamento. Ma compare anche la condizione della reversibilità dell'impianto che, nel caso della persona momentaneamente incapace, implica la possibilità, una volta recuperata la capacità, di decidere la rimozione dal corpo dal dispositivo precedentemente introdotto.

Il problema più impegnativo, tuttavia, è rappresentato dal fatto che l'impianto di un dispositivo può determinare forme di dipendenza permanente da una «macchina», che vanno al di là di quelle già ben conosciute e praticate. L'espressione «schiavi felici delle macchine» è ingannevole. Non è certo la dipendenza da un respiratore artificiale o da un pacemaker a incidere sulla condizione complessiva di autonomia della persona che, anzi, viene in questo modo salvaguardata attraverso la possibilità stessa della sopravvivenza. Il tema della schiavitù diventa concreto quando la macchina è lo strumento attraverso il quale un'altra persona è in grado di prendere decisioni al posto dell'interessato, governarlo dall'esterno, espropriarlo di autonomia e responsabilità. Si diventa così schiavi non della macchina, ma di una persona. La dipendenza vera dalla macchina non si realizza neppure quando questa viene programmata per sostituirsi alla persona in una quota più o meno rilevante di decisioni, ma solo se e quando ci si trovi in presenza di una vera macchina «pensante» al posto della persona. Solo a questo punto, allora, si entrerebbe nella «schiavitù», non si sa quanto felice, mettendo in discussione tutto ciò che la modernità ha apprestato per combatterla.

O il *continuum* persona-macchina costituisce un'entità nuova, non valutabile con le categorie del passato? Come si giunge, però, alla sua costruzione? È solo un nuovo involucro della persona, la frontiera estrema del suo «potenziamento» o siamo in presenza di una nuova specie?

La ricostruzione giuridica di questo *continuum* è stata finora affidata a strategie volte proprio ad evitare ogni riduzione in schiavitù e cercando, anzi, di rafforzare i diritti della persona. La linea seguita, da una parte, è stata quella di «annettere» alla persona l'apparato tecnologico di cui si serve, con una estensione a questo di prerogative dell'umano, che così potrebbe mantenerne il controllo e non trovarsi in una condizione di progressiva soggezione[60]. Questa linea è stata messa a punto in relazione ad apparati che, comunque, rimanevano estranei al corpo, mentre l'ulteriore elaborazione, riguardante gli impianti nel corpo, è stata affidata al già ricordato raccordo tra scelta dell'interessato e rispetto di una serie di principi. Poiché molti di questi principi, come quello di precauzione, sono stati elaborati proprio in relazione all'innovazione scientifica e tecnologica, al suo creare situazioni di incertezza e al suo proiettarsi nel futuro, il riferimento a essi dovrebbe essere conservato come metodo al quale ispirare i necessari interventi di una regola giuridica capace di mantenere fermo il riferimento ai diritti fondamentali.

La neuroetica

Autonomia, libertà, responsabilità trovano il loro punto più problematico quando la «macchina umana» viene considerata nella sua componente legata alle neuroscienze. È il cervello a occupare prepotentemente il centro della scena, proponendo non solo l'antica questione del libero arbitrio, ma una nuova concezione dello stesso cervello, divenuto più leggibile, protagonista di potenziamenti

[60] Cfr. *supra*, p. 317.

cognitivi, suscettibile di collegamenti con l'esterno, appunto con il mondo delle macchine – grazie alle interfacce già ricordate tra uomo e macchina, in particolare tra cervello e macchina, che ci conducono anche verso forme di integrazione tra le macchine e l'inconscio cognitivo. Tanto potente è considerato l'effetto trasformativo delle neuroscienze che si è avvertito il bisogno di un'etica particolare, appunto la neuroetica[61].

Per indicare sinteticamente alcune connessioni tra i temi assai complessi delle neuroscienze e alcune questioni qui sollevate, può valere un rapido riferimento alla stimolazione cerebrale profonda (DBS), una tecnica adoperata per intervenire su patologie neuropsichiatriche. Torna qui la questione già ricordata dell'ammissibilità di questo tipo di terapie anche quando non siano mirate a ristabilire una normalità compromessa da una patologia o da una menomazione, dunque come strumento di potenziamento delle prestazioni cerebrali. Si è osservato che «la DBS è [...] accettabile in fase sperimentale solo *se si riesce a dimostrare* che: a) si tratta dell'analogato dell'intervento farmacologico che accompagna la psicoterapia; b) non si tratta, analogamente al plagio, di un controllo del comportamento altrui»[62]. Mentre l'ultima conclusione appare generalizzabile, manifestandosi come proiezione del rispetto della dignità della persona e quindi della sua sottrazione al controllo esterno, più problematica si presenta l'affermazione precedente, anche se riferita al solo ambito della sperimentazione. Affermando la necessità dell'equivalenza del risultato tra intervento farmacologico e intervento tecnologico, da una parte si oscura il profilo della ricerca in campi in cui la farmacologia non produce alcun risultato o dà soltanto risultati marginali; e, dall'altra, può portare a escludere del tutto la

[61] Una presentazione comprensiva, e non ideologica, di questo tema è in Evers, *Neuroéthique* cit. Si vedano anche i i contributi nei volumi di V.A. Sironi e M. Di Francesco (a cura di), *Neuroetica. La nuova sfida delle neuroscienze*, Laterza, Roma-Bari 2011; e di V.A Sironi e M. Porta (a cura di), *Il controllo della mente. Scienza ed etica della neuromodulazione cerebrale*, Laterza, Roma-Bari 2011. La prospettiva filosofica è ben delineata da L. Boella, *Neuroetica. La morale prima della morale*, Cortina, Milano 2008. Per i profili giuridici A. Santosuosso (a cura di), *Le neuroscienze e il diritto*, Ibis, Pavia 2009; E. Picozza, D. Terracina, L. Capraro e V. Cuzzocrea, *Neurodiritto. Una introduzione*, Giappichelli, Torino 2011.

[62] E. Colombetti, *Etica delle neuroscienze*, in Sironi e Porta (a cura di), *Il controllo della mente* cit., p. 221.

prospettiva del potenziamento che, come si è visto, esige analisi in grado di mettere a fuoco situazioni assai diverse.

Vero è che proprio nelle neuroscienze la cautela deve essere massima[63]. Ma, in via generale, è sempre necessario individuare correttamente le modalità di tutela della persona. Quando, ad esempio, vennero pubblicati su «Nature» i risultati di una ricerca sui topi che individuava modalità di potenziamento dell'intelligenza che avrebbero potuto essere estese agli umani, diverse associazioni per la difesa dei diritti civili posero immediatamente il problema dell'eguaglianza nell'accesso a queste nuove opportunità, una volta ammessa la loro legittimità. Se, infatti, questa condizione non venisse rispettata, e l'accesso fosse riservato a gruppi privilegiati o solo a chi fosse in possesso di adeguate risorse finanziarie, si creerebbero le premesse per la più drammatica delle diseguaglianze. Non tornerebbe soltanto la cittadinanza censitaria, ma si istituzionalizzerebbe un vero e proprio «human divide». La negazione dell'accesso alle nuove «abilità» genererebbe nuove figure o categorie di disabili, sfidando le regole finora poste a loro tutela.

Le neuroscienze ci portano così nel cuore di questioni capitali riguardanti la persona, e la neuroetica si presenta come una vera «sfida sociopolitica»[64]. Le interfacce cervello-macchina non pongono soltanto nuove questioni per quanto riguarda l'accertamento di stati di coscienza in pazienti diagnosticati in stato vegetativo o di minima coscienza, con effetti che possono essere rilevanti quando si devono prendere decisioni riguardanti la fine della vita, investendo così il tema più generale dell'autodeterminazione[65]. Finiscono con il far emergere problemi che, al di là degli aspetti propriamente medici, giustificano le analisi filosofiche sul tema della coscienza, come già accade. Gli impianti nel cervello impongono riflessioni nuove sul tema della responsabilità individuale. Le categorie della individualità e del governo del sé devono essere riconsiderate, per evitare una erosione che può mettere in discussione la pienezza della persona.

[63] Si vedano le indicazioni in J.-P. Changeux, A.R. Damasio, W. Singer e Y. Christen, *Neurobiology of Human Values*, Springer, Berlin-Heidelberg 2005.

[64] Evers, *Neuroéthique* cit., pp. 189-202.

[65] Si veda l'ampia ricognizione di F.G. Pizzetti, *Libertà di autodeterminazione e protezione del malato nel «brain-computing interfacing»: un nuovo ruolo per l'amministratore di sostegno?*, in «Rivista critica del diritto privato», 1, 2011, pp. 31-59.

In questo vario trascorrere verso quello che vien detto il postumano, assistiamo comunque a una crescente visibilità della persona, scrutata nel profondo. La sfera privata trova nuovi e più incerti confini, penetrata com'è con le modalità più diverse, richiamando quel che scriveva Freud a proposito di un Io «non più padrone in casa propria»[66]. Una delle frontiere estreme dell'incidenza sul corpo delle innovazioni tecnologiche è rappresentata dal ricorso alle nanotecnologie, alle nanobiotecnologie in particolare. Penetrato dall'infinitamente piccolo, il corpo può subire una metamorfosi radicale, divenendo davvero una «nanomachine», un sofisticato sistema informativo che produce ininterrottamente dati estremamente analitici sulla sua condizione. La miniaturizzazione degli strumenti diagnostici, la loro presenza diretta nel corpo dell'interessato, la moltiplicazione dei parametri che possono essere utilizzati contemporaneamente, l'espansione dello spettro diagnostico e l'immensa accelerazione delle diagnosi determinano inevitabilmente una enorme crescita dei dati disponibili e immediatamente utilizzabili. Si crea così un nuovissimo «spazio interno», dove si pongono con caratteristiche inedite anche questioni tradizionali come quelle del diritto di sapere e di non sapere; dello screening individuale e di massa; dei soggetti che possono avere accesso ai dati prodotti attraverso le nanotecnologie; della natura stessa di tali dati, che possono presentare un grado di «sensibilità» anche maggiore di quello dei sensibilissimi dati genetici, riproponendo in modo ancor più tagliente i temi delle possibili discriminazioni. L'accettabilità sociale ed etica delle nanotecnologie dipenderà in buona parte anche dalla capacità di accompagnare la loro introduzione con il rafforzamento delle garanzie sostanzialmente affidate ai diritti fondamentali alla protezione dei dati personali[67].

Sviluppi tecnologici e principi democratici

Il convergere delle tecnologie pone dinanzi a noi non solo ipotesi apocalittiche, ma una serie di sviluppi la cui accettabilità dipende

[66] S. Freud, *Introduzione alla psicanalisi e altri scritti. 1915-1917*, in Id., *Opere*, a cura di C. Musatti, Bollati Boringhieri, Torino 1976, vol. VIII, p. 446.

[67] Si veda G. Guerra, *Regole e responsabilità in nanomedicina. Profili giuridici delle tecnologie biomediche avanzate*, Cedam, Padova 2008.

proprio dalla loro compatibilità con i diritti fondamentali e con i principi della democrazia.

Proprio il tema della democrazia s'incontra quando la tecnologia induce nella tentazione di «poter disporre di un servitore privo di ogni attributo morale»[68]. Non v'è più bisogno di far bere alcolici forti ai fanti prima di balzar fuori dalle trincee, visto che disponiamo di macchine sempre più sofisticate alle quali addossare il rischio bellico. Qui il post-umano si presenta con due volti. Quello che ci mostra la possibilità di salvare vite dei propri combattenti, spesso però facendo pagare un prezzo più elevato all'avversario tecnologicamente meno attrezzato, almeno fino a quando la parità delle armi tecnologiche non trasformerà la guerra in un terribile, e non meno cruento, videogame. Grazie all'impiego crescente di robot, si assiste così a un post-umano che assume propriamente il significato di un congedo dall'umano, dai principi e dalle regole che lo hanno accompagnato. Non basta, quindi, appellarsi a una «roboetica». La robotica militare deve essere sottoposta a norme ancor più stringenti di quelle del passato, che garantiscano la proporzionalità dei mezzi bellici adoperati e la loro, sempre relativa, compatibilità con il rispetto dell'umano. Se le tecnologie robotiche, e non esse soltanto, dovessero essere abbandonate a una pura logica di potenza, sostanzialmente non dissimile da quella che ha «deregolato» l'ambito dell'economia, si assisterebbe a un divorzio crescente tra umanità e democrazia, intesa nel suo carattere di regime politico dove l'impiego di qualsiasi mezzo non può essere separato dal rispetto di principi e di diritti fondamentali.

Il post-umano mette così a fuoco anche emergenti profili di responsabilità. Politica, quando sono gli stessi governi a farsene direttamente gestori, come accade nel caso appena ricordato della strumentazione bellica. Istituzionale, legata alla definizione del contesto, che non può essere affidata al confinamento entro il breve periodo, ma deve abbracciare tempi e soggetti futuri. Scientifica, legata soprattutto alla trasparenza e alla controllabilità della ricerca. Vi sono poi forme di responsabilità più agevolmente riconducibili alle categorie tradizionali: quella imprenditoriale, per i danni arrecati al vivente,

[68] C. Sini, *L'uomo, la macchina, l'automa. Lavoro e conoscenza tra futuro prossimo e passato remoto*, Bollati Boringhieri, Torino 2009, p. 19.

all'ambiente, oltre che a singole persone; quella professionale, per i danni derivanti dall'impiego di specifiche tecnologie. Ma il punto più delicato è rappresentato dai danni formalmente imputabili a specifici comportamenti di una persona che, tuttavia, ha visto la propria autonomia di decisione ridotta o condizionata da diverse forme di immedesimazione con il mondo delle macchine. Qui lo spettro può farsi molto largo: l'esclusione totale o parziale dalla responsabilità, come può accadere in materia penale; la condivisione della responsabilità, quando la persona è più o meno dipendente dal controllo altrui; l'integrale trasferimento della responsabilità a carico di chi ha assunto il controllo tecnologico della persona. Ma, al di là delle specifiche situazioni di responsabilità, ci addentriamo in un mondo in cui crescono le situazioni di controllo «condiviso», che strutturano i legami sociali attraverso complesse mediazioni tecnologiche.

Serve per tutto questo un settore del tutto nuovo della disciplina giuridica che stabilisca le modalità di regolamentazione delle innovazioni scientifiche e tecnologiche? La fuga nelle discipline di settore è un'antica abitudine dei giuristi di fronte al nuovo. Le dimensioni del post-umano esigono certamente regole misurate sulle esigenze di una innovazione che produce anche discontinuità. Ma questo non implica necessariamente una frammentazione. Il convergere delle tecnologie esige anche un convergere delle forme dell'intervento giuridico, soprattutto quando esse conoscono un punto comune di riferimento, rappresentato dalla persona e dal suo corpo. La tesi dell'autosufficienza, anzi dell'autoreferenzialità, delle tecnologie era stata avanzata fin dai primordi della rivoluzione elettronica, nel 1965, da un ricercatore della Rand Corporation, Paul Baran[69], ma questa tesi è stata clamorosamente smentita dall'impressionante corpus normativo riguardante questa materia, completamente integrato nei sistemi istituzionali. Per quanto riguarda il post-umano, lo sguardo unificante rimane ancora necessario, con la sua capacità di abbracciare l'insieme dei principi riguardanti la persona, e che questa non ha ancora perduto lungo la strada tecnologica. Anche quella che viene chiamata «Robolaw», che sembra marcare il massimo della distanza, incorpora principi che, sia pure problematicamente, la congiungono al sistema dei diritti fondamentali.

[69] P. Baran, *Communications, Computers and the People*, Rand Corporation, Santa Monica 1965.

Proprio uno sguardo sul mondo della robotica, sulle sue promettenti e inquietanti prospettive, sulle sue dinamiche pervasive e accelerate, consente di cogliere la caratteristica forse più significativa della vicenda che stiamo vivendo. Il diritto, e non solo, si trova a dover governare «stati di transizione». È una transizione variegata, che investe l'epistemologia e l'antropologia, il linguaggio e il diritto, il corpo e la mente, che può avere un esito di arricchimento dell'umano o un suo impoverimento determinato da logiche di standardizzazione, che disegna comunque un orizzonte culturale profondamente modificato, che può sconfinare, con le sue molteplici narrazioni, fin nei territori del magico[70]. Forse il post-umano è tutto questo, una transizione profonda che comunque dobbiamo vivere.

[70] È ricco di suggestioni in questa direzione un saggio di F. Scalzone e G. Tamburrini, *Human-Robot Interaction and Psychoanalysis*, in «Artificial Intelligence & Society», February 2012.

Capitolo XIV

Una rete per i diritti

Assenza di sovranità e invadenza dei poteri

L'universalità di Internet deve trovare una sua traduzione istituzionale, una sua «costituzione» che, dunque, spinga il suo complessivo assetto al di là di quella che viene definita come la sua necessaria *governance*? Può avere regole il mondo del Web – mobile, sconfinato, in continuo mutamento? Questi interrogativi accompagnano da sempre le discussioni sul futuro di Internet, e sono ormai proiettati oltre le ripulse iniziali, che avevano considerato come un attentato alla sua natura libertaria ogni ipotesi di arrivare appunto a regole, percepite come un inaccettabile vincolo. La libertà in sé della rete avrebbe consentito di riparare ogni smagliatura. Ma proprio i molti attentati alla libertà in rete, la prepotenza di troppi interessi, hanno via via mostrato che così non era. Le lezioni della realtà hanno avviato un'altra riflessione.

La grande metafora dello stare in rete è quella del «navigare». E proprio da qui hanno preso le mosse, e non da ieri, progettazioni e ripensamenti. Altre volte, nella storia, il diritto e le regole hanno dovuto abbandonare il tradizionale e rassicurante riferimento alla terra e fare i conti con realtà mobili, il mare in primo luogo. *Nomos* della terra e libertà dei mari sono il filo conduttore della ricerca di Carl Schmitt[1], e proprio al «diritto del mare» si sono rifatti in molti quando hanno dovuto affrontare le sfide istituzionali di Internet, tornando con la memoria alla costruzione, all'«estrazione» dall'esperienza di principi e regole che avrebbero consentito di avere un mare libero e sicuro. Nasceva così un diritto modellato sulla natura delle

[1] C. Schmitt, *Il nomos della terra nel diritto internazionale dello «Jus publicum europaeum»*, trad. it. di E. Castrucci, Adelphi, Milano 1991.

cose, liberato dalla soggezione a vecchi schemi, con nuovi e inediti protagonisti. Proprio Schmitt ci ricorda il ruolo dell'Inghilterra e dei suoi pirati, che «aprirono la strada alla nuova libertà dei mari, che era una libertà essenzialmente non statale».

Internet, il più grande spazio pubblico che l'umanità abbia conosciuto, la rete che avvolge l'intero pianeta, non ha sovrano. Nel 1996, John Perry Barlow apriva così la sua già ricordata *Dichiarazione d'indipendenza del cyberspazio*: «Governi del mondo industriale, stanchi giganti di carne e d'acciaio, io vengo dal Cyberspazio, la nuova dimora della mente. In nome del futuro, invito voi, che venite dal passato, a lasciarci in pace. Non siete benvenuti tra noi. Non avete sovranità sui luoghi dove ci incontriamo»[2].

Questa affermazione orgogliosa riflette il sentire di un mondo, di una sterminata platea in continua crescita fino agli attuali oltre due miliardi di persone, che si identifica con una invincibile natura di Internet, libertaria fino all'anarchia, coerente con il progetto di dar vita a una rete di comunicazione che nessuno potesse bloccare o controllare. Ma è pure un'affermazione che ha dovuto subire le dure repliche da una storia in continua accelerazione, da una cronaca che consuma.

Più Internet cresceva, acquistando così una rilevanza sociale e politica sempre maggiore, più si è fatta aggressiva la pretesa degli Stati di far valere le loro antiche prerogative, di continuare a considerare la rete come l'oggetto del desiderio delle sovranità esistenti. Ma nel mondo sconfinato questa pretesa è indebolita dalla «fine del territorio giacobino»[3], circondato da sicuri confini, governato da un unico centro. Sì che gli Stati nazionali cercano di far valere il potere, tutt'altro che residuale, di cui ancora dispongono, ma non possono stabilire una sovranità sul cyberspazio.

Questa distinzione tra una sovranità improponibile e un potere invadente mette in discussione una delle conseguenze che si ritenevano implicite nella negazione della sovranità – quella che potrebbe essere sintetizzata nell'affermazione della impossibilità, inutilità, illegittimità di qualsiasi regolazione di Internet. Una impostazione,

[2] Sono numerosissime in Internet le traduzioni italiane della *Dichiarazione* (alcune con testo originale a fronte).

[3] J.-P. Balligand e D. Maquart, *La fin du territoire jacobin*, Albin Michel, Paris 1990.

questa, che non conduce soltanto a una assoluta autoreferenzialità della rete, anzi alla conclusione, implicita ma evidente, che la rete non ha bisogno di stabilire relazioni perché essa comprende già tutte le relazioni possibili. Porta con sé anche una impostazione, più che ideologica, mitologica, sembra evocare la lancia di Achille e quella di Parsifal (tecnologie, dunque...), armi capaci di offendere e guarire, depositarie della virtù di rimarginare le ferite che esse stesse potevano aver inferto. Ma è proprio questa mitologia a essere smentita da una realtà nella quale non solo Internet è variamente oggetto di regolazione, ma soprattutto conosce violazioni continue di quello statuto di libertà che si riteneva poter essere affidato alla propria, esclusiva virtù salvifica.

I diritti politici della piazza virtuale

Quando oggi guardiamo alla realtà della rete, ci avvediamo di un lungo cammino percorso, che ha consentito di liberarsi da ingenuità, semplificazioni, forzature. Sull'orizzonte originario di Internet si staglia, nitido, il mito fondativo della democrazia: l'*agorà* di Atene. Nel villaggio globale, nell'immensa sua piazza virtuale, sarebbe stato possibile ricostruire le condizioni della democrazia diretta. Internet sarebbe così venuta in soccorso della morente democrazia rappresentativa e l'avrebbe traghettata sui lidi più sicuri di una democrazia «immediata». Questa, infatti, è la definizione più corretta dell'ipotesi che circolava in quegli anni: un sistema politico caratterizzato da referendum istantanei, da una consultazione permanente dei cittadini. Una «dining room» o «push-button democracy», una democrazia nella quale l'abitazione di ciascuno sarebbe stata trasformata in cabina elettorale e che avrebbe trovato la sua forma nella possibilità di consultazioni costruite intorno alla risposta con un sì o un no a domande poste da altri, comunque dall'alto[4]. In ciò si poteva ben cogliere una contraddizione, se non un tradimento, della logica della rete, la cui caratteristica saliente era rappresentata proprio dall'allontanarsi dalla struttura gerarchica tipica delle passate forme di comunicazione.

[4] Ho discusso questi temi in *Tecnopolitica. La democrazia e le nuove tecnologie della comunicazione*, nuova ed. accresciuta, Laterza, Roma-Bari 2004.

Non erano soltanto fantasie di studiosi, frettolose proiezioni nel futuro di quel che la rivoluzione elettronica prospettava come possibile, come soluzione già a portata di mano. Verso la metà degli anni Novanta, modellando il sistema politico secondo le suggestioni di Alvin Toffler, un politico statunitense, Newt Gingrich, proponeva il passaggio a un «Congresso virtuale» che avrebbe dovuto sostituire il Senato e la Camera dei rappresentanti, affidando a tutti i cittadini il diritto di decidere sulle leggi attraverso il voto elettronico. Ma quelli erano pure gli anni in cui si era consolidata una letteratura dedicata all'«assalto alla privacy», alla sua «morte», come segno del rischio concreto che le nuove tecnologie facevano correre a un diritto emblematico della condizione della persona. A una espansione dei diritti nella sfera pubblica veniva così contrapposta una loro riduzione nella sfera privata. *Orwell in Athens*[5] era il felice titolo di un libro che voleva cogliere non una schizofrenia, bensì una tensione permanente in tutti i sistemi democratici tra diffusione del potere e controlli sui cittadini, che la dimensione individuata dalle innovazioni tecnologiche disvela ed enfatizza in maniera particolarmente evidente. Si accentua così non la consapevolezza della natura bifronte della tecnologia, ma la schizofrenia tecnologica. Alle tecnologie dell'informazione e della comunicazione viene affidato il compito di costruire dal basso una nuova democrazia dei cittadini. Alle tecniche della sorveglianza viene affidato il compito di costruire dal basso il controllo capillare sui cittadini. Nella fase più recente queste dinamiche, anzi questi conflitti strutturali, sono stati bene illustrati dalle vicende riassunte nella formula delle «primavere arabe», a proposito delle quali è stato particolarmente sottolineato il ruolo giocato dalle reti sociali, mentre in altri paesi crescevano le iniziative volte a rendere sempre più stringenti i controlli sulle persone.

Proprio il passaggio dal Web 1.0 al Web 2.0, quello delle reti sociali, ha attribuito una dimensione nuova al rapporto tra democrazia e diritti. Si sono arricchite le possibilità di azione organizzata, non solo e non tanto dal punto di vista quantitativo, quanto piuttosto per la qualità dei soggetti che sono ormai in grado di articolare in modo nuovo le relazioni sociali e, insieme, di dar vita a forme variegate di

[5] W.B.H.J. Van de Donk, I.Th.M. Snellen e P.W. Tops (a cura di), *Orwell in Athens. A Perspective on Informatization and Democracy*, Ios Press, Amsterdam-Oxford-Tokyo-Washington (DC) 1995.

azione politica individuale e collettiva, sia riproducendo il modello delle manifestazioni pubbliche di massa, riservato in passato solo a grandi soggetti (partiti, sindacati, Chiesa), sia innovando profondamente proprio la presenza delle persone sulla scena pubblica. Continuando a usare sempre più intensamente la tecnologia, la vita esce dallo schermo e invade, in modo nuovo, l'intero mondo, ridefinisce la sfera pubblica e quella privata, e progressivamente disegna una redistribuzione dei poteri.

Ma questa è una vicenda cominciata prima che le reti sociali mutassero il panorama. Si può dire che la novità divenne visibile per tutti il 30 novembre 1999, a Seattle, in occasione della grande manifestazione contro il WTO, l'Organizzazione mondiale del commercio. Quella manifestazione non sarebbe stata possibile senza la rete, che mise in contatto gli attivisti e identificò le modalità dell'azione. Ma assunse significato e forza quando uscì dalla piazza virtuale e si materializzò in quella reale, nelle strade di Seattle, dove i manifestanti bloccavano i delegati e impedivano loro di raggiungere il Convention Center, luogo della riunione. E quel fatto divenne patrimonio comune quando le immagini vennero diffuse in tutti gli angoli del mondo da un mezzo «maturo», che veniva dal passato, la televisione generalista.

Una vicenda per molti versi analoga può essere ritrovata proprio nelle primavere arabe, nei fatti egiziani in particolare, anche se alcuni suoi protagonisti, gli stessi *bloggers*, hanno messo in evidenza il rischio di una sopravvalutazione del ruolo della rete, sottolineando come la rivolta fosse cominciata con manifestazioni di lavoratori, che certo non avevano la disponibilità di Twitter, e che il movimento era continuato anche dopo che Mubarak aveva bloccato le comunicazioni. La rete avrebbe avuto piuttosto il ruolo di diffondere il messaggio proveniente dalle manifestazioni popolari, mostrando quello che già stava avvenendo nel mondo reale. Questo rovesciamento dei ruoli, tuttavia, non ridimensiona il ruolo delle reti sociali. Ne mostra, piuttosto, le sfaccettature e, più che i limiti, le modalità con le quali si inseriscono nel contesto sociale. In sostanza, gli effetti politici delle iniziative in rete sono ancora fortemente dipendenti dal modo in cui esse si concretizzano nel mondo reale. Senza le centinaia di migliaia di persone presenti in piazza Tahrir, e decise a non abbandonarla fino al momento delle dimissioni di Mubarak, la caduta del regime non sarebbe avvenuta. Al tempo stesso, però, la forza di quella piazza si dimostrava sempre più nettamente legata alla sua permanente rappresentazione planetaria, garantita dall'intero sistema dei media.

Il mondo nuovo della rete, l'uso massiccio di Internet, dunque, non possono essere rappresentati come una discontinuità radicale, come l'entrata in una dimensione nella quale non si ritrovano più tracce del passato. Si può ben sostenere che stiamo vivendo una fase di transizione, dove il nuovo fatalmente deve convivere con il vecchio, di cui tuttavia trasforma il significato. Basta pensare a un fatto, comune ai più diversi paesi, che riguarda proprio quello che può essere chiamato il rapporto tra luoghi virtuali e luoghi reali. Accade sempre più spesso che l'attivismo in rete avvii pure una fase ulteriore, rappresentata proprio da riunioni «fisiche» tra le persone interessate. E, in generale, si deve sottolineare come le piazze, luogo storico della comunicazione politica, svuotate dalla televisione, siano state di nuovo riempite grazie appunto al ruolo giocato dalle reti sociali.

Questi dati di realtà mettono in evidenza «la relazione positiva tra partecipazione online e offline»[6]. Le tecnologie dell'informazione e della comunicazione, nelle loro variegate modalità, non emergono in una situazione di discontinuità radicale con i media tradizionali, di cui prendono il posto. «Si evolveranno piuttosto come parte di una creativa multipiattaforma di siti che congiungeranno le possibilità della televisione e l'indipendenza investigativa del giornalismo con la velocità, la grafica, l'interattività e la capacità di informazione aperta delle tecnologie dell'informazione e della comunicazione»[7].

Siamo così di fronte a una integrazione, particolarmente visibile nella sfera pubblica, tra vecchi e nuovi media, anzi a un gioco di rinvii destinato a presentarsi in forme continuamente rinnovate, e che approda inevitabilmente alla richiesta del riconoscimento di diritti. L'euforia immediatamente successiva alla caduta dei regimi autoritari nordafricani ha indotto molti attivisti a identificare questo successo con lo strumento che più visibilmente gli era stato associato, sì che si è chiesto che Facebook venisse riconosciuto come diritto fondamentale della persona. Un modo evidentemente ingenuo di affrontare la questione, e che tuttavia metteva in evidenza l'impos-

[6] C. Vaccari, *La politica online*, il Mulino, Bologna 2012, p. 238.

[7] J. Abramson, *Networks and Citizenship: Using Technology for Civic Innovation*, Aspen Institute, Washington (DC) 2012, p. 4.

sibilità di continuare a considerare le opportunità offerte dalla rete unicamente nella dimensione tecnologica e secondo la logica tutta autoreferenziale della rete stessa. Come si vedrà meglio più avanti, il modo corretto di affrontare temi come questo deve tener conto anche della possibilità di ritenere comprese nelle già esistenti garanzie costituzionali le nuove modalità d'azione offerte dalla rete. Nel caso di Facebook, ad esempio, si è opportunamente osservato che, invece di insistere sul riconoscimento di un autonomo diritto fondamentale, peraltro di difficilissima configurazione tecnica, il riferimento dovrebbe essere piuttosto rappresentato dalle norme costituzionali riguardanti il diritto di associazione e quello di riunione[8].

Accesso e cittadinanza

Attraverso la considerazione dei diritti fondamentali, già previsti o di cui si chiede il riconoscimento, si giunge così al tema della «cittadinanza digitale», per molti versi ancora nebuloso, ma che consente di ricondurre alla persona un insieme di situazioni che concorrono a definirne la condizione nel cyberspazio. Punto d'avvio di questa riflessione è il diritto di accesso a Internet, tuttavia inteso non solo come diritto a essere tecnicamente connessi alla rete, bensì come espressione di un diverso modo d'essere della persona nel mondo, dunque come effetto di una nuova distribuzione del potere sociale. Inadeguato, allora, si rivela il semplice riferimento al «servizio universale», che solitamente continua ad accompagnare queste discussioni, poiché si rischia di concentrarsi quasi esclusivamente sull'apparato tecnico da mettere a disposizione degli interessati. Il diritto di accesso, infatti, si presenta ormai come sintesi tra una situazione strumentale e l'indicazione di una serie tendenzialmente aperta di poteri che la persona può esercitare in rete.

Si è già ricordato che questo diritto viene sempre più largamente riconosciuto, sia pure con gradazioni e modalità diverse[9]. Non mancano, tuttavia, le discussioni, come quella che vede schierati su opposti fronti Vinton Cerf e Tim Berners-Lee, due tra i padri di In-

[8] In questo senso si è espresso un gruppo di esperti in occasione della riunione a Ginevra della Commissione dell'Onu per i diritti umani il 3 febbraio 2011. Nella Costituzione italiana il riferimento è agli artt. 17 e 18.

[9] Cfr. *supra*, pp. 111.

ternet e della rete, che mettono così in scena un confronto istruttivo. Cerf sostiene che non si potrebbe parlare di un autonomo «civil or human right» per l'accesso a Internet, perché i diritti riguardano solo i risultati da raggiungere (libertà di manifestazione del pensiero, in primo luogo), non la strumentazione tecnica utilizzabile. Ma l'equivoco è evidente, e nasce dalla confusione tra il diritto di «accesso» a Internet e Internet come un bene oggetto del diritto delle persone. Coglie meglio la sostanza del problema Berners-Lee, accostando l'accesso a Internet all'accesso all'acqua, nella prospettiva del rapporto tra persone e beni, con i relativi diritti come strumenti che consentono a ogni interessato di poter utilizzare concretamente beni essenziali per la sua esistenza.

In questo modo, la cittadinanza digitale non si presenta come «altra» rispetto all'idea di cittadinanza quale si è venuta consolidando nella fase più recente, che mette l'accento proprio sul patrimonio di diritti di cui la persona può concretamente disporre. Siamo piuttosto di fronte al fatto che questa idea di cittadinanza è per sua natura dinamica, accompagna la persona nel suo essere nel mondo e, di conseguenza, integra la sua dotazione di diritti tutte le volte che questo suo ampliamento viene sollecitato dall'incessante mutamento prodotto dall'innovazione scientifica e tecnologica, e soprattutto dalle dinamiche sociali che così si determinano.

Piuttosto ci si può chiedere se davvero il riconoscimento di un nuovo diritto, quello di accedere a Internet, sia necessario in sistemi che, come quello italiano, conoscono norme come l'art. 21 della Costituzione, che garantisce il diritto di manifestare liberamente il proprio pensiero «con la parola, lo scritto e *ogni altro mezzo di diffusione*». Si può aggiungere che l'art. 19 della Dichiarazione universale di diritti dell'uomo dell'Onu mette in evidenza il diritto di «cercare, ricevere e diffondere informazioni e idee attraverso ogni mezzo e senza riguardo a frontiere», modello, questo, che ritroviamo nell'art. 10 della Convenzione europea dei diritti dell'uomo e nell'art. 11 della Carta dei diritti fondamentali dell'Unione europea. Ma, pur dando il giusto rilievo a queste norme e all'ampia linea interpretativa che consentono, o addirittura impongono[10], è necessario mettere in

[10] Cfr. A. Pace e M. Manetti, *Rapporti civili. La libertà di manifestazione del proprio pensiero*, in *Commentario della Costituzione. Art. 21*, a cura di G. Branca e A. Pizzorusso, Zanichelli, Bologna-Roma 2006.

evidenza la specificità di Internet, che introduce una novità indiscutibile rispetto ai mezzi fino a ieri in uso, stampa e televisione in primo luogo, ma pure telefono e telegrafo.

Per quanto riguarda stampa e televisione, la possibilità di accesso trova un limite nella loro stessa natura, sì che il loro rapporto con le persone non può essere declinato in termini di diritto fondamentale, bensì unicamente come insieme di poteri specifici, azionabili in situazioni determinate. Nessuno può vantare il diritto di accedere alla stampa o alla televisione se non nei casi singoli dell'esercizio del diritto di rettifica o del diritto alla parità di trattamento televisivo in occasioni come le campagne elettorali. La previsione di una espressa garanzia costituzionale, nella forma di un diritto fondamentale, ci porta al di là di questi limiti e può divenire concreta solo quando la natura propria del mezzo corrisponde alla possibilità di ogni persona di utilizzarlo direttamente.

Questo è appunto il caso di Internet, e sono diverse le modalità tecniche attraverso le quali in diversi paesi si è dato riconoscimento al diritto di accesso. In Italia una modifica dell'art. 21 della Costituzione potrebbe avere la forma seguente: «Tutti hanno eguale diritto di accedere alla rete Internet, in condizioni di parità, con modalità tecnologicamente adeguate e che rimuovano ogni ostacolo di ordine economico e sociale»[11]. Questa formulazione può certamente essere discussa[12] e, più in generale, suscita alcuni interrogativi, che possono essere così riassunti. È una mossa inutile, poiché già le norme costituzionali vigenti comprendono questa ipotesi, come fa l'art. 21 parlando del diritto di manifestare liberamente il proprio pensiero con qualsiasi mezzo di diffusione? È una mossa inutile, perché già l'art. 53 del Codice delle comunicazioni elettroniche comprende il

[11] Ho formulato questa proposta in occasione dell'Internet Governance Forum Italia il 29 novembre 2010. Il testo è stato ripreso nel Disegno di legge costituzionale n. 2485 presentato il 6 dicembre 2010 al Senato della Repubblica d'iniziativa del senatore Di Giovan Paolo e altri. Nella versione originaria, rispecchiata dal citato disegno di legge, la proposta era formulata come art. 21-bis della Costituzione. Alcune persuasive osservazioni mi hanno indotto a ritenere che sia preferibile collocare l'eventuale modifica come emendamento all'art. 21: si veda G. Azzariti, *Internet e Costituzione*, in «Politica del diritto», 3, 2011, in particolare pp. 374-375.

[12] Innumerevoli i contributi, spesso soltanto d'occasione, sul tema. Per l'Italia si possono vedere gli scritti assai significativi contenuti nel volume curato da M. Pietrangelo, *Il diritto di accesso a Internet*, Edizioni Scientifiche Italiane, Napoli 2011.

servizio universale? È una proposta riduttiva, perché nella sostanza considera solo il «digital divide», le diseguaglianze in rete? È una iniziativa pericolosa, perché modifica proprio quella prima parte della Costituzione che si vuole difendere da ogni attacco?

Da un punto di vista generale, si può osservare che una iniziativa in materia, quale che sia la forma che può assumere, connette la discussione italiana con quella che si sta svolgendo a livello globale, nella quale si rispecchia proprio la specificità di Internet. Il fatto, poi, che in Italia si possa già fare riferimento a norme costituzionali o ordinarie non è considerazione per sé risolutiva. Si manifestano, infatti, continue iniziative che considerano Internet come un territorio dove si possa liberamente intervenire, e la debole o nulla tutela nei confronti di queste è giustificata dai giudici anche con l'inesistenza di una specifica garanzia costituzionale.

Toccare la Costituzione? Bisogna intendersi. Quando si è modificato l'art. 51, per promuovere le pari opportunità tra donne e uomini, nessuno ha manifestato preoccupazioni, perché in questo modo si sviluppava la logica propria della prima parte della Costituzione. Esattamente il contrario delle pericolose iniziative che vorrebbero cancellare il riferimento al lavoro dall'art. 1, liberare il mercato dall'obbligo di rispettare sicurezza, libertà, dignità, e simili regressioni culturali e civili. La proposta di una integrazione dell'art. 21, invece, va proprio nella direzione di ribadire e espandere i principi costituzionali riguardanti l'eguaglianza e la libera costruzione della personalità. Non a caso alcune sue espressioni vengono dritte dall'art. 3.

Non solo una proposta sul «digital divide», dunque. Anzi, l'apertura verso un diritto a Internet rafforza indirettamente, ma in modo evidente, il principio di neutralità della rete e la considerazione della conoscenza in rete come bene comune, al quale deve essere sempre possibile l'accesso. Per questo è necessario affermare una responsabilità pubblica nel garantire quella che deve ormai essere considerata una componente della cittadinanza, dunque una precondizione della stessa democrazia. E, in questo modo, si fa emergere anche l'inammissibilità di iniziative censorie.

La questione, dunque, non è affatto marginale, né può essere valutata solo come un affare interno di singoli Stati, manifestando invece proprio una delle peculiarità della rete – un gioco continuo di rinvii, interazioni, connessioni, che attribuisce a ciascuna iniziativa la capacità di contribuire alla costruzione di una trama comune, grazie alla quale le iniziative locali si rafforzano e possono individuare più generali linee di sviluppo. Si colgono così non le peculiarità di una cittadinanza digitale separata, ma l'intima attitudine di questa a contribuire incessantemente alla definizione/costruzione di quel complessivo patrimonio di diritti che si proietta al di là d'ogni luogo, e che appunto chiamiamo cittadinanza, senza aggettivi.

Due sono le implicazioni più dirette di un riconoscimento dell'accesso a Internet come diritto fondamentale. La prima riguarda il tema generale del rapporto tra rete e strumentazione giuridico-istituzionale, che viene così liberata dal sospetto permanente di interferenza indebita e di controllo esterno e ricondotto, invece, all'opposta logica della garanzia della libertà della rete, e dei soggetti che agiscono in essa, oltre che della salvaguardia delle sue capacità «generative», della sua permanente attitudine all'innovazione.

Più specificamente, ed è questa la seconda e più diretta implicazione, l'esistenza di un diritto fondamentale porta con sé non solo un limite all'esercizio del potere censorio, ma un ben più sostanziale vincolo per tutto ciò che riguarda gli interventi pubblici relativi alla possibilità stessa di utilizzare la rete. Obbedendo alle pressioni esercitate soprattutto dalle grandi società che distribuiscono musica e film, la tutela del diritto d'autore è stata convertita in normative che prevedono, con premesse e modalità diverse, la disconnessione da Internet di coloro i quali scaricano illegalmente contenuti dalla rete. Questa sanzione è stata variamente criticata, anche dal punto di vista dell'efficienza e dell'economicità, e una significativa mobilitazione internazionale ha indotto il Parlamento europeo a votare contro il Trattato Acta, che prevedeva appunto sanzioni particolarmente pesanti. Ma qui interessa metterne in evidenza soprattutto l'effetto rappresentato dalla riduzione della cittadinanza, poiché siamo di fronte a un meccanismo di esclusione che, tra l'altro, contrasta con il crescente trasferimento in rete di una serie di attività da parte degli stessi poteri pubblici. Internet, infatti, sta diventando il luogo dove concretamente si svolgono rapporti significativi tra cittadini e Stato, non solo per quanto riguarda la disponibilità di informazioni, ma per la stessa possibilità di accedere a servizi e per adempimenti amministrativi. Essere esclusi da questo circuito incide direttamente sull'esercizio dei diritti.

Le stesse dinamiche che governano la rete, dunque, individuano nel diritto fondamentale all'accesso a Internet una condizione necessaria per il mantenimento della democraticità di un sistema. Non a caso, nelle conclusioni di un recente rapporto presentato all'Assemblea generale dell'Onu, si afferma che, «essendo Internet diventato uno strumento indispensabile per rendere effettivo un gran numero di diritti fondamentali, per combattere la diseguaglianza e per accelerare lo sviluppo e il progresso civile, la garanzia di un accesso universale a Internet deve rappresentare una priorità per tutti gli Stati»[13].

Siamo di fronte a una regola che riguarda il potere in generale, non solo il potere in rete. Proprio per questo grandi sono le resistenze, continui i conflitti. Molti tra i governi che hanno inneggiato al ruolo democratico giocato dalla rete nelle primavere arabe, quando hanno dovuto adottare lo stesso metro di giudizio all'interno dei loro Stati, si sono mostrati reticenti, non hanno rinunciato a operare un ben noto slittamento dalle tecnologie della libertà alle tecnologie del controllo, ricorrendo largamente a queste ultime per imbrigliare dinamiche politiche, sociali e culturali, per sorvegliare e punire. Le primavere sono dolci solo quando sono le primavere degli altri.

Neutralità e anonimato

La resistenza contro il diritto fondamentale all'accesso a Internet, come contro ogni diritto fondamentale, ha la sua profonda ragione nella consapevolezza che, sia pure nella forma più lieve, ogni diritto introduce un vincolo. E il potere, ogni potere, soffre i vincoli, vuole liberarsene. La vicenda della rete mette a nudo appunto le relazioni di potere e i conflitti che esse generano nella dimensione del cyberspazio, obbligando a un ripensamento di categorie che sembravano consolidate e a una elaborazione di principi nuovi.

[13] F. La Rue, *Report of the Special Rapporteur on the promotion and protection or the right to freedom of opinion and expression*, United Nations, General Assembly, Human Rights Council, Seventeenth Session, 16 May 2011, A/HRC/17/27, p. 22. Questo punto di vista è stato ribadito in una dichiarazione congiunta del relatore dell'Onu e dei rappresentanti dell'Organizzazione per la sicurezza e la cooperazione in Europa (Osce), dell'Organizzazione degli Stati americani (Oas) e della Commissione africana per i diritti umani e dei popoli (Achpr), dove si ribadisce il principio per il quale l'accesso ad Internet «impone agli Stati l'obbligo di promuovere l'accesso universale» come strumento indispensabile per il godimento di una serie di diritti, sì che la sua limitazione può essere ammessa solo in casi eccezionali e sempre tenendo conto che si incide su un diritto fondamentale.

Tra questi ultimi assumono rilievo particolare quello della neutralità e quello che considera la conoscenza in rete come bene pubblico globale, principi tra loro strettamente connessi. La neutralità della rete trova il suo fondamento nell'eguaglianza e consiste nel divieto di ogni discriminazione riguardante i dati e il traffico su Internet, che sia basata sul mezzo adoperato, sui contenuti, su caratteristiche delle persone, sull'origine e la destinazione di contenuti, servizi, applicazioni. La neutralità si presenta così come una precondizione perché il diritto di accesso a Internet non venga sostanzialmente svuotato, impedendo, attraverso una censura «di mercato» esercitata dagli intermediari, che taluni soggetti o contenuti possano contribuire alla costruzione del bene globale della conoscenza. A questa libertà «in entrata», tuttavia, deve essere affiancato un accesso che vada oltre la mera connessione tecnica e consenta la disponibilità effettiva e libera della conoscenza disponibile in rete. Altrimenti, come già si è detto, l'accesso rischia di trasformarsi in una chiave che apre una stanza vuota.

Le conseguenze sul terreno dei diritti sono rilevanti. La libertà dell'imprenditore in rete incontra due specifici limiti, che discendono proprio dalle caratteristiche della dimensione nella quale si trova a operare. Il primo è legato alla neutralità della rete e consiste nel divieto di ogni discriminazione. Il secondo muove dalla considerazione della conoscenza in rete come bene comune e vigila affinché questo bene non venga più o meno direttamente trasformato in merce. Entrambi fanno emergere un conflitto tra logica dei diritti e logica del mercato.

Si può tuttavia osservare che esistono anche diritti dell'imprenditore, così come devono essere presi in considerazione i diritti dell'autore di fronte a un uso della rete che ne consente la violazione nella forma solitamente definita come «pirateria». Ma queste sono obiezioni destinate a cedere non di fronte a una cieca e prepotente forza delle cose, bensì tenendo nel giusto conto, una volta di più, quelle che sono le proprietà della rete. Il cyberspazio non può consentire forme di occupazione più o meno selvaggia da parte di alcuni tra i soggetti che lo frequentano: in questo senso, l'orgogliosa *Dichiarazione d'indipendenza*, che vuole allontanare da esso ogni pretesa egemonica[14], conserva un suo significato, a condizione che non rimanga

[14] Cfr. *supra*, pp. 347 e 379.

prigioniera dell'autoreferenzialità e colga l'importanza di affidare l'indipendenza a una adeguata garanzia di tipo costituzionale, qual è appunto quella assicurata da diritti fondamentali. Il diritto d'autore, per parte sua, non può essere pietrificato in una versione storica che gli impedisce di incontrare una realtà in continuo cambiamento, e così rende sempre più deboli le stesse difese tradizionali e genera pure inefficienza economica. L'attenzione, allora, deve essere rivolta alla ricerca di nuove strade, per trovare adeguati equilibri tra gli interessi in gioco, tenendo comunque fermo il riferimento a una rete che incarna una nuova dimensione del sapere.

Diritto di accesso e neutralità della rete, infatti, sono gli strumenti necessari per rendere possibile il «contributo creativo»[15] di una platea sterminata di soggetti che guardano alla conoscenza in rete come a una continua, interminata costruzione collettiva, sottratta alla regola del profitto e così volta verso l'apertura di spazi «comuni» sempre più larghi, di «non-market commons»[16]. Il diritto di accesso, dunque, riguarda sia la conoscenza «in uscita», quella che ciascuno può attingere dalla rete; sia quella «in entrata», prodotta appunto da tutti coloro che la accrescono con il loro intervento. Processi, questi, che devono essere analizzati senza trionfalismi, considerando pure le forme di sfruttamento che sono la faccia neppure tanto oscura di una «economia del gratuito», dove imprese private si appropriano del valore creato dalle pratiche di una molteplicità di soggetti, mortificando così proprio la dimensione dei diritti, quelli del lavoro in primo luogo[17]. La contraddizione diviene evidente: la difesa dei diritti degli autori tradizionali viene perseguita, mentre i «nuovi» autori vengono espropriati dei frutti del loro lavoro, con una forma di sfruttamento cognitivo che può assumere tratti di una nuova lotta di classe, che ci consente di cogliere una volta di più il senso e la portata della lotta per i diritti.

In questa sua versione complessiva, che ne rivela le molteplici sfaccettature, il diritto fondamentale all'accesso sintetizza le modalità dello stare in rete, e ne individua le condizioni. Se, allora, si torna

[15] Analizza bene questo punto P. Aigrain, *Sharing. Culture and Economy in the Internet Age*, Amsterdam University Press, Amsterdam 2012.

[16] Ivi, in particolare pp. 130-137.

[17] È la critica radicale di C. Formenti, *Felici e sfruttati. Capitalismo digitale e eclissi del lavoro*, Egea, Milano 2011.

all'accesso in entrata, emerge con nettezza il profilo della censura che, considerando quel che è scritto nell'art. 19 della Dichiarazione universale dei diritti dell'uomo dell'Onu, viola il diritto di cercare e ricevere informazioni. In questo articolo, tuttavia, si parla anche del «diffondere» informazioni, diritto che può essere violato non solo con forme vecchie e nuove di censura, ma negando il diritto all'anonimato, soprattutto nei casi in cui la conoscenza di chi sia l'autore dell'informazione può procurare danno a lui stesso o a altre persone. È così, ad esempio, per il dissidente politico, rifugiatosi in un altro paese, la cui identità disvelata può portare a persecuzioni e minacce, estese anche alla cerchia dei familiari, degli amici. L'anonimato si presenta così come una precondizione della libertà di manifestazione del pensiero, sì che non può essere considerato soltanto come una componente dello statuto del rifugiato, ma come un elemento costitutivo della versione digitale della cittadinanza, con i temperamenti resi necessari quando, ad esempio, si è di fronte alla necessità di tutelare le persone dalla diffamazione in rete. Il valore generale dell'anonimato e dello pseudonimo in rete è confermato dalla constatazione che solo così è possibile sottrarsi a interferenze nella propria vita che si traducano in aggressioni particolarmente gravi, in discriminazioni, molestie, limitazioni della libertà di espressione, esclusione da circuiti comunicativi.

Negli ultimi tempi, tuttavia, due grandi poteri della rete, Google e Facebook, e alcuni Stati autoritari, la Cina in primo luogo, hanno scelto la strada della «real name policy», subordinando l'accesso alla dichiarazione della propria identità. Da qui sono nati conflitti, «nymwars» (parola composta da «pseudonym» e «war»), che hanno messo in evidenza tensioni non risolvibili attraverso l'imposizione unilaterale dell'obbligo di dare il proprio nome. Sono necessarie distinzioni, come quella tra anonimato e pseudonimo, poiché a quest'ultimo si può voler ricorrere non per falsificare la propria identità, ma perché corrisponde a un riconoscimento sociale più forte di quello legato ai dati anagrafici. È indispensabile dare rilevanza alle situazioni di rischio in cui la persona può trovarsi nel caso di rivelazione dell'identità in rete. Soprattutto non si può prescindere dalle caratteristiche proprie della rete, dal senso sociale e politico assunto dall'essere in rete, dalle possibilità offerte dal frequentare questo spazio pubblico.

Può non sorprendere la propensione al controllo da parte di poteri pubblici che si manifesta anche in Stati democratici. È rivelatore, invece, il fatto che gli stessi soggetti che strutturano la rete vogliano tenere comportamenti che prescindono proprio dall'irriducibilità della rete agli altri spazi pubblici prima conosciuti. Concepita come area di diritti, di comunicazione personale e sociale, di partecipazione politica, la rete esige non il ritorno alle tecniche giuridiche tradizionali, qual è appunto quella che impone in ogni caso di dare «contezza di sé», ma la definizione di strategie istituzionali adeguate alla sua natura. Anche se si vuol dare il giusto rilievo alla necessità di identificazione nei casi in cui una persona riceva un danno dal comportamento altrui o ci si trovi in presenza di comunicazioni giudicate socialmente inaccettabili, per linguaggio o contenuti, questo obiettivo può essere raggiunto senza imporre una generale trasparenza obbligata.

Si è parlato, ad esempio, di un «anonimato protetto», riferendosi al fatto che la persona non è identificabile in rete, ma fornisce il suo nome a chi garantisce l'accesso, nome al quale tuttavia si può risalire solo in casi eccezionali, eventualmente attraverso il filtro dell'autorità giudiziaria. Ora, a parte ogni altra valutazione, questa tecnica entra in conflitto con le pretese avanzate in nome dell'ordine pubblico e del funzionamento del mercato, rivelando quale sia l'interesse vero che sta alla base della politica del «real name». Anonimato e pseudonimo impediscono a Google e Facebook di acquisire le informazioni più appetibili, che sono quelle risultanti dalla possibilità di associare a persone reali i dati riguardanti gusti, abitudini, comportamenti, relazioni, producendo così profili spendibili sul mercato. Si vuole, quindi, rimuovere questo ostacolo, avviando però una inammissibile espropriazione di diritti delle persone presenti in rete.

Sostenere che questa pretesa è legittimata dal fatto che proviene da soggetti privati, operanti secondo la logica economica, è argomento debole, proprio perché la rete ha assunto dimensioni sociali tali da escludere che in essa possano agire poteri arbitrari e incontrollati. Inoltre, una volta riconosciuto l'accesso a Internet come diritto fondamentale, ne discende anche un potere della persona di determinare, o di contribuire a determinare, le modalità concrete di esercizio di questo suo diritto. Ancora: la volontà dichiarata di impedire la circolazione di materiali ritenuti inammissibili, individuando immediatamente la sua fonte, investe di un potere censorio planetario soggetti privati che non hanno alcuna legittimazione democratica. Infine, l'associazione tra ordine pubblico e totale trasparenza identitaria ripropone il tema della trasformazione della società dell'informazione in società del controllo.

Una volta individuati limiti e ragioni effettive delle politiche di «real name», bisogna aggiungere che esistono modalità tecniche per risalire agli autori dei comportamenti ritenuti inammissibili e che la pretesa di conoscere tutti i dati identificativi di una persona contrasta con il principio di minimizzazione, con il diritto della persona di selezionare tra i propri dati e di comunicare solo quelli strettamente necessari per l'acquisto di un bene o la fornitura di un servizio. A chi obietta come sia assai difficile, o addirittura impossibile, operare il riconoscimento in via indiretta, perché vi sono efficaci tecniche di occultamento dell'identità, si può rispondere che proprio la pretesa dell'identificazione totale spinge verso la ricerca di vie per sottrarsi al diktat della rivelazione integrale e in ogni caso dei dati identificativi. Questo si traduce in scelte individuali o nella creazione di soggetti collettivi, di gruppi di persone senza nome che, come Anonymous[18], aggirano con «strategie da bracconiere», con una vera guerriglia tecnologica, gli ostacoli imposti e aprono strade adeguate all'effettività dei diritti in rete.

Dimensioni della vita privata

Questo insieme di intrecci, queste continue connessioni tra situazioni diverse, forniscono una concreta conferma della indivisibilità dei diritti. I diritti in rete non sono gerarchizzabili, perché è la rete stessa che rifiuta le gerarchie, e così promuove una cittadinanza sempre più «orizzontale». Che è cosa diversa, evidentemente, dai dislivelli di potere che lì si riproducono, assumendo forme anche più violente di quelle tradizionali, pur nell'apparente loro neutralizzazione nella sfera della virtualità.

Proprio per quest'ultima ragione diventa più forte l'appello ai diritti, e alla loro costruzione a ridosso delle nuove situazioni determinate dall'innovazione scientifica e tecnologica. Lo stare in rete appartiene ormai alla cittadinanza, e contribuisce a determinarne i caratteri. Ma questa presenza continua in una dimensione innervata dalle tecnologie trasforma la persona, può farla divenire il docile

[18] A. Beccaria, *Anonymous. Noi siamo legione*, Aliberti, Reggio Emilia 2012.

oggetto di poteri altrui, che non sono soltanto quelli delle diverse agenzie di sorveglianza, che esercitano un controllo su ogni comportamento classificato come appartenente a una delle tante, possibili forme di devianza. I nuovi poteri sono quelli che riducono la persona a oggetto, dal quale vengono continuamente estratte, con le tecniche più diverse, tutte le possibili informazioni, non solo per le tradizionali, anche se sempre più dilatate, forme di controllo, ma sempre più intensamente per costruire profili e identità, per stabilire nessi e relazioni, di cui ci si serve soprattutto per finalità economiche, per ritagliare dalla persona quel che interessa il mercato.

Non siamo però di fronte a una persona virtuale, contrapposta a quella reale. È questo inedito intreccio che ci restituisce la persona concreta quale risulta dal suo attuale modo d'essere nel mondo, in una dimensione nella quale la rete gioca un ruolo di cui devono essere considerate le peculiarità. Lo schermo, sul quale la persona proietta la sua vita, non è più soltanto quello del personal computer, si è enormemente dilatato, tende a coincidere con l'intero spazio della rete. Ma l'entrata in questo spazio non può essere accompagnata da una perdita di diritti, che porta a considerare la persona come «vittima consapevole», perché sua è la decisione di collocarsi in quella dimensione. Si può abbandonare questa condizione, recuperare libertà e autonomia?

Se l'accesso al nuovo mondo del cyberspazio deve essere disegnato, come già si è visto, secondo il modello di un diritto, anche l'uscita da esso esige una analoga, adeguata considerazione, perché il governo del sé in rete possa davvero svolgersi in modo da garantire la persona nella sua integralità. Il cambiamento è stato colto quando ci si è resi conto che la tradizionale nozione di privacy, come diritto a essere lasciato solo, non era più in grado di comprendere una dimensione così profondamente mutata. La sua costruzione originaria, infatti, riproduce lo schema della proprietà privata, che esclude gli altri, all'interno della quale nessuno può legittimamente penetrare. «My home, my castle». Ma la rivoluzione elettronica ha trasformato la nozione stessa di sfera privata, divenuta sempre più intensamente luogo di scambi, di condivisione di dati personali, di informazioni la cui circolazione non riguarda più soltanto quelle in uscita, di cui altri possono appropriarsi o venire a conoscenza. Interessa anche quelle in entrata, con le quali altri invadono quella sfera, in forme sempre più massicce e indesiderate, e così la modificano continuamente.

Da qui hanno preso le mosse le due dinamiche che hanno mutato il senso sociale della privacy, non più ancorata soltanto al criterio dell'esclusione dell'altro, ma trasformata e rafforzata dal diritto di seguire le proprie informazioni ovunque esse si trovino; opporsi alle interferenze. Questi diversi criteri non si escludono reciprocamente. Si integrano nell'allargare e rafforzare le modalità di tutela della sfera privata, e la loro successione cronologica rivela il tentativo di un progressivo adeguamento ai mutamenti determinati dalle tecnologie dell'informazione e della comunicazione, per contrastarne gli effetti sul terreno del controllo e della classificazione delle persone. Si è così prodotto un mutamento qualitativo. Nata come diritto dell'individuo borghese a escludere gli altri da ogni forma di invasione della propria sfera privata, la tutela della privacy si è sempre più strutturata come diritto d'ogni persona al mantenimento del controllo sui propri dati, ovunque essi si trovino, così riflettendo la nuova situazione nella quale ogni persona cede continuamente, e nelle forme più diverse, dati che la riguardano, sì che la pura tecnica del rifiuto di fornire le proprie informazioni implicherebbe l'esclusione da un numero crescente di processi sociali, dall'accesso alle conoscenze, dalla fornitura di beni e servizi.

Questo passaggio dall'originaria nozione di privacy al principio della protezione dei dati, elaborato soprattutto nell'ambito europeo, corrisponde anche a un mutamento profondo delle modalità di invasione nella sfera privata. Rispetto ai tradizionali e sostanzialmente limitati casi di violazione del diritto alla privacy, oggi le occasioni di violazioni o di semplici interferenze nella sfera privata accompagnano quasi ogni momento della nostra vita quotidiana, continuamente «monitorata», tenuta sotto osservazione, implacabilmente registrata. Cediamo informazioni, lasciamo tracce quando ci vengono forniti beni e servizi, quando cerchiamo informazioni, quando ci muoviamo nello spazio reale o virtuale. Questa gran massa di dati personali, raccolta su scala sempre più larga e fatta circolare intensamente, modifica la conoscenza e l'identità stessa delle persone, spesso conosciute soltanto attraverso il trattamento elettronico delle informazioni che le riguardano.

Anche se è eccessivo, e persino pericoloso, dire che «noi siamo i nostri dati», è tuttavia vero che la nostra rappresentazione sociale è sempre più affidata a informazioni sparse in una molteplicità di banche dati, ed ai «profili» che su questa base vengono costruiti, alle simulazioni che permettono. Siamo sempre più conosciuti da soggetti pubblici e privati attraverso i dati che ci riguardano, in forme che possono incidere sull'eguaglianza, sulla libertà di comunicazione, di espressione o di circolazione, sul diritto alla salute, sulla condizione di lavoratore, sull'accesso al credito e alle assicurazioni, e via elencando. Divenute entità disincarnate, le persone hanno sempre di più bisogno di una tutela del loro «corpo elettronico».

Proprio da qui nasce l'invocazione di un *habeas data*, sviluppo di quell'*habeas corpus* dal quale si è storicamente sviluppata la libertà personale. Si mette così in evidenza come forme adeguate di tutela esigano piena consapevolezza delle relazioni di potere implicate dalla dimensione della sorveglianza, e si aggiunge anche che l'appello alla privacy può fornire solo risposte individualizzanti, in sé limitate[19].

La questione è essenziale, ma la risposta non può essere affidata soltanto, o principalmente, alla costruzione di un'etica della sorveglianza. Proprio l'intensità e la pervasività dei fenomeni obbligano a considerare gli altri strumenti disponibili, per evitare, appunto, che la sorveglianza si svolga fuori d'ogni controllo istituzionale. In questo momento storico, il termine «privacy» sintetizza appunto un insieme di poteri che, originati dall'antico nucleo del diritto a essere lasciato in pace, si sono via via evoluti e diffusi nella società proprio per consentire forme di controllo sui diversi soggetti che esercitano la sorveglianza. L'esistenza di questo contropotere diffuso contribuisce a escludere la piena legittimazione sociale ed istituzionale dei sorveglianti.

Questa più complessa dimensione può essere colta, e valorizzata, solo se si prendono le mosse dall'arricchirsi della nozione di privacy, del suo sviluppo come diritto all'autodeterminazione informativa, del sempre più marcato suo configurarsi piuttosto come diritto alla protezione dei dati personali. Nella Carta dei diritti fondamentali dell'Unione europea il «diritto alla protezione dei dati personali» (art. 8) viene riconosciuto come diritto autonomo, separato dunque da quello «al rispetto della propria vita privata e familiare» (art. 7). La distinzione non è solo di facciata. Nel diritto al rispetto della vita privata e familiare si manifesta soprattutto il momento individualistico, il potere si esaurisce sostanzialmente nell'escludere interferenze altrui: la tutela è statica, negativa. La protezione dei dati, invece, fissa

[19] D. Lyon, *La società sorvegliata*, trad. it. di A. Zanini, Feltrinelli, Milano 2001.

regole ineludibili sulle modalità del loro trattamento, si concretizza in poteri d'intervento: la tutela è dinamica, segue i dati nella loro circolazione. I poteri di controllo e d'intervento, inoltre, non sono attribuiti soltanto ai diretti interessati, ma vengono affidati anche a una autorità indipendente (art. 8.3): la tutela non è più soltanto individualistica, ma coinvolge una specifica responsabilità pubblica. Siamo così di fronte anche a una redistribuzione di poteri sociali e giuridici.

Proprio l'analisi dal punto di vista dei poteri, e dei soggetti che ne sono titolari, permette di individuare le modalità attraverso le quali si costruisce oggi la sfera privata, intesa qui come l'insieme delle informazioni riferite a una determinata persona. Tornano allora, con particolare evidenza, le questioni della biografia e dell'identità. Le prime perché sono appunto i dati biografici a costituire il riferimento per l'individuazione degli oggetti da garantire di fronte ai tentativi di appropriazione e di manipolazione che, evidentemente, condizionano pesantemente la libera costruzione della personalità, il pieno governo del sé. Per quanto riguarda l'identità, di cui già si sono considerati diversi aspetti, emerge con particolare nettezza il profilo della rappresentazione sociale della persona. Le risposte istituzionali si ritrovano a diversi livelli, che possono essere così schematizzati: blocco della possibilità stessa di produrre determinate categorie di dati personali; circolazione limitata o controllata di dati; intervento dell'interessato sui dati raccolti; cancellazione di ciò che è stato raccolto anche in forme legittime. Siamo di fronte a una strategia integrata, affidata a strumenti diversi, che tuttavia hanno il loro comune fondamento nel riconoscimento alla persona del diritto di seguire i dati ovunque essi si trovino, potendo così continuare a governarli.

Dittatura dell'algoritmo e prerogative della persona

La nozione di sfera privata ingloba così l'insieme dei dati personali, davvero senza confini, poiché il potere di controllo dell'interessato non è precluso dal fatto che determinate informazioni si trovino attualmente nella disponibilità altrui. L'esercizio di questo potere è affidato anche qui a un diritto di accesso, che l'interessato può esercitare nei confronti di chiunque detenga dati a lui riferibili direttamente o indirettamente. E la categoria dell'accesso si presenta come struttura unificante, che rende concreto l'esercizio dei poteri attribuiti alla persona in una molteplicità di situazioni, dall'entrata nella rete al rapporto con le diverse categorie di beni comuni, al permanente controllo del sé elettronico.

Partendo dal primo dei livelli prima indicati, il rapporto tra la persona e le tecnologie viene affidato al potere dell'interessato di impedire la raccolta dei dati, rendendo «silenzioso il chip» e impedendo che siano «tracciate» le attività in rete. Convergenti nella finalità, questi due strumenti corrispondono a situazioni diverse. Si è già ricordato che cosa significhi «il diritto a rendere silenzioso il chip»[20], che descrive appunto la possibilità di disattivare il chip, contenuto in un badge o in qualsiasi altro dispositivo che la persona porti con sé o che si trovi nella sua auto o nella sua abitazione, interrompendo così la trasmissione di dati a un determinato soggetto. La funzione «do not track» (non registrare i miei percorsi) consiste nel mettere a disposizione degli interessati uno strumento che impedisca a chiunque di seguirli mentre visitano pagine Web, registrando le loro abitudini di navigazione e utilizzando i dati così raccolti per finalità di controllo, pubblicità, costruzione di profili tramite algoritmi.

Ma questa attribuzione alla persona di un potere diretto di impedire la raccolta di dati che la riguardano, pur significativa, non può essere considerata «la» soluzione di una delle questioni più impegnative del nostro tempo – la progressiva, e per alcuni irresistibile, spoliazione tecnologica delle sue prerogative. Rendere silenzioso il chip o impedire il tracciamento solo nelle apparenze restituiscono autonomia e controllo del sé a una persona che continuamente si misura non con una astrazione tecnica, ma con poteri che incidono direttamente sulla sua vita. Si crea così una ulteriore asimmetria, un dislivello di potere che non si può colmare con interventi che obbligano l'interessato a una continua attenzione e a una continua necessità di accompagnare gesti abituali e quotidiani, quali sono ormai quelli legati all'ordinario navigare in rete o al portare con sé una carta elettronica, con un supplemento di azioni che possono sembrargli pure fastidiose, inutili.

È questo il limite di tutte le tecniche di *opting-out*, del «chiamarsi fuori», che affidano la garanzia dei dati personali alla sola vigilanza

[20] Cfr. *supra*, p. 331.

dell'interessato, tenuto a una interminata serie di atti difensivi, mentre dall'altra parte i signori delle informazioni, già in condizione di esercitare sugli utenti varie forme di pressione, possono limitarsi a una attesa che consente loro di beneficiare di una situazione che, per ragioni di tempo o di insufficiente informazione, induce alla passività. Diverso è il peso che i diritti appena ricordati, quello di rendere silenzioso il chip e quello di non essere tracciati, assumono quando sono parte di un contesto istituzionale che non si affida soltanto a un inadeguato o ingannevole potere individuale, ma individua esso stesso i limiti e le condizioni che devono essere rispettati da parte di chi ha la possibilità di impadronirsi delle persone attraverso una sistematica raccolta delle informazioni che le riguardano.

La costruzione di questo contesto può muovere da una mossa radicale, che capovolge l'impostazione ricordata con il passaggio dall'*opt-out* all'*opt-in*. Questo vuol dire che la legittimità della raccolta è subordinata alla volontà precedentemente dichiarata dalla persona di volerla accettare. Ma davvero un generale o specifico «I would prefer not to» può mettere al riparo dal potere altrui? O, di nuovo, siamo di fronte alle trappole del consenso, con la persona isolata che non può misurarsi con il potere di chi le chiede un preventivo e generale consenso come condizione necessaria per ottenere merci o servizi, o addirittura il lavoro?

Proviamo, allora, a uscire dal gioco semplificato del sì o del no. L'art. 26 del Codice in materia di protezione dei dati personali stabilisce che «i dati sensibili possono essere oggetto di trattamento solo con il consenso scritto dell'interessato e previa autorizzazione del Garante». La volontà dell'interessato, dunque, non basta a rendere legittima la raccolta, ma deve essere integrata da quella di un soggetto pubblico, al quale è affidato il compito di valutare l'ammissibilità sociale della raccolta da parte di privati di questa particolare categoria di dati personali (per i soggetti pubblici è necessaria una norma di legge) e di compensare con la propria volontà la «debolezza» di chi si trova di fronte a richieste che incidono profondamente sulla sua personalità. È necessario sottolineare, infatti che i dati sensibili sono quelli che riguardano la salute e la vita sessuale, le opinioni e l'appartenenza etnica o razziale, con una elencazione analoga a quella che si trova nelle norme riguardanti i casi di discriminazione. Siamo così di fronte a qualcosa che eccede la semplice tutela della vita privata e si pone come presidio della stessa eguaglianza tra le persone.

Ben più intensa si fa la garanzia quando si struttura come insieme di principi che individuano i limiti dell'attività di raccolta. Si va da divieti veri e propri, com'è appunto quello che riguarda la possibilità di tracciare i percorsi di chi naviga in Internet, alla restrizione della raccolta ai soli dati strettamente necessari per lo svolgimento di determinate attività, pertinenti e proporzionati alla finalità da raggiungere. L'evoluzione legislativa, che ha beneficamente contagiato anche un paese come gli Stati Uniti lungamente ostile a regolare questa materia, comincia a comprendere anche l'obbligo dei raccoglitori delle informazioni di non consentirne l'accesso a determinate categorie, quali possono essere i datori di lavoro (e qui torna la questione della non discriminazione) o chi vuole utilizzare i dati per la pubblicità (e qui torna la questione della riduzione della persona a consumatore). Più in generale si può dire che si assiste a una estensione dei principi di prevenzione e di precauzione nelle materie che investono direttamente la vita delle singole persone, coerentemente con l'origine di questi principi, strettamente legata proprio all'insieme degli effetti prodotti dalle innovazioni scientifiche e tecnologiche.

Una di queste cautele riguarda il rapporto tra dati raccolti e decisione, dunque la relazione che si istituisce tra la persona e il potere dei detentori delle informazioni. La direttiva europea 95/46 sulla protezione dei dati personali dà una indicazione di particolare importanza. Il suo art. 15, infatti, stabilisce che «gli Stati membri riconoscono a ogni persona il diritto a non essere sottoposta a una decisione che produca effetti giuridici o abbia effetti significativi nei suoi confronti fondata esclusivamente su un trattamento automatizzato di dati destinati a valutare taluni aspetti della sua personalità, quali il rendimento professionale, il credito, l'affidabilità, il comportamento, ecc.». Questo principio, sia pure con qualche variazione e attenuazione, è accolto dall'art. 14 del Codice in materia di protezione dei dati personali, e consente una riflessione più generale sulla necessità di sottrarre la persona alla «dittatura dell'algoritmo», emblema di una società della spersonalizzazione, nella quale scompare la persona del decisore, sostituito appunto da procedure automatizzate; e scompare la persona in sé considerata, trasformata in oggetto di poteri incontrollabili.

Decisioni importanti o solo apparentemente minori, scelte rilevanti per l'economia e per la stessa vita quotidiana, sono sempre più intensamente affidate a procedure automatizzate, a software messi a punto grazie a modelli matematici che, riducendo o eliminando del tutto l'intervento umano, dovrebbero rendere più rapide e affidabili molteplici operazioni e ridurre i loro rischi. Ma proprio il ricorso massiccio agli algoritmi, agli «scambi ad alta frequenza», è stato denunciato come una delle cause della grande crisi finanziaria del 2008. Uno dei padroni del mondo, Google, basa la sua potenza appunto sull'algoritmo che raccoglie, seleziona, stabilisce gerarchie tra le informazioni alle quali un numero sempre crescente di persone attingono le loro conoscenze. L'incessante produzione di profili individuali, familiari e di gruppo, dunque la costruzione della nostra identità individuale e sociale, è affidata ad algoritmi, così come i calcoli presuntivi dei nostri consumi sulla base dei quali vengono definite le bollette da pagare.

Questo confidare negli algoritmi ne determina una presenza sempre più pervasiva, che sembra non conoscere confini, giustificando il parlare di una società che essi contribuiscono a definire nelle sue nuove e significative caratteristiche. L'algoritmo disegna le modalità di funzionamento di larghe aree delle nostre organizzazioni sociali, e così redistribuisce poteri. Incarna anzi le nuove forme del potere e ne modifica la qualità. E tutto questo suscita diverse domande. Saremo sempre più intensamente alla mercé delle macchine? Quali sono gli effetti su libertà e diritti, quali le conseguenze sullo stesso funzionamento democratico di una società?

Alle tecnologie dell'informazione e della comunicazione, infatti, è stata attribuita una virtù, quella di rendere la società più trasparente proprio per quanto riguarda la possibilità di controlli diffusi sul potere, su qualsiasi potere. Ma quando l'algoritmo diviene il fondamento stesso del potere esercitato da un soggetto, com'è nel caso assai enfatizzato di Google, e tutto ciò che lo riguarda è avvolto dalla massima segretezza, allora siamo davvero di fronte alla nuova versione degli *arcana imperii*, che non tutelano soltanto l'attività d'impresa, ma si impadroniscono, direttamente o indirettamente, della vita stessa delle persone.

Come convivere, allora, con l'algoritmo, anzi con le molteplici forme che questa tecnica assume, con le reti neurali, con l'«autonomic computing», con tutto ciò che affida alla tecnologia la costruzione della nostra identità e così produce nuove, spesso invisibili, gerarchie sociali e insedia «l'algoritmo al potere»?[21] Non lo sappia-

[21] F. Antinucci, *L'algoritmo al potere*, Laterza, Roma-Bari 2009.

mo, ma è possibile che, quando telefoniamo a un call center e ci sentiamo rispondere di «rimanere in linea per non perdere la priorità acquisita», siamo già nelle mani di un algoritmo che ci ha classificati come clienti poco interessanti e ci fa attendere all'infinito, mentre è fulminea la risposta per il «buon» cliente. Nella vita quotidiana s'insinua il germe di nuove discriminazioni, nasce il cittadino non più libero, ma «profilato», prigioniero di meccanismi che non sa o non può controllare[22].

Nella società dell'algoritmo svaniscono garanzie che avrebbero dovuto mettere le persone al riparo dal potere tecnologico, dall'espropriazione della loro individualità da parte delle macchine. Tornano qui le questioni ricordate a proposito delle decisioni automatizzate, e diviene rilevante il diritto di conoscere la «logica applicata nei trattamenti automatizzati dei dati», anch'esso riconosciuto da direttiva europea 95/46 e dalle legislazioni nazionali. Queste norme ci ricordano una volta di più che il mondo dei trattamenti delle informazioni personali non può essere senza regole e che il ricorso all'algoritmo non può divenire una forma di deresponsabilizzazione dei soggetti che lo adoperano.

Sono state messe sotto accusa le «macchine», che non possono difendersi e così diventano un comodo capro espiatorio. Ma l'imputazione impersonale del potere a una entità esterna non può divenire la via per esercitare un potere senza responsabilità. Certo, l'algoritmo è uno strumento per razionalizzare procedure, calcolare variabili altrimenti difficili da governare, sottrarre decisioni importanti a pressioni improprie. E tuttavia porta con sé anche una difficoltà riguardante l'ampiezza delle variabili da considerare, i caratteri imprevedibili degli accadimenti, quella variabilità storica che ha indotto a dire che «un cavallo non corre mai due volte» per sottolineare i rischi delle scommesse sul futuro. E se questo è vero per il sistema finanziario internazionale, lo è ancora di più quando le decisioni riguardano le persone, diverse l'una dall'altra, collocate in contesti diversi, irriducibili a schemi, da rispettare nella loro unicità.

Questa consapevolezza ormai diffusa dovrebbe indurre a adottare almeno il «principio di precauzione» e a costruire un adeguato

[22] In particolare, M. Hildebrandt e S. Gutwirth (a cura di), *Profiling the European Citizen. Cross-Disciplinary Perspectives*, Springer, New York 2008.

contesto istituzionale, oggi assai debole anche perché le norme ricordate sono aggirate o ignorate, evitando che il rapporto sempre più importante tra l'uomo e la macchina venga governato solo dalla logica economica. Quando la relazione tra i poteri pubblici e privati e le persone viene basata su di un ininterrotto «data mining», sulla raccolta senza limiti di qualsiasi informazione che le riguardi, e affidata poi all'algoritmo, le persone sono trasformate in astrazioni, la costruzione della loro identità viene sottratta alla loro consapevolezza, il loro futuro affidato al determinismo tecnologico. Tutto questo incide sui diritti fondamentali, mette in discussione la libera costruzione della personalità e l'autodeterminazione, imponendo così di chiedersi se e come la società dell'algoritmo possa essere democratica.

Un diritto all'oblio

Le altre forme o livelli di garanzia riguardano la permanenza delle informazioni già raccolte. In un Regolamento sulla protezione dei dati personali pubblicato il 25 gennaio 2012 dalla Commissione europea si traggono le conclusioni di una ormai lunga e diffusa riflessione su questo tema e, all'art. 16, si disciplina il «diritto all'oblio» e alla cancellazione dei dati personali. Emerge così, nel nuovissimo mondo della rete, un tema antico.

Dalla cancellazione alla imposizione. Ieri la *damnatio memoriae*, oggi l'obbligo del ricordo. Che cosa diviene la vita nel tempo in cui «Google ricorda sempre»? L'implacabile memoria collettiva di Internet, dove l'accumularsi d'ogni nostra traccia ci rende prigionieri d'un passato destinato a non passare mai, sfida la costruzione della personalità libera dal peso d'ogni ricordo, impone un continuo scrutinio sociale da parte di una infinita schiera di persone che possono facilmente conoscere le informazioni sugli altri. Nasce da qui il bisogno di difese adeguate, che prende la forma della richiesta di diritti nuovi – il diritto all'oblio, il diritto di non sapere, di non essere «tracciato», di «rendere silenzioso» il chip grazie al quale si raccolgono i dati personali.

Si è già ricordato che la cancellazione della memoria, l'oblio forzato sono antiche tecniche sociali, come testimoniano l'istituto della *damnatio memoriae* o l'Editto di Nantes, che ci indicano nella liberazione dalle tossine del ricordo la via verso il ritorno alla normalità sociale.

Rovesciata questa impostazione con l'esperienza delle commissioni per la verità e la riconciliazione e l'affermazione di un diritto alla verità, la vera *damnatio*, per le persone, è ormai rappresentata dalla conservazione, non dalla distruzione della memoria. Che cosa diventa la persona quando viene consegnata alle banche dati e alle loro interconnessioni, ai motori di ricerca che rendono immediato l'accesso a qualsiasi informazione, quando le viene negato il diritto di sottrarsi allo sguardo indesiderato, di ritirarsi dietro le quinte, in una zona d'ombra?

Questa domanda è occasionata da un cambiamento tecnologico, ma illustra un mutamento antropologico. Non a caso si parla di persona «digitale», disincarnata, tutta risolta nelle informazioni che la riguardano, unica e «vera» proiezione nel mondo dell'essere di ciascuno. Non un «doppio» virtuale, dunque, che si affianca e accompagna la persona reale, ma la rappresentazione istantanea di un intero percorso di vita, un'espansione senza limiti della memoria sociale che condiziona la memoria individuale. Il mutamento di qualità della memoria sociale nasce dapprima con la creazione di banche dati sempre più gigantesche, che rendono possibile la raccolta di tutte le informazioni disponibili, i loro collegamenti, la loro massiccia diffusione. Ma il vero cambiamento si ha quando Internet fa sì che quelle informazioni siano accessibili a tutti attraverso motori di ricerca che le «indicizzano», le organizzano e le rendono suscettibili non solo di più diffusa conoscenza, ma di rielaborazioni continue.

Si crea così un contesto che neutralizza le modalità che storicamente avevano consentito il sottrarsi a una sorta di dittatura implacabile della memoria sociale. Limitate, fino a ieri, le possibilità di raccolta delle informazioni; ardua o impossibile una loro conservazione totale; lontani o difficilmente accessibili gli archivi; ristrette le opportunità di una diffusione su larga scala. In alcuni casi, in particolare quello americano, vi era poi il contrappeso della «frontiera», dimensione non soltanto fisica come ci ha ricordato Frederick Turner[23], ma luogo d'ogni opportunità e di rinascita della persona libera dal passato. E poi la possibilità di scomparire, cambiando nome, immergendosi nella «folla solitaria» delle metropoli[24].

[23] F.J. Turner, *La frontiera nella storia americana* [1920], trad. it. di L. Serra, il Mulino, Bologna 1959.

[24] D. Riesman, *La folla solitaria* [1948], trad. it. di G. Sarti, il Mulino, Bologna 1999.

Tutto questo è oggi cancellato dalla «tracciabilità» consentita dalle raccolte di massa delle informazioni, dal fatto che la folla non è più solitaria, ma «nuda», restituita a una realtà nella quale ogni individuo è scrutato, schedato, ricondotto a una misura che lo rende riconoscibile e riconosciuto. Sembra scomparire l'antica alternativa intorno alla quale tanti si sono affaticati. La memoria come accumulo di esperienza e saggezza o peso insostenibile del quale liberarsi? L'oblio come condanna o come risorsa? Se pure vi fosse un fiume Lete dove abbeverarsi, per cancellare ogni ricordo, Internet rimarrebbe lì, implacabile, con la «sua» memoria che si imporrebbe alla nostra. Infatti, mentre la velocità dei tempi e dei cambiamenti, il vivere in un eterno tempo presente sembrano trascinare tutto verso l'oblio, la memoria della rete è invece lì, sempre pronta a far riemergere qualsiasi cosa.

Qui è la ragione di una discussione sul «diritto all'oblio» che si diffonde in ogni luogo[25]. Liberarsi dall'oppressione dei ricordi, da un passato che continua a ipotecare pesantemente il presente, diviene un traguardo di libertà. Il diritto all'oblio si presenta come diritto a governare la propria memoria, per restituire a ciascuno la possibilità di reinventarsi, di costruire personalità e identità affrancandosi dalla tirannia di gabbie nelle quali una memoria onnipresente e totale vuole rinchiudere tutti. Il passato non può essere trasformato in una condanna che esclude ogni riscatto. Non a caso, già prima della rivoluzione tecnologica, era prevista la scomparsa da archivi pubblici di determinate informazioni trascorso un certo numero di anni. La successiva «vita buona» era considerata ragione sufficiente per vietare la circolazione di informazioni relative a cattivi comportamenti del passato. Soprattutto negli Stati Uniti le leggi prevedono minuziose casistiche riguardanti le attività economiche, tanto che dopo quattordici anni non si può dare notizia neppure d'una bancarotta fraudolenta. Ombra protettrice di Max Weber, con l'etica protestante a dare una mano a chi, benedetto dal successo negli affari, doveva considerarsi assolto da ogni precedente peccato, liberato appunto dalle scorie d'un passato che non rappresentano più la persona quale è effettivamente divenuta?

[25] M. Mezzanotte, *Il diritto all'oblio. Contributo allo studio della privacy storica*, Edizioni Scientifiche Italiane, Napoli 2009.

Nelle regole di oggi, rinvenibili nei paesi più diversi, si va dal diritto della persona di chiedere la cancellazione di determinate informazioni al potere di impedirne la stessa raccolta; al divieto di conservare i dati personali oltre un tempo determinato e di trasmetterli a specifiche categorie di persone (i datori di lavoro, ad esempio); all'obbligo di predisporre meccanismi di «privacy by design», affidando la tutela a strumenti tecnologici che provvedono alla cancellazione automatica di determinate informazioni dopo un certo tempo dalla loro raccolta. E si prospettano ipotesi radicali: la cancellazione della gran parte delle informazioni dopo dieci anni, una *tabula rasa* che consentirebbe a ciascuno di ripartire liberamente da zero e riscatterebbe la persona dalla servitù d'essere considerata come semplice produttore d'informazioni. Soluzioni estreme, e in definitiva non praticabili, ma che sottolineano come la dinamica del vivere, la libera costruzione della personalità si oppongano per se stesse alla vischiosità d'un passato costruito come incancellabile e disponibile per un numero crescente di soggetti.

Il punto chiave sta nel rapporto tra memoria individuale e memoria sociale. Può il diritto della persona di chiedere la cancellazione di alcuni dati trasformarsi in un diritto all'autorappresentazione, alla riscrittura stessa della storia, con l'eliminazione di tutto quel che contrasta con l'immagine che la persona vuol dare di sé? Così il diritto all'oblio può pericolosamente inclinare verso la falsificazione della realtà e divenire strumento per limitare il diritto all'informazione, la libera ricerca storica, la necessaria trasparenza che deve accompagnare in primo luogo l'attività politica. Il diritto all'oblio contro verità e democrazia? O come inaccettabile tentativo di restaurare una privacy scomparsa come norma sociale, secondo l'interessata versione dei nuovi padroni del mondo che vogliono usare senza limiti tutti i dati raccolti?

Internet deve imparare a dimenticare, si è detto, anche per sfuggire al destino del Funes di Borges, condannato a tutto ricordare[26]. La via di una memoria sociale selettiva, legata al rispetto dei fondamentali diritti della persona, può indirizzarci verso l'equilibrio necessario nel tempo della grande trasformazione tecnologica.

[26] J.L. Borges, *Funes, o della memoria* [1942], in Id., *Finzioni: la biblioteca di Babele*, trad. it. di F. Lucentini, Einaudi, Torino 1967, pp. 97-105.

La rivoluzione digitale: quale redistribuzione del potere?

Seguendo la trama dei diritti, si individuano con chiarezza forme, modalità, strutture dei poteri effettivi in quella che sbrigativamente viene definita come società dell'informazione e della comunicazione e che, più propriamente, si presenta come società della conoscenza, dove il già ricordato rapporto tra memoria individuale e memoria sociale rivela impreviste sfaccettature, com'è avvenuto quando sono stati resi pubblici migliaia di documenti riservati degli Stati attraverso Wikileaks. La riposta memoria degli Stati è stata svelata, la trasparenza ha guadagnato spazi e, di nuovo, la narrazione dei diritti si fa discorso sul potere.

A chi chiedeva la prova regina sull'esistenza della globalizzazione, Wikileaks ha dato la risposta. Di un'altra globalizzazione, però. Quella che non nasce dalla potenza transnazionale dei soggetti economici, ma ha le sue radici nella diffusione planetaria dei diritti, accompagnata da nuovi e più impegnativi problemi. Attraverso la rete, informazioni sull'esercizio del potere da parte degli Stati hanno raggiunto ogni angolo del mondo, sono divenute accessibili a milioni di persone. La formula della conoscenza come «bene comune», vitale per la democrazia, si è fatta concreta. Tutto questo era nelle cose, nelle potenzialità e nelle pratiche già esistenti in rete, che ora hanno trovato una gigantesca esplosione, e hanno innescato un processo di controllo diffuso sull'esercizio del potere che sta generando una molteplicità di siti votati appunto a fornire tutte le informazioni di cui riescono a entrare in possesso. Ma una trasparenza così totale e abbagliante non rischia di travolgere, insieme, la riservatezza talora necessaria per una buona azione di governo e la privacy delle persone? Domanda legittima, e ineludibile, ma alla quale non si può rispondere con le categorie del passato. Non siamo di fronte a questioni d'ordine pubblico, ma a nuove forme di distribuzione del potere.

Qual è, anzitutto, il destino degli *arcana imperii* al tempo di Wikileaks?[27] Questa domanda rimbalza da un punto all'altro del mondo da quando è stata resa pubblica una gran massa di dispacci diplomatici dell'amministrazione americana. La via per trovare la risposta è indicata da un titolo del «Guardian»: «La rivoluzione è cominciata – e sarà digitale». Una rivoluzione annunciata, che non sarà arrestata da

[27] V. Sorrentino, *Il potere invisibile. Il segreto e la menzogna nella politica contemporanea*, Dedalo, Bari 2011, in particolare, per un riferimento a Wikileaks, pp. 21-22.

deprecazioni o dall'arresto di qualche responsabile della fuga dei documenti o della loro diffusione. Troppe reazioni palesano arretratezza culturale, ritardi politici, contraddizioni clamorose, incomprensione di che cosa sia la rete, quali le sue dinamiche e i suoi effetti. E allora bisogna partire da una analisi della sua vera natura, dall'intreccio tra rottura e continuità che in essa si manifesta, dal nuovo contesto politico e sociale, dalla incessante ridefinizione di che cosa sia trasparenza. In sintesi: a quale redistribuzione del potere siamo di fronte?

Fughe di notizie riservate, rivelazioni di documenti segreti non sono una novità. Quel che cambia è la scala, la dimensione del fenomeno: la circolazione planetaria di masse ingenti di dati ha fatto divenire assai agevole il «cercare, ricevere, diffondere» informazioni. Sono le parole della Dichiarazione universale dei diritti dell'uomo dell'Onu sulla libertà di espressione. E l'art. 21 della nostra Costituzione sottolinea come tutti abbiano diritto alla libera manifestazione del pensiero con qualsiasi «mezzo di diffusione». Questi principi valgono anche nel mondo nuovo della tecnologia digitale, ci ricordano che il tema è quello della tutela di una libertà preziosa, informare e essere informati, non a caso indicata dalla Corte europea dei diritti dell'uomo come uno dei fondamenti della democrazia.

Lo scandalo è Wikileaks o l'incomprensione e l'inconsapevolezza degli Stati nell'affrontare lo «tsunami digitale» che già caratterizza il tempo presente e sempre più disegnerà il futuro? È stata colta l'opportunità tecnologica per far crescere quasi senza limiti la raccolta delle informazioni e la loro conservazione in banche dati sempre più gigantesche. Ma questo mondo è troppo spesso governato da una cultura assai simile a quella degli antichi archivi, protetti dalle loro stesse caratteristiche fisiche – carta, schede, dischi – che rendevano difficile l'accesso e la circolazione delle informazioni raccolte. E invece le informazioni sono divenute sempre più facilmente reperibili, alla portata di molti, accessibili a distanza, agevoli da divulgare. Basta ricordare che l'accesso a SipriNet, il database del Dipartimento di Stato dal quale provenivano i dispacci divulgati da Wikileaks, è permesso, con modalità varie, a due milioni e mezzo di persone. Questa nuova dimensione della documentalità, sulla quale insiste Maurizio Ferraris[28], non è stata colta, soprattutto nei suoi effetti politici e sociali. Una sorta

[28] M. Ferraris, *Documentalità. Perché è necessario lasciar tracce*, 2ª ed., Laterza, Roma-Bari 2010.

di delirio di onnipotenza dei gestori delle banche dati ha impedito di rendersi conto che crescevano, insieme, trasparenza e vulnerabilità. La funzionalità di questi database, infatti, è strettamente legata alla loro connessione, alla condivisione, alla possibilità di ampi e molteplici accessi. Ma soprattutto non si è avvertito che lì si stava depositando un nuovo sapere sociale, della cui importanza e utilizzabilità erano consapevoli più i cittadini che i detentori delle informazioni.

Questo solo fatto redistribuiva potere, ed era evidente che una così inedita opportunità prima o poi sarebbe stata colta. Bastava prestare l'orecchio al rumore sociale presente in rete, dove si sono moltiplicati i siti che rendono pubbliche anche informazioni riservate, la cui fonte è molto spesso costituita da persone ben inserite nei luoghi ai quali le informazioni si riferiscono. Considerata la sterminata dimensione del mondo in cui questi fenomeni si manifestano, coincidente con l'intero pianeta, e la moltitudine di persone che lo abitano, v'era solo da attendere il momento in cui si sarebbe passati da una scala abbastanza ridotta a una globale. Quel momento è venuto.

Stiamo davvero vivendo un cambio di paradigma. E gli effetti indesiderati non si affrontano con gli esorcismi o con l'eterna riduzione di problemi sociali e politici ad affare d'ordine pubblico. L'«emergenza» Wikileaks farà sicuramente aumentare la sicurezza fisica e logica delle banche dati, si intensificherà la caccia al divulgatore o all'hacker di turno. Ma un nuovo mondo è lì, e non può essere rimosso. Al di là delle personalizzazioni, e delle discutibili modalità con le quali le informazioni vengono diffuse, siamo di fronte a un fenomeno che coinvolge ormai decine di migliaia di persone. E questo vuol dire che il modello è destinato a diffondersi, a divenire un elemento stabile nel panorama sociale. Non è un caso che un giornale autorevole come il «New York Times», uno dei quotidiani immediatamente prescelti per la diffusione dei documenti di Wikileaks, abbia a sua volta deciso di creare un suo sito proprio per ricevere documenti riservati di fonte anonima, da utilizzare poi nell'ordinaria sua attività d'informazione. Al Jazeera ha lanciato la sua «Transparency Unit», un servizio che permette a chi abbia materiali riservati di riversarli in rete in modo sicuro e anonimo. LocalLeaks è stata lanciata dalla City University di New York per raccogliere materiali riservati da passare poi a 1400 quotidiani locali. Il modello Wikileaks è divenuto il riferimento per una molteplicità di soggetti. Di fronte a questa situazione in movimento le strategie politiche e istituzionali devono essere diverse, irriducibili alla logica della semplice repressione, svincolate dall'illusione di restaurare gli *arcana imperii*. Come si dice? Nulla sarà come prima.

È bene che sia così. Commentando la diffusione di documenti sulla guerra in Iraq da parte di Wikileaks, Antonio Cassese ne sottolineava il valore etico, perché faceva conoscere l'inammissibile ricorso alla tortura, con la sua negazione dell'umano prima ancora della violazione dei principi minimi della democrazia. Davvero questo tipo di documentazione «alle genti svela/di che lagrime grondi e di che sangue» la politica di potenza. Possiamo rinunciare a una così importante trasparenza, o dobbiamo considerare benvenute le tecnologie che la permettono?

Ma, al di là della tutela del segreto, si è giustamente osservato che vi sono rivelazioni che, pur benemerite nel loro contenuto generale, possono includere dettagli tali da mettere a rischio diritti fondamentali o la vita stessa delle persone. Qui si coglie un aspetto importante di questa vicenda, con una significativa congiunzione tra vecchio e nuovo mondo della comunicazione. Wikileaks ha affidato selezione e diffusione delle informazioni a cinque grandi quotidiani, i cui giornalisti si sono impegnati, oltre che in un controllo dell'attendibilità delle notizie, proprio nel compito di evitare che la pubblicazione dei documenti mettesse a rischio vite umane o fonti giornalistiche, né rivelasse materiali tali da compromettere operazioni in corso. Vale la pena di leggere il saggio che Bill Keller, ex direttore del «New York Times», ha dedicato ai suoi rapporti con i diversi soggetti interessati dall'operazione Wikileaks, in particolare con il Dipartimento di Stato, proprio per individuare una gerarchia delle notizie da rendere pubbliche o da mantenere riservate[29]. La vecchia stampa, data per morta, mette la sua autorevolezza al servizio del nuovo Internet. Pure le rivoluzioni, lo sappiamo, hanno bisogno di una certa continuità, non perdono del tutto i contatti con l'Ancien régime. E questa funzione della stampa di «certificare l'attendibilità» può diventare ancora più importante quando si tratta di informazioni e documenti di cui sia dubbia l'origine o la veridicità dei contenuti.

Wikileaks, dunque, si muove su diversi piani, adotta anch'essa «strategie da bracconiere», già ben note, sfruttando i vantaggi del-

[29] B. Keller, *The Boy Who Kicked the Hornet's Nest*, introduzione a *Open Secrets. WikiLeaks, War and American Diplomacy*, The New York Times, New York 2011.

le diverse legislazioni nazionali. Qui cogliamo pure una tendenza più generale, che precede e va oltre questa specifica vicenda. La Svezia non è solo il paese che chiedeva l'arresto dell'inventore di Wikileaks, Julian Assange, ma il luogo dove una lunghissima tradizione di trasparenza delle informazioni pubbliche è accompagnata da un'assoluta riservatezza sulle fonti di chi diffonde le notizie. L'Islanda ha approvato una legge che legittima la pubblicazione anche di documenti segreti; il governo tedesco ha preso una iniziativa nella stessa direzione, come aveva già fatto la Corte europea dei diritti dell'uomo di Strasburgo e come sta avvenendo in molti paesi. È bene essere consapevoli del fatto che Wikileaks enfatizza e rende più evidente una linea istituzionale che si diffonde e si consolida, che mette al centro il diritto di sapere come opportunità offerta a una democrazia sempre più catturata da altri meccanismi. Gli Stati più accorti mostrano di sapere che non ci si può arroccare nel segreto. Sta cambiando l'intero ambiente istituzionale. Solo se si parte da questa constatazione si può poi affrontare il tema dei possibili bilanciamenti tra trasparenza e riserbo. Il Premio Nobel Liu Xiaobao ha detto che «Internet è un dono di Dio alla Cina». Enfasi a parte, giustificata dall'aprirsi di spazi di libertà politica in un paese dove le persone continuano a essere espropriate di diritti fondamentali, si coglie così la qualità di un mutamento che indica una strada, scavalca le istituzioni tradizionali, e s'insedia nel cuore delle società, in qualche modo le modella, mette in comunicazione quasi obbligata anche persone lontane per spazi e cultura, al di là di idolatrie o rifiuti.

Proiettata in una dimensione più ampia, infatti, la vicenda Wikileaks investe direttamente i rapporti tra sfera pubblica e sfera privata, i cui confini si sono venuti modificando nel corso degli anni, con la prevalenza ora dell'una ora dell'altra; con forme che fanno pensare a una definitiva prevalenza della sfera pubblica, della trasparenza totale, o al contrario con una privatizzazione anch'essa totalizzante. Come già si è indirettamente messo in evidenza, la discussione di questo tema esige una considerazione attenta soprattutto delle finalità perseguite attraverso la diffusione delle notizie, della qualità dei soggetti interessati (figure «pubbliche» o no), delle situazioni alle quali si riferiscono, delle caratteristiche proprie degli Stati, individuate seguendo proprio le notizie diffuse, tanto più rivelatrici perché inerenti all'essenza stessa dei poteri presenti in ciascuno di essi.

Seguendo gli itinerari dei diritti in rete, non si procede soltanto a un loro inventario, alla redazione di un catalogo destinato a rimanere sempre aperto. Come sempre accade, la narrazione dei diritti descrive, attraverso i loro riconoscimenti e le loro negazioni, le condizioni della libertà delle persone e della democraticità delle istituzioni. Gli interrogativi intorno alla «qualità» della democrazia elettronica – espansione massima del potere del cittadino, forma del populismo contemporaneo, strumento di più insidiosi totalitarismi, realizzazione del socialismo o espressione del «fascismo digitale»[30] – non possono essere affrontati considerando solo la strumentazione resa possibile dalla tecnologia, con la nuova stagione della partecipazione attraverso le reti sociali e i referendum più o meno istantanei, con una proiezione verso tempi che, ricorrendo a una vecchia parola, vengono definiti come «iperdemocrazia»[31]. Anche nel mondo nuovo creato dalle tecnologie dell'informazione e della comunicazione è indispensabile una riflessione sull'insieme delle precondizioni che rendono possibile il processo democratico e che sono in primo luogo definite appunto dalla trama dei diritti – quella che si è finora cercato di delineare. L'attenzione per i diritti è essenziale per stabilire quale debba essere il destino della rete. Spazio planetario dove la logica del mercato sopravanza tutte le altre, con una sua progressiva trasformazione in luogo esclusivo dello scambio economico, in un infinito supermercato dove la logica del dono e del lavoro liberato cede anch'essa a nuove e insidiose forme di sfruttamento? Spazio dove i diritti di cittadinanza trovano una più ricca dimensione, che porta non solo verso una più intensa cittadinanza politica, ma offre opportunità significative e concrete per la libera costruzione della personalità e per un'altra visione dei legami sociali?

Queste due domande non pongono solo il ricorrente e ineludibile problema di che cosa può stare nel mercato e che cosa deve rimanerne fuori. Il fondamentale riferimento ai diritti identifica anche il criterio in base al quale si può individuare la soglia superata la quale

[30] Molti di questi problemi sono analizzati in *Tecnopolitica* cit. Inutile dire che la bibliografia in materia è ormai sterminata.

[31] J. Ortega y Gasset, *La ribellione delle masse* [1930], trad. it. di S. Battaglia e C. Greppi, SE, Milano 2001.

la logica economica diventa incompatibile con il rispetto della persona costituzionalizzata. Proprio nel mondo della rete, dove i potentati economici si strutturano come detentori di poteri incontrollati, la supremazia dei diritti fondamentali deve essere affermata, anche per escludere forme di «bilanciamento» degli interessi che, nella sostanza, si traducano nella prevalenza di quello materialmente più forte o più strutturato. La rete ha cambiato la società, ma è quest'ultima che agisce per determinarne le modalità di funzionamento, e dunque essa stessa cambia la rete.

La rete si manifesta così come luogo di conflitti, non pacificato da una sua attitudine alla piena autoregolazione, né interamente posseduto dai nuovi soggetti che la abitano. Benvenuti o no che siano, per usare le parole della *Dichiarazione di indipendenza del cyberspazio*, gli Stati impongono la loro presenza, esercitano i loro poteri come testimonia, tra i tanti, il conflitto che oppose Google alla Repubblica popolare cinese, che determinò un intervento ufficiale dell'amministrazione americana. Al di là delle specifiche e importanti affermazioni di Hillary Clinton, fu evidente come il vero terreno del conflitto fosse proprio quello di trovare le forme adeguate per garantire i diritti in rete. Questa vicenda, peraltro, mostra non solo che gli «stanchi giganti di carne e di acciaio» sono ancora lì e tendono a «legificare» il mondo di Internet dove più forti sono gli interessi tradizionali, rappresentati nel modo più diretto ed evidente, ad esempio, dai diversi interventi a tutela di un diritto d'autore concepito in forme ormai incompatibili con la logica della rete. Incontriamo soprattutto nuovi e vitalissimi giganti di silicio, i grandi soggetti economici che si identificano con la rete, esercitano estesi e incontrollati poteri di governo, si coalizzano per chiedere regole alla loro misura, mettendo ad esempio in discussione le garanzie previste per la privacy delle persone. Al tempo stesso, però, comincia a delinearsi il quadro «costituzionale» che dovrebbe consentire una nuova narrazione dei diritti nel tempo di Internet, partendo da questioni chiave come quelle dell'accesso come diritto fondamentale e della neutralità della rete. Si riflette sul senso e sui limiti dell'autoregolamentazione, sul significato che qui assume il ricorso al *soft law*, in una dimensione nella quale l'autoreferenzialità cede ormai alla consapevolezza istituzionale.

Diversi modelli sono di fronte a noi. Muovendo da vicende concrete, di cui la più nota è stata la «delazione» di Yahoo! che ha consentito al governo cinese di arrestare e condannare un giornalista, colpevole d'aver inviato via Internet una notizia negli Stati Uniti, i giornalisti americani hanno chiesto la universalizzazione del «Free Speech», sul modello del Primo emendamento del loro Bill of Rights, proprio per evitare situazioni come quella che ha portato all'arresto di Shi Tao. Alcuni membri democratici e repubblicani della Camera dei Rappresentanti hanno presentato una proposta di legge chiamata Global Online Freedom Act, che ha una lunga storia e che ha preso le mosse proprio dalla previsione dell'obbligo, per le società operanti su Internet, di portare a conoscenza di una speciale commissione presso il Dipartimento di Stato tutti i casi in cui hanno filtrato o eliminato contenuti su richiesta di un paese straniero. Se la regolazione diretta non è possibile, iniziative come questa mirano a realizzare almeno condizioni di trasparenza, e quindi di controllabilità diffusa da parte dello stesso «popolo di Internet», che in alcuni casi ha mostrato notevoli capacità di reazione, com'è accaduto di fronte al tentativo di indebolire le garanzie su Facebook.

Siamo in presenza di iniziative volte ad ampliare l'area dei diritti fondamentali e ad accompagnare gli sviluppi di Internet con istituzioni adeguate, costruite tuttavia con modalità irriducibili alle procedure e agli schemi abituali. Le novità più rilevanti, infatti, si ritrovano in proposte che riflettono più direttamente le trasformazioni della società.

Vi è un forte attivismo del mondo economico, che vede la sua legittimazione incrinata, non solo sul piano dell'immagine, ma della sua stessa capacità di influire sulle dinamiche mondiali quando si fa troppo evidente il contrasto tra la sua azione e il rispetto di diritti fondamentali. Così Google aveva proposto di istituire presso l'Onu un «Global Privacy Counsel»; le grandi imprese del settore si erano associate in una Global Network Initiative per promuovere appunto una tutela dei diritti in rete. Ma non è possibile lasciare questa tutela soltanto all'iniziativa di soggetti privati, che tendenzialmente offriranno solo le garanzie compatibili con i loro interessi e che, in assenza di altre iniziative, appariranno come le uniche «istituzioni» capaci di intervenire. Non si può accettare una privatizzazione del governo di Internet, ed è indispensabile far sì che una pluralità di attori, ai livelli più diversi, possa dialogare e mettere a punto regole comuni. Il tema della democrazia promossa da Internet esige che si affronti anche la questione della democrazia di Internet.

Compaiono variegate strategie politiche e istituzionali. Sulla scena del mondo, i diritti fondamentali, sempre sacrificati agli imperativi della geopolitica e delle relazioni economiche, assumono una consistenza e si presentano come un riferimento che non può essere spazzato via dal prevalere del realismo politico o dalle spocchiose dichiarazioni dei tecnologi. E tutto questo avviene non solo per un sussulto di consapevolezza del significato profondo dei diritti, ma per ragioni legate proprio alla specificità di Internet.

Il punto chiave è rappresentato dall'esistenza di quello che viene abitualmente chiamato il «popolo della rete», disteso sull'intero pianeta, diffuso al di là di ogni confine, e che si organizza in nuove «nazioni»: la comunità di Facebook è la terza al mondo come popolazione, dopo la Cina e l'India. A questa opinione pubblica mondiale, gelosa delle opportunità che la tecnologia continuamente le offre, la narrazione dei diritti non si presenta come la rinnovata proposta di una libertà «americana» o «occidentale», e perciò sempre accompagnata dal sospetto di una pretesa egemonica di una cultura sulle altre. Il tema dei diritti viene percepito come universale per il solo fatto che in esso si riconoscono già più di due miliardi di persone, che nella rete variamente operano. Questi sono segni che confermano come al tempo della (presunta) fine delle ideologie e del tramonto di ogni grande narrazione, proprio i diritti fondamentali si palesano come una narrazione capace di unificare, di produrre relazioni, di rivelare la radice comune di iniziative che si manifestano nei più diversi luoghi del mondo. Si è già ricordato come si possa ben dire che è in corso una ininterrotta, inedita, quasi quotidiana dichiarazione dei diritti, che nasce dai comportamenti rivendicativi di una molteplicità crescente di soggetti[32]. La rete è, al tempo stesso, luogo e condizione perché tutto questo assuma forma concreta.

Proprio perché in tal modo si disvelano conflitti, la rete mette a nudo anche i reali rapporti di potere che innervano il mondo di oggi. Google, ad esempio, non è soltanto una delle strapotenti società multinazionali. È un potere a sé, superiore a quello di un'infinità di Stati nazionali, con i quali negozia appunto da potenza a potenza. È interlocutore quotidiano di centinaia di milioni di persone alle quali offre la possibilità di entrare e muoversi nell'universo digitale. Go-

[32] Cfr. *supra*, Prologo.

verna corpi, conoscenza, relazioni sociali. Perciò ha bisogno di una legittimazione forte, sostanzialmente politica, che ha cercato e ottenuto proprio con qualche forma di resistenza a richieste degli Stati, la Cina o gli stessi Stati Uniti, presentandosi così al mondo come il campione dei diritti civili proprio nei territori ai quali appartiene il futuro. Ma questa legittimazione forte non può essere lasciata a un soggetto economico, essere «privatizzata». Ecco, allora, il manifestarsi di qualche reazione di soggetti nazionali e internazionali che, anche quando è ancora debole, suona comunque come la rivendicazione pubblica di un ruolo che la politica non può dismettere, non può dare in appalto ad altre potenze.

Nella natura di Google, infatti, non vi è soltanto l'elemento libertario. Google è anche componente essenziale di quello che è stato giustamente definito «Big Data»[33], con un palese richiamo a quel «Big Pharma»[34] con il quale si è voluto descrivere lo strapotere delle società farmaceutiche. Possono questi poteri rimanere del tutto fuori d'ogni controllo?

Pluralità di attori, regole comuni

Diverse risposte cominciano ad affacciarsi. Poiché dai governi nazionali arrivano continue insidie per Internet e la sua libertà, è venuto il tempo non di regole costrittive, ma dell'opposto, di garanzie costituzionali per i diritti della rete e in rete, tanto che si è parlato di un Internet Bill of Rights. Ma il rafforzamento istituzionale della libertà in questa sua nuova dimensione non può valere solo contro l'invadenza degli Stati. Deve proiettarsi anche verso i nuovi «signori dell'informazione» che, attraverso le gigantesche raccolte di dati, governano le nostre vite. Di fronte a tutto questo la parola «privacy» evoca non solo un bisogno d'intimità, ma sintetizza le libertà che ci appartengono nel mondo nuovo dove ormai viviamo. Proprio il modo d'essere di questi soggetti – si chiamino Amazon o Apple, Google o Microsoft, Facebook o Yahoo! – ci racconta una compresenza

[33] D. Bollier, *The Promise and Peril of Big Data*, Aspen Institute, Washington (DC) 2010.

[34] J. Law, *Big Pharma. Come l'industria farmaceutica controlla la nostra salute*, trad. it. di S. Suigo, Einaudi, Torino 2006.

di opportunità per la libertà e la democrazia e di potere sovrano esercitato senza controllo sulle vite di tutti. Non un Giano bifronte, però, ma un intreccio che può essere sciolto solo da una iniziativa «costituzionale» anch'essa nuova, che trovi proprio nella rete le sue modalità di costruzione.

L'alternativa, allora, non può essere cercata nelle direzioni tradizionali. Già la stesura della Carta dei diritti fondamentali dell'Unione europea era stata affidata a una procedura che abbandonava il metodo intergovernativo, sostituito da una convenzione rappresentativa del Parlamento e della Commissione europea, dei parlamenti e dei governi nazionali, che lavorava in piena trasparenza e dunque risultava in qualche modo continuamente controllabile. Ma nel momento in cui si entra in una dimensione completamente diversa, come quella di Internet, anche queste aperture si rivelano del tutto insufficienti. Nascono così altre iniziative che, appunto, vedono una partecipazione di una molteplicità di soggetti, si svolgono a livelli diversi, conoscono una bassa formalizzazione che tuttavia non porta inevitabilmente con sé una minore efficacia. È indispensabile far sì che una pluralità di attori, ai livelli più diversi, possa dialogare e mettere a punto regole comuni, secondo un modello definito appunto *multistakeholder* e *multilevel*. Soggetti diversi, a livelli diversi, con strumenti diversi negoziano e si legano con impegni reciproci per individuare e rendere effettivo un patrimonio comune di diritti.

Un esempio può essere ritrovato nella vicenda dell'Internet Bill of Rights, una proposta maturata all'interno delle iniziative dell'Onu sulla società dell'informazione e che si è venuta consolidando attraverso il lavoro di diversi gruppi, «dynamic coalitions» spontanee e informali che hanno poi trovato forme di unificazione e metodi comuni, che si sono manifestati negli Internet Governance Forum promossi in questi anni proprio dall'Onu. Ma l'Internet Bill of Rights non è concepito, da chi lo ha immaginato e lo promuove, come una trasposizione nella sfera di Internet delle tradizionali logiche delle convenzioni internazionali e degli stessi percorsi di costituzionalizzazione finora conosciuti. La scelta dell'antica formula del Bill of Rights ha forza simbolica, mette in evidenza che non si vuole limitare la libertà in rete ma, al contrario, mantenere le condizioni perché possa continuare a fiorire. Per questo servono garanzie «costituzionali». Ma, conformemente alla natura della rete, il riconoscimento di principi e diritti non può essere calato dall'alto. Deve essere il risultato di un processo, di una partecipazione larga di una molteplicità di soggetti che possono intervenire in modo attivo, grazie soprattutto a una tecnologia che mette tutti e ciascuno in grado di formulare progetti, di metterli a confronto, di modificarli, in definitiva di sottoporli a un controllo e a una elaborazione comuni, di trasferire nel settore della regolazione giuridica forme e procedure tipiche del «metodo wiki», dunque con progressivi aggiustamenti e messe a punto dei testi proposti. Siamo così al di là di un altro schema tradizionale, che contrappone percorsi *bottom-up* a quelli *top-down*. Si instaurano relazioni tra pari, la costruzione diviene orizzontale. Nel corso di questo processo si potrà approdare a risultati parziali, all'integrazione tra codici di autoregolamentazione e altre forme di disciplina; a normative comuni per singole aree del mondo, come di nuovo dimostra l'Unione europea, la regione del pianeta dove più intensa è la tutela di questi diritti; e come potrebbe avvenire per materie dove già è stata raggiunta una maturità culturale e istituzionale, come quella della protezione dei dati personali.

Le obiezioni tradizionali – chi è il legislatore? quale giudice renderà applicabili i diritti proclamati? – appartengono al passato, non si rendono conto che «la valanga dei diritti umani sta travolgendo le ultime trincee della sovranità statale», come ha scritto Antonio Cassese commentando il voto dell'Onu sulla moratoria riguardante la pena di morte[35]. Una affermazione così netta può essere considerata eccessivamente ottimistica, ma coglie il senso e la forza delle cose, un movimento che deve sempre essere tenuto presente quando si elaborano strategie di politica dei diritti. Nel momento stesso in cui il cammino dell'Internet Bill of Rights, o di analoghe iniziative, diverrà più spedito, già vi sarà stato un cambiamento. Comincerà a essere visibile un diverso modello culturale, nato proprio dalla consapevolezza che Internet è un mondo senza confini. Un modello che potrà favorire la circolazione delle idee e potrà subito costituire un riferimento per quella folla di giudici che, nei più diversi sistemi, affrontano ormai gli stessi problemi posti dall'innovazione scientifica e tecnologica, dando voce a quei diritti fondamentali che rappresentano oggi l'unico potere opponibile alla forza degli interessi

[35] A. Cassese, *La vittoria della civiltà giuridica*, in «la Repubblica», 16 novembre 2007.

economici. Tutto questo accade in un contesto in cui le istituzioni tradizionali non vengono tagliate fuori, ma contribuiscono a una impresa di rinnovamento che, al tempo stesso, può mutare e rafforzare il loro ruolo. L'Onu si presenta come punto di riferimento per un mondo che si struttura proprio per cogliere una occasione da essa offerta. Il Parlamento europeo prende atto di una iniziativa non istituzionalizzata, e fa esplicito riferimento all'Internet Bill of Rights in una risoluzione del 2011.

Questa è una vicenda che non dev'essere enfatizzata, ma neppure trascurata o ritenuta eccezionale o isolata, visto che su Internet è tutto un fiorire di «dichiarazioni dei diritti». Deve essere presa sul serio per diverse ragioni. Perché mostra una sensibilità costituzionale diffusa, e sappiamo che una età dei diritti è sempre una età del costituzionalismo. Perché individua soggetti e procedure diversi da quelli tradizionalmente presenti nelle fasi di istituzionalizzazione dei diritti. Perché rivela opportunità inedite di rapporti tra iniziative sociali e istituzioni. Perché il mondo si va organizzando proprio attraverso «assemblaggi di un'era digitale globale»[36]. Perché, al tempo stesso, rivela fenomeni di frammentazione in grado di incidere fortemente sull'effettiva possibilità di costruire una nuova trama dei diritti.

Considerata da quest'ultimo punto di vista, proprio l'ipotesi di una «costituzione per Internet» sembrerebbe confermare la tesi di Günther Teubner che vede il nostro tempo segnato dall'emergere di costituzioni «settoriali»[37], molteplici «costituzioni civili» legate alle dinamiche sociali ed economiche piuttosto che all'esercizio di poteri politico-costituzionali. Ma così il costituzionalismo perderebbe il suo valore universale e unificante, e rischierebbe di imboccare la strada ambigua già battuta dalla molteplicità delle nuove forme di normazione – *lex mercatoria*, *lex constructionis*, *lex digitalis*, *lex labori internationalis*, *lex sportiva internationalis* – che non solo riflettono interessi settoriali, ma sono prodotte dagli stessi portatori di tali interessi. In questo modo, la logica economica tornerebbe in primo piano e i diritti riconosciuti sarebbero soltanto quelli compatibili con essa.

[36] S. Sassen, *Territorio, autorità, diritti. Assemblaggi dal Medioevo all'età globale*, trad. it. di N. Malinverni e G. Barile, Bruno Mondadori, Milano 2008.

[37] G. Teubner, *La cultura del diritto nell'epoca della globalizzazione. L'emergere delle costituzioni civili*, trad. it. e cura di R. Prandini, Armando, Roma 2005.

Non inganni, allora, l'insistito richiamo alla vicenda storica della *lex mercatoria*, che a una analisi appena attenta si rivela come un calco linguistico attraverso il quale si cerca una legittimazione di pratiche assai lontane da una produzione di norme guidata da un diffuso e, all'origine almeno, spontaneo intrecciarsi di pratiche messe a punto da una platea assai larga di soggetti. Il contesto attuale, invece, è quello di una realtà nella quale la comunità degli affari sta producendo un suo diritto comune, sbrigativamente identificato appunto come nuova *lex mercatoria*, commissionata ai professionisti della tecnica giuridica, con riduzione della regola a una delle tante merci acquistabili sul mercato. E questo modo di produzione mostra come i grandi interessi economici non cerchino più la mediazione delle istituzioni politiche, ma agiscano ormai in presa diretta anche sul terreno della produzione delle regole. Le metafore della globalizzazione e della *lex mercatoria* sono state, e continuano a essere, utilizzate per affrancarsi da principi regolativi che incorporino valori diversi da quelli del mercato.

Per sfuggire a questo rischio, si cerca di trovare un raccordo tra le nuove dichiarazioni dei diritti e i documenti internazionali che hanno seguito una via diversa dal riduzionismo economico, come la Dichiarazione dell'Onu del 1948 e la Carta dei diritti fondamentali dell'Unione europea del 2000. Scegliendo questa impostazione, anche quando si interviene in una specifica materia, si eviterebbe la caduta nella logica settoriale, perché la specifica «costituzione» si presenterebbe piuttosto come lo sviluppo o l'attuazione dei principi contenuti in quei documenti generali. Ma il semplice rinvio da un documento all'altro è in sé debole, può degradarsi a espediente formalistico, mentre si presentano come più incisive, anche se meno istituzionalizzate, altre forme di costruzione dei diritti nella dimensione globale.

Non ci si può limitare, infatti, a registrare lo straordinario e inedito sviluppo delle forze produttive, che incide a tal punto sulla dimensione istituzionale da far parlare della nascita di uno «Stato a rete»[38]. Bisogna indagare il modo in cui a ciò reagisce il sistema mondo, dove

[38] In particolare M. Castells, *Volgere di millennio*, trad. it. di G. Pannofino, Università Bocconi, Milano 2003, pp. 373 e sgg.

si registrano risposte differenziate, presenze di attori molteplici, dislocazioni nuove dei poteri, soggetti e fonti molteplici di regolazione.

Bisogna interrogarsi sulla stessa coerenza delle formule adoperate. Poiché è corretto dire che «la rete, per definizione, ha dei nodi, ma non ha un centro»[39], si può poi continuare ad adoperare il riferimento a una formazione istituzionale che, come lo Stato, porta con sé non solo l'esigenza di regole comuni a tutti gli appartenenti a tale formazione, ma anche della produzione centralizzata almeno di fondamentali principi di riferimento e delle decisioni strategiche? Peraltro, questa è una riflessione obbligata anche perché le nuove tecnologie dell'informazione e della comunicazione non producono soltanto effetti di policentrismo, di dispersione «dei poteri sovrani fra attori diversi tra loro non gerarchizzati e che non insistono sul medesimo territorio»[40], ma anche possibilità senza precedenti di centralizzazione, come dimostra l'esperienza di diversi paesi soprattutto per quanto riguarda la creazione di sistemi di sorveglianza totale.

L'esame complessivo delle dinamiche in atto mostra certamente che stiamo entrando in una dimensione difficilmente descrivibile con i tradizionali concetti della modernità politica[41], a cominciare appunto da quelli di Stato e di democrazia rappresentativa. Ma questa transizione non ci assicura che il suo esito sia quello dell'entrata nella post-democrazia[42]: formula ambigua, perché lascia irrisolta la questione, ma che almeno mantiene l'involucro, o la parvenza, del riferimento democratico. Dobbiamo chiederci, infatti, se non si stia correndo anche il rischio di una regressione verso la premodernità.

Questa domanda è imposta dagli stessi riferimenti concettuali adoperati, a cominciare dalla *lex mercatoria* e dai suoi derivati. Non a caso si è ricordata la fortuna di una espressione come «Nuovo Medioevo». Proprio se riflettiamo sull'esperienza europea, però, il riferimento al Medioevo, la descrizione in termini di «neomedievalismo istituzionale» rivelano una debolezza del pensiero politico e

[39] Ivi, p. 399.

[40] D. D'Andrea, *Oltre la sovranità. Lo spazio politico europeo tra post-modernità e nuovo medioevo*, in «Quaderni fiorentini per la storia del pensiero giuridico moderno», I, 2002, p. 103.

[41] Si vedano, tra le altre, le indicazioni contenute nei saggi raccolti da B.D. Loader, *The Governance of Cyberspace. Politics, Technology and Global Restructuring*, Routledge, London-New York 1997.

[42] C. Crouch, *Postdemocrazia*, trad. it. di C. Paternò, Laterza, Roma-Bari 2003.

giuridico che, di fronte alla crisi della sovranità nazionale e alla complessa nascita di una organizzazione sovranazionale, non è capace di elaborare categorie interpretative adeguate e si rifugia in quelle del passato[43]. La difficoltà è comprensibile, soprattutto quando si congiungono costruzione europea e insediamento prepotente delle nuove tecnologie dell'informazione e della comunicazione, che paiono dotate di forza propria.

Questo non riproduce alcuna situazione già nota. Entriamo nella dimensione dell'inedito, ma non dell'ignoto, perché non ci muoviamo in un territorio sconosciuto, bensì ingombro di materiali in continuo mutamento, che bisogna comprendere e analizzare, in un difficilissimo processo di depurazione dall'occasionale e dal transitorio, talora così forti e abbaglianti da indurre a conclusioni e costruzioni che la straordinaria dinamica della realtà poi precocemente travolge. Proprio perché si tratta di un processo inedito, non si può valutarlo con i criteri del passato, né attribuire una sorta di autoevidenza a qualsiasi vicenda che ci accada di registrare.

Cimentarsi con il problema della «costituzione di Internet», del modo complessivo in cui la tecnologia incontra il tema delle libertà e istituisce lo spazio politico, significa proprio fare i conti con processi reali. Le trasformazioni determinate dalla tecnologia possono essere comprese, e governate, solo se si è capaci di mettere a punto strumenti «prospettici», e se questo avviene ridefinendo i principi fondativi delle libertà individuali e collettive.

Costituzionalismo globale per una costituzione infinita

Si possono, a questo punto, indicare tre possibili linee di analisi, alle quali corrispondono altrettante strategie. In primo luogo, non si può postulare una indifferenza del quadro tradizionale dei diritti al nuovo ambiente, tenendo fermi criteri ermeneutici pretecnologici e ritenendo che l'innovazione possa essere conosciuta, e assumere rilevanza, solo quando s'incarna in apposite e diverse situazioni giuridiche. Scolora così la contrapposizione tra «vecchi» e «nuovi» diritti. Si può dire, anzi, che il riferimento a diritti e libertà fondamentali,

[43] Per comprendere davvero il senso del riferimento al passato va letto P. Grossi, *L'ordine giuridico medievale*, Laterza, Roma-Bari 1995.

nel nuovo contesto identificato dalla rete, esige una rilettura proprio dell'insieme dei diritti elaborato dall'intera modernità costituzionale. Se guardiamo, ad esempio, alla nostra Costituzione, non si può sfuggire ad alcune domande. Le «formazioni sociali» (art. 2 della Costituzione) possono essere anche le comunità virtuali create nel ciberspazio? Le garanzie della libertà personale (art. 13) devono essere estese anche al corpo «elettronico», seguendo la traiettoria della rilettura dell'*habeas corpus* come *habeas data*? Regge la distinzione tra dati «esterni» e «interni» delle comunicazioni quando queste si svolgono su Internet, modificando i termini in cui deve parlarsi della loro libertà e segretezza (art. 15), come ha fatto la Corte costituzionale tedesca con una sentenza del 2 marzo 2010? Come si atteggia in rete la libertà di associazione (art. 18)? Il diritto di manifestare liberamente il proprio pensiero (art. 21) deve essere messo in rapporto con il diritto all'anonimato nelle comunicazioni elettroniche? L'accessibilità alla proprietà (art. 42.2) deve tradursi nella libera appropriabilità di determinati beni per via elettronica, secondo una logica dei *commons* che tende anche a escludere l'identificazione personale dei soggetti che accedono?

Questi interrogativi ci rimandano a un intreccio tra continuità e discontinuità, peraltro rinvenibile in tutte le complesse vicende che accompagnano il tumultuoso succedersi delle tecnologie, e ci portano verso la seconda questione da analizzare. Si potrebbero trovare echi e rispecchiamenti tra le riflessioni di Teubner sulle costituzioni settoriali e le teorizzazioni di Manuel Castells sul mondo senza centro, sul neomedievalismo istituzionale che precluderebbe la possibilità di un ordine globale, dove vengono riprese riflessioni già note, che ora si saldano con l'insistenza sulle ascendenze identificate nella *lex mercatoria* e con le più accorte analisi di Saskia Sassen sui reticoli territoriali nel Medioevo. Ma queste analisi devono sempre essere valutate considerando l'esistenza di tendenze unificatrici. Una volta chiarito che, così parlando, non si fa riferimento alla creazione di un governo globale, alla dilatazione su scala planetaria della categoria della sovranità nazionale, l'analisi deve riguardare piuttosto le diverse manifestazioni concrete dell'esercizio di un potere centralizzato in un mondo articolato, non frammentato, con ricorrenze di poteri identici in aree e settori diversi, con l'emersione di forme astratte di autorità che possono condizionare i processi in corso. In un saggio di Jeffrey Rosen, ad esempio, il potere di Google viene analizzato come quello di un «decisore finale», sciolto da ogni vincolo o controllo, in materie di rilevanza planetaria[44]. Vicende analoghe possono essere ritrovate in molte altre materie e settori, e tuttavia i tentativi di accompagnare la dimensione planetaria dei diritti fondamentali con istituzioni adeguate continuano a incontrare non solo la critica di chi descrive un mondo senza centro dov'è preclusa la possibilità di garanzie comuni, ma pure lo scetticismo di una cultura giuridica che non trova nella dimensione globale una concreta possibilità di rendere effettivi i diritti. Ma questa tesi è almeno parzialmente smentita dal progressivo costituirsi di una «Global community of courts», legata proprio alla tutela dei diritti; e dalla constatazione che l'effettiva tutela dei diritti non è più necessariamente affidata ai tradizionali procedimenti giudiziari, ma può essere resa possibile da iniziative che, partendo dalla società civile e avendo come riferimento documenti internazionali, riescono a rendere concrete le garanzie. Conosciamo, poi casi di garanzia di diritti affidati all'attivismo sociale, alla possibilità di prospettare sanzioni non formalizzate, alla trasparenza di comportamenti ritenuti illegittimi grazie all'uso del sistema dell'informazione[45]. Non sono le procedure giudiziarie formalizzate l'unico riferimento possibile, sebbene si siano già ripetutamente sottolineati i significativi mutamenti anche in questo settore.

Si giunge così alla terza questione, che riguarda non più la sola forma o procedura di una costituzione per Internet, ma pure i suoi contenuti. Qui s'intrecciano finalità d'ordine generale, veri e propri principi direttivi, con la loro traduzione in specifici diritti. Se, ad esempio, si muove dalla constatazione che Internet rappresenta il più largo spazio pubblico che l'umanità abbia conosciuto, la salvaguardia di questa sua «natura» implica l'irriducibilità alla dimensione sempre più assorbente del mercato, che vuol dire non solo un generico riconoscimento della libertà in rete, ma la concreta possibilità di esercitare «virtù civiche», dunque di dar corpo a una cittadinanza attiva; di far sì che Internet rimanga una risorsa per la democrazia e non la forma congeniale ai nuovi populismi; di praticare forme economiche riconducibili alla logica del dono. Da qui la necessità di salvaguardare la neutralità della retc, anche come

[44] J. Rosen, *Google's Gatekeepers*, in «New York Times Magazine», 28 novembre 2008.

[45] Cfr. *supra*, p. 415.

antidoto a ogni forma di censura, e il suo potenziale «generativo»[46], dunque l'effettiva sua capacità di produrre innovazione. Da qui la necessità di considerare l'accesso a Internet come un diritto fondamentale della persona, secondo la linea costituzionale già indicata. Da qui la necessità di considerare la conoscenza come bene pubblico globale, non solo rivedendo categorie tradizionali come quelle del brevetto e del diritto d'autore, ma evitando fenomeni di «chiusura» rispetto a questo «common», che caratterizza appunto la nostra società come quella «della conoscenza», trasformando in risorsa scarsa un bene comune suscettibile della più larga utilizzabilità. Da qui la necessità di una tutela dinamica dei dati personali, nel senso che la garanzia non può essere soltanto quella tradizionale e statica relativa alla riservatezza, ma deve divenire componente essenziale della cittadinanza digitale e della libera costruzione dell'identità, passando così dal riconoscimento dell'autodeterminazione informativa a una effettiva redistribuzione del potere in rete.

Tutto questo, ovviamente, deve essere considerato nella prospettiva della destrutturazione/ricostruzione del rapporto tra sfera pubblica e sfera privata. E proprio riflettendo su Internet possono essere individuate le vie di un costituzionalismo globale possibile, non affidato a una «vertical domestication»[47], con norme sovrastatuali incorporate nei diritti statuali, né semplicemente translocale. Dunque una costruzione del diritto per espansione, orizzontale, un insieme di ordini giuridici correlati, non punto d'arrivo, ma strutturati in modo da sostenere la sfida di un tempo sempre mutevole, quasi una costituzione infinita[48].

[46] J. Zittrain, *The Future of the Internet and How to Stop it*, Allen Lane, London 2008.

[47] Questa formula si deve a H.H. Koh e descrive il processo che si ha quando, anche senza negoziazioni formalizzate, regole internazionali di diversa origine «gocciolano» nei sistemi giuridici nazionali, che ne diventano la fonte diretta: cfr. H.H. Koh, *Why Do Nations Obey International Law?*, in «Yale Law Journal», 1, 1997, pp. 2599 e sgg.; Id., *How Is International Human Rights Law Enforced?*, in «Indiana Law Journal», 4, 1999, pp. 1397-1417.

[48] Attribuisco qui una dimensione più larga, distesa oltre lo spazio istituzionale, verso i tempi e le persone, a questa espressione che si ritrova in M.R. Ferrarese, *Diritto sconfinato. Inventiva giuridica e spazi nel mondo globale*, Laterza, Roma-Bari 2006.

Indice dei nomi